U0722658

当代中国行政法

第六卷

应松年　主编

人民出版社

第四编　行政程序

第三十二章

行政程序法

肖凤城

武汉大学国际法专业法学博士。现任中国政法大学特聘教授。曾任中央军委法制局正师级法制员，大校军衔。专著或合著：《公务员基础知识》《中立法》《21世纪前期武装冲突中的国际法问题研究》，参与撰写《行政法学新论》《行政程序法立法研究》《中国当代行政法》等著作；发表《论“法即程序”》《再论“法即程序”》《三论“法即程序”》《我国行政程序法典的框架思路》《程序在社会关系领域的定义》《中国军事法与国际法的接轨》《国家间体制与国际法的发展》《论国际法上的内政问题》《试论联合国体制的走向》《国际法对人道主义干涉的否定与再考虑》《开罗宣言的战略智慧与亚太安全》《战争法视野下的世界大战》等论文。

根据迄今世界上最早的一部完整保存下来的成文法典"汉谟拉比法典"① 推算，人类的法律已有4000多年漫长的发展史。如果把当今法律比作一位40岁的中年人，那么行政程序法只是刚满周岁的婴儿。然而，行政程序法的兴起和发展在人类政治文明、制度文明进步史上的意义却非同寻常。它就像打开了一扇大门，站在这扇大门口回首法律走过的漫长发展历程，似乎都是在摸索通向这扇大门的道路；而在这扇大门打开之后，一个豁然开朗的法律世界展现在人们眼前。

行政程序法的兴起和发展，基本上是20世纪的事情。在此以前，虽然有的判例法国家（如英国）已经出现涉及行政程序的判例，有的成文法国家已经制定了一些行政程序方面的法律规范②，甚至个别国家还制定了以行政程序法命名的法律③，但是，行政程序法真正成为一个重要的法律领域，是在20世纪。整个20世纪，出现了三次制定行政程序法的高潮。20世纪初，西欧一些国家首先制定行政程序法④；20世纪中期，1946年美国联邦行政程序法引起世界关注，对其他国家行政程序法的发

---

① 该法典于1901年在伊朗被考古人员发现，据考证，该法典颁布于公元前约1762年。

② 1875年奥地利国会通过的《行政法院法》第6条规定："行政法院应促使行政机关，于其作成行政处分时，遵守程序之重要形式。"（应松年：《比较行政程序法》，中国法制出版社1999年版，第6页）

③ 德国巴登邦于1884年制定《巴登邦行政程序法》，西班牙于1889年制定《行政手续法》，这两部法律很可能是世界上最早的行政程序法。（应松年：《行政法学教程》，中共中央党校出版社2001年版，第252页）

④ 1925年，奥地利国会通过《普通行政程序法》，对欧洲大陆产生了重大影响。1928年捷克公布有关行政程序的行政命令，波兰制定行政程序法。1930年，南斯拉夫制定行政程序法。德国当时虽然没有制定行政程序法，但各邦掀起了制定行政程序法的热潮。（王万华：《行政程序法研究》，中国法制出版社2000年版，第73页）

展产生了很大影响；20世纪后期，世界许多国家纷纷制定或修订行政程序法①。在这一发展过程中，中国也受到影响和启示。20世纪50年代，我国法律出现了行政程序方面的规范②；80年代，我国法律中有关行政程序的法律规范迅速增加③；进入21世纪，我国立法机关将制定行政程序法纳入国家立法规划④，虽然被列为“立法条件尚不完全具备”的项目，但明确“需要继续研究论证”。令人欣喜和深思的是，我国地方政府陆续开始制定行政程序方面的规章⑤。

行政程序法的出现，引起了人们对程序与实体、程序与正义、程序与法律、程序与道德、公法与私法等许多重大问题的理论探讨，探讨范

① 有的学者指出行政程序法的兴起和发展有三次高潮：第一次是20世纪20年代至第二次世界大战；第二次是第二次世界大战至20世纪90年代；第三次是20世纪90年代至今。（王万华：《行政程序法研究》，中国法制出版社2000年版，第78页）

② 1951年政务院发布的《进出口列车、车员、旅客、行李检查暂行通则》第八条规定，检查人员在进行检查时应当穿着制服、佩戴标志，这是行政程序法上的“表明身份”制度。

③ 1986年全国人大常委会公布施行的《中华人民共和国治安管理处罚条例》第三十四条规定了处罚程序，成为改革开放后首次制定的行政程序法律规范。该条例已被2005年公布施行的《中华人民共和国治安管理处罚法》所替代。

④ 2006年12月29日第十届全国人大常务委员会第25次会议通过的《全国人大法律委员会关于第十届全国人民代表大会第四次会议主席团交付审议的代表提出的议案审议结果的报告》第二部分中写道：125件代表议案涉及的11个立法项目已列入十届全国人大常委会立法规划或者年度立法计划，正在起草或者研究修改。其中第20项是：“关于制定行政程序法的议案1件。法制工作委员会正在搜集资料，征求意见，进行研究。”（http://www.npc.gov.cn/wxzl/wxzl/2007-02/01/content_357660.htm；第十二届全国人大常委会立法规划（2013—2018）将“行政程序方面的立法项目”列为“第三类项目：立法条件尚不完全具备、需要继续研究论证的立法项目”。参见http://www.npc.gov.cn/npc/zgrdzz/2013-12/12/content_1816288.htm）

⑤ 2008年4月17日，湖南省人民政府公布《湖南省行政程序规定》；2011年6月22日，山东省人民政府公布《山东省行政程序规定》；2011年4月1日，广东省汕头市人民政府公布《汕头市行政程序规定》。

围远远超出行政程序法，波及整个法律、政治、道德等制度文明相关领域，这些探讨为我们今天在这里探讨行政程序法的基本原理和具体规则奠定了广泛而深厚的基础。

所谓原理，是指“某一领域、部门或学科中认为具有普遍意义的基本定律或科学道理。”① 行政程序法的原理，就是行政程序法领域具有普遍意义的基本定律或科学道理。这些基本定律和科学道理是要回答行政程序法“是什么、为什么和怎么样”三个具有普遍意义的基本问题。无论是立法者、用法者还是专门的研究者，只要对行政程序法进行深入的思考，最终都要归结到这三个基本问题上来：什么是行政程序法？为什么要制定行政程序法？怎样规定行政程序法的法律规范？这三个问题也就是行政程序法的本质、价值和方法问题。对这三个问题的回答，便是对行政程序法基本原理的回答，而基本原理进展到方法阶段，也就有了对行政程序法具体规则的设计。

第一节　行政程序法的本质

什么是行政程序法？比较常见的定义将行政程序法界定为：“规定行政权运行的方式、方法、步骤、空间、时限的法律规范”②。这样的定义看起来似乎符合行政程序法的“模样”，因为行政程序法确实是对行政活动作的程序规定。但这样定义对行政程序法只是表面的描述，而没有揭示行政程序法的本质内涵。试问，在19世纪以前，甚至在古代和中世纪，法律中也有许多关于行政权（不是指现代意义上与立法权、司法权分立的行政权，而是指从事国家管理的权力）运行方式、方法、步骤、空间、时限的法律规范，能不能将其称为行政程序法呢？再试问，在今天，如果国家规定的行政程序法是相对人完全无权过问的行政机关内部

① 《新华词典》，商务印书馆1988年修订版，第1099页。

② 皮纯协：《行政法学》，群众出版社2000年版，第198页。

活动程序，这样的规定，能不能将其称为行政程序法呢？还可试问，如果国家虽然规定了相对人参加其中的外部行政程序法，但规定的内容却是行政主体一方尽是程序性权利，而相对人一方尽是程序性义务，或者规定的程序十分荒诞可笑，还能将其称为行政程序法吗？对这些问题，看来需要进行深入的研究。

一、行政程序法定义辨析

关于行政程序法的定义，除了上文引的以外，学者还有不少说法。有的说："行政程序法是规定行政主体的行政行为和行政相对方参与行为应遵守的方法、步骤和时效所构成的一个连续过程的法律规范的总称。"① 有的说："行政程序法，系规定行政权行使手续之规则。"② 还有的说："行政程序法是指规范行政机关和相对人在行政程序中的权利义务的法律规范的总称。"③ 这些定义虽然有所不同，甚至有争议④，但都是对"行政""程序"和"法"三个关键词的展开和组合。对于第一个关键词"行政"，有的定义将其展开为"行政行为"，有的将其展开为"行政权运行"。对于第二个关键词"程序"，各种定义都将其展开为"方式、方法、步骤、空间、时效、时限、过程"等。对于第三个关键词"法"，各种定义都将其展开为"法律规范"或"法律规范的总称"。将这三个关键词展开后再加以组合，便形成了各自的定义。

从学者们对三个关键词展开的情况可以看出，他们对行政程序法的定义大同小异。所谓"大同"，就是对"程序"和"法"这两个关键词

① 章剑生：《行政程序法学原理》，中国政法大学出版社1994年版，第37页。

② 罗传贤：《行政程序法基础理论》，五南图书出版公司1993年版，第3页。

③ 王万华：《行政程序法研究》，中国法制出版社2000年版，第20页。

④ 皮纯协：《行政法学》，群众出版社2000年版，第196—197页。在该书中作者谈道：有两种行政程序法的概念，一种概念认为行政程序法是行政行为的程序的法律规范；另一种概念认为行政程序法不仅是关于行政机关管理行为的程序，而且是关于相对人行使行政法权利、履行行政法义务的程序的法律规范，两种概念在行政程序的主体上有区别。

的展开几乎没有争议。所谓“小异”，就是对“行政”这个关键词的展开略有差异：把“行政”展开为“行政权运行”的学者认为，如果把“行政”展开为“行政行为”，就会把行政活动中相对人的程序行为排除在外①。他们不同意把相对人的程序行为排除在外，认为行政程序法“与行政实体法一样，不仅调整行政主体的程序性行政行为，而且还调整行政相对人参与行政程序的程序性行为”②。但是，据查，把“行政”展开为“行政行为”的学者并未明确表示他们把行政相对人的行为排除在行政程序法的规制范围之外，所以，这个批评恐怕并无道理。另外，“小异”还表现在对行政程序法上“行政”的范围有不同看法。一种看法认为行政行为包括行政诉讼中行政主体的行政行为，另一种看法认为行政行为不包括行政诉讼中行政主体的行政行为③。实际上，这只是行政程序法与行政诉讼法的衔接问题，在行政程序法中适当地规定行政诉讼法的某些内容是必要的，这不等于把行政诉讼法视为行政程序法的组成部分。可以看出，以上两点“小异”几乎不影响学者们在行政程序法定义上的基本一致。

上述关于行政程序法的定义看起来没有什么“毛病”。因为，行政程序法是由“行政”“程序”和“法”三个词语组成的，这三个词语的含义都很清楚，行政是“国家行政主体的管理活动并包括行政相对方的有关活动”，或者说是“行政权的运行”；程序是“事情进行的步骤和次

① 有的学者认为，行政程序法是规范行政程序法的法。行政程序是指行政行为的程序，行政机关其他行为，例如，行政机关在民事活动中，在行政诉讼中以及静态情况中，都不存在行政程序。只有在行政机关的行为处于行使职务的动态过程中，才存在行政程序。对此持不同意见的学者认为，如果把行政程序法理解为仅仅规范行政程序的法，就不能解释各国在实际行政程序立法中为什么要规定行政机关颁发许可证制度中相对方对颁发许可证的申请程序，更不能解释为什么要规定在行政复议制度中相对方提起行政复议、申请回避、辩论等程序。上述两种观点的主要区别在于，是否将行政相对方行为纳入行政程序法的规制范围。（皮纯协：《行政法学》，群众出版社 2000 年版，第 196—197 页）

② 章剑生：《行政程序法学原理》，中国政法大学出版社 1994 年版，第 37 页。

③ 王万华：《行政程序法研究》，中国法制出版社 2000 年版，第 19 页。

序”；法是“法律规范的总称”。将这三个词语的解释组合起来，自然就得出行政程序法的上述定义。

可是，如果把上述定义放到现实生活中来，就会出现十分严峻的问题：即使行政程序法作出十分荒谬的规定，也不违背上述定义。比如，假定行政程序法作出规定：“行政工作人员发现相对人违反行政管理规定，应当以打耳光的方式向其告知这一发现，但耳光只能打一下；或者向相对人诵读一段优美的文学作品代替打耳光，该文学作品由相对人在行政工作人员推荐的两段作品中进行选择。行政工作人员应当在耳光打完或文学作品念完后半小时内向相对人宣读行政处理决定，否则该行政处理决定无效。相对人有权要求自己阅读行政处理决定以代替行政工作人员宣读，行政工作人员不得拒绝相对人行使该权利。行政工作人员拒绝相对人自行阅读行政处理决定的，相对人有权向法院起诉，但不得对行政处理决定本身提起诉讼，该行政处理决定具有终局效力”。

可以相信，谁看了这样的行政程序法，都会啼笑皆非，因为它对应当规定的没有规定，而对不应当、不需要规定的东西规定了一大堆。在现实生活中，没有哪一个国家的行政程序法作出这样的规定，但并不排除存在着某些类似的规定。这里作这样的假设，只是想说明，即使作了这样的规定，也不违背上面提到的行政程序法的定义。也就是说，按照上述定义，行政程序法怎么规定都行！既然这样，那就说明上述行政程序法的定义一定有大问题。

问题出在哪里呢？出在对“程序”这一词语的解释上。上述定义都把程序解释为“方式、方法、步骤、空间、时限”，按照这样的解释去定义行政程序法，就好比把吃饭程序定义为“吃饭的方式、方法、步骤、空间和时限”，把穿衣程序定义为“穿衣的方式、方法、步骤、空间和时限”。对吃饭、穿衣程序作这样的定义，充其量只是一通无益的空话，人们只会一笑置之，决不会违背吃饭、穿衣程序的内在规律，把饭塞到耳朵里，或者把衣服穿在腿上。但是，对行政程序法作这样的定义，就可能产生有害的后果，如果制定行政程序法的人这样理解行政程序法，那他完全可能制定出各种荒谬的行政程序法律规范。

二、“程序”的含义

根据词典的解释，程序的含义果然就是“事情进行的步骤、次序”①。这就难怪学者们给行政程序法所下的上述定义。既然程序是事情进行的步骤和次序，行政也是一种事情，那么行政程序当然就是指行政的步骤和次序。难道词典错了吗？当然不是，而是对词典释义的理解有误。词典对程序的释义固然是“事情进行的步骤、次序”，但是，不能只看见“步骤、次序”而忽略了“事情”。当程序与具体的事情相结合时，就要考虑那是一件什么“事情”，要反映出那件事情的性质。为说清这个问题，不妨借助一下程序在英语中的表达。

汉语“程序”一词用在三个领域，一是用于一般领域，比如“植物生长程序”“机器操作程序”等；二是用于设计领域，比如“计算机程序”“节目演出程序”等；三是用于制度领域，比如“法律程序”“组织程序”“签约程序”等。在英语中，与上述三个用途相对应的有三个词，一个是 Order，一个是 Program，一个是 Procedure。

英语对 Order 的解释是“事情进行的步骤、次序”②；对 Program 的解释是“计算机等机械装置解决问题的步骤、次序”③；对 Procedure 的解

① 《新华词典》，商务印书馆 2001 年修订版，第 123 页。有的学者对程序一词作了更为细致的查考，写道：“程序”一词在汉语中究竟起源于何时，至今不得而知。在《辞源》中没有程序这一独立的概念。由此可见，程序一词的使用是近现代的事情，其最早在哪一门学科中使用至今亦无从知晓。但至少可以说其在法律中的使用是后来的事情，而且法律学中程序定义也是从其他学科中借用过来的。在《法学大辞典》《中国大百科全书》（法学卷）和《牛津法律大辞典》等工具书中都没有对程序的定义作单独解释。（关保英：《行政法的价值定位》，中国政法大学出版社 1997 年版，第 169 页）

② Webster's Third New International Dictionary, Merriam-Webster Inc.Publishers, Springfield, MA01102, Copyright 1986, p.1588.

③ Webster's Third New International Dictionary, Merriam-Webster Inc.Publishers, Springfield, MA01102, Copyright 1986, p.1812.

释是“办理法律事务、解决法律纠纷的步骤、次序”①。而且，在英语中，这三个词不能随意互相取代，要根据不同的“事情”用不同的词语。

汉语用一个词表示，英语却用三个不同的词表示，这表明，对使用英语的人来说，这三种“程序”是不同的②。细究，它们有以下不同。

Order 是指不以人的意志为转移的事物发展变化的过程，强调过程的客观性。虽然这个词也可以用于人参与的事物过程（比如操作机器的程序），但它不强调人对过程的设计和人与人之间的关系，只是客观地表述过程本身。

Program 是指人设计的事物过程，它强调人对过程的设计。不管这种过程是在人设计后由物来进行（比如计算机程序、机械自动化程序），还是在人设计后由人来进行（比如节目表演程序），凡是由人设计后自动进行的过程，都可以称为 Program。

Procedure 是指两个以上的人互相协调进行的过程（比如签订合同、解决纠纷、追究犯罪等），它强调“人与人之间的关系”。这样的过程当然由人设计、由人进行，并且也有方式、方法、步骤、空间和时限，但它的要害是过程中人与人之间的关系。显然，这个词只能用于立法、诉讼、行政以及协商、协调、仲裁、签订合同等过程中。

以上三种“程序”的区别在于人在“事情”中的地位、作用和关系不同。Order 不强调人对物的特殊地位和特殊作用，即使有人在其中，也

---

① Webster's Third New International Dictionary, Merriam-Webster Inc.Publishers, Springfield, MA01102,Copyright 1986, p.1807.

② 英语用三个不同的词汇把程序与具体的“事情”紧密结合起来，而汉语没有这样做，并不表明汉语有缺陷。两种语言各有优长，简要而言，英语较注重对概念的分析，较易区分不同概念之间的差异，汉语较注重对概念的综合，较易保持不同概念之间的联系。语言在漫长的发展过程中，总是适应使用这种语言的社会发展的需要，当社会需要从原有概念中区分出有所区别的概念时，就会产生出含义相近而又有所区别的新词汇。汉语之所以没有把三种程序在词汇上区分开来，是因为社会生活本身尚未产生区分它们的明显需求，而不是汉语作为一种语言体系有什么落后之处。

只是表述物与物的关系；Program 强调人对物的特殊地位，强调人对物施加影响，表述人与物的关系；Procedure 只说人，不说物，完全表述人与人之间的相互地位、相互作用和相互关系。由于社会是人与人组成的结构，物与物、人与物都不能构成社会，因而物与物、人与物都是自然关系，关于这两种关系的程序都是自然程序；只有人与人之间的关系才是社会关系，因而也只有关于人与人之间关系的程序才是社会程序。由此可见，把程序解释为“方式、方法、步骤、空间和时限”，只是 Order 意义上的程序，完全没有与行政程序这件“事情”结合起来。行政程序法调整的是人与人之间的社会关系，因而行政程序法上的程序是指社会程序，应当用 Procedure 来表示①。只有这样，才能抓住行政程序法上“程序”的本质属性。对于行政程序法上的程序来说，方式、方法、步骤、空间和时限并不是最重要的，并不反映它的本质属性。它的本质属性是对行政过程中人与人之间关系的调整。现行许多行政程序法的定义问题就在于此，这些定义没有抓住行政程序法上程序的本质，因而不能给行政程序法下一个正确的定义。

三、“程序”的新定义

上面指出了有些行政程序法定义存在的问题，并且指出产生问题的原因在于对行政程序法上“程序”的定义理解有误。这样，就可以给行政程序下一个新定义，为进一步给行政程序法下一个新定义打下基础。

早在 10 多年前，有两位学者对法律意义上的程序下了与众不同的定义。一位是季卫东教授，一位是关保英教授。季卫东在《中国社会科学》1993 年第 1 期上发表的《法律程序的意义》② 一文，给法律意义上的程

---

① 当然，Procedure 中也有“顺序、方式和步骤”，但我们不能说 Procedure 就是“顺序、方式和步骤”。正如人确实是动物，但我们不能说人就是动物。打个比方说，我们给“工人”下个定义，不能说工人是指“从事工业劳动的动物”，宁可多说几句，比如说“从事工业劳动的从猿进化而来的具有高度智慧的动物”，因为只有“从猿进化而来的具有高度智慧的动物”才能完整、实质地表述“人”。

② 季卫东：《法律程序的意义》，《中国社会科学》1993 年第 1 期。

序下了定义。他首先写道："程序，从法律学的角度看，主要体现为按照一定的顺序、方式和步骤来作出法律决定的过程。"这个定义与词典上对一般程序的解释没有什么区别，所以，这一定义并没有像他自己说的那样体现"法律学的角度"。有趣的是，季卫东教授在这篇文章的另一处对程序作的表述反而是一个能够体现"法律学的角度"的定义。他写道："程序是交涉过程的制度化"①。这一表述与一般程序定义相比较有两个不同，一是没有使用"步骤、次序"等词语，而是用"过程"来代之。既然是"过程"，自然就包含着"步骤、次序"。二是使用了"交涉"这一词语，就是说，法律意义上的程序与一般意义上的程序不同就在于，法律意义上的程序是"交涉"的过程，而不是"步骤、次序"意义上的过程。"交涉"二字使这个定义真正指出了法律意义上的程序的本质特征。

季卫东这一表述还有一个令人钦佩之处就是用了"制度化"这一词语。所谓制度化就是规则化，"程序是交涉过程的制度化"指出了法律意义上的程序是一种规则，规则是程序的要素，没有不体现为规则的程序，这一点是十分重要的。在交涉过程中，并不是每一个步骤、方式、次序都是程序，很多步骤、方式、次序只不过是自然过程，没有规则化的必要；还有一些步骤、方式只是单方面的做法，不是约定俗成的规则或交涉双方的约定，这些步骤、方式也不是法律意义上的程序。只有那些被规则化了的方式、方法、步骤、次序、空间、时限才是法律意义上的程序。当然，规则化的状态是多样的，可以用法律的方式规则化，成为法律程序或程序法；可以用习惯的方式规则化，成为程序习惯；可以用道德的方式规则化，成为程序道德；还可以用宗教、党派等方式规则化，成为宗教程序或党派程序。不管用什么方式或因什么原因而规则化，只要某些步骤、方式、次序被规则化，那么这些步骤、方式、次序便成为"程序"。所以，季卫东用"制度化"这一词语，不但是正确的，而且是深刻的。从"制度化"这个意义上来理解程序，就把"程序"与"制

① 季卫东：《法律程序的意义》，《中国社会科学》1993年第1期。

度”“规则”天然地联系起来了。

任何“步骤、方式、次序”，如果没有被制度化、规则化，那它根本就不是程序，仅仅是步骤、方式、次序而已，这样的步骤、方式、次序是不确定的、恣意的、可以不承担责任地变更的。只有被制度化、规则化的步骤、方式、次序才是程序，才能在一定程度上具有确定性、约束性、不被任意变更。这就把那些单方面的步骤、方式、次序（order）排除在程序之外，免得有些人用它们来假冒“程序”。指出这一天然联系，揭示了程序天然可以用来约束交涉过程的重要价值，哪里有程序，哪里就有对交涉过程的约束。此外，季卫东这一定义也足以把程序与实体区别开来。实体固然也是与交涉有关的，但它不是交涉的“过程”，而是交涉的依据和结果。所以，季卫东所下的这一定义，几乎足以作为对法律意义上的程序下的一个合适的定义，从而作为给行政程序法下定义的基础。但是，在具体用语上，似乎还可推敲，比如，把“交涉过程”称为“人与人之间协调过程”也许更为贴切，适用范围也更为广泛一些。这将在下面进一步说明。

关保英教授下的定义也值得借鉴。他写道：“程序是法律制度中的一个现象，所反映的是法律参加主体的关系定位以及各主体在权益交换过程中的运行规则。”同季卫东教授的定义相比，这一定义的毛病比较多一些。第一，他说“程序是法律制度中的一个现象”，如果他的本意是说程序是法律制度特有的现象，那就不妥，因为除了法律制度以外，在习惯、道德、宗教、党团等许多领域都有程序现象。也许他的意思是“程序是法律制度的现象之一”，如果是这个意思的话，宜表述为：“程序是社会生活的一种现象，它也在法律制度中发生”。第二，他的定义中“法律参加主体”这一说法令人费解。如果理解为“法律规定有权参加行政活动的主体”，那就需要法律上先有规定，而在定义中用法律的规定作为前提，势必造成循环定义。如果理解为“参加法律关系的主体”，那就应当称为“法律关系主体”，不宜叫“法律参加主体”。而且，即使改称“法律关系主体”仍然要以法律规定为先决条件，因而还是陷入循环定义。第三，定义中“关系定位”这一说法也令人费解。法律程序固然要对主体之间的关系进行定位，但在给程序下定义时，不能把它们也纳入进来。打个比方：签订合同时，合同各方要写明各自的名称、住所、联系方式等内容，这是他们的关系定位，但是，我们给合同下定义时，不能说合同是指民事主体的“关系定位”以及通过平等协商达成的协议，只需说“合同是指民事主体通过平等协商达成的协议”就行了，关系定位并不是合同的前提而是合同的组成部分。第四，“权益交换过程”也令人费解。是指“交换权益”的过程吗？用于民事程序还行，用于行政程序明显不合适，因为行政程序是管理与被管理的过程，而不是行政主体与相对人互相交换权益的过程。是不是指“程序性权利和利益互相交融的过程”呢？听起来有点道理，如果是这个意思的话，那就应当写清楚，否则很容易产生歧义。进一步看，即使表述为“程序性权利和利益互相交融的过程”，仍有不妥之处，因为这样给程序下定义，把程序这个词用在定义中，仍有“循环定义”之嫌。但是，关保英教授的定义还有可取之处的。他没有说“程序是顺序、方式和步骤”，而是强调程序是关于“主体的关系定位”和“权益交换过程”的规则，这就强调了法律意义上的程序是人与人之间交互作用的过程。

相比之下，季卫东教授的定义“程序是交涉过程的制度化”更为可取，只要稍作调整就可以。如果调整为：“程序（Procedure）是人与人之间协调过程的规则”，也许更好。这样定义，体现了程序的几个特征。

1. 程序具有人的主体性。这是指，法律意义上的程序是关于人与人之间关系的规则，而不是有关物与物或人与物之间关系的规则。这里的“人”，可以是个体，也可以是有组织的群体。在法律意义上的程序中，必须由人来作为主体，其他事物都不能成为主体。同时，在程序中，所有利益相关的人都必须作为主体，不能被当作客体。如果在一个程序中，利益相关的人居然被当作客体，这个程序必定是伪程序，也就是说，它不是法律意义上的程序。

2. 程序具有利益相关性（多主体性）。这是指，法律意义上的“程序”中的人必须至少有两个以上，并且利益相关。程序并不是单方面的人或组织的事情，而是互相对应的两个以上的人或组织之间的事情，是人与人、人与组织、组织与组织之间的事情。也就是说，程序中存在着主体之间的相关性。程序中主体之间的相关性并不是物理、化学、生物学等意义上的相关，而是利益的相关。人们都生活在地球上，他们由此构成物理、化学、生物或哲学意义上的“相关”，但是，如果他们不涉及利益，并不会因此而进行法律上的交涉、协调。只有当一个或一些人涉及另一个或另一些人的利益时，他们之间才会发生法律上的交涉或协调的必要和可能。一个人跑到大街上向路人告知或诉说，路人与他的告知或诉说没有利益关系，这个人的告知或诉说与程序也就毫无关系。由于利益具体内容的广泛性，因而相关的原因是十分多样的，血缘、婚姻、抚养、雇用、交易、损害、管理、相邻居住、同属一个社区、同属一个国家、同属这个世界，等等，都会引起利益的相关性。相关是指产生影响，利益相关就是对利益产生影响，也就是一个人的行为（包括作为和不作为）影响另一个人的利益，使另一个人的利益增加或减少！如果不产生影响，那就不构成相关。两个工人一起做工，尽管他们每天八小时在一起，可是他们之间发生的法律程序，远不及他们各自与他们的老板之间发生的法律程序。因为老板与工人之间容易发生利益上的互相影响，而工人与工人之间较少发生利益的互相影响。这表明，如果两个人之间没有利益相关性，即使近在咫尺、天天相见，也不会发生法律意义上的程序关系。如果两个人之间有利益相关性，即使远在天涯海角，平生从未谋面，也照样会发生法律意义上的程序关系。程序的这个特征也可以叫作“多主体性”特征。任何单方面的程序都不是法律意义、社会意义或 Procedure 意义上的程序。法律意义、社会意义或 Procedure 意义上的程序必须是两个以上所有利益相关的主体共同参与的程序。这个特征落实到行政程序中来，意味着任何具体的行政活动的利益相关者都应当在行动活动中享有程序性权利、承担程序性义务，并且他们的程序性权利和义务互相对等、互相协调。有的学者说，“合理的程序规则可以促进效率的提高，可以为效率提供有效的保障手段。而不合理的程序规则往往会阻碍效率的提高。"① 什么样的程序规则会阻碍效率的提高呢？主要就是单方面的程序规则，而单方面的程序是伪程序。

3. 程序具有协调性。这是指，程序的目的或作用是协调利益相关者之间的关系。利益相关者并不一定用协调的方法来处理他们的关系，可能会用别的方法，比如肉体消灭、暴力强制等办法。在这种情况下，程序没有用武之地。只有他们用互相协调的方法来调整他们的关系时，才能产生程序。所以，协调性是程序的一个要素，只有以协调为目的，才有展开程序的必要和可能。法律意义上的程序是为抱有协调愿望的人存在的，如果没有协调的愿望，法律意义上的程序就会变得毫无意义。程序的协调性与季卫东教授的"交涉性"可能具有相同的含义。所谓程序的交涉性可以理解为程序的参与者在程序过程中享有表达自己意志的权利，这种权利对于协调来说是不可或缺的。所以，协调与交涉应该是同义的。

4. 程序具有过程性。这是指程序表现为时间上的延续过程。前面已经详细说过，法律意义上的程序同 Order、Program 意义上的程序的相同之处，在于也表现为一个时间过程，也需要一定的方式、方法、步骤、空间和时限，这是实体不具备的。这一特征使程序区别于实体，而其他特征都不足以使程序与实体区别开来。实体也是"协调人与人之间关系"的，只是，实体协调人与人的关系是用直接确定当事人利益的办法来实现的。比如在刑法中，实体规范用于确定犯有某种犯罪行为者的刑期；在民法中，实体规范用于确定构成民事责任者承担责任的方式；在行政法中，实体规范用于确定行政机关有权要求当事人履行的社会义务；在宪法中，实体规范用于确定公民的权利和自由。这些实体规范直接与人的利益相关，有的是利益的确认，如自由、权利等；有的是利益的增加，如获得赔偿、获得荣誉等；有的是利益的减少，如失去自由、支付赔偿等。与实体不同的是，"程序"协调人与人的关系并不用直接确定当事人利益的办法，而是协调利益相关者在确定他们利益时的行为关系。比如

---

① 关保英：《行政法的价值定位》，中国政法大学出版社 1997 年版，第 276 页。

在刑法中，程序规范并不规定犯罪者的刑期，而是规定犯罪者在受追究的过程中与侦查人员、检察官、法官之间的行为关系；在民法中，程序规范并不规定构成民事责任者承担责任的方式，而是规定原告、被告、法官之间在确定民事责任过程中的行为关系；在行政法中，程序规范并不规定公民的社会义务，而是规定行政机关与公民之间在管理与被管理过程中的行为关系；在宪法中，程序规范并不规定公民的自由和权利，而是规定公民与国家的组织者之间的行为关系。由此可见，实体是关于“利益”的，程序是关于“行为”的。虽然“利益”是“行为”的目的和结果，但利益本身不是行为；同样，虽然“行为”以“利益”作为目的和结果，但本身并不是利益。因此，实体可以定义为：“人与人之间利益分配的规则”。

5. 程序具有规则性。这是指法律意义上的程序是一种具有权利和义务内容的规则。至于这种规则是基于法律、基于习惯，还是基于双方的约定，并不影响对法律程序的理解，要紧的是这种规范应当是被他们双方或者是被包括他们双方在内的社会群体认可的。此外，作为程序规则内容的权利义务应当是平等的，各主体的程序性权利义务应当互相对应，一方的权利是对方的义务，而对方的权利又是这一方的义务。同时，各主体的权利义务还应当均衡。

四、行政程序法的新定义

在法律程序的定义确定后，给行政程序法下一个新定义就不困难了。根据法律程序的定义，结合行政活动的具体情况，行政程序法的定义应当是：“关于行政活动的利益相关者（主要是行政主体和行政相对人）在互相协调过程中的权利义务的法律规范”。这个定义具备上面写到的法律意义上程序的5个特征。

第一，具备程序的主体性特征。行政程序法调整行政活动相关者之间的关系，这是人与人之间关系，而不是人与物或者物与物之间的关系。行政活动的利益相关者主要是行政主体和行政相对人，还包括行政权归属主体，其他社会成员，比如与行政活动相关的被调查人、鉴定人等。

第二，具备程序的利益相关性（多主体性）特征。行政程序法的主体至少有行政主体和相对人两个，他们利益相关，互相影响。与行政活动利益相关的首先是行政主体，他们在行政管理方面被国家赋予职权和职责，能否履行好他们的职权和职责，显然与他们的利益密切相关。与行政活动利益相关的还有行政活动中的相对人，他们是行政管理的对象，因而行政活动与他们的利益十分密切。此外，与行政活动利益相关的还有其他参与人，比如行政活动中的被调查人、鉴定人等，他们由于某些客观或主观原因参与到行政活动中来，与行政活动发生利益关系。

第三，具备程序的协调性特征。在行政活动中，并非事事皆须用行政程序法来规范，只有涉及互相协调的事项，才需要并且应当用行政程序法来规范。比如，行政程序法有必要规定听取相对人意见的程序，有必要详细规定听证要由专门的行政人员主持，要做好记录，并经相对人审读和签字等，因为这些事项涉及行政主体与相对人的互相协调。但是，行政程序法无须规定主持听证的行政工作人员要不要吃早饭、打领带，也无须规定听证记录用纸必须用 A4 规格的纸张，因为这些与利益相关者之间的协调没有关系①。

第四，具备程序的过程性特征。行政程序法同所有的程序一样，以过程为基础。

但是，过程本身已经不是行政程序法的本质特征，所以无须将过程这一概念在定义中加以展开。

第五，具备程序的规则性特征。行政程序法是有关行政程序的法律

---

① 在这个问题上，许多学者提出了内部程序与外部程序的划分，这是正确和必要的。在行政主体内部也存在管理活动，在内部管理活动中，管理者与被管理者也同样形成利益相关者，他们之间的互相协调也需要规定为行政程序法，但属于内部行政程序法，而不是外部行政程序法，因为同行政主体与相对人之间的协调无关。当然，内部程序与外部程序重合的情形是存在的，但在总体上是有区别的，不能互相取代。这一划分从另一侧面证明程序以“互相协调的行为过程”作为内容和范围。（参见关保英：《行政法的价值定位》，中国政法大学出版社 1997 年版，第 187—203 页）

规范的总称，由立法机关制定，具有法律的权威性。行政程序法不仅可以指一部以“行政程序法”命名的专门法律，而且指各个法律中有关行政程序的法律规范的总和。这个要素是行政程序法定义的形式要素。

这个定义，不会像前面提到的行政程序法的一些定义那样存在着“行政程序怎么规定都无妨”的问题，因为这个定义明确了行政程序法上的程序本质上是利益相关者之间的“协调”。这样，与协调无关的事项，比如上面提到的“朗读文学作品”之类，不需要在行政程序法中规定；不利于协调的，比如前面提到的“打耳光”之类，不应当在行政程序法中规定。

五、行政程序法的本质是相对人参与

通过前面的论述，现在进一步阐述行政程序法的本质。所谓“本质”，是指事物根本的性质①。行政程序法的根本性质可以概括为以下两个方面。

第一，行政程序法根本上是为了调整行政主体与相对人之间的关系。行政是国家对社会进行管理的活动。为了达到行政的目的，国家需要建立行政机构，使之成为行政主体，赋予行政职权，履行行政职能。在行政过程中，必然有被管理人——相对人，这时就发生了一个重要的社会关系，就是行政主体与相对人之间的关系。这种关系虽然是以国家与公民的关系（在民主国家中，是公民个体与公民全体之间的关系）为基础产生的，但它并不因此而显然次要，而是一种极为重要的社会关系，是一个有组织的社会必然发生的、表现这个社会组织化程度的基本社会关系。对这种社会关系必须进行妥善的调整，否则，它所引发的社会问题甚至比无组织的社会产生的问题还要严峻。

行政主体与相对人之间的关系，同国家（公民全体）与公民（公民个体）的关系是不同的。关于这一点，关保英教授做了相当精彩的阐述。他说：“国家权力的主体可以分为归属主体和行使主体，同样道理，行政

---

① 《新华词典》，商务印书馆 2001 年修订版，第 44 页。

权作为国家权力的组成部分，也可以分为归属主体和行使主体。所谓行政权的归属主体，就是指行政权所有者，即谁是行政权的实际享受者；所谓行政权的行使主体就是指行政权的行使者，即谁是行政权的实际行使者。”“由于人民是一个集合概念，是由无数单个个体构成的，因而，在绝大多数情况下，既不可能，也没有必要直接行使行政权。这样便产生了行政权的行使主体。”① 从这段阐述可以看出，所谓行政主体，实际上是行政权的行使主体，而不是行政权的归属主体。在现代资本主义和社会主义国家，依据它们的宪法，行政权的归属主体是全体人民，行政权的行使主体是行政机关以及其他依法行使行政权的机构。

更为可贵的是，关保英教授的论述实际上指出了三种关系，一是公民整体（国家）与公民个体的关系，二是公民整体（国家）与行政主体的关系，三是行政主体与公民个体的关系。他说：“行政权归属主体和行政权行使主体是一个矛盾着的事物，二者有着经常性的不协调，甚至明显的矛盾冲突。”② “行政权行使主体相对于行政权的归属主体而言是处于工具状态的，是归属主体完成其宗旨的一种手段。”“在民主政治体制下，行政权归属主体是一个永恒的概念，其在客观上表现出了极大的稳定性。而行政权的行使主体则是一个具有动态性和可塑性的概念。”③ “行政权的行使主体是由行政权的归属主体设计并制造出来的。”“被设计出来的行政权行使主体从它诞生那天起，就受到了制约，而且始终处于受制约的状态中。”④ “行使主体的行为由两个环节组成：第一个环节是对归属主体的行为环节，其可以从归属主体取得利益，可以经常地从归属主体取得需要的行动信息；第二个环节是对所处理的行政事务的行为环节，此行为是其最主要的行为环节。”⑤ 略感遗憾的是，关保英教授没

① 关保英：《行政法的价值定位》，中国政法大学出版社 1997 年版，第 10 页。
② 关保英：《行政法的价值定位》，中国政法大学出版社 1997 年版，第 14 页。
③ 关保英：《行政法的价值定位》，中国政法大学出版社 1997 年版，第 17 页。
④ 关保英：《行政法的价值定位》，中国政法大学出版社 1997 年版，第 18 页。
⑤ 关保英：《行政法的价值定位》，中国政法大学出版社 1997 年版，第 18—19 页。

有进一步明确指出在第二个环节中，行使主体的行为是对相对人进行的(在民主政体下，相对人正是归属主体的个体)。尽管这样，仍能从他的叙述中清晰地看到，由于国家行政权的归属主体和行使主体相分离，除了国家与公民之间的关系以外，还出现了两个新的关系，一个是国家与行政主体的关系，一个是行政主体与相对人的关系。这两种关系都不能等同于国家与公民的关系。指出这三种关系，为进一步探讨行政程序法在其中起的作用提供了基础。

在民主国家中，这三种关系形成一个回环：公民个体组成公民全体，成为国家的主人，国家建立政府机构，其中有行政机构，行使行政权，行政机构又对公民个体进行管理。如果把这个回环中公民个体组成公民全体的环节作为起点，那么回环的最后一个环节便是行政机构对公民个体的管理。这个环节同样是人与人之间的社会关系，同样需要用法律制度来调整。用什么法来调整这个关系的呢？结论是：要用行政程序法来调整。当然，对这个结论需要进行下面的解释。

在一个以国家为组织形式的社会中，人际关系应当分为两类，一类是公民与公民的关系，一类是国家（包括各种政府机关）与公民的关系。在这两类关系中，国家与公民的关系占主导地位，因为公民与公民的关系需要由国家来调整，而国家要调整好公民与公民的关系，首先要调整好国家与公民的关系。即使在民主国家里，公民也不会因为国家由他们的全体组成而对国家总是十分满意。公民常常对国家不满意，其本质并不是公民个体对公民整体不满意，而是对代表公民整体行使国家权力的各种政府机关不满意。政府机关也是由人组成的，他们会发生三个方面的问题，一是酷政和专断，二是腐败（谋取不当私利），三是懒惰。公民当然不喜欢这样的政府，但是他们除了希望建立一个好的政府以外，没有别的办法。这是社会管理的辩证法，公民整体不可能直接管理每一个公民个体，他们只能通过一个庞大的、层级构造的政府系统来间接地实现这种管理，可是这个政府系统却因此而有可能形成私利，违背公民的本意。怎么办？唯一的办法就是对政府进行控制，就像控制一条家狗或一架机器那样，使它为公民服务而不是危害公民。这种控制必须达到最末端，也就是达到政府系统中与公民个体直接接触的每一个末梢，只有这样才能完全达到控制的目的。行政程序法正是为了达到这个目的而产生的。

也许有人说，控制行政机关的方法多种多样，比如，慎重选拔任用行政工作人员，对行政工作人员进行教育等，为什么一定要用行政程序法呢？理由是，那些方法终究没有控制到末梢，没有控制到行政工作人员与公民直接接触的那一刻、那一处，因此，那些方法虽然可以作为辅助的方法，但终究不是根本的办法。只有程序的方法才是根本的办法，因为程序使公民个体参与到行政活动中来，与行政主体发生互动、交涉，在行政系统的末梢上对行政主体进行控制，从而达到对行政主体完全的控制。

也许有人说，行政实体法不也可以达到控制的目的吗？为什么一定要用行政程序法呢？有两个原因。其一，行政实体法虽为行政主体在行政管理中所用，但其调整的并不是行政主体与公民的关系，而是国家与公民或者说公民整体与公民个体之间的关系。比如林业法规定公民个体不得砍伐某些树木，林业管理部门根据这样的规定对公民伐树进行管理，这样的规定是行政实体法，公民个体根据这样的规定而承担不得砍伐某些树木的义务。但是，公民个体承担的这一义务并不是以林业管理部门为对象，而是以国家或公民整体为对象的。他们如果违反这一义务，侵害的是国家或公民整体的利益，而不是行政主体的利益。行政程序法则不同。根据行政程序法，林业管理部门在处理公民个体滥伐树木行为时，应当进行调查取证和听取有关公民个体的意见，公民个体在这里享有的权利并不是对公民整体的权利，而是对林业管理部门即行政主体的权利。实际上，所谓行政实体法其实并不专门存在。实体法就其分类而言只有两类，一类是人身法，一类是财产法，前者主要为刑事审判所用，也可为行政管理所用；后者主要为民事审判和民事活动所用，也可为行政管理所用。而行政程序法主要为行政管理所用，兼在行政诉讼和行政赔偿诉讼中作为判定事实的法律依据。所以，行政实体法在性质上无法替代行政程序法。其二，行政实体法是行政主体进行行政管理活动的目的依据，但不是它的过程依据。因此，要想在行政管理过程中实现对行政主体的控制，光靠行政实体法是做不到的，只有靠行政程序法才行。

也许有人说，行政系统的上级对下级也可以而且应该进行控制，这种控制也是行政程序法，自古以来就很发达，为什么一定要发展出有相对人参与的、以调整行政主体与相对人之间关系为主的行政程序法呢？这是一个颇为深刻的问题。从国家建立管理系统之日起，这种管理系统内部的层级控制便随之诞生了，一些智慧的国家最高领导人还懂得用制度的方法实现这种控制。但是，如果把这种层级控制制度视为行政程序法，与现代以相对人参与为主的行政程序法混为一谈的话，那就根本上错了。国家最高领导人即使不是公民全体的代表，而是把国家看作自己的私有财产，也会因为面子和怕被推翻的恐惧而对手下的官僚系统进行制度性控制，但决不会建立一套让相对人充分参与管理活动的控制制度。只有当国家最高领导人是公民整体的代表，并且也直接受到公民整体的制度性（程序性）控制时，他才会在民众的推动下逐渐建立起一套允许公民直接参与行政管理活动的现代行政程序法。这就是现代行政程序法首先在奥地利、美国等国家发展起来的根本原因。现代行政程序法固然也有内部行政程序法，并且作为整个行政程序法的组成部分，但内部行政程序法是与外部行政程序法相配套、以外部行政程序法为核心的。离开外部行政程序法的内部行政程序法不是现代意义上的行政程序法，因为它没有对行政系统控制到末梢，没有完成国家、行政机关、公民三者关系的回环。

也许有人说，对行政系统进行如此彻底的控制会不会把行政系统束缚住，妨碍实现行政管理的目的？这种担心完全是多余的。行政程序法只会有助于实现行政管理的目的，不会妨碍实现其目的。这个道理在下面第二部分还将详述。

最后，也许有人说，在行政活动中还有行政主体与被调查人、鉴定人等的关系，他们之间的关系难道不是行政程序法调整的对象吗？是的，当然是行政程序法调整的对象，但调整这些关系是为调整行政主体与相对人之间关系服务的，是以行政主体与相对人关系为中心的，因而是一种辅助的关系。

第二，行政程序法根本上是用促进行政主体与相对人之间协调的方法调整他们之间的关系。

上面的分析已经说明，行政程序法主要调整行政主体与相对人之间的关系，因此而与行政实体法相区别，与单纯的内部行政程序法相区别。需要进一步指出的是，行政程序法根本上是为了规范和促进行政主体与相对人之间的协调。

调整人与人关系的方法有三种，第一种是专断强制，第二种是协商协调，第三种是屈从忍让。在很多情况下第一和第三种方式常常合为一体，一方专断强制即意味另一方屈从忍让。调整行政主体与相对人的关系也可以用这三种方式，但第一和第三种方式与程序无缘，不需要程序。只有第二种方式即协商协调的方式才需要程序。所以，如果不以协商协调为基础、为原则，那么行政程序法也就不存在了。

正因为这些道理，我们也可以说，行政程序法在本质上是关于行政主体与相对人协调过程的法律制度。

第二节 行政程序法的价值

价值一词在词典上有两个解释，一是从经济学的角度将价值解释为“体现在商品里的社会必要劳动”① 或“凝结在商品中的一般的、无差别的人类劳动”②；二是从人们日常使用的角度将其解释为“积极作用”③。这里使用价值一词，当然是用其第二种解释。探讨行政程序法的价值是想回答，人类社会为什么会产生行政程序法？人们为什么需要行政程序法？行政程序法给需要它的人带来什么好处？说到底，行政程序法究竟有什么积极作用？

---

① 《现代汉语词典》，商务印书馆 1996 年修订版，第 610 页。

② 《新华词典》，商务印书馆 2001 年修订版，第 428 页。

③ 《现代汉语词典》，商务印书馆 1996 年修订版，第 610 页。

一、“双重价值说”初步分析

对行政程序法价值的看法，集中体现在行政程序法与行政实体法的关系问题上。概括而言有两种看法，一是认为行政程序法是为保障行政实体法的正确实施而存在的，具有为行政实体法服务的积极作用。为了叙述方便，把这种看法叫作“服务价值说”。二是认为行政程序法并不仅仅是为了保障行政实体法的正确实施，它还有自身独立的价值。这里把这种看法叫作“双重价值说”。

“服务价值说”基本上是从传统的程序概念那里衍生出来的。“传统的程序概念认为，实体所解决的是什么能够做、什么不能够做的问题，而程序所解决的是怎么做或应当怎么做的问题。”① 以这个概念为基础，很自然就会得出程序法服务于实体法的结论。在法学界，“占统治地位的应当是程序外壳论或形式论。认为程序是实体规范的外壳，实体则是程序的内核。实体是本质性的，而程序则是形式的，是法律的一种联系形式。”② 根据这个概念，很自然也会得出行政程序法服务于行政实体法的结论，认为行政程序法是行政实体法的外壳或形式。

“双重价值说”是现代程序正义理论的产物。主张程序正义的学者认为，程序不仅是实现实体正义的手段，而且它本身也是人们追求的目的，因此，程序具有独立的价值。20 世纪 70 年代，在罗尔斯的《正义论》出版的同一时期，在法哲学领域掀起了一股研究程序正义的热潮。这股思潮对功利主义将程序视为实现实体正义的手段或工具的立场进行了批判，提出程序自身具有不依赖于实体而存在的独立价值。其中美国法学家罗伯特·萨默斯于 1974 年发表论文《对法律程序的评价与改进——关于“程序价值”的陈辩》，首次提出了法律程序的独立价值标准问题，在西方法学界引起了强烈反响。萨氏提出，对法律程序的价值评价，除了“好结果效能”标准外，还存在一种独立的标准——程序价值。程序价值

---

① 关保英：《行政法的价值定位》，中国政法大学出版社 1997 年版，第 173 页。

② 关保英：《行政法的价值定位》，中国政法大学出版社 1997 年版，第 182 页。

在此专指通过程序本身而不是通过结果所体现出来的价值标准。诸如当事人对程序的参与、程序所体现出来的理性、人道性、对个人尊严的尊重等就是用来对法律程序进行独立价值评价的程序价值。在萨氏看来，“程序价值是指我们据以将一项法律程序判断为好程序的价值标准，而这种价值标准要独立于程序可能具有的任何‘好结果效能’之外”。这样，萨氏为我们提供了两套各自独立的评价法律程序价值的标准：一套是“产生好结果”的价值，另一套是实现参与性统治、程序理性、对人的尊严予以尊重的价值。前者被称为服务于实体正义的价值，后者被称为程序正义本身的价值①。

“双重价值说”不否定程序的服务价值，而是对程序的“独立价值”进行有力的论证。它们认为，程序在作为实现实体正义的手段和工具的同时，也是保障和体现独立于实体的程序“过程价值”（process value）的机制。这些价值包括参与、对个人尊严的尊重、公平、人道以及程序理性等。程序所蕴含的这些价值固然也有助于正确和公正的实体结果形成，但程序的正当性和公正性并不由它产生的实体结果来证明，而取决于程序是否符合正义的基本要求。

“服务价值说”已经不是当今主流的理论观点，而是在20世纪中后期就已基本过时的传统观点。现在几乎没有人明确地宣称自己持这种观点。

“双重价值说”是现代学者的主流观点，几乎所有论及程序法的现代学者无不宣称自己持这种观点。这种观点对服务价值说持批判的态度，认为服务价值说没有看到程序的独立价值，因而是偏颇的。实际上，双重价值说并不认为服务价值说存在错误，只是在服务价值说的基础上，强调程序法另一方面的价值。这样，双重价值说本身便产生了一个问题：程序的服务价值和独立价值哪一个更为重要？哪一个是程序最本质的价值？或者换句话说：当程序的服务价值和独立价值发生矛盾冲突时，体

① 这里所引萨默斯的言论，以及对萨默斯的评论，均出自王万华：《行政程序法研究》，中国法制出版社2000年版，第59页。

现哪一个价值更为优先？也许双重价值论者说，程序的服务价值和独立价值是统一的，它们不会发生矛盾冲突。这种说法很容易被现实击破，美国的辛普森案件就是程序的服务价值和独立价值发生矛盾冲突的一个典型案例。或许双重价值论者进一步说，程序的服务价值和独立价值应当是统一的，现实生活中它们发生矛盾冲突，说明在现实生活中人们有时候没有把它们充分统一起来，只有体现服务价值的程序才能具有完整的独立价值，也只有体现独立价值的程序才能具有真正意义上的服务价值。可是这样一来，双重价值说又产生一个问题：程序的独立价值终究是受制于服务价值的，离开服务价值，程序便不能"独立"。说来说去，双重价值说终究没有摆脱程序的服务价值的羁绊。

二、"实体"再思考

在学者普遍认同"双重价值说"的基础上，要进一步弄清楚两种价值的关系，则须回到程序与实体的关系问题上来，而要回视程序与实体的关系，又需弄清楚什么是实体。

尽管法学界对"实体"一词使用非常频繁，可是要找到一个关于"实体"的定义却很难。学者们在探讨实体与程序的关系时虽然论及实体，却不给实体下定义，而是引用马克思、凯尔森对"实体"的定义。有的学者引用马克思的论述："审判程序和法二者之间的联系如此密切，就像植物的外形和植物的联系，动物的外形和血肉的联系一样。"① 在这里，马克思显然是用比喻的方式阐述实体与程序的关系。若将这种比喻作为对实体的定义，在学理上是说不通的。我们不能根据这段话认为马克思给实体下的定义是指："植物或动物的血肉"。有的学者引用凯尔森的论述，认为凯尔森"关于实体规则表述得更为透彻"，"他认为形式规范或程序规范决定一个执法主体的创造以及它们所必须遵循的程序。实质规范或实体规范决定了一个执法主体的行为内容"②。如果根据这段表

① 《马克思恩格斯全集》第1卷，人民出版社1956年版，第178页。

② 关保英：《行政法的价值定位》，中国政法大学出版社1997年版，第178页。

述认为凯尔森给实体下的定义是："实体是指执法主体的行为内容"，在学理上也是说不通的。因为凯尔森只是说实体决定了执法主体的行为内容，而并没有说实体就是执法主体的行为内容。

在找不到现成的实体定义的情况下，索性我们自己来比较一下实体与程序的共性和差别，在此基础上，尝试给实体下一个定义。实体与程序有两个共同点：其一，实体和程序一样，也是行为规则；其二，实体和程序一样，也是在利益相关者之间适用的、调整利益相关者之间关系的行为规则。所以，在对实体下定义时，涉及这两点的，可以从程序定义中照搬。要给实体下一个有别于程序的定义，关键在于找出实体与程序的区别。从实体和程序同"利益"之间的关系看，实体与程序主要有以下两点区别。

第一，实体是"直接规定利益"的规则，程序是"规定与利益相关的行为"的规则。简要说，实体规定利益，程序规定行为。这里的"利益"是"行为"的目标和结果，但不是行为；同样，这里的"行为"以"利益"为目标、为结果的，但不是利益。举一个民法的例子：兄弟俩分割遗产，所遵守的关于遗产分割的规定是直接针对利益的，因而这些规定属于实体；分割后的结果也是直接针对各自享有利益的，因而这种结果就是实体。在分割过程中，关于遗产究竟有多少、每一部分遗产的价值是多少、各自还有什么影响分割的特殊情况，等等，兄弟俩均有提出异议、出示证据、表达意见、要求仲裁人裁判的权利和相应义务，这些权利义务不是直接针对遗产，而是针对与遗产分割相关的行为，因而属于程序。再举一个刑法的例子：一起故意杀人案，审判依据的"故意杀人应当判处死刑"的规定是关于人的生命利益的，因而属于实体；审判结果判处一个人死刑是对这个人生命利益的剥夺，也属于实体。但是在审判过程中，关于是不是这个人杀人以及这个人是不是故意杀人等，公诉人有权力并有义务提出证据，被告人和辩护人也有权表示疑义和提供证据，这些权力和义务并不直接针对一般的或具体的生命利益，只是针对与审判相关的行为，因而属于程序①。

第二，实体是“对利益的分配”，程序是“利益分配行为中的人际关系”。由于利益的分配并不创造利益，只是在人与人之间通过增加或减少来调整利益，所以，直接关于利益增加或减少的规范就是实体。与实体不同的是，程序并不直接涉及利益的增加或减少，而是关于利益分配过程中一个人有权对另一个做什么，或者一个人有义务对另一个人做什么。也就是说，程序并不直接规定利益，而只是规定利益分配过程中相关者之间在行为上的权利义务关系，只是与利益分配有间接关系。从语言范式上看，实体规范的语言范式是“主体对客体”，也就是“人对物”，其语言表述的内容归结为一个人得到的表现为客观事物的权利义务内容，比如：“故意杀人的，判处死刑”，“违反合同的，应当承担赔偿责任”，“做出突出贡献的，给予物质奖励”。这里的“死刑”“赔偿责任”“物质奖励”都表现为客观事物的权利义务；而程序规范的语言范式是“主体对主体”，也就是“人对人”，表述的内容归结为一个人对另一个人行为上的权利义务内容，比如：“进行检查时，应当向被检查人出示检查证”，“作出决定时，应当听取当事人的意见”。这里的“出示”“听取”都是一个人对另一个人行为上的权利（相反方向便是义务）。因此，可以这样来鉴别实体和程序：凡是说“某人有权向某人提出什么行为要求”就是程序规范；凡是说“某人对某物享有什么权利”或者“剥夺某人对某物的什么权利”就是实体规范。这样，就可以给实体下一个定义：实体是关于人与人之间利益分配的规则。

---

① 关于程序与实体的这一区别，建议品味一下E. 博登海默的一段论述：“在下述各章节中，我将首先对秩序与安全作一界分。秩序（order）这一术语将被用来描述法律制度的形式结构，特别是在履行其调整人类事务的任务时运用一般性规则、标准和原则的法律倾向。而另一方面，安全则被视为一种实质性价值，亦即社会关系中的正义所必须设法增进的东西。”（［美］E.博登海默：《法理学：法律哲学与法律方法》，邓正来译，中国政法大学出版社1999年版，第219页）

三、程序与实体的关系

如前所述，“服务价值说”认为实体是程序的基础，“双重价值说”虽然强调程序另有不依赖于实体的独立价值，但承认程序对实体的服务价值同时存在。由于“双重价值说”没有深入研究程序与实体的关系，没有从根本上弄清程序与实体究竟是什么关系，因而实际上仍然承认实体是程序的基础，这就使它很容易滑回到“服务价值说”上去，仍然使程序价值依附于实体价值。为此，这里从历史和逻辑上对程序与实体的关系进行深入研究，从而得出与“服务价值说”恰好相反的结论：程序是实体的基础，实体是程序的产物。可从三个方面来阐释这个观点。

第一，程序的原初性和实体的继受性。这是指，在每一个实体规范前面都存在着产生这一实体规范的程序规范，而在最初的那个程序规范之前却没有实体规范。在人间存在着先于一切实体规范的原初程序规范，却不存在先于一切程序规范的原初实体规范。而且，那些后于实体规范出现的程序规范并非实体规范的产物，而是之前的程序规范的产物。所以，程序是第一性的，是“自在”的，实体是第二性的，是“派生”的。

关于原初程序的存在可以通过历史考察加以验证。有的学者写道：“英国保存着自13世纪以来的地方商事审判案件的书面记录，因而对它的司法实践进行研究更加饶有兴味。在英国，因为并不存在适用于城市商事法院的实体规范，而商人们又希望得到不同于领主和农民的法律观念的结果，所以，当时的商法在很大程度上被认为是一种迅速而简易的特别程序和关于证据的特别规则。资本家反对封建制的斗争也主要表现为15、16世纪断断续续的程序改革。17、18世纪，正是在程序的革新、再确认和保护的过程之中，资本主义的私法也发展了起来。”① 从这段话

① 季卫东：《法律程序的意义》，《中国社会科学》1993年第1期。据该文注释，其研究资料来自：O.F.Robinsom and Others, An Introduction to European Legal History, Professional Books Limited, 1985, p.168；Cf.S.F.C.Milsom, Historical Foundations of the Common Law(2nd Ed.), butterworth & Co.Ltd., 1981, p.37。

可以看出，在13世纪的英国，城市商事法院没有实体规范，是城市商事法院的程序规范把实体规范创造出来的。后来，在17、18世纪，也是英国法院的程序创造了资本主义的私法。还有的学者指出："从罗马法和英国法的早期历史来看，不存在实体法或实体法规范很不清楚的时期却已经存在诉讼和审判。实体法规范的发展和体系化其实正是长期的诉讼审判实践积累的结果；诉讼法也决不只是所谓的'助法'，而具有左右甚至决定实体法内容的重要位置。"并指出："这样的理解自从50年代东京大学教授兼子一发表《实体法与诉讼法》一书（这本著作是战后日本民事诉讼法学界最重要的文献之一）以后，就得到了广泛的支持。"① 这些论述告诉我们，从历史上看，在没有实体规范的时候，就已经有了程序规范；实体规范是程序活动长期积累的结果。在现实生活中，找不到未经程序产生的实体，这是一个事实问题。如果有人能够找到一条这样的实体规范，那么这里阐述的观点也就站不住脚了。

对程序原初性的揭示，还有更加深远的意义。历史上许多伟大的法学家，由于不懂得在实体之前存在着原初程序，因而不能解释法的来源，使他们笔下的法律几乎成了无源之水、无本之木。例如孟德斯鸠在《论法的精神》中这样写道："这么大的一个行星，必然有不同的人民。作为这个大行星上的居民，人类在不同人民之间的关系上是有法律的，这就是国际法。社会是应该加以维持的；作为社会的生活者，人类在治者与被治者的关系上是有法律的，这就是政治法。此外，人类在一切公民的关系上也有法律，这就是民法。"② 这位让后人十分敬仰的学者告诉人们，因为地球很大、人很多而且有不同的人，所以就有国际法；因为有统治者和被统治者，所以就有政治法；因为公民之间发生关系，所以就有民法。这样解释法的来源，等于没有解释。如果勉强解释，那就很容易产生自然法学说，即用自然法则来解释法的根源。实际上，自然法只是自

① ［日］谷口安平：《程序的正义与诉讼》，王亚新、刘荣军译，中国政法大学出版社1996年版，代译序第2页。

② ［法］孟德斯鸠：《论法的精神》，张雁深译，商务印书馆1961年版，第5页。

然规律，无法解释法的根源。法虽然受制于自然法则，但并不是自然法则，也并非来自自然法则，而是来自人与人之间的社会关系的规则，即程序规则。

为什么许多人长期认为实体先于程序并且是程序的基础呢？是因为人们在使用实体这一词语的过程中出现了错觉。一是误把“利益”当作实体，因为实体总是直接针对利益，所以很容易产生这个错觉。实际上“利益”不是实体规范，而只是“实物”，只有“关于利益分配的规则”才是实体规范，才是与程序规范相对应的实体规范。比如王某有一幢房子，这房子不是实体规范，而是实物。“这幢房子属于王某”这句话才是实体规范。也许这句话来自“主权者的命令”，来自法院的判决，来自一个村民组织的决定，来自被习惯所接受的事实，不管来自何处，这句话属于实体规范。也就是说，只有“关于物与人的关系的规则”才是实体规范，而“物”本身不是实体规范，只是实物。由于人们产生了这个错觉，便把实体当成了程序的基础。二是历史上的统治者常常把原始程序隐而不宣，或者假借神意、天理来确定实体规范，继而为落实这些实体规范进一步规定程序规范，这样就使人们误以为这些实体规范是“原初”的，后面的程序是为这些实体服务的。于是，“实体是程序的基础”的错误观念便日积月累地形成了。

第二，程序的连续性和实体的阶段性。这是指，程序具有把上一个实体规范与下一个实体规范连接起来的作用，而实体则起到把一个总程序分隔成若干阶段的作用。以成文法为例，制宪程序首先制定出宪法，形成宪法层面的实体规范；立法机关根据宪法并按照立法程序制定法律，形成法律层面的实体规范；法官根据法律并按照司法程序作出判决，形成判决层面的实体规范。从制宪到判决，是一个漫长的总程序。在这个总程序中，立法程序和司法程序都起着连接上一个实体和下一个实体的作用，而宪法和法律则起把这个总程序分隔成若干阶段的作用。再以判例法为例。对于无判例可依的案件，法官可以按照司法程序进行判决，同时创制一个判例，形成判例层面的实体规范；对于下一个同类案件，法官根据已有的判例并按照司法程序进行判决，形成判决层面的实体规范。从创制判例的判决到以后的判决，也是一个总程序。在这个总程序中，司法程序同样起连接上一个实体和下一个实体的作用，而创制判例的判决也同样起把这个总程序分隔成若干阶段的作用。这样，在现实生活中，程序与实体就形成一个链条：程序—实体—程序—实体……。这就像一列火车，每一段程序就像一节车厢，它被上一节车厢所带动，又带动下一节车厢；实体规范就像前后两节车厢之间的间隔，意味着上一节车厢的结束和下一节车厢的开始。以火车来打比方可以说明好多道理。比如，在第一节车厢前面没有间隔，这就像在原初程序前面没有实体一样。又如，我们可以使用只有一节车厢的火车，但无法使用只有连接而没有车厢的火车。同样，我们可以不把程序分成若干阶段，只凭一段程序就作出最终的判决，譬如通过全民公决来作出决定就是这样的情况。但是，我们不能只有实体而没有程序。此外，火车还给我们这样的启示：在现实生活中，绝大多数火车都要分成若干节车厢，因为现实生活既需要火车有相当的长度以满足运输量的要求，又需要火车分成若干节车厢，以适应曲折的道路。同样，社会生活既要求程序具有相当的延伸，以保证人民的意志能够通过程序贯彻到解决社会矛盾的每一个事件中去，又需要程序具有相当的灵便，以避免动辄用全民公决来解决数量庞大的具体纠纷，即使全民公决在技术上可以实施，代价也过于昂贵。

需要指出的是，虽然程序与实体呈现“程序—实体—程序—实体”的关系，但两者并不是“先有鸡还是先有蛋”的关系。因为程序具有原初性，原初程序并不依赖实体而产生和存在。另外，程序之前的实体与程序之后的实体是不同的，后一个实体与前一个实体相比，总是更为具体，因而是前一个实体的具体化。

第三，程序的能动性和实体的被动性。这是指，程序可以改变实体甚至改变程序本身，而实体不能改变程序包括不能改变实体本身。由于程序是利益相关者之间的关系，因而利益相关者之间的协商可以改变一切。全体人是人的一切事情的利益相关者，他们可以决定一切程序问题和一切实体问题。他们可以通过立法规定盗窃 1 万元者应判处有期徒刑 3 年，也可以改变这个立法，规定盗窃 1 万元者只判处有期徒刑 1 年。许多法律都有这样的规定："当事人另有约定的除外"，这是给利益相关者保留的能动性程序权利。然而，实体却不具有这种性质，因为它是程序的结果，非经程序它无法逆转或者改变。

说到这里，便可以得到一个结论，程序并不依赖于实体而存在，相反，实体倒是依赖于程序而存在。当然，不能认为实体可有可无、微不足道，它起着节约资源和控制下一阶段程序的重要作用。节约资源，就是不必用原初程序来解决一切社会问题。每一起具体纠纷都要由原初程序来解决，在许多情况下原初程序力不从心，即使原初程序能够做到，也会造成资源的很大浪费。控制下一阶段程序，就是上一阶段程序通过制定实体规范来限制下一阶段程序。为了防止下一阶段程序发生偏离，上一阶段程序要对下一阶段程序进行控制。控制的办法有两种，一是对下一阶段程序进行精心的设计，称为程序控制法；二是为下一阶段程序制定详细的实体规范，缩小下一阶段程序裁量的余地，称为实体控制法。程序控制法赋予下一阶段程序的参与者较多的自主权，通过他们之间的相互制约达到控制的目的；实体控制法不给下一阶段程序的参与者较多的自主权，只允许他们在实体法限制的范围内作出决定，达到控制下一阶段程序结果的目的。

四、"服务价值说"的完全摒弃

在上文分析了程序与实体的关系后可以明确，关于程序的"服务价值说"是错误的，这个理论应该完全摒弃。表面上看，程序似乎是为正确实施实体规范服务的，但实际上不是，因为在原初程序前面没有实体规范，根本无从为实体规范服务；即使在已经有了前一程序形成的实体规范的情况下，后续程序也不是为已有的实体服务，只不过是前一程序的延续而已。

也许有人说，程序并不是为它前面形成的实体规范服务，而是为形成正确的实体结果服务，也就是为"实体正义"服务。对了，著名的美国学者罗尔斯正是这样说的。让我们来看看他的观点能不能成立。罗尔斯在《正义论》中讲述了著名的"分蛋糕"的寓言故事："一些人要分一个蛋糕，假定公平的划分是人人平等的一份，什么样的程序将给出这一结果呢？我们把技术问题放在一边，明显的办法就是让一人来划分这蛋糕，其他人都被允许在他之前拿。他将平等地划分这蛋糕，因为这样他才能确保自己得到可能有的最大一份。这个例子说明了完善的程序正义的两个特征。首先，对什么是公平的分配有一个独立的标准，一个脱离随后要进行的程序来确定并先于它的标准。其次，设计一种保证达到预期结果的程序是有可能的。当然，在这一事例中有某些假设，比方说选择的人在技术上能够均等地划分这块蛋糕，并且有想得到他能得到的最大一份的愿望等等。但我们可略去这些细节，关键的是有一个决定什么结果是正义的独立标准。”①

罗尔斯在这里多次强调一个假定，即“人人平等的一份”，并把这个假定称为“公平的分配”，是结果正义的独立标准。对这些参与分蛋糕的人来说，这个假定是一个实体规范，因为它规定了他们对以这块蛋糕中平等的一份为载体的物质利益享有权利。但是，这个实体规范在这里只是一个假定，罗尔斯用“假定”来避开回答这个实体规范从哪里来的问题。可是，在现实生活中不能这样假定，每一条实体规范都必须有它的来源，否则这条实体规范就行不通。实体规范从哪里来呢？只能通过程序产生，只能是某种程序的产物。哪怕它是某一位“主权者的命令”，这种命令也是一种程序。当然，它更有可能是参与分蛋糕的人共同协商或认可的结果。这样看来，在实体规范之前和之后都有一个程序，这两个程序是什么关系呢？它们是一个整体，它们联结在一起构成一个总程序。中间的实体规范只不过使这个总程序停顿一下而已。这个总程序也可以不停顿，比如，如果他们是五个人，刚好得到五块一样大的蛋糕，经过协商认为每个人应当得到一份，于是一人一块。整个程序一气呵成，无须停顿，因而也就无须形成两段程序中间的实体规范。但是，社会现实生活中极少这样巧合，未必人人得到平等的一份，因为每个人的贡献可

① ［美］约翰·罗尔斯：《正义论》，何怀宏等译，中国社会科学出版社 1988 年版，第 81 页。

能不同；也未必刚好得到五块一样大的蛋糕，等等。在这些复杂的情况下，就需要程序的停顿，先确定一些分配的原则，再通过下一阶段的程序来实现这些分配原则。但是，不能因为程序的停顿就忘记了前面的程序，忘记了前后程序的连续性，以至于把程序与实体的关系看颠倒了。通过对这个寓言故事的分析不难看出，决定这个蛋糕分配的，不是那条实体规范，而是整个程序过程；离开整个程序过程，那条实体规范根本不存在，那个实体结果也不存在，怎么能说程序为实体服务呢？所以，只能说程序决定了实体结果，而不能说程序为实体结果服务。

罗尔斯的"不完全的程序正义"更容易使人认为程序服务于实体结果，需要重点分析一下。罗尔斯将程序正义分为三种类型：第一种称为"纯粹的程序正义"，是指正义的标准不存在，只要遵从程序规则，无论结果如何，即符合正义。比如"无技术博弈"，只要博弈规则不是专门有利于某个特定的参加者，合乎程序就合乎正义。第二种称为"完全的程序正义"，是指在程序之外存在着判断结果是否合乎正义的标准，而程序的设计能够达到这个标准。典型的情况就是上面说的分蛋糕：把蛋糕完全均等地分给数人的场合，只有达到均分的结果才合乎正义，把程序设计成让切蛋糕的人最后取他自己那一份，就能够达到这个结果。第三种称为"不完全的程序正义"，是指在程序外存在着判断正义的客观标准，但完全满足这个标准的程序不存在。典型的情况是刑事诉讼：刑事诉讼要求查明案件的真相，真实是程序之外的标准，但无论怎样精巧地设计程序，认定无辜的人有罪或相反的结果偶尔也会出现。罗尔斯提出的"不完全的程序正义"，特别容易使人产生"程序服务于实体结果"的推论。所以，有的学者认为，罗尔斯的分析表明："程序的正义总是被与通过程序而达到的结果联系起来考虑"①，因此，程序总是服从和服务于实体的。然而，罗尔斯的分析是有问题的。上一节谈到，在人所参与的事物过程中，有两种程序，一种是人与物的关系意义上的自然程序

① ［日］谷口安平：《程序的正义与诉讼》，中国政法大学出版社 1996 年版，第 2 页。

(Program)，另一种是人与人的关系意义上的社会程序（Procedure）。刑事诉讼包含这两种程序：一是自然程序，由刑事技术决定；二是社会程序，由人与人之间的关系决定。这两种程序都会影响案件真相的查明，刑事技术落后，会影响查明案件真相，人与人之间关系不平等，更会影响查明案件真相。如果说其中的自然程序（刑事技术）为查明案件真相服务，这话完全正确。但是，如果对其中的社会程序（人与人之间的关系）也作这样的判断，那就错了。在刑事诉讼中坚持人与人之间的平等关系、维护被告人的地位和权利，主要不是为查明案件真相服务，而是为了维护整个社会人与人之间的平等关系。也就是说，刑事诉讼中的社会程序（它是刑事诉讼程序的核心）主要是为维护整个社会人与人之间关系服务的，由于它影响自然程序（刑事技术）的运用，因而它也影响甚至决定性地影响查明案件真相①。因此，我们只能说它在刑事技术既定的情况下决定了案件真相能否查明，而不能认为它是为查明案件真相服务的。罗尔斯的问题就在于没有把程序区分为自然程序和社会程序。所以，他关于程序正义的三种类型并不能说明程序服务于实体，反而说明社会程序决定自然程序的运用。如果社会程序设计不合理，就会抑制自然程序的运用，甚至自然程序完全得不到运用。比如在专制的而不是民主的社会程序中，办案的法院可以滥用或者不用刑事技术。

也许有人说，程序与实体是互相转化的，因而程序可以为实体服务，实体也可以为程序服务，两者互相服务。我认为，不能把程序与实体的互相转化看成程序为实体服务。如果一定要说谁为谁服务的话，倒不如说实体为程序服务，而程序则为维护社会整体的人与人之间关系服务。

五、程序的独立价值是其唯一价值

在阐明了“服务价值说”的错误之后，只要借鉴“双重价值说”的

① 在社会整体的人与人之间关系不平等的情况下，刑事诉讼中社会地位低下的人常常成为冤假错案的受害者，这就是因为刑事诉讼中的社会程序决定自然程序（刑事技术）的运用，进而决定性地影响诉讼的实体结果。

研究，就可以比较容易地说明，关于程序的价值，既不能持“服务价值说”，也不能持“双重价值说”，只能持“独立价值说”。

主张“双重价值说”的学者通常就是主张程序正义的学者，他们认为，程序不仅是实现实体正义的手段，而且也是人们追求的目的，即程序具有独立的价值。从20世纪20年代以来，除了罗尔斯以外，还有几位杰出的理论家也系统地阐述了程序的价值。他们对功利主义将程序视为实现实体正义的手段或工具的立场进行了批判，提出程序自身具有不依赖于实体而存在的独立价值。这些理论家主要有：R.庞德①、朗·富勒②、哈特③、伯尔曼④等。

R.庞德是美国“社会法学”的创始人。他认为法律是一种社会控制手段，可以类比为工程，法学则是社会工程学，是研究法律这种社会控制手段的学问，因而法学应当侧重研究司法、行政的过程。由于他把法作为一种流动的社会控制程序和社会系统工程，因而他强调不仅要注意到“书本上的法”(law in book)，更要注意到“行动中的法”(law in action)。他把从公元6世纪以来人们对法律的理解分为三种：第一种把法律理解为政治组织和社会强力用来调整社会关系和安排人的行为的制度；

---

① ［美］Roscoe Pound（1870—1964），主要著作有：《法律史解释》（中译本曹玉堂、杨知译，华夏出版社1989年版）、《通过法律的社会控制》《法律的任务》（这两本书的中译本合并为商务印书馆1984年版）、《法律社会学基本原则》（哈佛大学出版社1936年英文版）、《法理学》（哈佛大学出版社1958年英文版）等。

② ［美］Lon L. Fuller（1902—1978），美国著名法理学家、新自然法学派的代表人物；主要著作有：《法律的道德性》（美国纽黑文出版社1967年英文版，耶鲁大学出版社1969年英文修订版）、《社会秩序的原则》（美国杜克大学出版社1981年英文版）等。

③ ［英］H.L.A.Hart（1907— ），主要著作有：《法律的概念》（英国牛津大学出版社1961年英文版）等。

④ ［美］Harold J.Berman（1918— ），主要著作有：《法律和宗教》（中译本为上海三联书店1991年版）、《法律和革命》（中译本为中国大百科全书出版社1993年版）、与W.R.格林莱合著的《法律的性质和功能》（美国基石出版公司1980年英文第4版）等。

第二种把法理解为据以作出司法或行政决定的权威性资料、数据或指示；第三种把法理解为解决各种案件和争端的过程。他认为这三种对法律的理解都表明法律与程序是分不开的。第一种理解实质上是把法律理解为法律秩序，也就是法治，在法律秩序中，“程序是法治的核心，是法治从法律形态到现实形态的必不可少的环节”。第二种对法律的理解同样与程序分不开，即使把法律单纯地理解为纸上的法令，程序对于法令的发展和适用具有同样的权威性和重要性，比如大陆法系依赖于法律推理过程和法律解释技巧，受到程序的严格制约。第三种理解主要是判例法国家法官们的看法。这种看法已经直截了当地把法律理解为一种过程，也就是程序。即使是第三种看法，也并不偏激，不仅是判例法国家在程序过程中形成法律，就是在成文法国家，也在立法和司法程序确立的框架内形成法律，“通过程序进行的这个过程赋予法律以生命”。R.庞德在他的社会法学理论中，表达了丰富的程序思想，认为：“法律社会工程的主要内容就是作为工具的操作系统。这不过是一种程序性的装置罢了。在这个装置里，所有的法律参加者都遵循一定的方法或途径，审理案件，辩论是非；所有的事实和材料只有经过一定法定方式或步骤取得或确认，方能成为决定的依据；经由对这些过程的预测，一个大致清楚的决定便可以形成。若仍有疑虑和不足，将进入下一个程序。每一个环节的完成，当事人的选择越来越少，限制越来越严密，一切程序参加者都受自己的陈述与判断的约束。人们一旦参加程序，那么很难抗拒程序带来的后果。在这些过程中，人得到了控制，至少是人的恣意得到了控制。”① 他还认为，在今天所谓的程序中，除了司法程序，“还必须加上行政程序”②。R.庞德还用程序来说明法律与道德的区别，指出：“法律是依赖严格的程序进行的，它尽量地排除一些可能产生歧义的情节和条件，其结果的权

① 本自然段的引文见吕世伦：《当代西方理论法学研究》，中国人民大学出版社1997年版，第237页。

② 本自然段的引文见吕世伦：《当代西方理论法学研究》，中国人民大学出版社1997年版，第234页。

威性来自其满足了形式正义原则——依照一体遵循的程序展开事实、作出决定。道德则不同，它让一切因素都进入讨论的领域，又无相应的确定的机制去操作参与讨论的人和材料，使结果无从预测；若有结果的话，其权威性来自于它符合通行的做法。可以说，因为具备程序这样的机制，法律才逐步取代道德而成为社会控制的主要工具。”①

朗·富勒是新自然法学派的代表人物，他的新自然法学的主要内容，就是他称的程序自然法。他认为，法律与道德是不可分的，并且法律具有内在道德和外在道德两部分，内在道德表现在法律的解释和执行上，外在道德表现在法律的实体目标上。由于道德与自然法几乎是同义的，因而法律的内在道德就是程序自然法，法律的外在道德就是实体自然法。法律的内在道德即程序自然法是法律的核心，法律的存在必须以程序自然法为前提。他的学说的一个特点就是把法制归结为一些程序问题，用程序的中立性来对待各种相互对立的实体目标。他提出了程序自然法的八点内容。第一，法律的一般性和普遍性，即同样的情况应受同样的对待；第二，法律的公布，即法律应当让人们了解；第三，法律的可预测性或非溯及既往；第四，法律的明确性；第五，避免法律中的矛盾；第六，法律不应要求不可能实现的事情；第七，法律的稳定性；第八，官方行动和法律的一致性。朗·富勒的理论与R.庞德十分相似，他同样认为，重要的不是法律规定了什么，比如谁享有权利，谁承担义务之类的内容，而是“发现法律的过程”是公开、明确而又审慎的，以及以符合法治的方式去实施法律。

哈特是新分析实证主义法学的创始人。分析法学是在批判自然法学的基础上形成的，特点是运用实证主义的哲学方法对法律现象进行分析，早期代表人物是奥斯丁。20 世纪的分析法学主要有两派代表：一是凯尔森的纯粹法学，二是哈特的新分析法学。这两派对于程序都给予高度重视。凯尔森试图把一切法律现象都还原为程序法，甚至规范的效力也是基于程序的拟制和安排，达到了法律形式主义的极限。但是，由程序来

① 本自然段的引文见吕世伦：《当代西方理论法学研究》，中国人民大学出版社 1997 年版，第 239 页。

决定某一判断正确与否的立场，恰好是追求实质正义的自然法观念的起点，因而凯尔森的理论对自然法学派的批判就遇到了困难。哈特修正了纯粹法学的极端态度，他仍然注重法律的形式和结构，而不是法律的道德内容和社会内容，但他对自然法学则抱温和态度。他认为，应从规则出发来理解法律。法律规则可以分为两类：主要规则（primary rules）和次要规则（secondary rules）。主要规则是为了保证一种满意的生活方式而对人们的行为提出的要求。它有两个程序性前提，一是这些要求必须普遍地向所有人发布；二是这些要求必须明确、具体、可操作。可见，主要规则是对人们行为的基本要求。但是，主要规则并不总是能够存在这两个程序性前提，经常出现这样三个问题：一是变得不确定，二是变得不适应新情况，三是会出现不遵守它的人。这样，就需要有三种次要规则来保障主要规则的实施。第一是“承认规则”（rule of recognition），即由特定机构经由一定程序比如表决来获得规则的权威性并由该机构作为对不遵守规则的人施加社会压力的后盾；第二是改变规则（rule of change），就是建立新的主要规则和取消旧的主要规则的次要规则，其办法有两条，一是授予公权力，即规定某一级机关有立法权并规定其立法程序等；二是授予私权力，私人有权订立遗嘱、缔结契约、出让财产等。第三是审判规则（rule of adjudication），即授权个人或机关就一定情况下某一主要规则是否已被违反以及应处何种制裁作出权威性的决定。哈特在习惯与法之间、法律的社会性与强制性之间架起了一座桥梁，这个桥梁就是法制化的程序。哈特还认为，一个法律制度的存在和运作必须具备两个最低限度的程序条件：一是“承认规则”被人们普遍承认；二是国家官员必须遵守次要规则。

伯尔曼是在程序理论方面走得更为坚定的一个学者。他认为，法律是一种社会制度，是社会行为和思想的模式和程序。“法律不只是一整套规则，它是在进行立法、判决、执法和订立契约的活生生的人。它是分配权利与义务，并据以解决纷争，创造合作关系的活生生的程序。”① 他

① ［美］伯尔曼：《法律和宗教》，梁治平译，上海三联书店 1991 年版，第 38 页。

认为，司法问题由法庭通过司法程序来解决，立法问题由立法机关通过立法程序来解决，程序几乎为所有社会问题的解决提供了合理、正常、有效率的渠道和途径。当然这里的程序已不限于法律程序。一个有组织、有秩序的现代社会，是一个具有相应的各方面程序制度的社会，或者是一个有足够的程序制度来处理人们内部及外部关系的社会，法律的中心含义便包含在这一程序体系之中①。“法之所以成为法，并与其他社会制度和解决社会问题的过程相区别，在于它的形式化、程序化。……正是法律程序的形式使得法律关系成为一种特殊的和独一无二的社会关系。”②把社会对其成员的要求和社会成员之间的契约关系程序化，把程序制度化，这就是法律。程序是法律的核心，没有程序，法律就不可能存在③。伯尔曼认为，程序不只是法庭程序或诉讼程序，它担负着四个方面的功能：第一，从民事诉讼和刑事诉讼看，程序具有解决争议的功能。在整个诉讼过程中，实体法完全是根据程序的要求而起作用的。第二，从侵权法中的生产者责任看，程序具有保持历史连续性和一致性的功能。司法程序所达到的目的不仅限于争议的和平解决，而是连续不断地创造和再创造普遍适用的标准，加强和发展社会生活的规范模式。第三，从合同法看，程序具有保护和便利自愿协议的功能。第四，从劳工法和对待种族歧视的法律看，程序具有解决尖锐社会冲突的功能。伯尔曼认为，“法律即程序”，“法律是一种特殊的创造秩序的程序，一种恢复、维护或创造社会秩序的介于道德和武力之间的特殊程序。”④ 伯尔曼还在更高的层次上，即价值与工具统一论的层次上，对程序作了阐述。他认为，

---

① 参见［美］伯尔曼、格林莱：《法律的性质和功能》，美国基石出版公司 1980 年版（英文），第 28—30 页。

② 参见［美］伯尔曼、格林莱：《法律的性质和功能》，美国基石出版公司 1980 年版（英文），第 28 页。

③ 参见［美］伯尔曼、格林莱：《法律的性质和功能》，美国基石出版公司 1980 年版（英文），第 27 页。

④ 参见［美］伯尔曼、格林莱：《法律的性质和功能》，美国基石出版公司 1980 年版（英文），第 28 页。

R.庞德的社会法学把法律看作解决实际问题的工具。他的社会控制工具和社会控制程序几乎是同义语，因此，他虽然十分重视程序，但他的程序充其量也只是工具。这会造成程序与价值的分离。朗·富勒等新自然法学家则认为法律是承载价值体系和道德目标的，必须注意手段与目的之间的统一性，但是，这样一来也会造成程序与价值的分离。比如，为了维护某种社会价值而规避程序，那就会为了维护一种社会价值而破坏了另一种社会价值，即由程序表现的关于人的尊严的社会价值。所以，在R.庞德的法律工具论和朗·富勒的法律价值论中，虽然都有程序这样一个重要因素，但他们都没有把程序的工具性和价值性，也就是法律的工具性和价值性统一起来。伯尔曼则做到了这一点。他把程序的工具性与价值性统一起来，认为程序是工具和价值的法律中介，只有这样来认识程序，才能把作为工具的法律和体现价值的法律统一为一个事物；也只有这样，人们才能明白，一个价值问题应当尽可能变成一个形式问题来解决。当把法律当作一种工具来使用时，我们必须遵循程序；当把法律当作一种价值来追求时，我们必须通过程序。程序是法律的核心，是融合工具和价值的黏合剂。

此外，法国学者彼得·斯坦和约翰·香德还从社会心理的角度阐述了程序价值的独立性。他们写道："在探讨通过法律来实现公平时，应当首先区别法律程序和法律本身"①；"实体规则可能是好的，也可能是坏的。人们所关心的只是这些规则的实施应当根据形式公平的原则进行"，"人们所关心的还有，在适用某条法律规则时，对它所管辖的一切人应当不偏不倚，一视同仁。"② "任何做法，只要与人们认为是属于正当法律程序的方法（例如不偏不倚和公平听证）相违背，都被认为是有失公平的。"③

---

① [英] 彼得·斯坦：《西方社会的法律价值》，王献平译，中国人民公安大学出版社1989年版，第92页。

② [英] 彼得·斯坦：《西方社会的法律价值》，王献平译，中国人民公安大学出版社1989年版，第93页。

③ [英] 彼得·斯坦：《西方社会的法律价值》，王献平译，中国人民公安大学出版社1989年版，第75页。

从上面的介绍可以看出，上述学者对于程序的论述已经相当全面和深刻，特别是伯尔曼的程序理论，比罗尔斯的程序理论更为鲜明，尽管他没有使用罗尔斯使用的“程序正义”这一词语。概括这些学者的看法，程序在作为实现实体正义的手段和工具的同时，也是保障和体现独立于实体的程序“过程价值”（process value）的机制；这些价值包括参与、对个人尊严的尊重、公平、人道以及程序理性等。程序蕴含的这些价值固然也有助于正确和公正的实体结果的形成，但程序的正当性和公正性并不由所产生的实体结果来证明，而取决于程序是否符合正义的基本要求。这些学者已经把程序的独立价值说得很清楚、很透彻，我们只要撇去他们论及的程序的“服务价值”那一面，剩下的便是程序的“独立价值”。用一句话来概括，程序的独立价值就是指程序在维护人的尊严、公平、人道、理性等方面具有的价值。

关于程序的独立价值，除了从“双重价值说”那里借鉴以外，还可以用几个简洁的方法来论证。

第一，只要从罗尔斯的程序正义中排除自然程序，就可以看到程序（社会程序）的独立价值。罗尔斯的“纯粹的程序正义”和“完全的程序正义”，就是自然程序可以排除的两种情况。在“纯粹的程序正义”中，自然程序完全不存在，也就是说博弈双方排除用自然科学的方法来决定双方的胜负。在这样的情况下，博弈双方在社会程序上的公平、对等决定了一切，程序的价值完全是独立的。在“完全的程序正义”中，自然程序虽然存在，但相当简单，简单到可以被社会程序所替代，这时，利益相关者就可以用社会程序来替代自然程序，也就是用每个利益相关者均认为公平的自然程序以外的方法来解决他们之间的利益分配问题。比如分蛋糕，也可以用自然科学的方法（用天平、秤等），但是，由于分蛋糕不要求很精确，不值得花制造或购买设备的成本，社会程序能够解决分蛋糕的公平问题，于是自然程序就被排除，由社会程序来替代。这时，社会程序也完全是独立的。其实，“纯粹的程序正义”并非不存在自然程序。博弈分两类，一类比技能，一类比运气。比技能的博弈包含自然程序，所以罗尔斯将其排除在“纯粹的程序正义”之外，只强调比运气的无技术博弈。无技术博弈是不是不存在自然程序呢？也不是，无技术博弈照样可以作弊。罗尔斯强调无技术博弈，实际上是强调博弈者不想用自然程序，而且一定不会作弊。所以，"纯粹的程序正义"与"完全的程序正义"实际上是一回事，都是社会程序与自然程序能够分离，并且利益相关者愿意用社会程序来替代自然程序的情况。

第二，即使在社会程序与自然程序不能分离，或者利益相关者不将它们分离的情况下，社会程序的独立价值也能被认识。比如用天平来分蛋糕，并不能否定其他人对那个使用天平分蛋糕的人进行监督的意义。在刑事诉讼程序中，也不能把案件调查完全托付给掌握刑事科学技术的侦查人员，对他们工作结果的质疑、复核、监督永远是有必要的。在刑事案件调查中，法律关注的正是这种质疑、复核、监督的程序设计问题，而不是关注刑事科学技术的自然程序问题。在一切涉及两个以上利益相关者的事件中，自然程序永远不能取代社会程序，正是因为社会程序有其独立于利益分配结果的价值。

第三，举个生活化的例子也许更能简洁明快地说明问题。比如，张三未经李四的同意就把李四的房子卖了，李四说："你怎么能不经我同意就卖我的房子？"张三说："我替你卖了最好的价钱，如果你自己卖，未必能卖到这个价钱。"在这里，张三用李四的实体利益来取代李四的程序利益，作为他违反程序擅卖李四房子的理由。显然，这条理由在现实生活中无法让人接受，因为卖房程序不是服务于将房子卖个好价钱的实体结果，而是服务于李四拥有的程序权利。这个服务，就是程序的独立价值。

最后还需对另一种否定程序的独立价值的观点予以回应。关保英教授认为，程序没有独立存在的价值①。这种观点显然不妥。正如他说的，程序是"实现成本时的一个工具和手段"，他的意思是程序是实现效率的一个工具和手段。可是千万不要忽略，程序还是实现公正的工具和手段，

① 关保英写道："独程序不可自行是说程序没有独立存在的价值，不能以纯粹的程序而论程序。因为程序是由模式而产生的，而模式只是实现成本时的一个工具和手段。"（关保英：《行政法的价值定位》，中国政法大学出版社1997年版，第275页）

而且是一个重要的不可或缺的手段。即使作为工具和手段，程序也应当有其工具价值。更重要的是，程序不光有工具价值，还有更为重要的价值。这种价值在行政主体与相对人的关系中充分地表现出来。就拿效率来说，行政主体有行政主体的效率要求，相对人有相对人的效率要求，行政主体会自动地顾及相对人的效率要求吗？相对人会自动地顾及行政主体的效率要求吗？两种效率要求哪一个应当优先呢？毫无疑问，简单地说两个效率要求哪一个优先都是不妥的。正确的说法应当是两种效率要求应当互相协调和平衡。那么，怎样协调和平衡呢？必须通过程序！而且只有通过程序！所以，程序具有平衡两种效率要求的价值。正因为如此，程序的价值并不是作为实现效率的工具，而且作为平衡不同主体效率要求的工具，也就是说，它是平衡的工具，而不是效率的工具。换句话说，如果没有相对人参与行政活动，或者相对人不被允许参与行政活动，行政活动只能由行政主体说了算，不存在两种效率要求相互平衡的政治前提，那么程序就没有存在必要，行政主体在程序上想怎么做就怎么做，相对人没有关心程序的意义和兴趣，效率问题让行政主体和行政权归属主体去讨论好了。只有当民主的宪政制度发展了，相对人参与行政活动的权利在法律上得到确认了，也就是相对人参与行政活动的政治前提形成了，相对人才会有兴趣关心程序问题，程序问题对相对人才产生了意义。否则，相对人只会关心实体问题，而不会关心程序问题。所以，程序问题只有在行政相对人能够参与行政活动，相对人与行政主体的关系需要协调的时候，才摆上议事日程。而这时，公正问题就不再只是实体上的公正，而是还包括程序上的公正。所以，程序是公正要求的产物，而公正要求又是两个以上不同主体的效率要求进行协调的产物。这样，程序的价值就是为程序公正本身服务的价值。这就是程序的独立价值，也就是程序为自身服务，而不是为实体服务的价值。它在为自身服务，也就是为公正服务的时候，从来没有丢掉效率，而是在协调来自不同主体的效率要求之间的关系。这样，人们也就应当明白，程序天然地属于公正，属于民主，只要有两个以上的主体之间的关系需要协调，就应当有程序，否则，公正只能是一句空话，民主只能是一句空话。当然，这里再重申一遍，程序从来不排斥效率，不排斥实体，如果程序在运行过程中把效率弄丢了，把实体弄丢了，那就不是真正的程序。事实上，程序根本不可能把效率弄丢，也不会把实体弄丢，最多只会造成两种以上主体的效率要求或实体要求失衡。如果真的把效率或实体弄丢了，那只能是愚蠢、专断或私利造成的。比如有些程序规则十分烦琐，造成机构臃肿、人浮于事、互相扯皮、踢皮球等弊端，决不是程序造成的，完全是愚蠢、专断和私利造成的。所以，程序完全有独立存在的价值，它可以自行，而且应该自行。所谓程序应当自行，其含义就是，程序应当是自己的程序，是程序参与者各方共同形成的程序，而不是单方面的伪程序，这样的程序才是真正的程序。而关保英教授之所以认为程序会不讲效率，不看重效率，喧宾夺主地取代效率，就是因为他没有坚持真正意义上的程序应当是双方面的程序，而把单方面的程序当成"程序"。而这样程序，根本就不是法律意义上的、社会意义上的或者 procedure 意义上的程序。

六、行政程序法的独立价值

前面的思辨表明，行政程序法的价值并不是服务于行政实体法。它有独立的价值。这个逻辑结论可以用历史过程来证明。行政程序法兴起和发展的历史表明，它不是来自保证行政实体法良好实施的需求，而是来自社会整体人权状况出现重大发展的形势。从世界各国的情况看，行政程序法同诉讼程序法等各种程序法一样，都是在"正当程序"（due process）理念的推动下兴起和发展的。可以说，正当程序的价值，就是行政程序法的独立价值。

正当程序理念的产生以两个理论及其实践为基础，一个是社会契约论，一个是自然正义（Natural Justice）原则。社会契约论是洛克、卢梭提出的。他们以此作为主权概念的基础，取代君权神授论，认为："所有合法政府的基础均来自人为的安排，而且人民的意志取代了神的旨意"。根据这一理论，国家权力最终归于全体人民，政府的职权是一种被信任或被信托的职权，人民将公共权力授予国家，其中包括立法、行政和司法的权力[1]。自然正义原属法哲学概念，是指法律要实现的最高理念或理想，强调法律要保护人民的自由权利和公平正义。这个概念经过英国的法治实践，形成两个原则。第一是“排除偏见原则”，任何人不得为自己案件的法官；第二是“双方听证原则”，任何一方的辩护必须被公正听取[2]。

正当程序这一理念最早出现于1215年英王约翰与封建诸侯签署的《大宪章》。这一词语在宪法性法律上最早出现于英国1640年的《人身保护法》，后来出现于美国宪法。[3] 1791年美国宪法修正案第5条（规范联邦政府）和1868年美国宪法修正案第14条（规范州政府）均规定：“非经正当法律程序（without due process of law），不得剥夺任何人的生命、自由或财产。”这两个条款被联邦最高法院引用的次数远远超过宪法其他条文，成为美国权利法案中最重要的条文。经过200多年的发展，这一规定不仅适用于刑事审判，而且扩大到立法、行政、司法各个领域，在行政领域，要求行政机关在做出行政决定前必须公正告知、进行听证、给予评论期、陈述理由等[4]。

从社会契约论到正当程序的演进过程可以看出，正当程序理念是民主思想不断发展的结果。最初，民主仅被理解为一种选择政治领袖的方法和机制，后来发展为“个人应该自由且平等地决定他们自己的生活条件”，“应该享有平等的权利”，“人民有直接参与社区事务和地方自治的权利”等。现在，“民主制度是现今唯一能够在全球不同地域和文化中，一致受到肯定的政治制度。”[5] 正当程序被称为“第三代人权”的组成部分。“第一代人权”是可以对抗国家的权利，要求国家不要管不该管的事，称为“属性的权利”；“第二代人权”是可以请求国家作为的权利，要求国家管该管的事，称为“债权的权利”；“第三代人权”是人民参与

---

① 汪宗仁：《行政程序法论》，康德文化出版社2001年版，第6页。
② 汪宗仁：《行政程序法论》，康德文化出版社2001年版，第8页。
③ 汪宗仁：《行政程序法论》，康德文化出版社2001年版，第9页。
④ 汪宗仁：《行政程序法论》，康德文化出版社2001年版，第10—12页。
⑤ 汪宗仁：《行政程序法论》，康德文化出版社2001年版，第13—17页。

国家事务，在共同生活中表明自己的观念并且共同努力实现的权利，称为“连带的权利”①。

行政程序法正是在正当程序理念的推动下兴起和发展起来的。行政程序法的兴起和发展，从其现实原因来说，是生产力和民主政治发展的必然结果。在19世纪末以前，行政程序没有引起人们的关注，其原因是生产的社会化程度不高，社会生活不复杂，国家对社会的管理主要通过司法活动来进行。司法活动是在纠纷或不法行为发生之后才展开的，因而当时的政府是司法型的政府，奉行“不告不理”“不乱不理”的原则。19世纪后半叶开始，垄断资本逐渐形成，生产趋于高度社会化，社会生活也随之变得复杂起来，司法型的国家管理方式无法适应社会的要求，于是国家管理方式发生了重大变化：一是国家对社会的事后监控逐渐转向越来越多地进行事先和事中的监控。例如对于生产经营活动，不只是在生产经营者发生纠纷或出现不法行为时才进行管理，而是在经营之前和之中就进行许可、登记、监督、指导等管理活动。二是为了实行事先和事中监控，行政权力得到加强，行政机关数量增加，对社会生活的干预大大深入。行政权力的加强一方面有利于建立和维护新的社会秩序，另一方面也容易出现行政机关滥用权力、侵害公民利益、影响社会效率的问题。这样，就出现了要求控制行政权力，保证相对人的正当利益，保障行政民主、公正的需要，于是，行政程序法应运而生。所以说，行政程序法的兴起，是社会生产力的发展引起国家行政管理方式发展之后，人们要求行政民主公正的结果。这样一个历史过程表明了行政程序法的核心价值不在于保证实体正义，尽管它无疑有这方面的作用，而在于保证民主政治所需要的程序正义本身。

程序正义理论对行政程序法的推动，更从理论上表明了行政程序法的独立价值。关于这一点，我国学者王万华博士做了系统的研究。她指出，行政程序法的理论基础包括法治理论、权力制约理论、人的主体性理论等，而程序正义理论对行政程序法的产生和发展有直接的影响。这

① 汪宗仁：《行政程序法论》，康德文化出版社2001年版，第18—19页。

一理论的核心内容是通过公正的程序保护受法律决定影响之人的权利，对权力进行制约。行政权力作为执行公共意志的权力，它的行使将对相对人在行政法上的权利义务产生直接影响，特别是随着行政权力在现代社会的扩张，行政机关被赋予巨大的自由裁量权。不受制约的权力必将导致专制，对于自由裁量权而言，由于行政机关具有很大的选择自由，更应受到监督与制约。扩大公众对行政的直接参与，让相对人在行政机关作出不利决定时陈述不同意见，了解决定的内容和理由，是程序正义对行政权力公正行使的要求。第二次世界大战以后以美国 1946 年《联邦行政程序法》为起点，在世界范围内掀起的制定行政程序法的高潮，原因之一就是第二次世界大战后人类对法西斯专制统治进行了深刻的反思，重视人权保护的程序正义理论随着美国国际地位的提高，在世界范围内产生广泛影响①。

第三节　行政程序法的方法

本章前两节探讨了行政程序法的本质和价值，本节进一步探讨行政程序法用什么方法来体现和实现它的本质和价值。法哲学家、法理学家 E.博登海默对研究法律方法的重要性和内涵做过阐述，他说："我们必须探究法律制度为了最充分地最有效地实现其社会目标而运用的工具、方法和技术方面的机制。这样一种研究完全属于法理学领域——该领域致力于研究法律的一般理论和法律哲学——中的任务，因为它所关注的乃是法律各个领域所共有的问题，诸如方法论、推理程式和解释过程等问题，而不是专门领域中的问题原则和规则。"② 根据他的阐述，法律方法属于法律的一般理论，所关注的是法律的方法论。因此，行政程序法的方法便是行政程序法的一般理论，关注的是行政程序法的方法论。"方法

① 王万华：《行政程序法研究》，中国法制出版社 2000 年版，第 59—60 页。

② ［美］E.博登海默：《法理学—法哲学及其方法》，邓正来译，中国政法大学出版社 1999 年版，第 413 页。

论”是一个哲学概念，是指根本的方法。综观人类哲学史，我们认同的方法论是辩证法，或者叫对立统一的方法。这种方法论要求观察和分析事物的基本矛盾，用对立统一的方法把握和解决基本矛盾。因此，本节探讨行政程序法方法的基本路径，就是观察和分析行政程序法的基本矛盾，用对立统一的方法把握和解决这一基本矛盾。

一、行政程序法的基本矛盾

辩证法告诉我们：基本矛盾是指互相对立而又存在于一个统一体中并且决定这个统一体的存在和发展方向的两个方面；任何事物都有基本矛盾，一个事物的基本矛盾是这个事物产生和发展的原因；从一个事物产生和发展的过程中可以观察到这个事物的基本矛盾。根据这个原理，我们可以从行政程序法产生和发展的过程中观察和分析行政程序法的基本矛盾。

我们今天研究的行政程序法是20世纪初发展起来的“现代意义上的”行政程序法。在此之前，也有行政程序，并且也在一定程度上以法律的形式存在。但是，以前的行政程序与现代意义上的行政程序法有重大区别。关于以前的行政程序与现代行政程序法的区别，王万华博士已经作了研究，写道：“行政程序自公共权力产生即已存在，但不同历史时期对行政程序的规范从形式到内容都有所不同①。在奴隶社会和封建社会，政府职能以阶级统治职能为重心，采用政治统治方法管理政治经济社会事务。为了适应完成繁重的阶级统治任务的需要，政府必然建立完整系统的从中央到地方的官僚机器和庞大的官僚队伍，为统治阶级维护自己利益提供组织的保障。相应的，国王和皇帝在管理社会事务时，重在治官，而非治民。对行政程序的规范，从形式上看，没有专门的行政程序法典，

① 作者在这里所称“行政”显然是指公共权力运行意义上的行政，而不是指立法、行政、司法三权分立意义上的行政。公共权力运行意义上的行政，同三权分立意义上的行政是有共性的。所以，资产阶级三权分立的民主政治体制建立后，仍然可以维持以前的公共权力运行意义上的行政程序，并不因为建立了民主政体便随之产生现代意义上的行政程序。现代意义上的行政程序法是在三权分立的民主政体产生后很久才出现的。

就内容而言，基本集中在内部行政程序，如古代中国规定了严格的职官制度和严密的文书制度，缺乏外部行政程序的规范，行政程序只是实现行政目标的工具，具有很大随意性。直至19世纪末，随着行政权力的扩张、政府职能的转变，民主政治的进一步发展，行政程序具有了制约权力的含义，对行政程序的规范才发生了质的变化，从形式上看，出现了专门的行政程序法典，就内容而言，也由内部行政程序转向以外部行政程序为主。在某种意义上，行政程序法在现代社会已成为民主和法治的标志。”①

上面的论述指出，19世纪末以前的行政程序与现代社会的行政程序法有“质的变化”，以前的行政程序在形式上没有专门的行政程序法典，在内容上基本集中在内部行政程序；现代社会的行政程序法形式上出现了专门的行政程序法典，内容上由内部行政程序转向以外部行政程序为主，成为民主和法治的标志。在这两个区别中，前一个区别是形式上的，后一个区别是内容上的。显然，形式上的区别不是根本的，有没有行政程序法典只不过是程序规则的存在方式不同而已。内容上的区别——内部行政程序向外部行政程序转变，才具有根本的意义。所谓内部行政程序，就是行政相对人不能参与的行政程序；所谓外部行政程序，就是行政相对人可以参与的行政程序。这就是说，现代行政程序法与以前行政程序的根本区别就在于，在现代行政程序法上，“民”（行政相对人）可以参与行政过程；而在以前的行政程序中，“民”（行政相对人）不能参与行政过程②。所谓“质的变化”，核心就在这里。

---

① 王万华：《行政程序法研究》，中国法制出版社2000年版，第47页。

② 也许有人说，在以前的行政程序中行政相对人也参与到行政程序中来，比如官员也征求相对人的意见，君主或议会也会站在相对人的立场上追究官员的程序性责任。我认为，这些现象不足以表明行政相对人参与行政程序。一是那时官员征求相对人意见等行为只是官员德行的表现，是一种官德，而不是法定的义务，不是官责。那时君主或议会站在相对人立场上追究官员责任，只是一种控制，而不是相对人与官员在程序上的法律地位平等，相对人不能稳定地、可期待地享有参与行政过程的权利。说到底，那时行政相对人虽然也对行政过程似乎有所参与，但决不是当时的法律常态。这种法律常态只有在现代行政程序法产生后才出现。

王万华博士还进一步分析了 19 世纪末以前的行政程序向现代社会的行政程序法进行“质的变化”的原因：一是宪政的发展，在宪法上保障公民在行政权力运行中的主体地位；二是正当法律程序理论的广泛影响，人们普遍希望在法律上保障行政相对人参与行政程序的权利；三是制约行政权力、防止行政权滥用的要求进一步加强；四是国家权力结构由议会主导向行政主导转变①，代议民主有所式微，从而产生发展直接民主（公民参与）的国家权力结构上的需要；五是提高行政效率的需要，行政管理向广度和深度发展，不仅要求制约行政权力，同时也要求行政权力有效行使，以更好地实现政府职能。

从上面指出的“质的变化”及其原因，我们便能分析出以前的行政程序和现代行政程序法各自的基本矛盾。以前的行政程序之所以存在，是因为君主或议会要对官僚队伍的行政过程进行控制。这表明，君主或议会对官僚队伍的要求与官僚队伍的要求存在矛盾。这一对矛盾决定了以前行政程序的存在和演变，说明这对矛盾是以前行政程序的基本矛盾。现代行政程序法之所以产生和发展，是因为相对人参与到行政过程中来了，如果没有行政程序法，相对人参与行政过程的要求得不到满足。这表明，相对人参与行政过程的要求与对这种要求的排斥存在矛盾。这一对矛盾成为现代行政程序法的决定性因素。没有它，就没有现代行政程序法的产生和发展，从而说明这对矛盾是现代行政程序法的基本矛盾。当然，新的矛盾产生以后，原有的君主或议会与官僚队伍之间的矛盾并没有消失，但这对矛盾不是现代行政程序法产生和发展的原因。在新的历史、政治、社会条件下，这对矛盾已经降格为次要矛盾，服从和受制于现代行政程序法的基本矛盾。

需要进一步分析的是，在现代行政程序法的基本矛盾中，作为排斥相对人参与行政过程的那一个矛盾方面是什么？要回答这个问题，需要探究一下相对人参与行政过程的理由和排斥相对人参与行政过程的理

① 参阅许崇德、王振民：《由“议会主导”到“行政主导”——评当代宪法发展的一个趋势》，《清华大学学报》（哲学社会科学版）1997 年第 3 期。

由。相对人要求参与行政过程的理由是：在民主政治条件下，在行政权扩大的社会历史环境中，为了充分并且有效地保障行政相对人的权利，应当让相对人成为行政程序中的主体，不但相对人之间地位平等，而且与行政主体也地位平等，避免在行政程序中由于相对人之间以及相对人与行政主体地位不平等而损害相对人的利益。这条理由可以称为“公正”。它成为现代行政程序法发展的动因，使得相对人能够与行政主体“平起平坐”，行政主体在程序上能够做什么，相对人也可以相应地要求做什么。

行政主体限制相对人参与行政过程的理由是：相对人在行政程序上的权利固然应当承认和保障，但是，相对人参与行政过程会影响行政活动的效率，不但影响和损害相对人的利益，而且影响和损害整个社会的利益。这条理由可以称为“效率”。对于行政程序法来说，效率是指行政活动的时间快捷、成本低廉、结果合理。由于相对人参与行政过程将会影响行政活动时间的快捷和成本的低廉，因而效率便成为限制相对人参与行政过程的一条能够合理的理由，使相对人参与行政过程的程度受到限制。这样，行政程序法的基本矛盾也就可以表述为“公正与效率”的矛盾。

现代行政程序法“公正与效率”的基本矛盾，与以前行政程序“控制与反控制”的基本矛盾，在新的历史条件下表现出既有联系又有区别的关系。第一，“公正与效率”的基本矛盾同“控制与反控制”的基本矛盾有着历史的连续性。现代行政程序法并非一下子从地下冒出来，它与以前的行政程序有历史沿革关系。以前的行政程序之所以走向现代行政程序法，只不过因为行政程序的基本矛盾发生了重大变化。在漫长的历史发展中，以前的行政程序积累了丰富的经验，这些经验依然可以被现代行政程序法所用，特别是被现代行政程序法中的内部行政程序法所用。在奴隶社会和封建社会以及早期的资本主义社会，君主或议会也用明确行政程序的方法来控制下面的官僚队伍，防止官员滥用权力。那时的行政程序不包含相对人参与到行政过程中来的因素，虽然客观上对相对人的利益也有一定程度的保护，但这种保护不是相对人参与到行政过程中来的结果，保护的对象也不是相对人参与行政过程的程序性权利。但是，那时控制官僚队伍、防止滥用权力的经验却依然能够在今天发挥积极作用。第二，“公正与效率”的基本矛盾居于主导地位，原有的“控制与反控制”的基本矛盾降至次要地位。行政程序法是调整行政活动中人与人之间关系的法律，因而它的基本矛盾存在于行政活动中人与人之间关系之中。由于行政程序法主要调整行政主体与相对人的关系，所以，行政程序法的基本矛盾主要发生在行政主体与相对人之间。那么，行政主体与相对人之间的公正与效率的矛盾，与原有的并且依然存在的行政权归属主体与行政权行使主体（行政主体）之间、行政系统内部上级与下级之间的控制与反控制的矛盾是什么关系呢？只能是后者服从前者的关系。也就是说，控制与反控制的矛盾服从和服务于公正与效率的矛盾。这是因为，现代行政程序法的性质已经发生变化。虽然现代行政程序法依然存在以前行政程序的那种矛盾，行政主体滥用行政权力的现象仍然存在，行政权归属主体仍然要对行使主体进行控制，但是，由于行政相对人参与到行政过程中来了，行政程序法发生了“质的变化”，因而控制与反控制的矛盾已经不再是行政程序法的基本矛盾。如果不懂得这一点，就会把现代行政程序法与以前的行政程序混为一谈。

事实上，确实有学者将现代行政程序法同以前的行政程序混为一谈，其原因就是没有弄清楚各自基本矛盾的重大区别。关保英教授在研究行政法的价值定位时提出行政法“双重价值定位”的理论，认为行政法具有效率和程序两个价值定位。根据他对“价值定位”的解释①，他的双重价值定位理论实际上是行政法基本矛盾的另一种说法。他写道：“程序与效率的追求是难于一致的，有时甚至是相反的，而程序与效率又是不可分离的，尤其是作为效率载体的程序，其与效率紧密地联系在一起。

① “应当这样理解本书关于价值定位的概念：行政法的价值定位是指对行政法制体系、行政法规范、行政行为过程的目标价值和总体追求理想的一种确定。”（关保英：《行政法的价值定位》，中国政法大学出版社 1997 年版，第 76 页）

正是这种对立与相容，使我们不得不将程序定位和效率定位统一起来，二者无论定任何一者，或者舍弃任何一者都是不可能的。”① 这段话表明，他把程序和效率作为一对对立统一的矛盾，而且是作为行政法价值定位的矛盾。这样，他的这对价值定位，也就成了行政法的基本矛盾。然而，把程序和效率的矛盾作为行政法的基本矛盾是不妥的。行政法分为实体法和程序法两个方面，实体法有实体法的基本矛盾，程序法有程序法的基本矛盾。行政实体法的基本矛盾是公民整体利益与公民个体利益之间的矛盾；行政程序法的基本矛盾则是行政效率与行政公正之间的矛盾。如果把两个基本矛盾的共性提取出来，把行政效率看作维护公民整体利益的需要，把行政公正看作维护公民个体利益的需要，那也应当说行政法的基本矛盾是公民整体利益与公民个体利益的矛盾，而不能把效率与程序之间的矛盾作为行政法的基本矛盾。关保英教授把效率与程序之间的矛盾作为行政法的基本矛盾，那么行政实体法就不见了。也许他把效率理解为实体，所谓效率与程序的矛盾就是实体与程序的矛盾，可是在他的著作中完全看不出这个意思。也许他认为行政实体法应当从行政法中排除出去，行政法就是行政程序法，那也不能把效率与程序之间的矛盾作为行政法的基本矛盾。正如他自己说的，“程序是效率的载体”，②“效率如同我们要喝的水，而程序如同我们要使用的杯子。”③ 载体与被载体、杯子与水可以构成一对矛盾，但是，这种矛盾只是技术性矛盾，而不是社会性矛盾。所要解决的是载体如何载好被载体、杯子如何盛好水的问题，不要让水洒出来。由于这种矛盾不是社会矛盾，因而不能作为行政程序法的基本矛盾。行政程序法的基本矛盾是程序的“杯子”

① 关保英：《行政法的价值定位》，中国政法大学出版社 1997 年版，第 78 页。
② 关保英：《行政法的价值定位》，中国政法大学出版社 1997 年版，第 70 页。
③ 关保英：《行政法的价值定位》，中国政法大学出版社 1997 年版，第 71 页。

里盛载的效率之“水”与公正之“水”之间的矛盾①，这两种“水”之间的矛盾是社会性矛盾，只有这种社会性矛盾才可以作为行政程序法的基本矛盾。关保英教授之所以把效率与程序作为行政法的基本矛盾，是因为在前提上犯了一个错误，就是没有注意到“程序之杯”中的“公正之水”，没有注意到现代行政程序法的一个本质特征就是行政相对人参与到行政程序中来了。这样，他研究的行政法的价值定位实际上就成了停留在19世纪以前的行政法的价值定位。在19世纪以前，君主或议会也会注意到在给官僚队伍设定程序时，要注意程序与效率之间的和谐，以免程序设计不妥，影响效率。今天，研究效率与程序的关系仍然是有意

---

① 非常有趣、非常可贵同时又非常遗憾的是，关保英教授实际上已经非常精彩地论述了“程序之杯”中的“公正之水”。他写道：“公平是衡量程序是否正当的标准之一，这已成为普遍公认的事实。一般在评价法律规范的社会效果时，都要看它是否能最大限度地维护一种平等的社会关系，‘法律面前人人平等’的思想就揭示了这一道理。法律面前人人平等的命题首先不是就法律的实体内容而言，而应当首先是就程序内容而言的。无论什么样的社会成员在法律面前一律平等，说明在法律上每一个成员的角色都是相似的，都有相同的角色地位。确定角色地位的准则从深层讲是程序性准则，因为程序规则包括了确立社会参与主体联系形式的内容。同时，我们可以清楚地看到在法律实践中，平等规则先以程序规则体现出来。人们在法律上的平等先是程序上的平等，而后才可能是实体上的平等。

其次，公平通过各社会主体的角色分配反映出来，而确立角色的法律规则都是程序性的。无论何种类型的法律都必须确立社会各参与主体的联系形式，为每一个参与主体分配一个社会地位，联系形式是程序规则中的基本构成部分。在现代民主国家中，角色分配的核心问题是确立社会参与主体之间的平等关系。这一点许多经典作家都有论述。”（参见关保英：《行政法的价值定位》，中国政法大学出版社1997年版，第253—254页）

他还写道：“法律中程序的功能是多方面的，如程序可以促成公平，即透过程序创造公平的法律环境，还如程序可以促成民主，即通过程序保证广泛的社会参与，保证社会成员对行政权行使的制约作用；再如程序可以促成社会正义，即通过程序确保行政权行使中的社会正义，等等。”（同上书第278页）遗憾的是，关保英教授似乎没有发现他这一论述的宝贵价值，没有进一步思考程序之杯中效率之“水”与公平之“水”的关系，却走上了一条别别扭扭的思路。

义的，但只有技术性意义；同样具有技术性意义的是研究公正与程序之间的关系。但是，若把效率与程序作为行政法或行政程序法的价值定位，那就欠妥了。关保英教授在书中谈到，他说的程序实际上是指公平，因而他说的“效率与程序”两个定位也可以理解为“效率与公平”的定位①。可是，如果这样理解的话，与他整个著作的其他部分会发生抵触。比如，他把效率与程序的关系解释为成本与模式的关系，或者载体与被载体的关系，我们不能说效率是成本，而公平是模式，也不能说效率是被载体而公平是载体，因为对公平不能从模式、载体的意义上来理解。也就是说，按照他的思路，公平被撇在了一边，无法进入到他所设计的价值定位之中。关保英教授的问题出在设计价值定位时把结构关系搞错了。程序应当与实体形成结构关系，效率应当与公正形成结构关系，效率与公正可以共同与程序形成结构关系。他把效率单独与程序形成价值定位的结构关系，显得十分别扭。更进一步说，他的问题根子出在没有把行政相对人参与行政过程的情况摆到他的价值定位的结构关系中去。他写道：“由于行政权行使主体是以完整的模式出现，因此就形成了这样几个主体：一是行政权归属主体，我们在本书第一篇已经作了探讨。二是行政权行使主体，即行政系统。三是社会，与行政系统权力行使相对应的一方，这一方人们既可以作为单个主体看待，也可以作为一个总的体系看待。在行政权的实际行使过程中，便形成了两种不相同的利益和意志，一是行政系统内部的利益，二是社会的意志。此二造在行政法的定位中各有不同的因果关系。效率显然要导致社会意志，或者反过来说，社会意志要求权力行使要有效率；程序显然要导致行政系统利益，或者反过来说，行政系统的利益要求权力行使要讲程序，这就形成了程序和效率实质上的第

---

① “行政法中的程序定位从其最终归属看应当是追求一种公平，或者说公平是程序的基本价值之一”。（参见关保英：《行政法的价值定位》，中国政法大学出版社1997年版，第253页）

三个背反。"① 乍一看，这段话的前半部分似乎把行政相对人考虑进去了，但后半部分发现情况刚好相反。行政相对人作为个体在行政过程中不会为行政主体考虑效率问题，如果他要考虑效率的话，也只是考虑自己的效率。他最关注、最优先考虑的是公平的问题。至于相对人的整体，如果仅从他们作为相对人的身份而言，还是优先考虑公正。只有当他们作为国家的主人，作为行政权归属主体时，他们才会考虑国家的行政效率。而在这里，关保英教授却说相对人要求权力行使要有效率，这就说反了，表明他没有真正把相对人考虑进来。他把相对人同作为行政权归属主体的公民整体混为一谈了。

二、行政程序法基本矛盾剖析

有没有否定"公正与效率是行政程序法的基本矛盾"的理由呢？如果要找理由来否定公正与效率的矛盾关系的话，可以找到三条主要的理由：一是，效率不只是行政主体的要求，也是相对人的要求，是国家和全体公民的要求。既然大家都要求效率，就不能说效率与公正之间存在矛盾，因为不能说国家与国家、全体公民与全体公民发生矛盾。二是，公正不只是相对人的要求，也是行政主体、国家和全体公民的要求。既然大家都要求公正，那就同样不能说公正与效率之间存在矛盾。三是，效率中包含着公正，公正中包含着效率。如果效率意味着不公正，那么这样的效率就不是包括行政主体在内的所有的人讲的真正的效率。同样，如果公正意味着无效率，那么这样的公正也不是包括相对人在内的所有的人要的真正的公正。这三条理由听起来似乎挺有道理。为了说明公正与效率是行政程序法的基本矛盾，必须针对这三条理由进行反驳，从而加深对"公正与效率"这一基本矛盾的分析。

第一，效率是行政主体排斥相对人程序权利的理由。行政主体在行政活动中追求效率，这是从行政主体诞生之日起就注定的。行政主体作为行政权的行使主体，是行政权归属主体建立起来的，是归属主体的手

① 关保英：《行政法的价值定位》，中国政法大学出版社 1997 年版，第 257 页。

段和工具①。"行政权归属主体在设计、构建行使主体时并不是任意的，而是从功利原则出发，要求行使主体为其带来最大的利益。""在整个设计过程中，归属主体都根据自己的需要安排行使主体的规模、构成等。"②也就是说，行政权归属主体按照最低成本和最大效益的要求建立和维持行政主体。这样，行政主体的命运一开始就与效率联系在一起，如果它不顾成本、超越成本，就会威胁它的存在、地位和发展前景；如果它缺乏效率，没有政绩，也会威胁它的存在、地位和发展前景。于是，行政主体就要在行政权归属主体给定的成本条件下，尽最大努力创造政绩。但是，行政主体的成本和效率情况不是由相对人评价的，而是由行政权归属主体评价的，因而行政主体总是追求归属主体的满意，而不是让相对人满意。即使相对人是行政权归属主体（全体人民）的组成部分，也无法改变这种状况。所以，行政主体必然会以效率为理由，排斥或者至少要限制相对人参与行政过程。

---

① 关保英：《行政法的价值定位》，中国政法大学出版社 1997 年版，第 17—18 页。从该书第 7 页看，他认为行政权行使主体并非在所有情况下都是行政权归属主体的工具，只是在民主政体下，才出现这样的情况。他写道："在'朕即国家'的时代权力主体的分化是不可能和没有必要的，因为权力归属和权力行使被法律确认为同一主体，即权力既归我所有，同时也归我行使。而代议制政府或其他形式的现代政府体制建立以后，自然而然地分解了原来权力主体的单一格局。现代社会技术的日益发展，使权力的所有和对社会事务的管理不得不发生分割，即权力的所有主体不可能完成复杂的社会事务的管理，不得不将管理权力分解给其他主体。"我不同意这个观点。即使在专制政体下，行政权归属主体与行使主体也是分离的。在专制政体下，虽然行政权归属主体不是人民，而是凌驾于人民之上的君主或其他专制力量，但是这种专制力量在绝大多数情况都不直接管理社会事务，而是组建官僚机构来管理社会事务，专制力量作为行政权归属主体，官僚机构作为行政权行使主体，两者是分离的。只有在非常特殊的情况下，专制力量不组建官僚机构，完全由自己来管理社会事务，但这种情况非常罕见。即使在这样的情况下，也不能认为行政权归属主体与行使主体不能分离，只不过由同一个人或集团扮演不同的角色而已。因此，行政权行使主体在任何政体下都是行政权归属主体的工具。

② 关保英：《行政法的价值定位》，中国政法大学出版社 1997 年版，第 40 页。

第二，公正是相对人要求参与行政过程并主张程序权利的理由。相对人比其他任何人更追求行政程序的公正，更希望通过自己参与行政过程来谋求这种公正，这是由相对人的地位决定的。相对人作为行政活动中的被管理人，在行政活动中处于特殊的地位，是行政活动中义务的真正承担者。一切人身的义务、财产的义务，他都不可避免地要由自己来承担，也就是说，行政活动涉及的是相对人的切身利益。而与行政活动有关的其他任何人或组织，都不可能像相对人这样感受到自己的切身利益与行政活动密切相关。比如，行政主体也承担义务，那是它的工作职责，且这种义务在财产上的最终承担者是国家也就是行政权归属主体；行政主体承担了责任以后，从国家那里得到财产上的支持和补偿，他们只不过是代表国家承担义务。再比如，被调查人、鉴定人等也承担义务，但他们的义务并不涉及他们的重大利益，而且会依法得到补偿。又比如，全体人民作为国家的主人，或者国家机关作为全体人民的代表，从理论上讲也承担义务，但他们承担义务是间接的、分散的，离个人的切身利益很远。所以，虽然行政主体、国家、整个社会、其他公民也追求行政公正，但他们没有任何人像相对人这样刻骨铭心地追求行政公正。由于只有相对人才以自己的切身利益与行政活动的公正性紧密地联系在一起，如果他不追求公正，就会威胁切身利益，所以，切身利益迫使相对人必然要尽最大努力追求行政公正，使相对人在绝大多数情况下都不会因为效率原因而放弃寻求公正的努力，除非出现影响自身效率的某种情况。比如，为了1元钱的利益而花100元钱的路费去表达自己的看法，相对人可能就会放弃表达的权利。正是由于参与行政过程并且行使程序权利有利于维护相对人的切身利益，因而相对人必然会以公正为理由要求参与行政过程并主张程序权利。

特别意味深长的是，相对人对于行政主体所追求的效率关切度最低。如果说相对人关心效率的话，他关心的只是自己的效率。这是因为，相对人虽然是全体社会成员中的一员，但并不代表全体社会成员，不可能以归属主体自居，主动地考虑行政活动的成本，替行政主体考虑，把社会效率看得十分重要。他处的地位刚好又与行政主体追求的效率相抵触，如果帮助行政主体追求效率，那就等于放弃自己追求的公正。所以，我们常常看到，相对人为了讨一个说法，为了评个公理，为了讨个公道，几乎无止境地要将行政活动进行下去。正好与此相对应的是，行政主体对于相对人追求的公正关切度最低。行政主体虽说追求效率，实际上它关心的是与它的职务利益相关的效率，而对相对人的效率漠不关心。相对人的效率实际上是相对人利益的组成部分，也就是他追求的公正的组成部分。如果说行政主体关心公正的话，那也只是关心由它单方面说了算的"公正"，而对相对人想要的那种参与行政过程的公正其实很不耐烦。这并不是道德问题，完全是行政主体和相对人在国家行政活动中的地位结构造成的效果。这种效果其实并没有多少坏处，甚至可以说还有好处，只要他们地位平等，那么行政活动的最终效果将是好的。如果不是这样，反而有坏处，那就像到了"君子国"一样，行政主体对效率无所谓，而相对人对公正无所谓，这样的行政活动简直不堪设想。

不过，这里要提出一个问题：难道相对人在现代行政程序法产生以前不追求公正吗？当然不是，那时相对人也是要追求公正的。那么，那时候为什么没有产生现代意义上的行政程序法呢？答案是，那时候相对人通过法律途径来追求公正的政治前提还没有形成。也就是说，那时候相对人追求公正的民主政治条件还不具备。在政治条件还不具备的时候，相应的法律就不可能产生。所以，现代行政程序法的产生首先是一个政治过程，而后才是一个法律过程。在 19 世纪末以前，从维护相对人利益的角度对行政程序加以控制的制度几乎不存在，这种状况直到 19 世纪末才开始逐步改变。这并不是说在 19 世纪末以前行政主体可以任意地侵害相对人的利益，事实上，在不少国家比较开明的时代，相对人的利益也受到较多的保护。但这种保护不是以允许相对人参与行政过程的方式进行的，而是以对相对人施与的方式进行的。到 19 世纪末，情况发生了变化，人们开始认识到相对人参与行政过程对于维护相对人利益的重要性，认识到相对人不但有实体利益，而且还有程序利益。也就是说，不管行政结果是否保护了相对人的正当利益，相对人在行政过程中都应当有自己的正当要求。这样，才逐渐产生了从维护相对人程序性权利的角度设计行政程序的法律运动，世界许多国家出现了制定行政程序法的热潮。

第三，公正和效率是任何人在考虑行政程序时都必须兼顾的两个方面。虽然如上所述，效率要求主要来自行政主体，公正要求主要来自相对人，但是，效率之所以成为行政程序法基本矛盾的一个方面，并不是因为它是行政主体的要求，公正之所以成为行政程序法基本矛盾的另一个方面，也不是因为它是相对人的要求。而是因为，在现代民主政治条件下，相对人个人的公正要求不能排斥涉及全体人民利益的效率要求；而涉及全体人民利益的效率要求也不能排斥相对人个人的公正要求。因此，任何人对待行政程序，不管是全体人民、行政主体、相对人还是其他人，都不能不考虑公正与效率两个方面。当他们考虑效率时，不能不兼顾公正；当他们考虑公正时，又不能不兼顾效率。这就使公正和效率成为现代行政程序天平上的两端。它们虽然相通，效率中包含着公正的因素，公正中包含着效率的因素，但不能让一端吃掉另一端，而必须承认两者各自的独立性。因此，两者构成了推动现代行政程序法发展的基本矛盾。

三、解决行政程序法基本矛盾的总方法

在行政程序法上，公正和效率都有存在的价值。它们互相对立，同时又在行政程序法这一统一体中是一对矛盾。当一对矛盾的两个方面都有存在的价值时，解决这对矛盾的唯一办法就是使它们达到平衡。因此，解决行政程序法基本矛盾的唯一办法就是使公正和效率达到平衡。所谓平衡，就是兼顾各方的要求并在基本均衡的程度上基本满足各方的要求。公正与效率之间的平衡也是这个道理。要兼顾公正与效率的要求，对两种要求都达到一定的满足程度，并且达到基本均衡的满足程度。所以，平衡首先取决于对公正和效率的要求，而后取决于对公正和效率要求的满足程度，最后取决于满足的均衡程度。

由于各国的国情不同，因而迄今不存在对效率和公正的统一要求。要求不同，各国的行政程序法也就不同。由此，便出现了各种不同的行政程序法类型。实际上，各种类型是在互相比较中确定的，如果孤立地

称某国的行政程序法是什么类型，并无意义。只有在不同国家行政程序法的对比中，才能说某一国家的行政程序法是什么类型。类型之间的差别，就在于各国对效率和公正的要求不同。从大的方面划分，世界各国的行政程序法有两大类型：一种是公正型，对公正的要求较高；一种是效率型，对效率的要求较高。美国和英国的行政程序法属于公正型，但两者又有所不同。美国行政程序法是"控权法"，主要强调控制行政权力，侧重防止行政机关超越职权、滥用权力。英国行政程序法是"权利保障型"，主要强调自然公正原则，侧重保护相对人的程序权利。两国行政程序法的共性是都在公正方面下功夫，增强行政主体的程序性义务是为了公正，保障相对人的程序性权利也是为了公正。德国行政程序法属于效率型。德国 1936 年制定的《联邦行政程序法》规定了大量的简易程序，赋予行政机关较大自由裁量权。效率型以提高行政效率为重，讲究以较少的人力物力和较快捷的速度进行行政管理。显然，公正型行政程序法对公正的要求高而对效率的要求较低，效率型行政程序法对效率的要求高而对公正的要求较低。

实际上，无论是公正型还是效率型的行政程序法，都不可能片面追求某一方面而不顾另一方面，只能在效率与公正总体平衡的基础上对其中某一方面有所侧重。各国已经普遍认识到，在行政程序中，效率与公正两个方面是不可偏废的，提高行政效率是一切行政法律制度都必须考虑的因素，任何损害行政效率的行为，都会对社会秩序造成损害；控制行政权力也是必要的，它是现代分权制衡体制的必然要求；扩大公民参与行政管理的程序性权利，更是现代民主政治发展的重大趋势，是现代行政程序法发展的主要目标①。

对于某一特定的国家来说，采取"效率型"还是"公正型"是有一定规律可循的。通常，经济比较发达的国家，采取公正型，经济尚不发达的国家，采取效率型。这是因为，保障相对人的程序权利将会提高行

① 罗传贤：《行政程序法基础理论》，五南图书出版有限公司 1993 年版，第 19—25 页。

政成本。在生产力发展水平不高的情况下，过分保障公民参与行政活动的权利，会影响经济发展速度，不利于社会生产力的发展。当然，公正又是不可忽视的，应当努力把两者结合起来。为此，各国通常设计两种或两种以上程序，分别适用于不同情况，以兼顾公正和效率。以行政处罚程序为例，大量轻微违法行为的处罚，如果都采用正式的听证程序，就会耗费大量人力、物力，并且不利于及时、有效地制止和打击违法行为，维护社会秩序。因此，对某些较轻的违法行为（如交通、市场、市容管理等方面的违法行为）实施的小额罚款或警告处罚，可以规定效率较高的简易程序；对一般违法行为实施的处罚（如数额不大的罚款或责令作出或不作出某种行为的处罚等）可以规定普通程序；对严重违法行为实施的较重的处罚（如拘留、吊扣营业执照、数额较大的罚款等）可以规定听证程序。行政程序如果这样设计，就可以兼顾权利和效率。

平衡效率与公正之间关系的实质是平衡国家与公民个人的利益关系，或者说是平衡公民整体与公民个体的利益关系，还可以说是平衡公民整体的效率要求与公民个体的效率要求之间的关系。公民整体利益与公民个体利益是一对不可分离又不能等同的对立统一的事物，离开了公民个体利益，公民整体利益就不存在。反之，维护公民个体利益超过限度，就会损害其他公民乃至所有公民的利益。行政程序设计者的神圣使命就在于：从全体公民的共同利益出发，考虑每个公民的具体利益应当保障到什么程度。要做到这一点，就必须处理好效率与公正的关系，在具体的行政活动中，效率更多地反映全体公民的共同利益，而公正更多地反映公民个体的利益。处理两者关系的原则是：在效率能够承受的范围内，最大限度地促进公正。这个原则可以称为“效率对公正的最大宽容度原则”，或者简称为“公正最大化原则”。根据这一原则形成的类型，可以称为“以效率为基础的权利保障型”。

尽管效率与公正互相抵触、矛盾和冲突，但它们又是可以平衡的。这不但是因为效率与公正共同存在于行政程序这一统一体中，而且因为效率与公正本来就是互相影响的。两者是“相乘”关系，如果公正等于零，那么效率再高也是零；同样，如果效率等于零，那么公正再强也是零。所以，真正的效率是基于一定程度公正的效率，真正的公正也是基于一定效率的公正。这并非是概念游戏，而是客观事实。这样说来，既然两个概念互相影响，是不是可以把两个概念合为一个概念呢？比如只采用效率的概念或者只采用公正的概念，岂不简洁？其实不然。两个概念虽然互相影响，但还是各有独立性。在行政程序法上，效率的概念早已被强调，而公正的概念只是在相对人参与行政程序之后才被强调。而且，行政主体与相对人在对待效率与公正的问题上态度不同。行政主体强调效率前提下的公正，而相对人强调公正前提下的效率。他们各自都不会在完整意义上强调对方强调的事物的全部可能性。比如，行政主体时刻准备强调效率的全部可能性，而相对人却只会强调与自己相关的那部分效率的可能性。相对人时刻准备强调公正的全部可能性，而行政主体却只会在不妨碍效率的前提下接受公正的可能性。所以，效率与公正不能不分开谈。但这不妨碍效率与公正天然地有互相依存从而可以互相平衡的基础。有人认为，效率与公正在具体程序规则中难于并存，“一个程序规则保证了公平、民主等，就有可能保证不了效率的提高。同样，保证效率的程序规则可能不利于广泛的社会参与。”① 这样的说法固然是对的，但并不全面，只是指出了某一具体规则存在着两难问题，而没有进一步看到众多的、侧重点不同的具体程序规则可以解决两难问题。

从总体上讲，效率与公正决无轻重、先后之分，当效率与公正相抵触时，以效率为先或以公正为先都是错误的。在任何情况下，效率与公正都应当根据具体情况力求平衡。只有平衡才是处理效率与公正之间关系的出发点、立足点和归结点。需要注意的是，这里的效率决不是行政主体单方面的效率，也不是某一具体行政行为孤立的效率，而是双方的效率、共同的效率、全社会的总效率。所以，平衡，就其主体而言，是行政主体与相对人之间的平衡；就其内容而言，是分别来自行政主体和相对人的不同的效率要求之间的平衡；回到它本身而言，乃是平衡与不平衡之间的平衡。

---

① 关保英：《行政法的价值定位》，中国政法大学出版社 1997 年版，第 278 页。

四、解决行政程序法基本矛盾的具体方法

在对效率和公正的要求既定的情况下，它们之间能否达到平衡，取决于能否切实地运用平衡的方法，基本满足并且基本均衡地满足效率和公正的要求。根据理论研究和历史实践，行政程序法有一整套独特的、系统的平衡效率与公正之间关系的方法。由于这些方法是客观的、不以人的意志为转移的，因而可以把这些方法称为行政程序法的规律、法则或定律①。这些方法可以归纳为八条法则：告知法则、表达法则、分配法则、均衡法则、有据法则、有限法则、开放法则和多数法则。八条法则又可以归纳为四组：告知法则和表达法则组成第一组，是关于信息平衡的法则；分配法则和均衡法则组成第二组，是关于权利（权力）平衡的法则；有据法则和有限法则组成第三组，是关于时空平衡的法则；开放法则和多数法则组成第四组，是关于宏观平衡的法则。

这四组八条法则的具体含义是：

1. 告知法则。这是指将行政权力运行的信息告知利益相关者。行政权力运行的信息主要是行政权力运行的依据、过程和结果。由于这些信息主要并且首先掌握在行政主体手中，相对人是行政权力运行主要的利益相关者，因而告知人主要是并且首先是行政主体，告知的对象主要是相对人。但是，告知的内容并非不受限制。如果告知的内容涉及国家、组织和个人的秘密或隐私，那么告知就应当受到限制。

2. 表达法则。表达是指对告知的反馈。由于告知的对象主要是相对人，因而表达者主要是相对人。也就是说，表达主要是指相对人向行政主体表达自己的意见。当然，在很多情况下，不是相对人不表达，而是

---

① 《新华词典》，商务印书馆 1988 年版，第 227 页："法则，即规律"；第 324 页："规律，又称法则。事物发展中本质的、必然的联系。具有必然性、普遍性、稳定性。其存在和作用都是客观的。人们能够认识它、运用它，却不能创造它，消灭它。自然规律自发地起作用，社会规律则通过人们的活动起作用。"第 195 页："定律，为实践所证明，反映客观事物在一定条件下发展变化规律的论断。有时用公式表示。"

行政主体不听取。所以，表达的要害是行政主体听取相对人的表达，并且对相对人的表达予以重视。

3. 分配法则。这是指任何行政权力都不能交给某一行政主体独揽，必须对行政权力进行分割，而后分配给两个以上的行政活动参加人（包括行政主体和相对人以及其他人）分别行使。

4. 均衡法则。这是对分配法则的进一步要求，是指分配后的行政权力应当互相制约。行政权力被分割和分配后，被分割并分配给两个以上行政活动参加人行使的各部分权力（权利）应当均衡。均衡包含两层意思，一是“均”，各部分权力没有畸大畸小的问题；二是“衡”，各部分权力不是互不相关，而是互相制约。

5. 有据法则。这是指行政权的运行应当有根据地进行，也就是要符合自然规律、社会规律。认定事实要有根据，权力（权利）来源要有根据，作出结论要合乎逻辑。

6. 有限法则。这是指行政活动的规模、范围、时间等都要受到一定的限制。对于行政主体来说，职权范围、办事时间应当受到限制；对于相对人来说，表达意见的范围和时间也要受到限制。唯其有限，才能平衡，在时空不受限制的情况下，平衡便失去基础。

7. 开放法则。这是指行政主体与相对人之间发生争议不能协商解决时，由第三方作出裁判。行政主体与相对人之间的关系好比一个小系统，当这个系统不能达到平衡时，应当将这个系统开放，摆到一个更大的系统中寻求平衡。比如，如果行政主体与相对人发生争议，得不到协商解决，可以将这个争议提交给法院进行裁判，一切行政争议都应当建立复审程序。

8. 多数法则。这是针对开放法则的另外一种解决方案。在对行政争议进行裁判时，在一定层面或最高层面上，可以运用多数法则来解决行政争议，使行政主体与相对人之间达到平衡。

以上八条法则看上去简单明了、平白易懂，但由于行政程序法基本矛盾在现实生活中表现的复杂性，平衡它们之间的关系常常是十分困难的。为此，这里再强调几个观点。

第一，公正与效率的统一和平衡是正当行政程序的完整含义。正当程序是由公正和效率两部分组成的，缺少其中任何一个部分的程序都不是完整意义上的正当程序。但是，正当程序并不是公正和效率两部分的简单相加，而是它们的有机统一。有机统一的一个重要标志就是平衡。

第二，公正与效率平衡的关键是行政主体与相对人之间的平衡。单独就行政主体或相对人而言，公正与效率的平衡并不困难。行政主体会自动调整它所期望的公正与效率之间的关系，如果行政权归属主体赋予它的“效率”（政绩）要求得到满足，它会适度接受“公正”要求，直至达到它期望的平衡。相对人也会像行政主体一样自动调整它期望的公正与效率之间的关系。如果他的“效率”（利益）得到满足，或者为了“公正”要付出的“效率”（利益）代价太大，他会适度放弃“公正”要求，直至达到所期望的平衡。但是，行政主体和相对人各自所期望的公正与效率之间的平衡，并不等于他们各自的平衡之间也达到了平衡。行政主体和相对人都只会考虑自己要的公正与效率的平衡，而不会考虑对方的平衡。所以，行政程序设计的关键不在于行政主体和相对人各自怎样平衡，而在于如何使他们之间达成平衡。与两个局部平衡不同的是，总平衡不可能靠行政主体和相对人来考虑，需要整个社会、国家或公民整体来考虑。

第三，公正与效率平衡的要害是在行政主体与相对人的结合部。行政主体作为整体，是一个层级系统或者同心圆结构，基层行政主体处于层级系统的底部，或者同心圆结构的外缘。行政主体与相对人的结合部正是在层级系统的最底部或者同心圆结构的最外缘，越往高层或者越往中心，离相对人就越远。由于平衡公正与效率的关键是平衡行政主体与相对人之间的关系，因而平衡公正与效率的要害也就在行政主体层级的最底部或者最外缘。外缘的特点是漫长而分散，很容易出现各行其是的现象，为此，平衡公正与效率的关系必须注意到整个外缘。具体办法是，努力保持程序规则在外缘每一个点上对行政主体和相对人都能实现对等和一致。所谓对等，就是每一个规则都既适用于行政主体一方，也适用于相对人一方；所谓一致，就是每一个规则都适用于行政主体的每一个单元和每一个相对人，并且适用于每一次行政行为。也就是说，行政程序的每一条规则都应当是普遍的和稳定的，只有这样，才能在总体上实现公正与效率的平衡。

第四，行政主体的建设对于平衡公正与效率的关系具有重要意义。一个国家进行行政管理，首先要建设行政主体，在进行建设时，如果不注意公正与效率之间的平衡，就会影响公正与效率的总平衡或最终平衡。对行政主体建设不当，造成的严重后果是公正和效率两个方面都不能达到基本的满足程度，更谈不上达到基本均衡的满足程度。所谓对行政主体建设不当，主要是指将行政主体建设成那种马克思所说的闭关自守的、陷入迷途的、神秘主义的、同业公会式的系统。马克思说："官僚政治是一个谁也跳不出的圈子。它的等级制是知识的等级制。上层在各种细小问题的知识方面依靠下层，下层则在有关普遍物的理解方面仰赖上层，结果彼此都使对方陷入迷途。""官僚机构的普遍精神是秘密，是奥秘。保守这种秘密在官僚界内是靠等级制组织，对于外界则靠它那种闭关自守的公会性质。因此，公开的国家精神及国家的意图，对官僚机构来说就等于出卖它的秘密。""就单个的官僚来说，国家的目的变成了他的个人目的，变成了他升官发财、飞黄腾达的手段。"① 行政主体如果建设成马克思说的这个样子，真是太糟糕了，然而，千百年来，行政主体基本上总是这个样子。

要改变这个面貌，只有用现代行政程序法的精神来重构行政主体，别无选择。而行政程序法的精神就是要求在对行政主体进行建设时，努力使它既满足效率的要求，又满足公正的要求。

第五，"有限"是对行政主体进行建设的重要要求。行政主体应当是一个有限主体，也就是说，它在规模上应当最小化，在权力上应当最小化，在行为方式上应当最简化，在办事时间上应当最短化。对此，中外许多学者都作过大量论述。比如爱默生说："政府对我们来说是越小越好——这样法律就会少些，委托的权力就会少些。对留用政府形式的抗

---

① 《马克思恩格斯全集》第1卷，人民出版社1956年版，第302页。

毒剂就是发挥个性的影响和个人的力量；委托人本人出来，取消代理人；起用智者，必须承认，现存的政府不过是对他们的一种拙劣模仿。”①“管得好的政府是管得少的政府”，几乎成为一句格言。政府对社会事务的管理应当越少越好，是指行政行为应当尽量用最短的时间、最少的人力、财力和物力取得最理想结果。当然，要做到这一点是比较难的。难就难在少到什么程度最好。一味地“管得少”将会影响行政效率，而行政效率低，不仅会影响相对人的权益，也会影响国家和其他公民的利益。相对人要求行政主体办事快捷、提供便利，以减少自己的“投入”。如果行政主体太小，就无法满足相对人的效率要求。因此，正确确定行政主体的规模、职权，是行政程序法的重要前提。然而，“有限”作为行政主体建设的一项原则，无疑是正确的和必要的。

第六，“简洁”是对行政主体进行建设的又一条重要要求。行政主体的简洁不但有利于提高效率，有利于促进公正，而且有利于效率与公正之间的平衡。简洁相对于复杂而言。应该说，行政主体的组织化是必要的，但是，一个组织如果过于复杂，将会走向反面，给本身和社会都带来危害。组织必然有两个构造，一个是横向构造，一个是纵向构造，行政主体的组织也是如此。行政主体组织复杂的第一种表现是横向构造和纵向构造数量多。横向构造多会造成行政成本上升；也会带来过分竞争，使行政主体内部产生恶性的权力之争，降低行政效率。据研究，承担同一职权的行政主体如果超过 3 个，就会引起互相争斗的问题。纵向构造层次过多，将会降低信息传递速度，造成效率下降；还会造成和扩大专制或不民主，“组织严密的社会可能是极端专制的”②，这也会降低行政效率，而且损害公正。纵向层次增加之后，工作人员的数量和承担责任者的数量反而下降，提出意见者的数量也会下降，既造成效率下降，也损害公正。所以，简洁与效率成正比，与公正也成正比，既有利于效率，

---

① ［美］莫特玛·阿德勒、查尔斯·范多伦：《西方思想宝库》，中国广播电视出版社 1991 年版，第 670 页。

② ［美］科恩：《论民主》，商务印书馆 1988 年版，第 49 页。

也有利于公正。那么，妨碍简洁的原因是什么呢？主要是懒惰和权力欲，懒惰会造成横向构造的增加，权力欲会造成纵向构造的增加。在实现简洁时需要注意的是，简洁主要不是减少行政主体的人数，而是使成员之间的关系简洁，也就是使每个成员的职权明确。正如卢梭所说："负责的人越多，则处理事务就越慢；由于过分审慎，人们对于时机就会重视不够，就会坐失良机；并且由于反复考虑，人们往往会失掉考虑的结果。"①在其他因素不变的情况下，复杂（职权不清）会造成工作繁忙的假象，从而提出增加人数的要求。②

第七，"复审"对于平衡效率与公正之间的关系具有不可忽视的重要价值。复审的理论依据最初是行政失误的难以避免性，由于行政工作人员主观认识能力的局限或者客观条件的局限，行政失误确实是难以避免的，对于这一点，几乎没有不同看法，因而"复审"原则出现得很早，差不多在行政程序法诞生时就出现了。但是，仅仅这一点还不能说明复审的全部理由，因为复审还涉及谁来复审的问题。法国由于大革命时期政治斗争的原因，确立了行政行为不归普通法院复查的政治原则。这一情况推动了法国人对"由谁复审"问题的思考，后来在考虑完善行政复审制度时，有人提出"有什么理由说法官比行政官员更高明"的疑问。确实，用"复审是为了纠正行政失误"的说法几乎不可能合乎逻辑地解答这个疑问，因为法官并不比行政官员更高明，即使法官复审，失误也是难免的。进一步的探讨使人们认识到，对行政行为进行复审，不只是因为它可能有错，更是因为公民有权利"担心它有错"，并且进而有权要求"再查一查"。这样，复审的依据就建立在公民的程序权利之上了。为了有效地保障公民这一权利，又需要贯彻"任何人不得为自己案件的法官"的"自然公正"原则。因此，各国确定行使复审职能的国家机关主要有两类：一是原行政主体之外的另一个行政机关，它的复审可以统称

---

① ［法］卢梭：《社会契约论》，商务印书馆 1980 年版，第 84 页。

② 参阅关保英：《行政法的价值定位》，中国政法大学出版社 1997 年版，第 249—251 页。

为“行政复议”（具体名称有各种各样的叫法）；二是司法机关，它的复审称为“司法审查”。由于行政复议主体毕竟是行政机关，因而对行政复议仍然可以进行司法审查，司法审查成为最终复审。由此可见，法官对行政行为进行复审，并不是因为他比行政官员高明，而是因为他不是行政官员。复审具有重要意义，是公民程序权利的充分延展，甚至延展到行政过程之外的司法领域，与分权制衡体制相衔接。

第四节　中国行政程序法的发展

在前面探讨了行政程序法的本质、价值和方法等基本理论问题后，最终应该结合我国的情况，探讨我国行政程序法的发展问题。

一、我国行政程序法发展简要历程

本章一开始就讲到，我国早在 1951 年就在行政法规中出现了行政程序规范。但此后 30 多年，行政程序法律规范一直是空白的。直到 1986 年，行政程序法的发展才真正起步①。随后，国家起草《行政诉讼法》的工作，有力推动了行政程序法律规范的发展。行政诉讼法是程序法，在研究起草这部法律时，必然要以程序法的眼光来看待它。于是，专家学者很快、很自然地发现，行政法与刑法、民法有一个很大的不同，就是它的程序法并不是到了诉讼阶段才发生，而是在诉讼前就已经或者应该发生，也就是存在行政诉讼之前的“行政程序法”。专家学者翻阅外国（地区）相关资料，了解到英国早在 18、19 世纪就已经有了行政程序的判例，欧洲大陆许多国家 19 世纪末和 20 世纪前期就有了行政程序法，美国在 1946 年就有了行政程序法，我国周边的日本、韩国和我国台湾、澳门地区当时都在积极起草行政程序法。这对我国行政程序法律规范的发

① 1986 年全国人大常委会公布施行的《中华人民共和国治安管理处罚条例》第三十四条规定了处罚程序。

展是一个很大的促动。此外，学者研究还发现，由于行政实体法的多样性、丰富性、庞杂性，世界上没有一个国家将所有的行政实体法归拢在一部法律里，行政法的法典化无法在实体法意义上操作。学者普遍认为，行政法的法典化应当通过行政程序法的法典化来实现，这也促使行政法学者主张制定统一、专门的行政程序法。

除了上述行政诉讼立法的推动外，1990 年前后的法学理论和社会影响也成为行政程序法的推动力量。当时不少法学家对程序法高度感兴趣，把罗尔斯的《正义论》翻译成中文出版，在学者中广为传播。罗尔斯在《正义论》中讲的短短几句话也被广泛引用：如果要把一块蛋糕切成均等的几份，只要让切蛋糕的人后拿属于他自己的那一份，就能达到最佳效果。美国的“米兰达规则”通过影视在广大民众中传播。“米兰达规则”要求，警察在抓捕嫌疑人时，必须告知其保持沉默的权利：“你有权保持沉默，否则你所说的一切将在法庭上成为证据”。党的十三大报告中的两句话：“重要的情况让人民知道，重大的决策经人民讨论”，在学者和民众中产生重大影响，增强了人们对加强程序制度建设的愿望。几年后，季卫东发表《法律程序的意义》①，引起很多学者关注和讨论②。

如果说上述推动力量还是间接的，那么《行政诉讼法》的具体内容对行政程序法律规范的发展发挥了直接的、强有力的推动作用。1990 年公布的《中华人民共和国行政诉讼法》出现了关于行政程序的规定，该法第五十四条规定：“……（二）具体行政行为有下列情形之一的，判决撤销或者部分撤销，并可以判决被告重新作出具体行政行为：1. 主要证据不足的；2. 适用法律、法规错误的；3. 违反法定程序的；4. 超越职权

① 发表于《中国社会科学》1993 年第 1 期。

② 1996 年在杭州召开的行政法学研究会学术年会上，肖凤城作了“程序法比实体法更接近法律本质”的发言，整理后以《论“法即程序”》为题发表。该发言阐述的理由主要是：1. 程序规则可以独行，而实体规则不能独行；2. 程序规则能够产生实体规则，而实体规则不能产生程序规则；3. 实体规则纷繁多变，而程序规则简洁稳定；4. 实体规则是程序规则运行中的静态结点，而程序规则是串联实体规则的动态系统。

的；5. 滥用职权的。……”其中第3项“违反法定程序的”规定，对于行政程序法来说，是一个标志性的立法事件。因为法律上有一个“后推动”原理，就是诉讼法能够推动诉讼前法律制度的发展。这个规定，事实上确实推动此后行政程序法的迅速发展。

自从行政诉讼法关于行政程序的条款出台后，行政程序法律规范的发展加快了，1996年《行政处罚法》、1999年《行政复议法》、2003年《行政许可法》、2011年《行政强制法》等法律中都出现了大量的行政程序法律规范。到近几年，又出现了2008年《湖南省行政程序规定》、2011年《山东省行政程序规定》、2011年《汕头市行政程序规定》等专门规定行政程序制度的地方政府规章。

二、我国行政程序法律制度基本情况

我国现行行政程序法律制度，从类别上分，有行政立法程序，如《行政法规制定程序条例》；有行政服务程序，如《政府信息公开条例》；有行政执法程序，如《治安管理处罚法》《行政处罚法》《行政许可法》和《行政强制法》；有行政救济程序，如《行政复议法》。从位阶上分，有法律层面的，如《治安管理处罚法》《行政处罚法》《行政许可法》《行政复议法》和《行政强制法》；有行政法规层面的，如《行政法规制定程序条例》《政府信息公开条例》；有地方政府规章层面的，如《湖南省行政程序规定》《山东省行政程序规定》《汕头市行政程序规定》。由此可见，有关政府信息公开的程序制度，仍属行政法规，尚未上升为法律，使这一程序制度无法与诉讼相衔接，这是我国行政程序法目前存在的主要问题之一。下面通过分析若干法律和规章的主要内容，进一步看我国行政程序法取得的成绩和存在的不足。

（一）《行政处罚法》第一次比较完整地规定了行政执法的基本程序。1996年《行政处罚法》第三条第二款开宗明义地规定：“没有法定依据或者不遵守法定程序的，行政处罚无效。”写在该法总则中的这一基本规定，使行政程序法律规范具有不容置疑、不容自由裁量的法律效力。该法第五章“行政处罚的决定”中规定的三节分别为简易程序、一般程序、听证程序。“简易程序”一节规定了出示执法身份证件、填写预定格式书面决定书、当场交付当事人、载明处罚依据和事实、签名盖章、备案等程序要求（第三十四条），并指引性地规定了可提起行政复议和行政诉讼的后续程序。“一般程序”一节进一步规定了两人以上执法、制作笔录、收集证据、回避（第三十七条）、送达（第四十条）等程序要求，而且专条规定了处罚前向当事人告知处罚事实、理由和依据，听取当事人陈述、申辩的要求（第四十一条）。“听证程序”一节专门规定了听证的适用范围、事先告知听证权利、当事人不承担行政机关听证费用、提前通知听证日期、听证公开举行、回避、代理、申辩和质证、笔录等制度（第四十二条）。该法关于行政程序的规定，不仅在“行政处罚的决定”一章，还在其他各章中。如在“行政处罚的实施机关”“行政处罚的管辖和适用”两章中规定了主管和管辖，在“行政处罚的执行”中规定了决定与执行的适度分离，在“法律责任”一章中作了对违反法定程序的人员给予行政处分的规定。在当时的历史条件下，《行政处罚法》关于行政程序的规定得到了非常好的社会反响。

（二）《行政复议法》第一次规定了在行政系统内进行行政救济的基本程序，但还有较大的完善空间。1999 年《行政复议法》明确了行政复议要遵循合法、公正、公开、及时、便民的原则（第四条），规定了抽象行政行为（行政法规、国务院部门规章、地方政府规章以外的政府规范性文件）可随具体行政行为申请复议（第七条），规定了申请复议的期限、主体、代理、第三人、方式（第三章），受理复议申请的期限、不停止执行的条件（第四章），还规定了行政复议一般采取书面方式、申请人有权查阅被申请人提供的材料等（第五章），此外还规定了行政复议与行政赔偿请求可以一并提出（第二十九条）。但是，这个法的程序设计存在的问题比较多。例如，该法规定利害关系人只能作为第三人参加复议而不能独立申请复议（第十条）；行政复议原则上采取书面审查方式（第二十二条），不足以有效听取当事人的陈述和申辩；规定被申请人材料涉及国家秘密、商业秘密、个人隐私的，申请人不能查阅（第二十三条），但未规定申请人对不能查阅的材料有何相应权利；将自然资源的所有权或者使用权的行政复议决定规定为最终裁决（第三十条），排除了提出诉讼的权利；将复议后的强制执行规定为可以由行政机关强制执行，也可以申请人民法院强制执行（第三十三条），表面上看好像也有申请法院强制的安排，实际上不加区别地赋予了行政机关强制执行的权力。

（三）《行政许可法》规定了行政许可应有的专门行政程序，但同样存在较大的完善空间。2003 年《行政许可法》在总则中除规定公开、公平、公正以及便民、效率等原则外，还规定了“不得歧视”的原则（第五条、第六条），规定了陈述权、申辩权和求偿权（第七条），规定了行政机关不得擅自改变已经生效的行政许可（第八条）；行政许可只能由法律、行政法规和地方性法规设定，地方政府规章可临时设定（第十二条），但未规定临时的含义；规定了实施行政许可的委托制度（第二十四条）；规定了行政许可的内部集中办理程序（第二十五、二十六条），但维护申请人的便利权不够彻底；规定了实施行政许可不得提出有偿服务要求（第二十七条），但不够明确；规定了行政许可应“逐步”由专业技术组织实施（第二十八条），但没有明确“逐步”到何时完成；规定了行政许可决定的“公众查阅权”（第四十条），但规定得不够具体；虽然规定了行政许可直接涉及申请人与他人之间重大利益关系的应当告知听证权并组织听证（第四十七条），但对什么是“重大利益”没有规定客观标准；仅规定不采用招标、拍卖方式实施许可的可以依法申请行政复议或者提起行政诉讼（第五十三条），但对其他情形只规定由上级机关对实施行政许可进行监督检查（第六章），而没有明确其他行政许可也有权申请行政复议或提起行政诉讼。

（四）《行政强制法》集中体现了行政程序法发展取得的成就，但重大程序制度上没有明显建树。2011 年《行政强制法》可以说是 20 年行政程序法发展之集大成。一是在总则中增加了“适当”原则，“行政强制的设定和实施，应当适当。采用非强制手段可以达到行政管理目的的，不得设定和实施行政强制”（第五条），这可以说是“有限律”的体现；二是在总则中增加了“教育”原则，“实施行政强制，应当坚持教育与强制相结合”（第六条），这可以说是“告知律”的深化；三是在总则中对陈述、申辩、复议、诉讼、求偿五权作了集中规定（第八条），强调和巩固了当事人在行政程序法上的最重要权利；四是强调行政强制措施和行政强制执行由法律规定（第二章），并规定行政强制措施的实施不得委托（第十七条），体现了“有据律”，但没有明确如何确定“具备资格的行政执法人员”（第十七条）；五是规定“公民、法人或者其他组织可以向行政强制的设定机关和实施机关就行政强制的设定和实施提出意见和建议。有关机关应当认真研究论证，并以适当方式予以反馈”（第十五条），较好体现了“表达律”，但没有进一步明确有关机关如何吸纳公民、法人的意见建议；六是集中和简明扼要地规定了行政强制措施应当履行报告批准、双人以上、出示身份证件、通知当事人、告知理由依据和权利、听取陈述和申辩、制作笔录、见证等一系列程序，体现了我国程序制度的成熟度；七是规定了查封、扣押的期限（第二十五条），体现了“有限律”；八是规定了“催告”制度（第三十五至三十八条），进一步体现了“告知律”。该法的主要不足是：仅规定人民法院在受理行政强制执行后发现有明显缺乏法律法规依据等情形时，在作出裁定前可以听取被执行人和行政机关的意见（第五十八条），而没有规定应当无条件听取被执行人意见；没有规定被执行人可以聘请律师维护自己的权利，未能体现“开放律”（得到社会服务的法则）。

（五）地方政府制定的行政程序规定力求全面，但不够深入具体，并受到立法权限的限制。湖南省、山东省、汕头市人民政府的行政程序规定大同小异，这里以湖南省行政程序规定为例进行分析。2008 年《湖南省行政程序规定》是第一个由地方人民政府制定的行政程序专门规章。该规章在立法权限范围内力求全面规定行政程序制度。一是在总则中全面规定了不得歧视、必要和适当、最大程度保护当事人权益（第 4 条）、公开（第 5 条）、参与、表达意见建议（第 6 条）、时限、效率、优质服务（第 7 条）、不得撤销变更已生效的行政决定、对当事人财产损失予以补偿（第 8 条）等重要原则；二是规定“行政机关应当按决策权、执行权和监督权既相互制约又相互协调的原则，设定权力结构和运行机制”，体现了“制约律”；三是比较具体地规定了行政管辖、行政协助和行政委托制度（第二章第一节）；四是比较具体地规定了行政参加人及其代理人制度（第二章第二节）；五是规定了重大行政决策的专家咨询和听取意见（包括听证）制度（第三章第一节）；六是规定了制定规范性文件统一登记、统一编号、统一公布制度（第三章第二节）；七是把行政执法程序适用范围从“行政许可、行政处罚、行政强制”三大在法律上已有规定的领域扩展到“行政给付、行政征收、行政确认”领域（第四章第一节），规定了执法人持证上岗、行政处罚权集中行使、行政许可权集中行使、联合执法、健全内部工作程序、告知执法“事实、理由、依据、法定权利和义务”、教育等程序要求；八是前所未有地规定了“裁量权基准”（第四章第七节）；九是规定了“行政合同、行政指导、行政裁决、行政调解、行政应急”五项特别行政程序制度（第五章），但并没有规定出比较有价值的程序制度；十是在听证程序方面规定了公众代表的产生办法，要求采用自愿报名、随机选择的办法（第136条）；十一是该规章规定的“行政公开”成为其最主要的亮点。该规章的主要不足是虽然面面俱到，但在规范的深入细致、具体明确上做得不够，在监督和救济上受到立法权限的限制。

三、我国行政程序法发展展望

从1986年《中华人民共和国治安管理处罚条例》首次在国家法律中规定行政程序法律规范以来，至今已经30多年，走完了“从无到有”的过程，并且在“从有到好”的过程中迈出了几大步。从成绩方面来说，一是数量多，已经在许多法律法规中规定了大量的程序规范；二是涉及面宽，已有的行政程序法律规范涉及面非常广，并非只涉及主要的程序规则，而是涉及大大小小各个方面的程序规则；三是地方政府有积极性，地方政府规章中出现了专门的行政程序规定，表现了地方政府程序立法的积极性，出现了由下而上的推动力量。从不足方面看，一是分散化，至今没有制定全国统一的、专门的行政程序法；二是重大程序仍有缺项，比如治安管理处罚、行政复议、行政强制中的“律师服务程序”（开放律）缺失，行政许可、行政强制与复议、诉讼程序的衔接不明确；三是低位阶，国务院虽然制定了《中华人民共和国政府信息公开条例》①，但行政信息公开程序尚未上升为国家法律，因而与诉讼之间的衔接问题无法解决，如湖南、山东、汕头关于行政程序的政府规章是我国法律体系中最低位阶的法律规范，效力受到局限。

尽管我国行政程序法至今仍然面临影响其发展的因素，但就大趋势而言，它终究会得到更多的完善。现就其未来发展作以下几点展望。

第一，影响我国行政程序法发展的各项因素将在今后较短时间内基本消失。从基本原理来说，影响行政程序法发展的因素主要有四项：一是受科技能力的限制。这是影响行政程序法发展的自然因素。这个因素在今天已经影响不大，在今后的中国，影响几乎可以忽略不计。二是受经济成本的限制，这是影响行政程序法发展的经济因素，反映了民主与效率的矛盾。这个因素在今后的中国影响也将越来越小。三是受利益驱动的限制。这是影响行政程序法发展的社会因素和利益因素，是影响我国行政程序法发展的主要因素之一，是"强权"和"欺诈"两种反程序形态中"欺诈反程序"的主要原因。因为社会地位差别、贫富差别过大，会引起恶性竞争和恶性心理，造成和扩大社会非道德、不诚信状态，阻碍行政领域正当程序的发展，这个因素的消除需要花费时日。但随着我国社会改革的深入，社会生活和社会关系日益契约化，在契约化状态下出生长大的"80后"各代成长起来，这一因素也将逐渐淡化。四是受相关社会结构的限制。这是影响行政程序法发展的政治因素或称体制因素、结构因素。行政程序在整个国家结构中只是一个局部程序，受到整体程序的影响，主要受到国家立法程序、司法程序及其他程序（如社会团体程序）的影响，这是程序的普遍性和系统性决定的，也是影响我国行政程序法发展的又一个主要因素。这个因素的消除也需要花费时日。但随着我国政治体制改革的深入，政治体制更加法治化、科学化，这一因素将会不断转化为有利于我国行政程序法发展的因素。

---

① 《中华人民共和国政府信息公开条例》经2007年1月17日国务院第165次常务会议通过，自2008年5月1日起施行。

第二，推动行政程序法发展是我国今后完善国家治理和社会治理的必然选择。如前所定义的，程序是社会公认的利益相关者之间以和平方式进行交涉过程中的行为规则，蕴含着一系列无法替代的优点：一是“社会公认”。社会生活中存在着“习惯”的、“约定”的、“法定”的各种规则。程序是其中来自习惯的基本规则，得到社会习惯的有力支持。二是“利益相关”。哪里存在利益相关问题，哪里就可以用程序来协调。三是“和平方式”。程序意味着利益相关者之间解决矛盾冲突的方式是和平的，根本上有利于社会和谐稳定。四是“进行交涉”。程序并不回避矛盾冲突，而是允许利益相关者之间通过交涉解决矛盾冲突，这就最大可能地向利益相关者提供了权利，有利于维护利益相关者的主体性。五是“交涉过程”。程序不是交涉的前提和结果，而是交涉的时间流程，通过这一过程连接前提和结果，使利益相关者感受到实体结果是由这一过程产生的，从而获得主体感。六是“行为规则”。程序终究像实体一样，约束了人的行为，明确权利义务，维护社会秩序。所以，程序既是“深刻的民主”，又是“深刻的法治”。它深化民主，使民主精细化、规则化、科学化，从而能够防止民主变成民粹；它深化法治，使法治参与化①、正当化、柔性化，从而能够防止法治变成披着法律外衣的人治和专制。因此，行政程序法的发展是国家和社会治理方式发展的必然方向，是我国依法治国的必由之路。

第三，今后我国行政程序法的发展主要将解决“公开”“分配”和“开放”三大问题。程序规则可以概括为8条（可称为八大程序法则或程序定律）：告知律、表达律、分配律、均衡律、有据律、有限律、开放律、表决律。这8条程序定律的成立及其相互关系，可以用博弈论来解释。博弈论是关于人与人之间博弈关系（实际上也就是交涉关系）的理论，因而它与程序理论是相通的，有着天然的联系。博弈论将博弈分为四种类型：信息对称条件下的少数人博弈，信息对称条件下的多数人博

① 采取让当事人参与过程的方式对权力运行的监督控制，对权力的控制从实体监控向程序监控发展。

弈，信息不对称条件下的少数人博弈，信息不对称条件下的多数人博弈。在博弈论看来，人与人之间的博弈关系（交涉关系）取决于两个要素：一是主体，二是信息。在主体要素中，取决于主体的数量，也就是取决于主体的分散和集中；在信息要素中，取决于信息的对称与不对称，也就是取决于信息的沟通和局限。对分散、集中、沟通、局限作进一步解析，也就得到了 8 条定律。“分散”决定了分配律和均衡律，“集中”决定了开放律和表决律，沟通决定了告知律和表达律，“局限”决定了有据律和有限律。从我国近 30 年来行政程序法的发展看，有三个律发展得还不够，一是告知律（一般告知就是公开律）。政府信息公开问题解决得不好，红头文件难查、政府信息难查的问题没有真正解决，今后应当将政府信息公开条例上升为法律，深入设计当事人查阅政府信息的权利，并可进入诉讼。二是分配律。行政权力的分配问题没有解决，甚至解决的思路都没有打开。程序设计大多在不影响行政权力的情况下做文章，听证走过场难以克服。今后发展的思路或方向应当是将行政权力从行政机关那里尽量剥离出来，由社会组织如社区、社会团体自治管理，而行政机关只是对自治管理中当事人提出的不合法问题加以解决，使行政机关站到当事人一边来为当事人服务。三是开放律，行政活动与复议、诉讼、律师法律服务等开放系统的衔接不到位，抽象行政行为不可诉的问题没有完全解决，今后应当使这种衔接完全无缝。

第四，我国法律体系发展完善必将推动行政程序法发展。2011 年，全国人大常委会宣布我国社会主义法律体系形成，明确指出我国法律体系中有宪法及相关法、刑法、民法、行政法、经济法、社会法、诉讼和非诉讼程序法 7 个门类，并提出将继续完善这个体系。在完善这个体系进程中，推动行政程序法发展将是必然的逻辑方向和历史方向。从逻辑方向上讲，行政程序法是我国国内法中最需要完善的法律领域。人类的法律分为国际法和国内法，国际法是国家间斗争妥协的法律结果，是一个特殊的法律门类。在国内法 7 个门类中，核心是宪法、刑法、民法、行政法 4 个门类，因为宪法统领，经济法和社会法是刑法、民法、行政法在经济和社会管理领域的体现，可以归入它们；诉讼和非讼程序法是宪法、刑法、民法、行政法的程序法，也可以归入它们。进一步看，人类的法律发展史，在宪法、刑法、民法、行政法 4 个核心门类之间，表现出“由刑法向宪法上升、由民法向行政法转移”的趋势①。此外，宪法也表现出向行政法具体化的发展路径。这样，整个国内法都在向行政法转移，而行政法又需要以行政程序法为内容进行法典化。由此可见，我国法律体系的发展完善，终究向着行政程序法发展。

① 如果把法律的 4 个核心门类画一张图，上面是宪法，下面是刑法，左边是民法，右边是行政法，那么，可以从刑法到宪法画一个由下往上的箭头，从民法到行政法画一个从左到右的箭头。英国的大宪章、法国的人权宣言、美国的宪法修正案，都说明了由刑法向宪法上升的趋势，通过宪法来解决刑法问题；列宁关于社会主义法律普遍与社会公共利益相关、都是公法没有私法的观点，说明了民法向行政法转移、私法向公法发展的趋势和规律。罗马法历来把法律分为公法和私法，列宁说社会主义法律都是公法，这对中国法律界影响很大。改革开放以来，对列宁这一观点有不同看法，因为私法并不是列宁说的与公共利益无关的法律，只是允许当事人之间协商的法律，一部法律中只要有允许当事人之间协商的规范内容，这部分内容就属于私法。但同时也要看到，私法的公法化确实是法律发展的大趋势，任何允许当事人协商的私法，都在公法的认可和保障之下。以最典型的“私法”合同法为例，当事人之间可以协商签订合同，但签订合同的过程及其结果都在国家管理和保障之下，而且这种管理和保障越来越周密，所以说，私法是在公法笼罩、管理、保障之下的法律。

第三十三章 行政程序法的变迁

高家伟

中国政法大学法学博士。现为中国政法大学“2011 计划”司法文明协同创新中心研究员、中国政法大学诉讼法学研究院教授，主攻行政法学、证据法学。代表作有：《行政诉讼证据的理论与实践》《证据法原理》《欧洲环境法》《国家赔偿法学》《行政法学总论》《行政法》（三卷）等，参与编辑《王名扬全集》。另外，合著专著、教材十余本，发表论文五十余篇。曾作为高级访问学者留学德国康斯坦茨大学法学院、德雷斯顿大学法学院和芬兰土库大学法学院，获得“教育部优秀青年教师资助项目”和“中国政法大学杰出青年教师”称号。

第一节　行政程序法变迁的历史

一、行政程序法变迁的历史阶段

行政程序法是一个世界性的行政法现象。在任何国家的任何历史时期的公共行政法律制度中都存在分散的行政程序法规范，但是，单独制定系统的行政程序法法典却是世界各国在步入现代化进程后才能取得的一项具有里程碑意义的制度创新成果。以行政程序法法典的制定过程为经度，以其代表性模式分布的区域为纬度，可以将世界行政程序法变迁的历史大致划分为如下三个时期。①

（一）欧洲时期

自1883年普鲁士邦制定一般行政法开始，欧洲一批国家或者地区相继制定了行政程序法典。例如德国巴登州（1884年），西班牙（1889年），奥地利（1926年/1950年），德国图林根州（1926年）和符腾堡州（1926年行政法典草案/1931年行政程序法草案），捷克（1928年/1955年修订），波兰（1928年/1960年修订），南斯拉夫（1930年/1956年修订）。② 1929年德国学者Apen提出了制定全国统一的行政程序法典的建议。由于这个历史阶段中制定行政程序法典的国家或者地区都在欧洲，可以称为欧洲阶段。

这个历史阶段的最大意义在于明确了行政程序法的行政法法典化功能，行政程序法典的制定实际上是行政法内容和体系的一次系统整理。具体而言：

---

① 关于前两个历史阶段的划分，参见应松年：《关于行政程序立法的几个问题》，《行政法学研究》1992年第4期。关于第三个历史阶段的划分和介绍，参见杨海坤、黄学贤：《中国行政程序法典化》，法律出版社1999年版，第19—25页。

② 参见陈新民：《中国行政法学原理》，中国政法大学出版社2002年版，第74页。

1. 行政程序法在内容上代表了当时行政法系统化的最高水平。德国普鲁士邦和符腾堡州的行政法典模式表明了当时行政法内容系统化的最高水平，行政组织法、行政行为法、行政监督法的三分体系不仅是学界公认的一般行政法理论体系，而且得到了立法的确认，成为行政法典的基本框架。这对后世的行政法的制定和研究产生了深远的影响。

2. 行政程序法在形式上初步呈现出法典化模式的多样化趋向。1925 年 7 月 16 日奥地利议会通过了《普通行政程序法》，该法于 1926 年 1 月 1 日生效。与该法同时制定的还有《行政罚法》《行政执行法》《行政程序法施行法》。这种行政程序法、秩序法和强制法三法并行的模式颇有代表性，被后来德国 1976 年的行政程序立法吸收。

有人认为，从理论基础、立法形式、制度内容以及社会实践、国际影响等方面来看，奥地利《普通行政程序法》都是这个历史阶段的揭幕者。①

（二）美洲时期

自 1946 年美国制定《联邦行政程序法》后，一些国家相继制定或者修订行政程序法典，如意大利、瑞士、德国等。美国 1946 年的《联邦行政程序法》经过四次大的修正，主要是 1966 年制定的《情报自由法》、1974 年制定的《隐私权法》、1976 年制定的《阳光下的政府法》和 1990 年制定的《协商式规章制定程序法》被纳入 1946 年的《联邦行政程序法》中，使该法的适用范围大大拓宽，内容也更加丰富。意大利早在 1955 年就制定了《行政程序法（草案）》，但因众议院解散，该草案搁置，直到 1990 年 8 月 7 日颁布了只有 31 条的《行政程序法》。西班牙于 1958 年 7 月 31 日公布的《行政程序法》于 1958 年 11 月 1 日生效。该法典被 1993 年 2 月生效的《行政机关及其共同的行政程序法》修订和取代。修改的主要内容是突出了法治国家原则、民主化和现代行政的要求。瑞士于 1968 年制定了《行政程序法》。德国《联邦行政程序法》几经周折，终于在 1976 年 5 月 25 日由第七届国会通过，公布于联邦法律公报，

① 杨海坤、黄学贤：《中国行政程序法典化》，法律出版社 1999 年版，第 27 页。

除个别条款自公布之日起生效以外，其他条款自1977年1月1日起生效。该法典后来经过几次修正，其中比较大的修正是增订了“许可程序的加速”（1998年）和电子行政方面的内容。在这个历史时期，行政程序法从欧陆发展到美洲，但是，美国行政程序法在观念、内容、体系等方面都独辟蹊径，并且对欧陆各国行政程序法的制定和修改产生了深刻的影响。因此，我们把这个时期称为美洲时期。

这个历史阶段的最大意义在于明确了公正和效率两个基本法律价值，切实证明了法典化模式的多元化规律。

1. 在立法观念上，突出了公正和效率这两个基本法律价值，并且因国情不同而有所侧重。受两次世界大战的教训，注重法的现实问题针对性和解决问题的实际效用、怀疑正义等抽象普适法律价值的新黑格尔法学、康德主义法学和实证主义法学等流派逐渐式微、动摇或者消失，强调公正、效率等法律道德价值的新自然法学派兴起，以回应以美国为首的西方国家战后法制建设的需要。① 同时，西方国家的民主宪法实践从形式法治到实质法治阶段，从单纯追求法律体系的完整性和法律条文全面执行的机械主义、形式主义转变到追求法律的实质正当性和正义在个案中实现的实质主义、价值主义，比例原则、信赖保护原则、平等原则等体现法律道德价值的一般行政法律原则得到发现和重视。受上述法理和宪政实践的影响，这个时期行政程序法目的与价值的选择和设计受到特别的关注。除了行政法的系统化之外，行政简化、行政权控制、人权保障、民主行政等立法目的得到明确，在此基础上公正和效率两大基本法律价值及其权衡的观念得以确立。相对于前一个历史阶段来说，这是一个重要的进步。

2. 在立法模式上，呈现出百花齐放的多样化局面。在立法时机的把握方面，美国和德国采取“堆积木”式的分步走做法，首次立法抓大放

① 沈宗灵：《现代西方法理学》，北京大学出版社1992年版，第27页。

小，然后逐步添加新的内容①；西班牙、葡萄牙则“一步到位”，首次立法中全面按照行政组织、行政行为、行政监督的三分法进行内容选择。在内容的选择方面，美国偏重于程序规范，而德国则实体法与程序法并重；意大利更是独辟蹊径，只针对程序主体、公民参与、程序简化、行政公文等问题制定了31条的小型行政程序法典②。在篇章结构的设计方面，美国以行政裁决和行政规章的分类为框架，而德国以一般程序与特殊程序的分类为基础，意大利1990年《行政程序法》没有严格的结构设计；意大利1956年行政程序法草案按照开始、进行、结束的阶段三分法设计篇章结构，而西班牙、葡萄牙则按照传统的总论、行政组织、行政行为和行政监督的理论体系设计篇章结构。在特别法与普通法的关系方面，美国以单行法律规定的特殊程序为主，联邦行政程序法实际上起补充作用③；而德国以统一的联邦行政程序法为主，通过适用范围排除联邦行政程序法在个别行政领域中的适用。以上只是宏观的比较分析，至于微观的模式差异则更是五彩缤纷、令人眼花缭乱。可以认为，立法模式的多样化、多元化格局已经形成。这为下一个历史阶段行政程序法的制定奠定了厚实的基础。

（三）亚洲时期

自1993年日本《行政程序法》颁布，行政程序法历史发展的舞台重心从西方转移到亚洲，亚洲国家和地区纷纷制定行政程序法典。其中日本、韩国、中国澳门和台湾地区比较突出。我们把这个历史阶段称为亚洲时期。日本的行政程序法典起步比较早，但定型和颁布比较晚。早在1953年，日本迫于美国的压力，开始制定《行政运营法》，历经40

---

① Erberhard Schmidt Assmann：《中国未来行政程序法结构》，全国人大法工委主持2002年6月行政程序法国际研讨会材料。

② Erminio Ferrari：《从意大利的角度看行政程序法的结构》，全国人大法工委主持2002年6月行政程序法国际研讨会材料。

③ 参见陈建福：《制定行政程序法若干基本问题的思考》，《行政法学研究》1996年第2期。

年，于1993年才颁布了一个内容比较简略的行政程序法典，其特点是设立专章规定了行政指导。葡萄牙于1992年颁布了行政程序法典，澳门地区政府对该法典稍加修正，于1994年颁布澳门行政程序法典。与日本的情况相同，韩国《行政程序法》的制定也是起步早、出台晚。韩国自1965年起开始制定《行政程序法草案》，直到1989年才形成向国会提交的法案，国会于1996年通过，于1998年1月1日起实施。中国台湾地区于1974年开始拟定“行政程序法草案”，形成了1993年草案和1995年草案，1995年草案为“行政院”核定稿，1999年2月3日台湾颁布了“行政程序法”。这一次行政程序法法典化浪潮中值得注意的是：

1. 法律移植和本土化是行政程序法制定中的一个主题。法律移植是战后兴起的一个重大法理学命题。按照法律移植理论的主要观点①，亚洲地区行政程序法的制定比较明显地借鉴和吸收了欧洲和美国的经验。其中，中国澳门地区采取的是完全和被动的模式，葡萄牙将其行政程序法典稍加修改即形成澳门地区的行政程序法典；中国台湾地区采取的是主动的吸收模式，在学界的大力推动之下，台湾地区的“行政程序法”着重吸收德国的法理和经验；日本采取的是被动借鉴模式，在美国的压力之下，比较被动地制定了行政程序法，是美国、德国和日本法制文化的混合物；韩国采取的是主动的借鉴模式，该国《行政程序法》全面综合借鉴了美国和德国的经验，并且充分考虑本国的国情。

因此，凡是亚洲地区的行政程序法与西方发达国家都具有或多或少的渊源关系，在考察亚洲地区的行政程序法时，不仅要考虑本土文化，而且要明确其历史渊源关系。

---

① 沈宗灵：《法理学》，北京大学出版社2001年版，第98—101页。法律移植理论的主要问题是：（1）法律移植的含义，与吸收、借鉴、模仿、引进等术语之间的关系；（2）法律移植的对象和内容，因观念、制度、规则、概念等不同层面和政治性、文化性、社会性、技术性等不同性质而异；（3）法律移植的效果，有成功与失败；（4）法律移植的方式，有主动和被动、创造性和模仿性之分。

2. 化繁就简，水平高低不均。在法律文化传统上，美国和德国存在较大的差异，但在条文尽可能精细这一点上是完全一致的。一个条文可以多达千字甚至数千字。但是，举凡亚洲国家或者地区的行政程序法都比较简略。在内容和体系框架方面，中国台湾地区的“行政程序法”是典范，但是，其条文的精细程度仍然无法与美国、德国媲美。在发展水平方面，不同的国家和地区水平高低不同，中国台湾地区和澳门“行政程序法”在体系和内容方面都处于比较高的水平，而日本、韩国的《行政程序法》则显得简单一些。

（四）行政程序法变迁的启发

世界各国和地区行政程序法的历史变迁给我们的启发是：

1. 有公共行政未必有行政程序，有行政程序未必有行政程序法，有行政程序法未必有行政程序法典。行政程序是范式化的行政过程，具有公共行政的标准化、模式化，从而防治随意或者任意的作用。如果行政执法人员为所欲为，其行为没有任何可预测性，我们可以说有公共行政，但不能说有行政程序。只有公共行政遵循程式要求从而具有过程的可预测性时，我们才能说这个国家或者地区存在行政程序。另一方面，行政程序必须遵循科学规律，能够有效地实现行政任务。反科学的程序不能认为是行政程序，例如反反复复折腾公民跑腿的程序①。只有那些符合可预测性和科学性即符合工具理性的公共行政过程模式才能称为“行政程

---

① 笔者2003年缴纳每月16元的机动车辆税的经历是一个有趣例子。当年2月某日，笔者到某地方税务局，工作人员说须办理专门的农行储蓄卡，为此需要到7公里之外的一个指定办公地点。笔者赶到那里排队，当轮到时工作人员说需要身份证。笔者返回拿了身份证，重新排队，办理了有关手续，按照规定需要在4月20日之后到指定农行取卡。4月27日笔者到指定农行，工作人员说明天（星期一）来。第二天，笔者赶到后发现通知不定期延期取卡，要求到地方税务局缴税。笔者赶到地税局，工作人员告诉到本局的另一个办公地点，笔者赶到后，戴着口罩的工作人员说到7公里之外的指定办公地点缴纳，笔者赶到那里时才知道电脑故障，停止办公。4月28日笔者再次赶到那里，仍然是电脑故障、停止办公。之后，“非典”疫情日趋严重，外出受到限制……

序”，它是行政程序法历史发展的初级阶段。

任何法律制度都具有目的价值和工具价值、目的理性和工具理性两个方面，行政程序作为防治随意或者任意的工具，必须服从一定的目的，遵循一定的法律道德价值。在法制传统悠久的中国，行政程序在夏商时期已经初具规模①，到封建社会时期十分完备。由于这些程序服务于专制皇权的目的，不符合民主、法治、人权保障等现代法律价值标准，因此，即使当时存在行政程序，我们也不认为存在与之相应的行政程序法。只有那些体现法治、民主等现代法律价值的程序性规范才属于行政程序法的范畴。它是行政程序法历史发展的中级阶段。行政程序法典是现有行政程序法规范系统化的结果。制定行政程序法典需要行政程序法规范实践的厚实积累，需要成熟的法典化立法技术，需要先进的行政法学理论指导，需要社会方方面面的理解、支持和推动，尤其是需要现代民主法治文化的土壤。行政程序法典是一个国家行政法律制度发展到比较高级水平的标志，是行政程序法历史发展的高级阶段。

2. 行政程序法突破了有关大陆法系和英美法系两大法律体系模式的划分。法理学上的法系理论通说认为，按照历史发展、法律思想方法、特殊的法律制度、法律渊源的种类及其解释方法、传统思想意识等标准综合考察，可以将世界各国的法律制度纳入不同类别的法系，② 例如实行判例法制度的英国、美国等属于英美法系，而实行法典化制度的法国、德国等属于大陆法系，以佛教和儒家文化为观念特征的法制属于中华法系。法系理论对考察世界各国法制具有一般性的指导意义，行政程序法的历史发展却是一个例外。在法典化程度比较高的德国和意大利，行政程序法典起步早，但成型比较晚，法国至今没有出台行政程序法典。美国实行判例法制度，但其法典化的程度也比较高，尤其是在行政程序法

① 例如《尚书·皋陶谟》有关“百工唯时”（时限制度）、“五服五章”（不同级别的官员服制即公务标志）的规定。

② 参见［德］K.茨威格特、H.克茨：《比较法总论》，潘汉典、米健、高鸿均、贺卫方译，法律出版社2003年版，第106—114页。

领域，与此不同，英国实行普通法制度，没有统一的行政程序法典。亚洲国家和地区的行政程序法法典化进程是一部法律移植和本土化的历史，与英美法系、大陆法系、中华法系的法律文化国家都具有一定的历史渊源，很难说某个亚洲国家或者地区的行政程序法典到底属于哪一个法系。因此，在考察世界各国和地区的行政程序法时，我们只能以个别考察的为基点，不能笼统地将某个国家或者地区的行政程序法纳入哪个法系。法系理论在这里只具有参考意义，没有决定性的作用。①

3. 行政程序法典是经济发达的自然产物，是民主政治进程发展到高级水平的标志。凡是信息公开、陈述申辩、案卷阅览、听证、实质证据等行政程序法律制度发达的地方，公民参与的水平、政府的廉洁性与透明度、民间力量的协同整合程度随之提高，经济发展的活力随之增加，民主政治也就发达。窥一斑而知全豹，仅仅从行政程序法典这一点上，我们就可以看出一个经济文明和政治文明的发展水平。在我国大陆地区，

---

① 以法系为标准研究行政程序法模式的代表者是叶必丰教授。属于行政法的行政程序法和属于宪法的行政程序法、作为自律法的行政程序法和作为控权法的行政程序法、作为权利法的行政程序法和作为补救的行政程序法、成文的行政程序法和判例的行政程序法，这是叶必丰先生从大陆法系和英美法系行政程序法比较的角度，根据行政程序法法典化的变量对行政程序法法典化模式所作的另一种分类。他认为，从行政程序法的法律部门归属来看，大陆法系国家的行政程序法（典）属于独立于宪法的行政法的范畴，英美法系国家的行政程序法（典）属于宪法的范畴，而并不属于独立于宪法的行政法的范畴。从行政程序法与行政权的互动关系来看，大陆法系国家的行政程序法属于“自律法”，而英美法系国家的行政程序法属于他律的“控权法”。从行政程序法对公民的意义来看，大陆法系国家的行政程序法属于“权利法”，而英美法系国家的行政程序法属于“补救法”。从行政程序法的表现形式来看，大陆法系国家的行政程序法（典）属于成文法的体例，而英美法系国家的行政程序法（典）属于判例法的范畴。（为此参见叶必丰：《两大法系行政程序法之比较》，《中外法学》1997 年第 1 期）

行政程序法典的制定被视为党的十六大报告提出的政治文明的重要组成部分①，这种观点完全符合行政程序法典与经济文明、政治文明的互动规律：行政程序法典一方面是经济文明和政治文明的结果和组成部分，另一方面又推动经济文明和政治文明的发展。因此，既不能等到经济水平已经发达、民主政治已经深入人心时，不得不制定行政程序法典，也不能无视本国经济文明和政治文明所处的历史阶段而制定过于超前的理想主义的行政程序法典。

二、行政程序法的法典化

在行政程序法的历史变迁中，行政程序法典的制定具有标志性意义。下文专门研究。

（一）行政程序法法典化的概念

1. 法典和法典化。有关法典和法典化的概念，我国学界并没有一致的意见。一种有代表性的观点认为，法典是指“经过整理、编订而形成的系统化的法律文件”②，法典化是指制定法典的过程，即“特定主体收集和系统整理某个地方或者国家有关某个专门领域或者主题的法律、法规或者规章”③。这里值得注意的问题是：

（1）法典化的主体。国家立法机关是法典化的核心主体，有关私人和社会组织是否可以独立进行法典化，学界存在分歧。《布莱克法律大辞典》对此持肯定态度。④ 从现代民主法治发展的大趋势来看，民间力量的作用会越来越大。这里所说的民间力量，不仅包括大学的研究人员群体，而且包括各种行业协会、基金会等。从我国大陆地区近二十年来的情况

① 这是罗豪才教授在2003年3月21日至23日全国人大法工委主持的“行政程序法国际研讨会”上的开幕式发言，罗豪才教授在发言的第一点中认为“十六大报告要求加强社会主义的民主政治的程序化、制度化，行政程序是其中之一；十六大报告要求加强对权力的监督和制约，行政程序法也具有这方面的作用”。

② 王启富、陶髦主编：《法律辞海》，吉林人民出版社1998年版，第1057页。

③ Black's Law Dictionary, 5th.Edition, 1979, p.234.

④ See Black's Law Dictionary, 5th.Edition, 1979, p.233.

来看，在国外研究资料的收集与整理、实务经验的交流与提炼、本国问题的发现和对策研究、法典条文的设计与编撰草拟方面，来自学界和社会的民间力量实际上发挥着引领，甚至是主导的作用。国家立法机关与大学、协会等民间力量的多元主体协作是法典化主体的实际格局。

（2）法典化的客体和范围。法典化是对某个法律部门现有法律规范的集中系统化，而不是该法律部门之内有关某个专门的问题或者领域中的法律规范的集中系统化。因此，并非所有的单行立法都可以称为法典，例如《行政处罚法》《行政许可法》《行政强制法》《行政复议法》等单行的立法，只能是我国行政法法典化的组成部分，其本身不足以成为法典。另一方面，法典不可能包括某个法律部门法律规范的全部，而只可能是重要规范或者成熟经验的整理、总结和提炼，制定法典没有必要等到所有的经验成熟。

（3）法典化的标准。根据法典化思想的代表者边沁的观点，完备性、统一性、前瞻性和逻辑性是法典化的一般标准。所谓完备性，是指原则上应当将一个法律部门的所有规范都集中在一个法律文件之中，补充性的法律只是例外。① 前瞻性是指法典应当考虑和调整尚未出现的情况，为特定领域可能出现的所有问题提供答案②。统一性是指法典必须具有精确和统一的术语，具有最大的普遍性和普遍的适用效力。逻辑性是指法则必须以严格的逻辑顺序叙述和编排。

（4）法典化的社会文化基础。法典化与政治、经济和文化等因素存在互动关系，是政治文明和经济文明发达的标志之一。法典既是一个国家或者地区在政治、经济和文化等方面的特殊性即“民族性”的集中体现，也是一个国家或者地区在这些方面的开放性、包容性和引领性即“世界性”的一种体现。通过法典化立法的方式同时也会推动或者引导一个国家在政治、经济和文化等方面的进步，将经济体制与政治体制的改

① Creifelds, Rechtswoerterbuch, 15Aufl., C.H.Beck1999, S.742.

② 罗伯特·霍恩、海因·科茨、汉斯·莱塞：《德国民商法导论》，楚建译，中国大百科全书出版社1996年版，第63页。

革措施纳入法治的轨道上。使变革与发展的列车行驶在法治的道路上，是一个国家政治、经济和法制走向稳定和成熟的标志。①

(5) 法典化的意义。边沁认为，法典化的意义表现在：第一，有助于关于法律的研究。法律一旦制成法典之后，就可以使普通人能像律师一样理解法律。任何头脑健全的人都可以理解并记诵法律的条文。第二，有助于法律的执行。法一旦为法典化之后，就可以确定、迅速而简便地执行。当法律的运用变得如此简单时，每一个人都能处理自己的诉讼案件，法官要做的事情就很少了，律师的事情会比法官更少。第三，编纂法典可以使一个社会的立法发展臻于完善。②

2. 行政程序法的法典化。行政程序法典是指将涉及公共行政所有领域中具有普遍意义的基本原则、重要过程和制度环节以法律规范的形式予以全面系统化规定的正式法律文件，而法典化则是指在民间理论的推动和参与下，国家立法机关着手制定、颁布和实施一部统一的行政程序法典的过程。从世界各国和地区的发展演变过程来看，行政程序法的法典化与整个国家公共行政法律体系的一体化整合、主要公共行政制度的改革与完善，尤其是政府管理的整体范式转型是同步进行、互为表里的。这就是说，行政程序法法典化的实质是以系统化立法的方式主导政府管理体制改革的历史进程，为政府管理体制改革奠定基本的思路、框架和轨道，而行政程序法典的颁布则是管理体制改革成果的确认。抛开行政程序法法典化的改革目标，政府管理体制改革的进程往往会出现左右摇摆不定、缺乏可预测性与可控性的弊端。反之，如果行政程序法典的制定脱离政府管理体制改革的实际需要，就会成为一部无的放矢、束之高阁的“死法”。

行政程序法的法典化区别于民事法律、刑事法律的法典化之处在于范围的广泛性、对象的变动性和政策的导向性。如何从政府管理的各个行业领域之中提炼出具有广泛普遍适用性的程序模式，从快速变化的管

① 《牛津法律大辞典》，光明日报出版社1988年版，第171页。

② ［英］边沁：《政府片论》，沈叔平译，商务印书馆1995年版，第51—52页。

理事务之中提炼出具有长期稳定性的制度环节，照顾到各地方行政执法在历史传统、文化习惯、资源禀赋的特殊性，将国家立法的现实性与前瞻性、原则性和灵活性统一起来，是行政程序法法典化进程的必过难关。因此行政程序法典的内容相对比较简单，但法典化的标准却更加严格，所需要的理论准备期、试验探索的积累期也更加漫长。

尽管法典化的标准非常严格，但是，行政程序法的变迁历史表明，行政程序法的法典化不仅是可能的，而且是完全必要的。其意义表现在：第一，有助于促进法的统一化，可以为分散的、支离破碎的特别规定确立适用于各行政部门的统一标准。第二，减轻立法机关的负担。它们无需在特别行政法的单个法律中一遍又一遍地制定相同的规范。第三，有助于行政的简化和合理化。因为行政机关拥有了明确的和具有约束力的行为范式。第四，促进公民权益保障，更加明确地确认和保障公民在行政程序中的权利。第五，把一些重要的、不成文的行政法一般原则确定下来，并且以法律规定的形式予以替代，据此消除不明确性和争议，为行政法的发展开辟新的道路。第六，为学理研究提供共同的对话基础。以前司法和学理的出发点是不成文的、自然发生和发展的法律原则，无论是术语还是内容，都缺乏必要的一致性，而行政程序法典可以作为实在法予以引用和解释，为学理上的对话提供了基础。①

（二）行政程序法法典化的模式

“模，法也”；“式，法也”。② 模式是指“某种事物的标准或者使人可以照着做的标准样式”③，是指“将要或者已经做的某种事物的原形或者样本”④。根据这些解释，所谓行政程序法法典化的模式，是指行政程

---

① Hartmut Maurer, Allgemeines Verwaltungsrecht, 12.Aufl., Verlag C.H.Beck 1999, S.90. 陈敏：《行政法总论》，个人发行，1998 年，第 636—637 页。

② 许慎：《说文解字》，中华书局 1963 年版，第 100、120 页。

③ 中国社会科学院语言研究所词典编辑室编：《现代汉语词典》（修订本），商务印书馆 1996 年版，第 894 页。

④ Black's Law Dictionary, 5th. Edition, 1979, p.905.

序法典在内容和形式方面的总体特征和类型归属。在学理上，又称为“行政程序立法模式”①、“行政程序法的立法模式”② 或者行政程序法的“法体模式”③。

1. 关于行政程序法法典化模式的学理研究。关于行政程序法法典化的模式，学理上提出了如下观点。

（1）最完全的法典化、行政程序法完全法典化、行政实体法和行政程序法的部分法典化、最低限度的法典化。台湾学者叶俊荣认为，从法典化程度的角度具体将行政程序法典分为这四种类型。从国外和地区的情况来看，第三种类型的代表是德国和我国台湾地区，第四种类型的代表是美国和日本。④

（2）目标模式、法体模式和制度模式。这是姜明安教授以行政程序法法典化模式的变量为标准提出的分类。⑤ 他认为，我国行政程序法典的目标模式应当尽可能做到二者兼顾，既有利于控制滥用权力和保护公民权益，又有利于提高行政效率。行政程序法法典化的法体模式主要是统一法典、单行法律法规和无独立行政程序法而完全与实体法合体等三种模式，我国应当采取第一种模式。行政程序法典的制度模式不能一概而论，需要根据行政事项的性质、内容而决定设计适当的程序制度。

（3）先专门行政程序法后统一行政程序法典、先统一行政程序法典后专门行政程序法、专门行政程序法与统一行政程序法典同步。这是以

---

① 杨海坤、黄学贤：《中国行政程序法典化》，法律出版社 1998 年版，第 175—177 页。杨海坤、黄学贤先生认为，“行政程序法的立法体例是采取统一法典式还是采取单行法律模式，抑或无独立的程序法而完全与实体法合并的模式”根据其定义，可将世界各国和地区的行政程序立法分为五种模式：美国模式、欧洲模式、日本模式、分散模式（我国大陆）、判例模式（法国），在此基础上进一步归结为具有统一行政程序法典的“法典式”，以判例、普通法和单行的成文法为表现形式的“分散式”。

② 章剑生：《行政程序法比较研究》，杭州大学出版社 1997 年版，第 55 页。

③ 姜明安：《我国行政程序立法模式选择》，《中国法学》1995 年第 6 期。

④ 朱林：《葡萄牙〈行政程序法典〉评介》，《行政法学研究》1996 年第 3 期。

⑤ 姜明安：《我国行政程序立法模式选择》，《中国法学》1995 年第 6 期。

统一行政程序法典与专门行政程序法的先后关系为标准所作的分类。①

（4）单一的国家行政程序法典模式、国家行政程序法典与地方行政程序法典并行的模式。这是以国家和地方在行政程序法法典化方面的立法和适用权限为标准所作的分类。

（5）行政程序基本原则法、行政程序法框架法和普通行政程序法。这是以统一行政程序法典与专门行政程序法在内容方面的协调关系为标准所作的分类。②

（6）以行政行为为主线的行政程序法典、以听证程序为主线的行政程序法典、以行政过程为主线的行政程序法典。这是以行政程序法典的核心概念为标准所作的分类。

（7）统一行政程序法典、统一行政程序法典与行政程序法典实施法相结合。这是以行政程序法典的实施是否需要再制定一个配套的实施法为标准所作的分类。1925 年，奥地利在颁布《普通行政程序法》的同时，还颁布了《行政程序法实施法》，作为配套的立法。③

2. 考察行政程序法法典化模式的变量。从上文分析的情况来看，行政程序法法典化模式的界定和归类是一个复杂的问题，涉及多种多样的因素和标准，我们将这些因素和标准称为“变量”，主要有：

（1）目标模式。目标模式是影响行政程序法法典化模式的首要变量。关于目标模式，学理研究在措辞、考虑因素、类型选择、具体落实等方面都存在着较大的分歧。

（2）行政实体法。制定统一适用于行政管理各个环节和领域的完整的行政法典是人们两个世纪以来梦寐以求的目标。但实现这个梦想的国

---

① 应松年：《论行政程序立法》，1998 年北京海峡两岸行政程序法研讨会论文。陈建福：《制定行政程序法若干基本问题的思考》，《行政法学研究》1996 年第 2 期。王锡锌：《行政程序立法思路探析》，《行政法学研究》1995 年第 2 期。

② 陈建福：《制定行政程序法若干基本问题的思考》，《行政法学研究》1996 年第 2 期。

③ 杨海坤、黄学贤：《中国行政程序法典化》，法律出版社 1999 年版，第 12 页。

家或者地区只在少数①。应松年教授也认为，行政法典的制定“是不为也，非不能也”。②

（3）行政组织法。在统一行政程序法典中是否规定行政组织法的内容，在学理上存在着争议，在实践方面也存在着差异。西班牙、葡萄牙、意大利的行政程序法典均以较大的篇幅规定行政组织法。德国、奥地利、瑞士的行政程序法典也包含不少行政组织法的内容。

（4）行政监督和法律保护。行政监督和法律保护的形式包括行政复议、行政诉讼和司法审查、申诉、陈情、程序的重新进行等。大陆法系国家的普遍特点是行政程序法典都设立专门的章节规定行政复议等行政监督和救济，美国《联邦行政程序法》的特点是规定了司法审查。

（5）核心概念和主要线索。核心概念是影响行政程序法典的篇章和条文编排乃至适用范围的重要因素，是最能够体现一个行政程序法典特色和优点的标志。

（6）统一的行政程序法典与专门的行政程序立法之间的关系。这一点涉及两者在制定时间的先后关系、适用范围方面的例外排除适用或者并行适用的关系以及效力等级关系。

（7）国家行政程序法典与地方行政程序法典之间的关系。这取决于国家的结构形式、立法体制和法律适用技术。具体到效力等级方面，国家的行政程序法典应当高于地方行政程序法典。但是，在适用方面，有多种方案可供选择：第一，因行政机关的归属而异。国家行政机关适用国家行政程序法典，地方行政机关适用地方行政程序法典。第二，因行政机关执行的法律依据而异。行政机关执行地方法律法规的，适用地方行政程序法典；执行国家法律法规的，适用国家行政程序法典。第三，同时适用。任何行政机关在执行任何法律法规时，应当同时适用国家和地方的行政程序法典，在两者不一致时，适用国家行政程序法典。第四，

---

① 例如，德国的普鲁士州和符腾堡州早在19世纪中期就制定了州行政法典，规定行政组织、行政行为和行政监督。这个传统延续至今。

② 应松年：《论行政程序立法》，1998年北京海峡两岸行政程序法研讨会论文。

因行政区划的种类而异。对一般行政区划，如省、自治区、直辖市，适用国家行政程序法典；对我国澳门、台湾地区，适用它们各自颁布的“行政程序法典”。

三、行政程序法变迁的历史动力

从世界各国和地区行政程序法的变迁历史来看，行政程序法法典化的一般历史动因有：

（一）控制公共行政权力的客观需要

行政程序法的历史变迁过程是行政权不断膨胀的过程，两者是既相互对立又相互推动的一对孪生兄弟。行政权越强大，行政程序法法典化的必要性就越大；而行政程序法法典化的程度越高，行政权的效能就越高。行政程序法与行政权膨胀的这种辩证互动关系在美国最为典型。美国《联邦行政程序法》是罗斯福新政时期政府职能大范围扩张、独立管制机构集立法权、执行权和司法权于一身从而有必要强化事前监督的必然结果。① 一个不容忽视的情况是司法权也存在恣意的可能性。在行政程序没有明确规定的情况下，法院可能滥用其解释权，随意撤销行政行为。防止司法权恣意是奥地利行政程序法出台的一个重要动力。1875 年奥地利颁布了《行政法院法》。该法第 6 条规定：“行政法院应促使行政机关，于其作成行政处分时，遵守程序之重要形式”。行政法院据此可以程序理由撤销行政行为。但是，当时奥地利没有统一的行政程序法典，现有行政程序规范比较分散，行政法院在解释行政程序的合法性和合理性方面享有很大的裁量权，形成了许多判例。“行政机关为避免行政行为事后被行政法院撤销，便将行政法院作出的有关行政程序法判例加以收集、整理，予以法典化，这是奥地利制定行政程序法的主要理由”。②

---

① 王名扬：《美国行政法》，中国法制出版社 1995 年版，第 54 页。

② 应松年：《比较行政程序法》，中国法制出版社 1999 年版，第 6 页。

（二）实务界的积极推动

只有在立法、行政、司法、律师、新闻、企业等各方面实务界人士普遍认识到行政程序法的必要性从而予以积极推动时，行政程序法典才有催生的可能。1933 年美国律师协会任命一个行政法特别委员会，专门研究行政权扩张产生的问题。该委员会主张强化行政程序对行政机关的限制。这对联邦行政程序法的制定产生了积极的推动作用。新闻界由于行政文件保密而得不到有新闻价值的信息，强烈要求改革现行的情报制度，对 1966 年《情报自由法》的制定产生了极大的影响。① 在德国，行政实务界基于民主法治观念和行政的方便，积极推动制定统一的行政程序法。②

（三）学界的积极倡导

学者的推动作用表现为观念引导、资料整理、理论支持、参加立法等方面。学界的态度直接决定行政程序法法典化的进程。这一点在德国、日本和我国台湾地区尤其突出。1960 年德国第 43 届法学会于慕尼黑开会，公法分会对行政法总则部分是否应当法典化的问题作出决议，有关是否制定统一行政程序法的争议在学界得到最终解决。该决议成为德国 1963 年草案起草的主要推动力之一。③ 在我国台湾地区“行政程序法”的制定工作从一开始就在实务界和学术界的合作之下进行。1974 年 9 月“行政院”研究发展考核委员会委托林纪东、高昆峰、张剑寒、翁岳生及古登美等学者成立专门小组，从事行政程序法的研究，提出了“行政程序法草案”。该草案虽然没有得到实务界的普遍接受，但影响深远。1988 年“行政法院”经济建设委员会所属的经设法规小组委托翁岳生教授主持研究小组，于 1990 年提出了 145 条的“行政程序法草案”。1990 年 7 月法务部聘请专家学者和有关人士成立行政程序法研究制定委员会，于

---

① 王名扬：《美国行政法》，中国法制出版社 1995 年版，第 55、59、956 页。

② 应松年：《比较行政程序法》，中国法制出版社 1999 年版，第 3 页。

③ 翁岳生：《行政法与现代法治国家》，台湾大学法学丛书编辑委员会编辑，1979 年版，第 200 页。

1993年9月提出了180条的“行政程序法草案”。该草案报请“行政院”之后，删减为145条，于1995年3月定案，报请“立法院”审议。立法委员会也不时提出从速制定行政程序法的质询。实务界与学术界的积极配合为台湾地区1999年“行政程序法”的出台奠定了良好的实践和学理基础。

（四）国外的政治压力

日本是这方面的一个典型。在20世纪80年代开始的日美经济摩擦过程中，美洲国家，特别是美国向日本政府施加压力，要求日本政府进一步开放市场，改变传统的政府与企业合一的经济管理模式，增加政府产业政策的透明度，为外商提供进入日本市场的机会。这一点客观上迫使日本政府加快制定行政程序法的进程。

（五）公共行政改革的需要

政府体制改革是行政程序法法典化的内部动力，德国是这方面的典型。1976年的《联邦行政程序法》是在公共行政的统一与简化的呼声中诞生的，20年后即1996年《行政许可加速法》也是在加快行政程序的改革呼声中出台的。这就是说，统一、简化与加速的公共行政改革实践需要催生了《联邦行政程序法》，之后不断地培育《联邦行政程序法》。

第二节　外国行政程序法的变迁

一、奥地利行政程序法

（一）立法过程

奥地利1925年行政程序法出台主要是为法院司法审查提供程序法方面的一般标准。1875年《行政法院法》第6条规定行政机关作出行政行为应当遵循必要的程序，这赋予法院进行程序合法性审查的权力。但是，当时没有统一的行政程序法，到底什么是“必要的程序”由法院解释，这给行政机关执法造成了很大的压力。为了给行政执法提供明确的标准，防止行政行为被法院撤销，行政机关在制定行政程序法方面态度积极，在学界的鼓吹之下，经过对法院判例的整理，形成行政程序法草案，1925 年国会通过。同时通过的还有《行政程序法施行法》《行政罚法》和《行政执行法》。

1991 年修改，增加独立委员会作为行政程序与行政诉讼的中间环节。①

（二）主要特点

奥地利 1991 年《普通行政程序法》值得关注的地方是：

1. 以行政过程为主要线索、以行政行为为核心概念。该法典以行政管理的一般过程为着眼点，逐一规定了行政程序主体（行政机关和利害关系人）、行政调查、行政决定和法律保护，脉络清晰。法典的内容围绕行政行为的各个问题设立专门一篇（第三篇），逐一规定作出行政行为过程中需要遵循的专门制度，如期间、说明理由、告知权利、送达等。可以看出，该行政程序法不注重行政行为的具体过程（即步骤和顺序）设计，而是看重作出行政行为过程中的基本制度，尤其是看重结果即行政决定的规范。这种制度控制和结果控制相结合的做法颇具匠心，体现了奥地利对行政程序法的独到理解。

2. 特别注重调查和证据。该法设立专门的第二篇“调查程序”规定调查程序（第一章）和证据（第二章），在篇章结构设计上如此突出调查和证据的国家只有奥地利。世界各国和地区的行政程序法都有调查和证据方面的内容，尤其是美国《联邦行政程序法》对调查和证据非常重视，为调查专门设立“资讯的调查与公开程序”，但是，比起奥地利而言，仍然显得逊色。

3. 简易程序的设置。凡属于《普通行政程序法》第 57 条第 1 款规定的情形，行政机关无需进行调查程序，可以直接作出决定。当事人提出异议的，则应当采用一般的调查程序，行政机关不在法定期限内调查的，

① 翁岳生：《行政法》，中国法制出版社 2002 年版，第 976 页。

通过简易程序作出的裁决失效。在适用范围、与一般程序的衔接等方面，该法的设计都颇具匠心。

4. 普通行政程序法、单行法和配套的实施法同步制定和颁布。奥地利 1991 年《普通行政程序法》从 1925 年《普通行政程序法》发展而来。与 1925 年《普通行政程序法》同时颁布的专门行政程序立法是《行政罚法》《行政执行法》和《行政程序法施行法》。这种一般法与相关特别法同步制定和颁布的做法也颇有特色，不仅是系统思维的体现，而且是立法技术成熟的杰作。

5. 设立专门的篇章详细规定法律保护。《普通行政程序法》第四篇以“法律保护”为标题，详细规定了行政复议、重新进行、恢复原状，条文总计 11 条，占整个法典条文总数 80 条的 13%。如此大的比重，比较突出。

二、美国行政程序法的变迁

（一）立法过程

美国制定《联邦行政程序法》的根本原因是罗斯福新政以来政府职能扩张和集中，形成了行政国家的现实①。另一方面，许多独立管制机关集立法权、行政权、司法权于一身，动摇了传统的分权制衡原则。如何监督控制日益扩张的行政权，尤其是独立管制机构，成为宪法和行政法的新课题。这正是美国行政法兴起和联邦行政程序法制定的主要历史动力。

1933 年，美国律师协会（American Bar Association）组成行政法特别委员会，研究行政机关的司法职能。该委员会提出对行政机关进行事前程序控制的重要性。1939 年，罗斯福总统成立“联邦检察长（司法部长）行政程序研究委员会”（Attorney General's Committee on Administrative Procedure）调查二十多个联邦行政机关的程序。该委员会于 1941 年提出研究报告，立法准备至此成熟，因第二次世界大战稽延，直到 1946 年 6

① 翁岳生：《行政法》，中国法制出版社 2002 年版，第 953 页。

月 11 日才完成立法，共计 12 条，编在美国联邦法典第 5 篇第 551 条至第 706 条。之后，该法经过四次修改。

1. 1966 年颁布、1974 年修正的《情报自由法》，并入该法的第 552 条。该法一方面规定行政机关取得资讯的方法，包括传讯、命令保持记录、命令定期申报、检查、调查性听证（investigatory hearings）等；另一方面规定了公民取得资讯的方法，包括行政机关主动登载、提供检索、阅览等，但法律排除的情况除外。

2. 1974 年颁布的《隐私权法》，并入该法第 552a 条。该法出台主要是受水门事件的影响，规定政府对所掌握的个人资讯有保密的义务。除法律规定的例外情况，凡是行政机关掌握的自然人个人资讯，非经当事人书面同意或者请求，不得公开。个人有权要求行政机关修改有关个人的记录。在受到侵害时，个人可以到法院起诉，并且可以主张金钱赔偿。

3. 1976 年颁布的《阳光下的政府法》，并入该法第 552b 条。该法只适用于合议制行政机关的会议。除非法律规定例外，合议制行政机关在举行会议的一个星期之前，应当公布会议的时间、地点、主题、是否公开进行、承办人的姓名和联系电话等事项；会议举行时允许公众旁听；会议的记录也应当公开。《阳光下的政府法》扩大了政府受监督的程度，但也使实际决策向领导的个人委员会或者幕僚转移的倾向。①

4. 1990 年颁布的《协商式规章制定程序法》（Negotiated Rulemaking Procedure Act），编在该法第 561 条以下，和行政争议解决法（Administrative Dispute Resolution Act），并入该法第 571 条以下。协商式规章制定程序法主要是为了在规章制定程序中增加协商的因素，减少“两造对抗”的形式主义倾向。行政机关在评论程序开始之前，可以在联邦公报上公告规章的要点，邀请利害关系人协商，共同拟定初稿。

（二）主要特点

美国 1945 年通过的《联邦行政程序法》的特点是：

1. 在框架结构设计方面，以行政裁决和规章、正式程序和非正式程

① 翁岳生：《行政法》，中国法制出版社 2002 年版，第 964 页。

序的分类为经纬，纵横交织形成四类程序，正式裁决程序、非正式裁决程序、正式规章制定程序和非正式的规章制定程序。美国虽然没有严格的行政行为概念，但其《联邦行政程序法》实际上以此为主要线索，纵向将行政行为进一步划分为规章制定程序和行政裁决程序，分别规定其特殊程序事项。同时，横向以听证程序为核心，将行政程序划分为正式程序和非正式程序。听证程序作为可以被规章制定和行政裁决借用的共同制度予以详细规定。①

2. 尤其重视资讯的取得和公开。美国《联邦行政程序法》有两个亮点，一个是通用的听证制度，另一个是系统的政府信息公开制度。从资讯法的角度来看，《情报自由法》《阳光下的政府法》《隐私权法》共同构成了美国的政府信息公开制度。资讯的取得、保护和公开在该法中受到特别的重视。

3.《联邦行政程序法》与各州行政程序法典并行。《联邦行政程序法》适用于联邦行政机关，各州行政程序法典适用于州行政机关。

4.《联邦行政程序法》规定了司法审查。涉及条文数总计 6 条，占整个法典条文总数 19 条的 25%。虽然这些条文的内容比较简略，但从其重要性和比重来看，并不亚于有关规章制定和裁决程序的规定。

5.《联邦行政程序法》规定了行政组织法的内容，而且占比较大的比重。该法典有关行政法的规定，从性质上来看，属于行政组织法规范。条文总计 5 条，约占整个法典条文总数 19 条的 25%。

三、德国行政程序法的变迁

（一）立法历史

德国行政法的法典化历史悠久，行政程序法变迁历史实际上是一部行政法法典化的历史；不少州率先制定了州的行政法典或者行政程序法典。《联邦行政程序法》的制定具有地方立法的厚实基础。另一方面，简

① 翁岳生：《行政程序法发展之展望》，1998 年北京海峡两岸行政程序法研讨会论文。

化行政、提高行政效率是联邦立法的明确目的，行政程序法的制定是简化行政的自然结果。

德国行政程序法的变迁史可以分为如下三个阶段。①

1. 地方立法阶段。1883 年 7 月 30 日普鲁士邦颁布了《普鲁士邦一般行政法》；1883 巴登州公布了行政程序法草案；1926 年图林根州颁布了行政法法典，分为行政组织法和行政程序法两部分；1931 年符腾堡州公布了行政程序法草案。

2. 联邦立法阶段。纳粹政府时期，德国曾经以奥地利行政程序法为蓝本颁布了《德国一般行政程序法草案》。1957 年联邦德国各州内政部长会议决定成立专门委员会研究制定联邦行政程序法，并通过了“行政程序法之基本构想”。同年，联邦内政部设立简化行政专家委员会，并于 1958 年 4 月提出有关行政程序法的原则性意见。1960 年第 43 届联邦德国法学会就制定行政程序法提出了立法建议。1960 年 12 月 13 日，联邦与各州联合起草委员会成立，负责行政程序法的起草工作。自此之后出现了四个具有重要意义的草案。

（1）1963 年行政程序法示范草案。1964 年 3 月，联合起草委员会向联邦内政部递交该草案，内政部即以《行政程序法标准草案》对外公布。1965 年，联邦内政部在听取各部对标准草案的意见后，起草了《1965 年联邦内政部行政程序法暂时新修正案》。

（2）1968 年慕尼黑示范草案。1966 年联邦内政部邀请联邦与各州联合起草委员会在慕尼黑开会，讨论 1963 年草案的修正，并起草了一份新的草案，于 1968 年作为示范草案公布，史称“慕尼黑示范草案”。

（3）1970 年行政程序法草案。1970 年联邦政府向联邦议会提交该草案，因议会选举问题只处于动议阶段，没有通过。

（4）1973 年行政程序法草案。该草案是 1970 年草案的修正本，1975

---

① 张正钊、韩大元：《比较行政法》，中国人民大学出版社 1998 年版，第 499—500 页；[德] 哈特穆特·毛雷尔：《行政法学总论》，高家伟译，台湾月旦出版公司 2002 年版，第 83—87 页。

年 12 月 18 日联邦议院内政委员会接受，经过调停委员会的微小修改，被联邦众议院和参议院采纳。1977 年 1 月 1 日起生效。

3. 堆积木式的修正阶段。联邦行政程序法生效之后经过四次修改，其中两次具有重要的意义。

（1）1996 年 5 月 2 日，将联邦预算条例规定的补贴决定的行政复议纳入该法。

（2）1996 年 9 月 12 日有关加速许可程序的法律，作为特殊程序的第二节添加到该法中第 71a 条至第 71e 条。这是第一次重要的修改，其要点是:① 第一，适用范围。根据第 71a 条，加速规定只适用于申请人以执行经济企业计划为目的而要求发放许可的行政程序，许可包括许可和审批等，但不包括单纯的登记程序。第二，加速的方法。根据第 71b 条至第 71e 条，许可机关应当采取任何合法的可能措施加快程序。关系人提出要求的，可以特别加速，但关系人承担更多的配合义务，而且必须说明特别加速的理由。加速的重要方法是：信息加速，即行政机关尽快给予咨询和答复；多个人同时申请同一许可的加速；举行会议。

（3）1996 年 11 月 1 日第六次修改行政法院法的法律对该法作了一些补充。该法第 45 条具有诉讼法效力。

（4）2002 年 8 月 21 日有关第三次修改联邦行政程序法的法律于 2003 年 2 月 1 日起生效，增加了有关数字行政（Digitale Verwaltung）的规定。这是第二次重要的修改，其要点是:② 第一，增加第 3a 条，规定公民与行政机关之间的交流可以采取现代通信技术手段，其中主要是电子邮件。该条规定的重要意义是以公共行政现代化为理念基础，确认了电子方式（Elektronische Form）与书面方式（Schrift Form）具有同等的效力，两者可以替代，但不相互排斥。据此，电子文件与书面文件应当遵循相同的原则，行政程序采取电子方式的，应当自始至终记录重要事项。第二，

① Wolff/Bachof/Stober, Verwaltungsrecht, B.II, Aufl.6, Verlag Beck2000, § 60, S.348ff.

② Schmitz/Schatzmann, Digitale Verwaltung? –Das Dritte Gesetz zur Aenderung Verwaltungsverfahrensgesez Vorschriften, NVwZ 2002, S.1281ff.

修改第37条，将电子行政行为（Elektronische Verwaltungsakt）确立为一种独立的类别，并且规定了特殊的形式规则，包括通过电子表格办理申请等事项，通过电子邮件办理通知、听证等事项，通过电子账单划拨或者监督资金的使用，以及电子签名等。电子行政行为的持续可审查性（dauerhafte Ueberpruefbarkeit）也得到确认（第37条第4款）。电子行政行为的内容要求与书面行政行为一致（第37条第3款）。

（二）主要特点

德国《联邦行政程序法》有八章103条，主要特点是：

1. 在框架结构方面，以行政行为为核心概念，以一般程序和特殊程序的划分为主要线索。该法典以行政行为为核心，规定了行政法的一般原则，行政程序的主体（行政机关和参加人），行政行为的一般程序和行政合同、行政计划、行政许可等特别程序，以及行政行为的效力和行政行为的监督（程序的重新进行）。

2. 规定了大量的实体法内容。具体包括行政法的一般原则、行政行为的效力及其变更、撤销、废止和转换等，以及行政合同。这是德国《联邦行政程序法》最大的特点。①

3.《联邦行政程序法》与各州行政程序法典并行，但分别适用。总体而言，《联邦行政程序法》适用于联邦行政机关，而各州的行政程序法典适用于州行政机关。具体到《联邦行政程序法》与各州行政程序法典之间的内容方面的关系，存在两种做法：一种做法是大量吸收《联邦行政程序法》的规定，据此将其作为州法予以吸收（参照法）；另一种做法是制定一部独立的、但其内容与《联邦行政程序法》完全一致的法律，即全法。

4. 行政组织法占较大的比重。该法典有关行政组织法（包括管辖、职务协助、名誉职等）的条文总计为19条，占整个法典条文103条的19%。这个比重是比较高的。

① 翁岳生：《行政程序法发展之展望》，1998年北京海峡两岸行政程序法研讨会论文；应松年：《比较行政程序法》，中国法制出版社1999年版，第17页。

四、日本行政程序法的变迁

（一）立法历史①

日本行政程序法的制定过程受外国法制的影响比较大。早在1937年，日本法学家圆部敏教授就发表了《一般行政程序法评说》，首次提出行政程序法法典化的必要性。战后受美国法制的影响，日本成立“临时行政改革委员会”，1948年该委员会提出了《行政运营法草案》。1950年美国占领军命令法制委员会设置行政程序法部会。

1952年有议员向议会提出《国家行政运营法草案》，1953年日本行政审议会公布《国家行政运营法纲要》。这些草案偏重于行政目的，不符合时代潮流。这些草案表明日本行政程序立法处于传统行政法阶段。

1962年日本设立临时行政委员会，1964年2月该委员会向会长提出了《行政程序法草案》。该草案吸收了公正、民主等现代观念，增加规定了听证、辨明等制度，因此，该草案具有划时代的意义，表明日本行政程序立法步入了现代行政法阶段。

1983年行政程序法研究会提交了《行政程序法研究会报告——法律纲要草案》。

1989年10月，该研究会又提交了《行政程序法（暂称）纲要草案》，自此行政程序立法的主要问题是适用范围，仅规范行政处分和行政指导。1990年日本第三届临时审议会成立，1991年1月21日在该审议会下设“公正透明的行政程序法部会”，同年7月底公布了《行政程序法纲要草案》，9月部会进行草案的定稿工作，于11月29日向行政改革推进审议会提交并且公布。1993年国会通过行政程序法。

（二）主要特点

日本1993年《行政程序法》的主要特点是：

1. 以行政行为为主要线索，以听证程序为核心概念。该法典设立两

① 翁岳生：《行政法》，中国法制出版社2002年版，第993—994页；张正钊、韩大元：《比较行政法》，中国人民大学出版社1998年版，第511—512页。

章即第2章“对申请之处分”和第3章“不利益处分”规定行政行为，其程序因行政行为有利或者不利而异。直接规定行政行为的条文总计为27条，约占整个条文总数38条的84%，如此之高的比重，在世界各国和地区的行政程序法典中首屈一指。另一方面，有关听证的条文约21条，占整个法典条文总数的50%，这个比重也是罕见的。

2. 适用范围狭小。这一点的典型表现是第3条的排除规定，排除事项达17项之多，在世界各国和地区的行政程序法典中，也是首屈一指。

3. 总体上属于多种法系混合而成的特殊法典化模式。具体而言，法学上有完整的行政行为理论，并且有的日本学者也主张将行政主体意思表示的效力要件及法律效力、意思表示及补救等内容作为行政程序法典的重要组成部分，但行政程序法典的制定者却并未予以采纳；行政程序法典性质上属于由行政机关自我约束的规则；在立法机关创制行政程序法典的同时，法院也能创制程序规则。①

第三节　中国行政程序法的变迁

一、澳门地区行政程序法的变迁

（一）立法过程

澳门地区“行政程序法”是西方殖民主义者在中国推行法律移植的一个典型，也是西方列强殖民统治历史在中国结束的标志。由于该法典是殖民主义历史的结果和写照，其历史的功过是非只能由历史裁判，因此，对该法典的考察和评价不能局限于该法典本身，不能被其表面上的系统性所迷惑，更不能忽视该法典的葡萄牙殖民主义血缘。

从1956年行政法学者提出制定行政程序法典的建议，到1991年11月15日葡萄牙《行政程序法典》公布，历经35年四易草案。这便是澳

① 参见叶必丰：《两大法系行政程序法之比较》，《中外法学》1997年第1期。

门地区“行政程序法典”的前身。受中国 1999 年 12 月 20 日收回澳门地区治权的压力，90 年代葡萄牙政府在澳门地区推行了一场短暂而又迅猛的法典化运动，大量的葡萄牙法律被简单地移植到澳门，“行政程序法典”是其中之一。经过一些简单的删改（删除 22 条），葡萄牙 1991 年行政程序法典被改头换面作为澳门地区“行政程序法典”于 1994 年 7 月 18 日公布，于 1995 年 3 月 1 日起生效，1996 年与葡萄牙《行政程序法典》进行了同步的修改。

（二）主要特点

澳门地区 1996 年“行政程序法典”的特点是：

1. 实体法的内容占主要的比重。除了第 3 部分“行政程序”属于纯粹的程序法规范之外，其他部分主要是行政实体法规范，实体条文总计约 120 条，约占整个法典条文总数 167 条的 75%。该法典的大部分内容是实体法规范，实际上是行政法的法典化。

2. 行政组织法的内容占较大的比重。该法典第 2 部分“行政主体”第 1 章“行政机关”规定了行政机关的种类、权限划分标准、管辖权、授权和委托、回避以及主要工作制度，均属于行政组织法的内容。条文总计 39 条，约占整个法典条文总数 167 条的 25%。

3. 以行政过程为主要线索，以行政活动为核心概念。该法典逐一规定了行政程序主体、行政程序和行政活动、行政复议。在设立专门一部分即第 4 部分“行政活动”，规定了规章、行政行为、行政合同；在“行政行为”一章，逐一规定了行政行为的生效、无效、废止、执行和复议。总体来看，章节和条文均按照行政管理的一般运行过程编排，脉络清晰。

4. 在统一行政程序法典与专门的行政程序立法的关系方面，采取折中的解决办法。即在实体法方面，统一行政程序法典优于专门的行政程序立法；在程序法方面，专门的行政立法优于统一的行政程序法典。①

① 朱林：《葡萄牙〈行政程序法典〉评介》，《行政法学研究》1996 年第 3 期。

二、台湾地区“行政程序法”的变迁

（一）立法历史

台湾地区1999年行政程序法典是法律移植和本土化相结合的一个典范。与澳门地区行政程序法典是葡萄牙殖民主义法制的简单被动复制不同，台湾地区行政程序法典的制定从一开始就由台湾地区的学界和实务界主导，主动积极地进行，一方面大量借鉴吸收西方发达国家的经验，另一方面结合中国国情予以本土消化。

1974年由“行政院”研究发展考核委员会委托林纪东、高昆峰、张剑寒、翁岳生及古登美等学者成立专门小组，从事行政程序法的研究。最重要的成果是1977年提出了“行政程序法草案”，被称为“考研会版草案”。该草案虽然没有受到实务界的普遍接受，但其研究成果对后来行政程序法的制定产生了深远的影响。1988年“行政法院”经济建设委员会所属的经设法规小组委托翁岳生教授主持研究小组，于1990年提出了145条的“行政程序法草案”，学界称为“经建会版草案”。1990年7月法务部聘请专家学者和有关人士成立行政程序法研究制定委员会，于1993年9月提出了180条的“行政程序法草案”。被学界称为“法务部版草案”。该草案报请“行政院”之后，删减为145条，于1995年3月定案，报请“立法院”审议，被称为“行政院版草案”。1999年2月3日“行政程序法”颁布，同时颁布的还有修订的“行政执行法”“诉愿法”“行政诉讼法”。

（二）主要特点

台湾地区1999年“行政程序法”有175条，主要特点是：①

1. 始终以行政法的法典化为主要目标之一，规定了大量的实体法规范。在台湾各版草案中，除了命令订定程序之外，其他各部分均以实体法规范为主，程序法规范为辅。受各版草案的影响，出台的“行政程序

① 翁岳生：《行政法》，中国法制出版社2002年版，第1015页。

法”实际上也以实体法为灵魂，程序法规范为陪衬，尽管在具体条文的比例上，实体法规范仅占35%左右，其中主要是有关一般行政法原则、行政处分的成立和效力、行政契约、行政计划的规定。在不同的章节中，实体法规范的密度不同，其中最高的是第二章“行政处分”，第一节和第二节均是实体法规范，占本章43条的80%。

2. 在框架结构的设计上，以行政行为的分类为线索，分别规定行政处分、行政契约、法规命令和行政规则、行政计划、行政指导的程序，脉络清晰。但是，在布局上贫富不均，呈现出“倒三角”的形态。第一章“总则”俨然是一个大口袋，条文91条，第二章“行政处分”是43条，第三章“行政契约”是15条，第四章“法规命令及行政规则”是13条，第五章“行政计划”仅2条，第六章“行政指导”是3条，第七章“陈情”是6条，第八章“附则”是2条。这种条文结构的倒三角形布局在世界各国和地区的行政程序法典中可谓独树一帜。

3. 以行政程序“基本法”为定位，明确行政程序法与其他法律之间的关系。根据该法第3条第1款规定，“行政机关为行政行为时，除法律另有规定外，应依本规定为之”。汤德宗先生认为，该规定意味着一般情况下行政机关实施行政行为均应适用本程序，除非其他法律的规定比本法规定“严格”，而这需要根据正当程序的要素进行具体认定；本法规定的制定程序对单行法规定的行政程序具有渗透作用。这种以“基本法”定位明确行政程序法典与单行法之间关系的做法也匠心独特。

4. 比较系统地吸收了正当程序的法律观念和制度。所谓吸收，是指消化借鉴，而不是模仿或者复制。在台湾地区“行政程序法”中，有关正当程序的具体制度分散在各章之中，其中主要是有关回避和禁止单方面接触、听证权（即预告、申辩、举证、传讯证人、反询问）① 以及说

① 按照汤德宗先生的观点，广义的听证权包括公正的法庭、告知拟采取的行动和理由、反驳机会、证据申请权、获悉不利证据、反询问证人、选任辩护人、法庭制作笔录、法庭以书面方式载明事实根据和理由。

明理由、教示权利的规定。这种消化借鉴的做法是台湾“行政程序法”的国际化和本土化协调观念的体现，也是台湾1999年“行政程序法”的一个重要特色。

三、中国大陆地区行政程序法的变迁

（一）立法历史

关于中国大陆行政程序法的变迁历史，学界存在不同的描述。一种有代表性的观点认为，改革开放以来，行政程序立法经历一个从无到有、从分散到集中、从低层级向高层级发展的过程，这是历史的逻辑。所谓历史，意味着是一步步走下来的；所谓逻辑，意味着符合规律。开始的程序立法是作为实体法的附属规定下来的，例如，《治安管理处罚条例》《投资法》，这种程序法规范还不能称为行政程序法。20世纪80年代初，稍微系统的行政程序法规定出现在地方性法规和行政规章中。1989年《行政诉讼法》是一个推进器，对行政机关提出了一个程序合法的要求。要求行政机关的行为合法，但没有行政程序法，因此产生了加强行政程序法立法的要求。自行政诉讼法之后，重要的行政立法都对行政程序作比较细致的规定，例如，《行政复议法》《行政处罚法》《行政强制法》《行政许可法》《行政收费法》等。这种立法见效快，但是造成分割立法不协调不统一，因此提出了制定行政程序法的迫切要求。①

另一种观点认为，我国行政程序立法经历了以下三个阶段②。

（1）从1979年到1988年的行政程序立法自然发展阶段。在1982年《宪法》的统率之下，一系列单行的部门行政法律法规设立专门的章节规定行政程序，但没有程序法治的观念，只是将行政程序规范作为实体法

---

① 张春生：《中国行政程序法制建设的发展与前瞻》，1998年海峡两岸行政程序法研讨会论文；张春生先生在2002年6月18日至20日在全国人大法工委主办的行政程序法国际研讨会上阐述的观点。

② 杨海坤、黄学贤：《中国行政程序法典化》，法律出版社1999年版，第40—47页。

的组成部分和实施手段，没有程序法治的观念。

（2）从1989年至1995年是行政程序立法的逐步自觉发展阶段。《行政诉讼法》《行政复议条例》和《国家赔偿法》三部法律均明确规定了程序违法，特别是《行政诉讼法》第五十四条将程序合法作为行政行为合法的要件，将程序违法作为判决撤销行政行为的理由，确立了程序规范在行政法和行政管理过程中的独立地位，地方的行政程序立法也蓬勃发展。

（3）1996年以后行政程序立法进入自觉系统的发展阶段。《行政处罚法》《行政复议法》《立法法》是典型。其中《行政处罚法》规定了听证程序。①

我们认为，上述分析偏重于外在的法律渊源，对行政程序法内在规律的反映不足。综合认知水平、法律渊源、时间先后等因素，自改革开放以来，中国大陆的行政程序法变迁经历了以下四个阶段。

（1）逐步认识行政程序法的重要性和内在基本规律的阶段。中国大陆对行政程序法的重视开始于80年代中期。② 1989年制定的《行政诉讼法》是这种重视的结晶。但是，当时对行政程序法的重视仍然限于行政程序法对行政实体法正确实施的工具意义，没有认识到行政程序法的独立价值、地位和发展规律；其着眼点是行政机关依法行使行政职权，而不是公民程序主体地位和权利的保护。《行政复议条例》第四十二条有关行政程序违法予以补正的规定就是这种认识的典型反映。

1996年颁布的《行政处罚法》是一个突破，该法第六条、第三十一条、第三十二条和第四十一条明确规定了公民的程序权利、行政机关的

① 例如1992年8月29日福建省第七届人民代表大会常务委员会第二十九次会议通过的《福建省行政执法程序规定》。

② 应松年：《论行政程序立法》，1998年海峡两岸行政程序法研讨会论文。

保护义务和不予保护的后果。① 这些规定使1989年《行政诉讼法》第五十四条有关程序违法予以判决撤销的规定焕然一新，最终突出了行政程序法的独立地位和价值。理论上，作为这种认识的反映是，一些学者从行政法治的高度肯定行政程序法的独立价值，认为遵守行政程序法是依法行政的核心②；行政法治必须依靠行政程序的保障和推动，行政法治需要的是现代的行政程序，我国行政法治建设的重点应当转向现代行政程序③；正当程序原则是行政法治的内涵之一④；行政程序法具有法治国家的根本作用⑤。从法律价值的高度，认为行政程序法的两个基本目标是公正和效率，其定位应当是公正与效率的平衡⑥。从政治和经济发展的高度，认为行政程序法是完善民主政治和建立市场经济体制的需要⑦。从行

---

① 《中华人民共和国行政处罚法》第六条规定："公民、法人或者其他组织对行政机关所给予的行政处罚，享有陈述权、申辩权；对行政处罚不服的，有权依法申请行政复议或者提起行政诉讼。公民、法人或者其他组织因行政机关违法给予行政处罚受到损害的，有权依法提出赔偿要求。"第三十一条规定："行政机关在作出行政处罚决定之前，应当告知当事人作出行政处罚决定的事实、理由及依据，并告知当事人依法享有的权利。"第三十二条规定："当事人有权进行陈述和申辩。行政机关必须充分听取当事人的意见，对当事人提出的事实、理由和证据，应当进行复核；当事人提出的事实、理由或者证据成立的，行政机关应当采纳。行政机关不得因当事人申辩而加重处罚。"第四十一条规定："行政机关及其执法人员在作出行政处罚决定之前，不依照本法第三十一条、第三十二条的规定向当事人告知给予行政处罚的事实、理由和依据，或者拒绝听取当事人的陈述、申辩，行政处罚决定不能成立；当事人放弃陈述或者申辩权利的除外。"

② 崔卓兰：《依法行政与行政程序法》，《中国法学》1994年第4期。

③ 张庆福、冯军：《现代行政程序在法治行政中的作用》，《法学研究》第18卷第4期。

④ 王周户、柯阳友：《行政法治与行政程序法》，《行政法学研究》1997年第1期。

⑤ Prof.Dr.Fritz Ossenbuehl：《德国行政程序法十五年来之经验与展望》，董保城译，《政大法学评论》第47期。

⑥ 王锡锌：《行政程序法的价值定位》，《政法论坛》1995年第3期。

⑦ 姜明安：《健全行政程序立法是完善民主政治和建立市场经济体制的需要》，《中国法学》1995年第6期。

政现代化的高度，认为必须通过立法逐步建立起一套公正、科学的行政程序制度①。从行政实体法的产生和实施过程的角度，认为“法即程序”，将程序法放在优先于实体法的“母法”地位②。这些论述表明中国大陆对行政程序法的内在发展规律的认识达到了比较成熟的水平，为行政程序法典的制定奠定了观念基础，制定统一行政程序法的必要性问题由此得到解决。

（2）明确中国行政程序法法典化模式的阶段。中国行政程序法的法典化将走什么样的道路？这是立法实务界和学界普遍关心的一个问题。其中包括了行政程序法典与专门行政法典的关系、内容的详细程度、体系框架的设计等基本问题。关于行政程序法典与单行立法的先后关系，实务界和学界存在不同的观点。通说认为，行政程序立法是一个渐进过程，将实体法与程序法结合起来，将一些急需的、已经成熟的重要行政行为程序予以规范化和法律化是行政程序立法的现实之路。③ 按照这种设想，行政处罚法、行政复议法先后出台，行政强制法、行政许可法正在制定过程中，同时《行政程序法》也在酝酿准备。关于统一行政程序法典与单行法并行的立法模式得到普遍认同，大陆行政法法典化的独特道路由此明确。

关于行政程序法典内容的详细程度，存在原则性框架立法、具体制度立法和必要制度立法等不同的观点。通说采取的是必要制度立法，也就是将具有共通性的或者单行立法没有规定的重要程序制度规定下来，一方面行政程序法典与单行立法之间关系，避免重复；另一方面作为行政程序的基本法，为所有的行政活动提供基本的程序准则。

---

① 姜明安：《行政的现代化与行政程序制度》，《中外法学》1998 年第 1 期。

② 肖凤城：《论“法即程序”——兼论行政程序法的重要性》，《行政法学研究》1997 年第 1 期。但有学者表示反对，为此参见杨建顺、刘连泰：《试论程序法与实体法之间的辩证关系》，《行政法学研究》1998 年第 1 期。

③ 应松年：《行政程序立法探索》，载应松年：《中国走向行政法治探索》，中国方正出版社 1998 年版，第 381 页；张春生：《中国行政程序法则建设的发展与前瞻》，1998 年海峡两岸行政程序法研讨会论文。

关于体系框架的设计，观点多种多样，但其中的共同点是当以行政行为的分类为主线，以行政决定为重点，同时规范行政合同、行政规范、行政指导等制度。

（3）草拟和论证阶段。这是新世纪行政程序立法工作的主题。经过多年的理论准备，在应松年教授的主持下，行政程序法典的草拟工作已经开始。2002 年 5 月 13 日至 14 日在天津举行的“行政程序法暨信息公开研讨会”上，行政程序法的框架是中心议题；2002 年 12 月 19 日至 22 日在三亚举行的行政程序法国际研讨会上，行政程序法的体系框架和主要调整问题得到明确；2003 年在怀柔举行的行政程序法研讨会上，来自全国各地各方面的专家和学者逐章逐节讨论了由应松年教授提出的《行政程序法试拟稿》。北京大学姜明安教授于 2015 年主持草拟并且向全国人大法工委提交的《行政程序法试拟稿》是学界积极推动立法的最近一次尝试。不难想见，学界会出现更多的试拟稿，为全国人大的立法提供更大的推动力和更好的前期论证。

（4）地方立法先行的阶段。1992 年 8 月 29 日颁布的《福建省行政执法程序规定》首开地方（省级）人大行政程序立法的先河。该规定只有 58 条，却比较全面地规定了行政处罚、行政许可、行政收费、行政强制等最为主要的行政行为类型，规定了机构、管辖、调查、证据、案卷、期限、送达等基本的程序制度，可谓最为简略的一部地方行政程序法典。2008 年 4 月 9 日颁布的《湖南省行政程序规定》是地方行政程序立法的里程碑。该规定总计 10 章 178 条，比较细致地规定了重大政府决策程序和行政决定、行政指导、行政合同、行政应急、行政调解的行政执法行为程序，规定了听证、公开、调查与证据、期限、送达、监督等程序制度，规定了行政执法机构、执法人员、当事人和关系人等程序主体。其内容的完备程度可谓地方行政程序立法之最。山东省人民政府于 2011 年 6 月 22 日颁布了《山东省行政程序规定》，尝试树立了一个由政府主导行政程序法法典化进程的范例。总体而言，重大公共决策和政府信息公开成为地方行政程序法法典化的两大亮点。由此，地方行政程序立法进入一个令人振奋的发展期，形成了学界倡导、人大主导或者政府主导、社会广泛参与的立法格局。这为全国人大制定统一的《行政程序法》奠定了丰厚的地方经验基础。

（二）主要困难和条件

实务界和学界认为，我国大陆地区制定行政程序法典存在的困难主要是：

1. 实践的具体多样性与法典规定的普遍概括性的矛盾。实践的多样性表现在公共行政部门的多样性、地方的多样性、程序的多样性、事务的多样性等方面，要制定统一的行政程序法典，不仅要解决概念和术语的概括性、程序和制度的通用性等问题，而且还要解决适用范围的大小度掌握问题。这是学界和立法实务界必须克服的一大难题。

2. 借鉴外国先进经验与我国实务部门承受能力的矛盾。这实际上是理想与现实的矛盾。一方面，我国的行政程序法典应当吸收其他国家和地区的有益经验，青出于蓝而胜于蓝；另一方面，我国不同的地方发展水平落差很大，公务员的依法行政能力高低不同，超前立法往往使公务员难以理解和适应。如何在这两端之间寻找一个合理的“度”是长期困扰学界和立法实务界的一大难题。①

3. 底子薄，缺乏立法、行政和司法经验的积累。具体表现在正当法律程序原则、比例原则、信赖保护原则等尚未在实践中扎实地确立起来，说明理由、告知权利、时效、听证等制度的实践经验的积累不足，现有的行政程序法缺乏系统性和一致性，② 不同地方的行政机关自己设定程序的情况比较普遍③等。

4. 改革发展的不稳定性与法制建设的稳定性之间的矛盾。我国的经

① 上述两个困难是张春生先生 2003 年 2 月 23 日在国家行政学院举行的行政程序法修改研讨会和 2003 年 3 月 21 日至 23 日在怀柔举行的行政程序法研讨会上提出的观点。

② 马英娟：《论行政程序的法治化》，《河北法学》1999 年第 1 期。

③ 参见杨海坤、黄学贤：《中国行政程序法典化》，法律出版社 1999 年版，第 34—40 页。

济体制改革和政府体制改革都进入了深水区，政治、经济、社会与制度等方面的不稳定因素迅速增加，这与行政程序法制建设所需要和致力追求的制度稳定性之间形成了越来越大的落差，法典化进程所需要的社会环境需要更长的时间去营造。我国面临底子薄的问题，但也存在许多有利因素，表现在：

1. 建设政治文明和制度文明的指导思想为行政程序法典的制定提供了坚实的政治动力。党的十六大报告提出建设政治文明，其中的一个重要内容是人民当家作主的制度化、规范化和程序化。学界认为，行政程序法是落实人民当家作主的重要制度保障和程序保障，因此，制定行政程序法典是建设政治文明和制度文明的重要组成部分。①

2. 单行行政程序立法为行政程序法典的制定奠定了基础。《行政诉讼法》《国家赔偿法》《行政处罚法》《行政复议法》《立法法》《行政强制法》的出台，为行政程序法典的制定提供了立法经验基础和新的动力。

3. 国外和我国台湾地区、澳门特别行政区的行政程序法法典化的实践经验和理论研究为我国制定统一的行政程序法典提供了良好的前车之鉴。②

4. 实务界的积极推动和学界的热情参与。实务界的积极推动主要表现为地方立法机关和行政机关在职权范围之内纷纷制定部门或者地方的行政执行法程序规范，为统一行政程序法典的制定提供了实践素材。学界的热情参与主要表现为大力开展学术研究，进行行政程序法法典化的呼吁，参与行政立法，为行政程序法典的制定奠定观念和理论基础。

5. 中央政府的政策推动和各级政府依法行政的自觉性日益提高。为了贯彻落实依法治国方略和依法行政原则，自 2004 年 3 月 22 日国务院颁布了第一份依法行政实施纲要之后，每五年都颁布一份，全面规定未来

① 罗豪才教授 2003 年 3 月 21 日至 23 日在怀柔主办的行政程序法研讨会上提出的观点。

② 关于以上四个动因，参见马怀德：《行政程序立法探索》，载马怀德：《行政法制度建设与判例研究》，中国政法大学出版社 2000 年版，第 50—51 页。

五年政府法制建设工作的内容和主要政策导向。在国务院迄今为止出台的四份文件中，全面规范行政程序是各个纲要一以贯之的重点内容，足见中央政府对行政程序法的重视。另一方面，各级地方政府也高度重视行政程序的法治化建设，有关行政程序的地方单行立法如雨后春笋、汇涓流而成江海。中央和地方各级人民政府加强法治建设的自觉性应当是我国大陆地区行政程序法法典化的最为坚实的内生动力。

随着世界经济与文明发展的重心向东亚地区转移，中国大陆地区制定统一的行政程序法典将会迎来一个比以往更好的发展时期，可谓国人期盼，世人瞩目。

第三十四章 行政程序法基本原则与基本制度

章剑生 法学博士，现任浙江大学法学院教授、博士生导师。香港城市大学法律学院访问学者（2004）、美国政府国际访问学者（IVLP）（2007）、台湾“中央”研究院访问学者（2007—2008）。代表性学术专著有：《现代行政法总论》《现代行政法基本理论》（上下卷/第2版）《现代行政法专题》等。代表性学术论文有：《现代行政程序的成因与功能分析》《现代行政法基本原则之重构》《行政诉讼履行法定职责判决论》《“有错必究”的界限》《判决重作具体行政行为》《行政行为说明理由》《对违反法定程序的司法审查》等。主持科研项目有：《行政规划中公众参与原理与制度研究》（国家社会科学基金项目）；《行政程序法研究》（国家教育部人文社科项目课题）；《中国行政听证制度研究》（国家司法部法治建设与法学理论研究部级科研项目）等。

第一节　行政程序法基本原则概述

一、行政程序法基本原则界说

行政程序法基本原则是在行政程序立法目的的指导和遵循行政程序的基本规律下设定的，对行政程序具有高屋建瓴指导意义的基本行为准则。它上承行政程序法的立法目的，下联行政程序法基本制度与基本规范，从而确立了它在行政程序法中不可替代的法律地位。行政程序法基本原则不仅要规范行政机关的行政行为，同时也要规范行政相对人参与行政程序的行为。① 行政程序法基本原则具有如下法律特点。

1. 稳定性。行政程序法基本原则一旦生成，则具有稳定性之特点。它表现为：

（1）它是行政程序法律条款的产生之源。有关的行政程序法律条款可以不断地变化，但是，行政程序法基本原则却处于相对稳定状态，其内含的法律精神也是通过法律条款不断地体现出来。可见，行政程序法基本原则应当具有“自然法”的性质和功能。任何背离行政程序法基本原则的法律条款都不具有正当性。（2）行政程序法基本原则与法律条款之间在内容上是神与形的关系，在时序上是先后关系。行政程序法基本原则是静隐于法律条款背后，并通过法律条款使人们感觉到它的存在。人们可以通过行政程序的法律条款找到基本原则，并反过来通过基本原则理解行政程序的法律条款。

2. 指导性。尽管行政程序法基本原则不具有法律规范的结构要素，法律强制性并不明显，但是，这并不影响它对行政程序主体的行为指导性。这种指导性表现在：

（1）正确理解行政程序的法律条款。各个行政程序的主体所处的不

---

① 参见王万华：《行政程序法研究》，中国法制出版社 2000 年版，第 163 页。

同法律地位，必然会影响其对同一法律条款作出不同的，甚至是相反的理解。这很不利于通过行政程序弥息行政争议。因此，在一个公认的基本原则指导下，行政程序主体对同一法律条款达成共识的机会可能更大一些。(2) 公正地行使行政裁量权。行政裁量权并不是一种完全没有约束的权力，在很大程度上它受法的基本原则的约束。行政程序作为一个行为过程，绝大多数情形下是行政裁量权的行使过程。强调行政程序法基本原则的指导性，有助于驱使行政裁量权的行使更加合理。如果行政机关在没有行政程序法基本原则指导下行使裁量权，则行政决定的恣意和任性就难以避免。(3) 合理地进行适法解释。成文法的缺陷导致了行政机关在适用法律时，必然同时要对所适用的法律条款作适法解释。为了避免行政机关适法解释的任意性，以行政程序法基本原则为指导，可以减少行政机关适法解释任意性的可能性。

3. 补漏性。任何法律皆有漏洞，系今日判例学说公认之事实。① 法律漏洞的存在意味着对某些社会关系没有相应的法律规范加以调整，假如立法不能及时加以补救的话，寻找相应的规范加以调整便成为有关国家机关的职责了。行政程序法作为成文法也存在这一局限性，通过行政机关在行政程序法基本原则指导下发展出若干规则加以补漏，乃是法治行政的要义之一。

二、既有行政程序法基本原则整理

自 20 世纪 80 年代以来，行政法学者对行政程序法基本原则作了不少理论探讨，由此积淀的成果构成了今天我们进一步对行政程序法基本原则作深入研究的理论基础。现列举主要观点分析如下。

罗豪才教授认为，根据战后各国行政程序法的发展趋势以及我国的具体情况，行政程序法应当包含的基本原则：(1) 公正原则，它是现代行政程序的起码原则，是行政民主化的必然要求；(2) 公开原则，它是政府活动公开化在行政程序上的具体体现，是公民参政权的延伸；(3) 听证原

① 梁慧星主编：《民商法论丛》(第 1 卷)，法律出版社 1994 年版，第 3 页。

则，它既是公民参与政治活动的基本权利之一，也是现代行政程序法的核心；(4)顺序原则，它是行政程序的时间性的表现和要求之一，其实质在于保证行政程序的合理运用；(5)效率原则，它的目的主要在于提高行政效率。① 张焕光教授等认为，各国的行政法学都确立起或多或少的程序原则，用以约束政府的行政行为。我国社会主义行政法学所确立的行政程序原则，充分体现了社会主义的民主性、真实性和效能性。我国社会主义行政程序的原则的内容主要表现为程序法定、相对人参与、公正、顺序和时限。② 本观点注意到了我国社会主义性质对行政法的影响，从而有别于其他非社会主义国家的行政法。姜明安教授认为，各国行政程序制度不同，据以确定这些制度的基本原则自然也不尽相同。但是，考查各国与现代民主联系的行政程序制度，它们也反映和体现出一些共同的基本原则。因此，行政程序法基本原则应当是公开原则、公正原则、行为有据原则和效率原则。③ 江必新教授等认为不同时代的行政程序法具有不同的基本原则与制度。选择不同目标模式的行政程序法，其原则与制度也不相同。从现代各国情况看，行政程序法的基本原则有：依法行政原则、民主原则、基本人权原则、公正原则和效率原则。④ 以这些基本原则为基线，串联起一系列行政程序法的基本制度。通过制度来设定原则，新颖独特，有助于我们更加深刻地理解行政程序法的基本原则。应松年教授认为，行政程序法的基本原则应当是公开原则、公正原则、参与原则、复审原则、顺序原则和效率原则。在这六个原则中，前四个原则是空间方面的原则，后两个原则是时间方面的原则。⑤ 这种基于行政程序的空间和时间两方面来设定行政程序法的基本原则具有科学性。这几个原则基本可以反映出行政程序法基本原则的核心内容。杨海坤教授等认为，

---

① 罗豪才主编：《行政法学》，中国政法大学出版社 1989 年版，第 252—253 页。

② 张焕光等：《行政法学原理》，劳动出版社 1989 年版，第 325—326 页。

③ 姜明安：《行政法与行政诉讼》，中国卓越出版公司 1990 年版，第 272—274 页。

④ 江必新等：《行政程序法概论》，北京师范大学出版社 1991 年版，第 25 页。

⑤ 应松年主编：《行政行为法》，人民出版社 1993 年版，第 24 页。

行政程序法的基本原则是程序合法性原则、程序合理性原则、公开原则、公正原则、参与原则和效率原则。① 金国坤教授将行政程序法的基本原则分为一般原则和特有原则。一般原则包括程序合法性原则、程序合理性原则；特有原则包括公开原则、公正原则、顺序原则、效率原则。② 王万华教授将行政程序法基本原则分为程序性原则和实体与程序兼具原则。前者有行政公开原则、参与原则、作出决定原则和程序及时原则；后者有依法行政原则、平等原则、比例原则、诚实信用原则（信赖保护原则）和自由裁量权正当行使原则。③ 马怀德教授认为，行政程序法基本原则是依法行政原则、公开原则、参与原则、公正原则、效率原则、行政合理原则、责任行政原则。④

以上学者所述的行政程序法基本原则并非都有实证法律依据，而是在分析行政程序法内容的基础上所作的学理提炼。对已有行政程序法的国家来说，它可以帮助人们进一步认识、掌握行政程序法，从而有利于行政程序法的实施；对还没有制定行政程序法的国家，它可以对行政程序法的制定起引导、促进作用。上述学者们观点比较明显的缺点是，所列出的行政程序法基本原则之间没有逻辑性，多一个或者少一个也不影响意思表达，说服力并不高，且有的所谓基本原则，“基本性”不够显著，或者并不完全就是行政程序法基本原则。

三、行政程序法基本原则确立

中国没有制定行政程序法，因而只存在学理性的行政程序法基本原则。1990 年《行政复议条例》将“合法、及时、准确和便民”列为行政复议程序的四项基本原则。⑤

---

① 杨海坤、黄学贤：《中国行政程序法典化》，法律出版社 1999 年版，第 117—124 页。

② 金国坤：《中国行政程序法纲要》，华夏出版社 2000 年版，第 48—64 页。

③ 王万华：《行政程序法研究》，中国法制出版社 2000 年版，第 171 页。

④ 马怀德：《行政程序立法研究》，法律出版社 2005 年版，第 18 页。

⑤ 参见《行政复议条例》（已失效）第六条。

但在其他的单行行政程序法规、规章中，我们很少看到有关基本原则的规定。从国外行政程序法的规定看，尽管它们设定的基本原则在数量和内容上存在着较大的差异性，但它们的基本原则也存在许多共同之处。这说明，行政程序无论在哪个国家或地区，在基本原则上必然存在某些共同的规律性内容，而一国或地区因法律制度、传统文化、历史因素等所致国情的差异性，也会对一国或地区设定行政程序法基本原则方面，形成自己的特色。上述几种观点对于推动行政程序法基本原则的研究无疑具有重要的理论价值。行政程序法基本原则必须充分体现出其“基本性”来，即对整个行政程序过程具有高屋建瓴的指导意义。在确立行政程序法基本原则时，必须首先有如下认识。

1. 行政程序法基本原则不能割裂与行政实体法的联系，所确立的行政程序法基本原则在内容、功能上应当保持与行政实体法的和谐性、一致性。但两者不能等同，也不能互相代替。

2. 行政程序法基本原则不能仅用于规范行政机关的行政行为，而且也必须规范行政相对人和其他程序参与人的行为。因此，确立行政程序法的基本原则时，应当考虑行政相对人和其他程序参与人的行为特点、影响和外在形态。当然，行政程序法基本原则主要是规范行政主体的行政行为。

3. 行政程序法基本原则不仅具有统率行政程序法律规范的功能，而且还具有补充行政程序法律规范的功能。由于“法律只考虑共同体的臣民以及抽象的行为，而绝不考虑个别的人以及个别的行为”。① 也由于“人类的预见力还没有完善到可以可靠地预告一切可能产生的事这种程度，况且，人类所使用的语言也还没有完善到可以绝对明确地表达一切立法意图的境界。”② 所以，行政程序法的基本原则应当具有补充行政程序法律规范不足的功能，从而使行政程序法适应变幻不定的行政管理

① 张宏生：《西方法律思想史》，北京大学出版社1983年版，第240页。

② ［英］彼得·斯坦等：《西方社会的法律价值》，王献平译，中国人民公安大学出版社1990年版，第4页。

事务。

4. 行政程序法基本原则不仅应当具有强制性，而且还应当有灵活性。行政程序法的基本原则不具有法律规范的特点，但是，这并不意味着行政程序法的基本原则没有强制性。任何违反行政程序法基本原则的行为同样构成行政程序违法。

基于上述对国外行政程序法基本原则的分析和对行政程序法基本原则的认识，结合中国行政法学对行政程序法基本原则研究成果和目前的法制建设状况，中国行政程序法基本原则主要是行政公开原则、行政公正原则和行政参与原则。

第二节　行政公开原则

一、行政公开界定

行政公开是指行政机关在行使行政职权时，除涉及国家秘密、个人隐私和商业秘密外，必须向行政相对人及社会公开与行政职权有关的事项。通过行政机关的行政公开，行政相对人可以在了解相关事项的基础上有效地参与行政程序，以维护自己的合法权益；公众可以有效地监督行政机关依法行使行政权。行政公开是现代民主理论和基本人权理论发展的结果，是行政机关一项法定的职责，相应的，行政公开请求权也是行政相对人的程序性权利之一。行政公开的本质是通过一种法律程序实现对行政权的制约，同时也可以吸收行政相对人意见融入行政行为，以提升行政行为的可接受性。

作为行政程序法的原则之一，行政公开是在第二次世界大战之后伴随着西方国家行政程序法典化过程得以确立。1946 年美国《联邦行政程序法》作为贯彻这一原则的一部代表性的行政程序法典，对其他国家的行政程序立法产生了相当大的影响。我国正式确立行政公开原则的法律是1996年的《行政处罚法》,① 之后1999年的《行政复议法》、② 2003年的《行政许可法》③ 等法律也将行政公开原则列为原则之一。这三部法律确立行政公开原则的事实，表明了我国对行政公开原则的全面接受，对于推动我国的行政公开化、提高行政透明度、减少行政腐败是有意义的。2008年实施的《政府信息公开条例》以建立一个公开、透明的法治政府为要旨，全面贯彻行政公开原则，并在此原则的支撑下建立了一系列政府信息公开的制度、规则。行政公开作为一项行政程序法的原则具有如下法律特征。

1. 过程性。即行政公开原则始终贯彻于整个行政权行使的过程之中。只要行政权影响行政相对人的合法权益，行政机关就必须向行政相对人公开相关事项，除非有法律作出了相反的规定。行政公开的过程性决定了行政权的行使必然存在若干个阶段，由于每个阶段行政权的行使有不同的要求或内容，因此，行政公开的内容也会随之而变。行政公开的过程性要求立法者针对行政权行使的不同阶段规定行政公开不同的内容、方式等。

2. 有限性。即与行政权有关的事项如法律有明确规定的，可以不列入行政公开的范围。行政不公开事项范围之所以存在，是因为行政公开不能损害国家利益、公共利益和他人的合法利益。“行政公开的公共利益必须和不公开的公共利益互相平衡。各种利益互相平衡是社会生活的重要基础。”④ 行政不公开的事项必须由法律明确规定，在某些事项是否可以公开的解释上，不得由行政机关自行作最终决定或者解释，它应当接受法院的司法审查。行政公开的有限性承认保密制度的正当性。正如有学者所说：“保密的理念注重的是国家安全的保护以及公共利益的保护，

---

① 《行政处罚法》第四条规定：“行政处罚遵循公正、公开的原则。”

② 《行政复议法》第四条规定：“行政复议机关履行行政复议职责，应当遵循合法、公正、公开、及时、便民的原则，坚持有错必纠，保障法律、法规的正确实施。”

③ 《行政许可法》第五条规定：“设定和实施行政许可，应当遵循公开、公平、公正的原则。”

④ 王名扬：《美国行政法》（下），中国法制出版社1995年版，第975页。

强调的是国家主义；公开的理念强调的是公民权利的保护，强调的是行政机关保有的信息来源于人民，公开信息是行政机关应尽的职责，而作为落实人民主权原则的行政信息公开强调的是‘保密是例外、公开是原则’。”①

3. 参与性。即行政公开的过程本身是行政相对人参与行政权行使的过程。没有行政相对人的参与，行政事项的公开就没有任何法律意义。行政公开原则为行政相对人参与行政权的行使过程提供了前提条件，也使行政相对人的参与权获得了实效性的保障。行政公开原则从根本上改变了现代行政法的发展方向，改变了行政机关行使行政权的基本模式，改变了行政相对人在行政法律关系中被动、依附及至被支配的法律地位。②

作为一项法律原则，行政公开既是一种贯穿于行政程序全过程的法治行政的精神，又透过具体的法律条文融于相关的法律规范之中，具有高屋建瓴指导法律规范实施的功能。在行政程序法中确立行政公开原则，具有如下法律意义。

1. 满足公民的参政议政意愿。在现代社会中，政治、经济和文化的发展与个人自我价值的实现之间的关系日趋密切，个人的自我发展无法脱离行政的影响。这种互为因果的密切性使个人十分关注影响政治、经济和文化发展的行政权是否合法、正当地行使。我们可以清楚地看到，所有国家在“从传统的农业社会向现代工业社会的变革中，社会经济发展必然导致公民政治参与要求的增加”。③ 而就我国的状况而言，仅有通过人民代表参政议政的方式，显然已无法满足公民此时的需要，因此，现代法制必须提供更为直接的参政议政方式来回应这种诉求。公民参政议政的基本目的是保护其个人利益或者其所代表的区域或者行业的利益，

---

① 刘飞宇：《转型中国的行政信息公开》，中国人民大学出版社2006年版，第7页。

② 进一步阅读杨建顺：《行政规制与权利保障》第3章“参与型行政与公共利益”，中国人民大学出版社2007年版，第164—187页。

③ 邓志伟主编：《变革社会中的政治稳定》，上海人民出版社1997年版，第131页。

因为，人的行为背后都是利益驱动，没有利益，也就没有行为。不承认这一点，我们不可能正确地理解现代社会中公民日益高涨的参政议政意愿。在现代行政法上，行政公开原则在行政程序法上的确立，为行政相对人参与行政权的行使过程提供了一个正当理由。行政相对人可以在个人利益或者群体利益的支配下，介入行政权的行使过程，从而实现其参政议政的目的——自我利益的最大化。

2. 预防行政权的滥用。现代行政权的核心是行政裁量。“现代管理型法律更为典型的是，官员们行使很大的自由裁量权，也就是在定义宽泛的和总的规则范围内行使权力。”① 如何保证行政机关很“自由”地行使权力但又不违背行政公正原则，这是现代行政法的一道难解之题。经验和理性的论证结果表明，在解决这个难题的方法上，行政实体法已经无所作为了。它只能收缩而不能收尽行政裁量的“自由”空间，而行政程序法因其所特有的功能——通过程序机制促使行政机关作出理性的选择——成了弥补行政实体法缺陷的较好选择。行政程序法之所以具有预防控制行政权滥用的功能，是因为它要求行政必须公开。正如王名扬先生所说：“公开原则是制止自由裁量权专横行使最有效的武器。”② 如由行政公开导出的行政行为说明理由制度，要求行政机关公开展示其进行行政裁量时所考虑的相关因素，从而接受社会公众的评判。它可以“使政府的活动置于公民监督之下，这是以公民主权和民主主义为基础的宪法体制的基本要求。公开是确保行政信息能够使公民知晓的基础”。③ 这种评判对行政机关行使行政权起到了相当大的制约作用，从某种意义上说，它引导了行政权的走向，规范了行政权的正当行使。因为行政被要求公开，在行政权行使过程中恣意、任性等将会被减少到最低限度。

---

① ［美］弗里德曼：《法治、现代化和司法制度》，载宋冰编：《程序、正义与现代化——外国法学家在华演讲录》，中国政法大学出版社 1998 年版，第 109 页。

② 王名扬：《美国行政法》（上），中国法制出版社 1995 年版，第 109 页。

③ 朱芒：《开放型政府的法律理念和实践——日本信息公开制度》，《环球法律评论》2002 年秋季号。

3. 提高行政行为的可接受性程度。行政权的实效性是法律要求行政权实施所要达到的某种理想状态，是行政权的基本目的之一；没有行政权的实效性，行政机关也就难以完成现代行政任务。经验告诉我们，“信息越公开，越容易实现历史和解；社会越多宽容与和解，越能促进信息的更全面公开”。① 行政权的实效性更多的是取决于行政相对人对行政权行使的接受性和认可程度，而不是行政权背后隐藏的国家强制力的大小。国家强制力固然可以强制行政相对人接受行政权的实施状态，但其解决行政冲突的实效性远不如行政相对人在心服口服的情况下接受行政权的结果。要提高行政相对人对行政权行使状态的可接受性程度，一个有效的方法是让行政相对人参与行政权的行使过程，并为其提供了解行政权行使情况的相关便利条件。同时，行政机关也尽可能地将与行政权有关的事项通过一定形式公开。行政公开原则可以确保上述思想转化为现实。

二、行政公开原则确立的社会背景

法律是经济、政治和文化发展的产物，不是一种孤立的社会现象。行政公开原则确立于行政程序法之中，具有十分深刻的社会背景。分析行政公开原则产生的社会背景，有助于提高我们对行政公开原则法律价值的认识。

（一）行政权无限扩张对公民权益产生的重大影响

20世纪以后，在世界范围内行政权的扩张成了一股无法抑制的发展趋势，它对传统行政法提出了强有力的挑战，诱导了传统行政法的变迁。行政权扩张的根本原因是政府必须对自由竞争的市场经济“外部性问题”进行必要的干预，以弥补自由市场经济体制的缺陷，否则社会就难以正常发展。从1919年德国的《魏玛宪法》到美国总统罗斯福实施的“新政”，从1949年之后的社会主义中国实施计划经济到1979年之后转向市场经济，在这个历史的过程中，行政机关的行政权获得了空前的扩张，行政权在国家权力体系结构中的地位也发生了很大的变化，传统法治理

① 周汉华：《政府监管与行政法》，北京大学出版社2007年版，第336页。

论下的宪政显然已经不能适应现代社会发展的要求，对此，现代行政法必须作出回应。

行政权扩张的直接后果是它对公民合法权益的不利影响不断增加。在现代社会中如何有效地保护公民的合法权益不受日益扩张的行政权的侵害，构成了现代行政法的一个核心主题。事实证明，行政权越大，对公民合法权益侵害的可能性也就越大。这种呈正比关系的社会发展现状要求现代行政法理论提供相应的对策。通过法律程序控制行政权的理念的出现，导致行政法体系发生了重大变化，即行政法的重心从实体法移到程序法，这是现代行政法作出的一种回应。“从美国经验看，既然对行政机关在现代社会的扩张性只能认同，剩下的也就是加强程序正义了。”① 在法治国家的行政法制度中，凸显在行政法中的行政程序成了抑制行政权侵犯公民合法权益的重要的常规手段之一。

扩张的行政权基本上是行政裁量权，司法审查通常是一种规范行政裁量权的强有力的方法，但它毕竟是一种事后的补救性的程序法律机制。有时，这种补救功能在既定事实状况面前失去了应有的意义。因此，通过行政程序促使行政机关合法、合理地行使裁量权，预防行政裁量权的滥用，具有了与司法审查完全不同的法律意义。行政程序要求行政机关公开与行政权有关的事务，如日本《行政程序法》还要求行政机关公开进行裁量的基准，② 这为行政相对人和社会公众评判行政机关行使裁量权是否合法、合理提供了一个较为客观的标准。

（二）民主参与理论的发展促使公民的参与意识增强

从古希腊发展而来的传统民主制度中，并不欠缺公民参与国家权力运作的法律机制，但这种参与机制只限于通过选举议会组成人员和国家元首来实现其民主参与的目的。这种民主运作方式在当年自由市场经济年代被视为一种最好的民主政治，公民也认为这是他们作为国家权力主体的最好体现。只要行政机关根据议会制定的法律行使行政权，公民自

① 陈端洪：《中国行政法》，法律出版社 1998 年版，第 5 页。

② 参见日本《行政程序法》第五条、第十二条。

身的合法权益也就能够获得充分的保障。

但是，自20世纪以后，西方国家普遍出现了议会大权旁落和行政权扩张的法律现象，国家权力结构因此发生了重大变化，导致了国家权力重心从议会转到了政府。在议会和政府的关系上，“现在是政府控制了议会，而不是议会控制政府”。① 此时，人们才感到了传统民主政治已经产生了重重危机。这种政治现象也出现在1949年之后的中国。正是基于对这种危机的认识，促使人们寻求新的途径来克服民主理论的缺陷。于是，通过扩大民主政治中的参与机制，从而摆脱民主制度困境的方略，为许多国家所采纳。②

当新的参与机制被融入现代民主理论之后，20世纪的民主理论便具有了新内容：在民主国家中，公民应当通过选举来组织议会，监督议会的活动，使其活动能够充分体现全体选民的共同意志。但是，由于议会经常无法对政府实施有效的控制，至少是控制的有效度已经有所减弱，因此，作为国家权力主体的公民应当有权越过议会直接参与到政府行使行政权的过程之中，以防止行政权的滥用。随着民主宪政思想日益深入人心，公民作为国家权力的主体——无论在形式上还是实质上——都要求更多地参与国家的各项管理活动，直接表达自己的意愿。所以，原有的参政方式如选举、罢免、创制和复决等，已经无法满足公民日益增长的国家权力主体意识的需要；而对于涉及其本人利益的行政行为，公民尤其表现出强烈的参与欲望。“公平的实现本身是不够的。公平必须公开地、在毫无疑问地被人们能够看见的情况下实现。这一点至关重要”。③ 行政程序法上的行政公开实质上是现代民主政治向行政权提出的公开行使的要求。

（三）基本人权理论要求国家权力尊重公民的主体性人格

基本人权作为人应当而且必须享有的权利，是资产阶级启蒙思想家

① 龚祥瑞：《比较宪法与行政法》，法律出版社1985年版，第323页。

② 进一步阅读［美］佩特曼：《参与和民主理论》第1章“民主的最近的理论和‘古典神话’”，陈尧译，上海世纪出版集团2006年版，第1—21页。

③ ［英］斯坦等：《西方社会的法律价值》，王献平译，中国人民公安大学出版社1990年版，第97页。

为了对抗专制的君权和教会的权力提出来的政治主张，后来为许多资产阶级共和国的宪法所确认。第二次世界大战后基于对纳粹德国暴行的反思，基本人权的内容发生了较大的变化。但是，其核心内容并没有变化，即尊重和保障人权是国家的义务。① 这一基本人权的核心演绎出的内容是，人不能成为权力所支配的客体，不能成为权力所要达到目的的手段，所有权力行使的正当目的只能是有利于人的自我发展与完善。

传统行政法中的行政权以"命令—服从"的行政模式履行着维护社会秩序的重任，公民在行政法律关系中处于受支配的被动局面，对行政机关作出的行政行为没有参与、表达自己意见的机会。在 20 世纪尤其是第二次世界大战之后，基本人权理论的演进对现代行政法的影响日趋显著，这些影响后来通过行政程序法典化运动集中体现了出来。行政程序法在行政法律体系中出现，改变了原有行政权的运用传统模式，增加了协商与合作机制。这种新的行政权运用模式要求行政机关开放行政权运作过程，让行政相对人参与进来表达其意见，从而使行政机关形成的意思表示更趋合法、合理。"民主理论家们相信公开的政治程序能够保护人类尊严与其他价值。"② 所以，行政程序法上行政公开原则的确立与基本人权理论的发展具有相当密切的内在联系。

三、行政公开原则的基本内容

行政公开作为一项法律原则，具有高度的抽象性，但它的基本内容大致是可以确定的。根据行政程序法的目的和功能，行政公开的基本内容主要是：

（一）事先公开行为依据

事先公开行为依据，即行政机关应当将作为行使行政权的依据在作

---

① 《宪法》第三十三条第三款规定："国家尊重和保障人权。"这对我国行政法上确立行政公开原则也具有同样重要的法律意义。

② 莫菲：《宪法、宪政与民主》，载宪法比较研究课题组：《宪法比较研究文集》(3)，山东人民出版社 1993 年版，第 8 页。

出行政行为之前，以行政权的“清单”方式向社会或行政相对人公开展示，使之知晓。这里需要进一步明确几个问题：(1)“事先”的正确含义是在影响行政相对人合法权益的行政行为作出之前。如事后公开行为的依据，则可能导致行政机关作出的行政行为违法。(2) 公开的方式应当符合法律的规定。如没有法律明确规定，行政机关应当采用便宜于行政相对人了解的方式公开行为依据。(3) 公开行为的依据应当具有明确性、可理解性，一般人对此不会在理解上发生严重偏差。行政行为的依据分为：

1. 一般性行为依据。一般性行为依据是指由国家机关制定、发布的具有普遍约束力的规范性文件。在我国，一般性行为依据包括宪法、法律、法规、规章和行政规定。《行政处罚法》第四条第三款规定：“对违法行为给予行政处罚的规定必须公布；未经公布的，不得作为行政处罚的依据。”这是事先公开行为依据的要求在《行政处罚法》中的具体规定。中国台湾地区“行政程序法”第一百五十七条第三款规定：“法规命令之公布，应刊登于政府公报或新闻纸。”这也属于一般性行为依据的公开规定。美国《联邦行政程序法》也有类似的规定，如该法第 552 条规定：“不得以任何方式强迫任何人服从应当公布，而没有公布在《联邦登记》的任何文件，也不应使其受到此种文件的不利影响……”在一般性行为依据必须公开的规则之下，藏于行政机关办公室的“红头文件”，不得涉及外部行政相对人的合法权益，否则必须受本规则的支配。《湖南省行政程序规定》第 49 条规定：“实行规范性文件登记制度。对县级以上人民政府及其工作部门制定的规范性文件，实行统一登记、统一编号、统一公布。具体办法由省人民政府另行制定。”这一“三统一”制度是行政公开原则在一般性行为依据公开中的具体化。①

2. 个别性行为依据。个别性行为依据是指行政机关在对个案作出行

① 从 2013 年开始，浙江省人民政府对行政规范性文件实施“三统一”制度。(参见《浙江省人民政府关于推行行政规范性文件“三统一”制度的意见》(浙政发［2012］100 号))

政行为之前，应当向行政相对人公开行政行为的依据。个别性行为依据应当包括行政行为的事实依据、法律依据（这里的法律应作广义上的理解）和裁量依据。裁量依据是指行政机关在行使裁量权时所考虑的各种因素。日本《行政程序法》第十五条规定："行政机关关于实施听证时，应预留相当期间，将预定处分之内容及其理由、听证之日时及场所或其他必要事项，以书面通知不利益处分之相对人。"这里的"预定处分之内容及其理由"即为个别性行为依据。《行政处罚法》第三十一条规定："行政机关在作出行政处罚决定之前，应当告知当事人作出行政处罚决定的事实、理由及依据，并告知当事人依法享有的权利。"这是事先个别性行为依据在《行政处罚法》中的体现。事先公开行为个别性依据的法律意义是，它为行政相对人行使抗辩权提供前提条件，同时，它也具有说服行政相对人接受行政机关将要作出的行政行为的功效。

（二）事中公开行为过程

事中公开行为过程，即行政机关应当将与行政行为形成过程中有关的事项向行政相对人公开。事中过程是行政行为的形成过程，因此，它的公开对于行政相对人维护自身的合法权益以及社会监督行政机关依法行使行政权都具有重要的法律意义。理解事中公开行为过程需要注意的是，行政行为形成过程有时还会涉及部分内部程序，如批准程序、行政机关负责人讨论决定程序等。这些内容原则上也属于公开的内容，除非涉及国家秘密、商业秘密和个人隐私。事中公开行为过程主要有两方面的内容。

1. 行政听证。行政听证是在行政机关作出影响行政相对人合法权益的行政行为之前，由行政相对人表达意见、提供证据以及行政机关听取意见、接受证据所构成的一个法律制度。尽管不少国家的行政程序法在内容上存在差异性，但是在确立行政听证制度的规定上却是十分一致的。没有行政听证制度，也就没有行政程序法，行政听证制度已成为行政程序法的核心。自《行政处罚法》以来，我国多部法律、法规、规章确立了行政听证制度，这些行政听证的实践可以为我们将来在"行政程序法"中规定听证制度提供可行性的立法经验。

2. 信息公开。行政相对人了解、掌握政府信息是其参与行政程序，维护自身合法权益的一个重要前提和手段。因此，行政机关除了依法应当主动公开外，还要根据行政相对人的申请，及时、迅速地提供其所需要的政府信息。如西班牙 1958 年《行政程序法》第 62 条规定："行政案件中利害关系人有权在任何时候通过有关办公室得到适当的信息，了解审理情况。"我国《行政复议法》关于申请人卷宗阅览权的规定是政府信息公开比较典型的一个程序性制度。① 2008 年实施的《政府信息公开条例》比较全面地规定了政府信息公开制度，它为行政相对人了解政府信息提供了一个基本的法定途径。但是，因为它的法效力处于《保守国家秘密法》《档案法》之下位，实施效果可能不会令人乐观。②

（三）事后公开行为结论

事后公开行为结论，即行政机关作出影响行政相对人合法权益的行政行为之后，应当及时将行政行为的内容以法定形式向行政相对人公开。行政行为是行政机关在行政程序中对行政争议作出的一个法律结论，行政相对人即使不服，提起行政救济，也必须先履行行政行为规定的义务。事后公开决定结论有两个方面的内容。

1. 向行政相对人公开行为结论。行政机关作出行政行为之后，应当向行政相对人公开行政行为。这既是行政行为（决定）生效的条件，也是行政相对人行使救济权的前提。向行政相对人公开行政行为，有利于行政相对人认同行政行为，进而履行行政行为所规定的义务，保证行政行为被执行。这里的行政相对人还应当包括与行政行为有利害关系的第三人，只要第三人参与了行政程序，行政机关也应当依法向他们公开行为结论。

2. 向社会公众公开行为结论。行政机关在将行政行为向行政相对人公开之后，如认为有必要可以将行政行为结论向社会公开。这种公开的

---

① 参见《行政复议法》第二十三条第二款。

② 进一步阅读章剑生：《知情权及其保障——以政府信息公开条例为例》，《中国法学》2008 年第 4 期。

具体方式可以是在报刊上公告，或者以新闻报道形式公开。向社会公众公开的行政行为一般应当具有重大的、涉及社会公共利益的内容，如对重大污染企业的行政处罚决定。在向社会公众公开行为结论时，要注意对行政相对人个人隐私、商业秘密的保护。

四、行政公开原则支撑的程序制度

建构任何法律制度都应当有足够的法理基础，否则它的正当性会令人生疑。而单个的法律制度只有与其他法律制度共同合作，才能产生预期的法律效果，但这种合作只有建立在这些法律制度共同的法理基础上才能成功。以一个原则为法理基础统摄若干个法律制度是法律制度互相匹配的前提；反之，法律原则要发挥作用也必须通过法律制度的运作，两者具有互相依存的内在联系。在行政程序法上，行政公开原则支撑的法律制度主要有：

（一）一般性行为依据公布制度

行政行为的依据只要影响行政相对人合法权益的，都必须向行政相对人和社会公开，这是法治国家的一条基本准则。《立法法》已经规定了法律、法规和规章的公布制度。为了确保一般性行为依据公布的有效性，便利行政相对人知悉，防止行政机关公布的随意性，"行政程序法"还必须建立行政规定的公布制度。一个规范的行政行为依据公开制度，有利于树立行政机关依法行政的权威，感召社会民众自愿服从行政行为，提高行政行为的实效。

一般性行为依据公布制度具有三项内容：（1）划定行政行为一般性行为依据公布范围的标准，是看它是否影响行政相对人的合法权益。这一标准应当由法律加以明确，不宜授予行政机关作行政裁量。（2）一般性行为依据公布的方式、法定刊物。确定一般性行为依据公布的方式、法定刊物的原则是尽可能便于社会民众的了解、查阅，这里的便利性是必须考虑的重要因素。以"政府信息公开"作为一种匹配的法律制度，也是许多国家的常规做法。（3）不公布一般性行为依据的法律效力。应当公开而没有公开的一般性行为依据，不能成为行政机关作出行政行为的依据，这是一条不可突破的原则。其他国家或者地区已有的行政程序法因其调整的范围不同，并没有都将一般性行为依据公开制度纳入其调整的范围。有的国家由其他单行法律作出规定，也有的国家在行政程序法中作出了具体规定，如美国、西班牙等。日本《行政程序法》关于行政裁量基准的公开是一个很先进的行政行为依据公布制度，值得借鉴。[①]公布裁量权基准最大的法律意义是防止行政机关滥用裁量权，收尽了行政机关随意取舍的空间。

行政法规、行政规章公布已经有法可依,[②] 但这种公布制度是否科学仍有讨论的余地。目前需要解决的是行政规定的公布制度，而其中最需要解决的问题可能是确定一个法定刊物，这可以确保一般性行政行为依据的权威性。“在其他非指定的场合将规范性法文件公之于众，如在非指定的报刊书籍上刊登，在电视、广播中传播，在宣传栏张贴，都不是正式公布规范性法文件。”[③] 实际上，这种非正式的公布在我国实践中是很常见的，但结果是严重影响了一般性行为依据的权威性。对此，湖南省通过制定《湖南省行政程序规定》作了一个改善性尝试,[④] 之后，国务院对地方各级人民政府也提出了类似的要求。[⑤]

（二）行政决定送达制度

行政机关作出行政决定之后，应当以法定方式送达行政相对人，以便使行政相对人了解行政决定的内容，自觉地履行行政决定规定的义务，或者行使被确认的权利，或者在不服行政决定时有针对性地提起行政救

---

① 参见日本《行政程序法》第五条。

② 参见《行政法规制定程序条例》和《规章制定程序条例》。

③ 周旺生：《规范性文件起草》，中国民主法制出版社 1998 年版，第 155 页。

④ 《湖南省行政程序规定》第 49 条规定：“实行规范性文件登记制度。对县级以上人民政府及其工作部门制定的规范性文件，实行统一登记、统一编号、统一公布。具体办法由省人民政府另行制定。”

⑤ 2010 年国务院《关于加强法治政府建设的意见》（国发［2010］第 33 号）规定：“县级以上地方人民政府对本级政府及其部门的规范性文件，要逐步实行统一登记、统一编号、统一发布”。

济。行政决定是否以法定方式送达行政相对人，既关系行政决定能否产生法效力，又涉及行政相对人能否及时履行义务和行使行政救济等权利。行政决定送达制度的重要性十分显见。①

行政决定送达制度的主要内容是：（1）行政决定送达的方式。由于实际情况的复杂性，法律应当规定多种行政决定送达方式，以保证在任何情况下行政决定都能送达到行政相对人住处。（2）行政决定送达方式的适用条件。每一种行政决定送达方式都有其自身特有的功能，能适应各种实际情况，因此，法律必须规定各种行政决定送达方式的适用条件和取舍的先后顺序。（3）行政决定送达方式适用的程序。送达程序即为送达步骤、方式和时空所构成的一个连续过程。从一些国家行政程序立法的情况看，行政决定送达制度主要有两种模式：一是在行政程序法中专门规定行政决定送达制度，如奥地利、中国台湾地区等；二是规定行政决定送达准用民事诉讼法的规定，如我国《行政处罚法》第四十条的规定。后一种模式虽然具有立法上的便利性，但是，由于它没有考虑到行政权的特殊性，在实践中有它的局限性，如公告送达六十天后视为送达的规定，与行政效率之间的紧张关系十分明显。

送达是行政决定生效的前提条件。为了保证行政决定产生预期的法效力，形成正常的社会秩序，由行政程序法统一规定行政决定送达制度十分必要。

（三）行政告知制度

行政机关在行使行政权的过程中，应当将有关事项依法告知行政相对人，以利于行政相对人及时行使权利维护自身的合法权益。行政告知制度的法理基础是行政相对人在行政法律关系中所处的主体性法律地位，而行政相对人获得这种主体性法律地位直接源于现代宪法中国家对基本人权尊重和保护的理念与规定。行政告知是行政机关和行政相对人互相沟通的一种重要形式，是取得行政相对人认可行政行为的一个重要因素。

---

① 中国台湾地区“行政程序法”从第 67 条到第 91 条规定了“送达制度”，足见它在行政程序法中的重要性。

行政告知制度具有的内容：（1）表明身份。行政机关在实施可能影响行政相对人合法权益的行政行为之前，应当通过行政相对人可以理解的方式，向其表明行政执法人员的执法身份。如《行政处罚法》第三十七条第一款规定："行政机关在调查或者进行检查时，执法人员不得少于两人，并应当向当事人或者有关人员出示证件。"行政机关执法人员在未表明身份的情况下实施的行政行为，在司法审查中通常被认定为行政行为程序违法。（2）告知权利。行政机关在行使行政权的过程中，应当依法告知行政相对人他的法定权利。行政相对人通过行使这些权利，可以抵抗行政机关违法行使行政权。这些权利主要是陈述权和申辩权。陈述权是行政相对人就自己所知道的事实向行政机关进行陈述的权利，目的是要求行政机关全面了解案件的事实真相。申辩权是行政相对人针对行政机关的不利指控而作辩解的权利，目的是要求行政机关作出公正的处理决定。（3）告知依据。为了确保行政相对人有效地行使陈述权、申辩权，行政机关应当将拟作出行政行为的依据告知行政相对人。这些依据包括事实依据、法律依据和裁量依据。

行政告知制度有助于落实行政相对人在行政程序法上的权利和义务。更重要的是，行政告知制度有利于将行政行为可能产生的违法情形消解在行政程序之中，以减少事后可能产生的行政复议和行政诉讼。

（四）政府信息获取制度

政府信息获取，是指行政相对人通过预设的行政程序从行政机关那里获得各种有助于其参与行政程序，维护自身合法权益或者公共利益所需要的信息资料。对于行政相对人提出的政府信息公开要求，如没有法律禁止，行政机关应当无条件地、及时地提供。

政府信息获取制度的建立是现代行政民主、公开这一法治理念发展的直接结果。美国在政府信息公开方面的立法不仅早于其他西方国家，而且其制度十分完备，① 如通过 1966 年的《情报自由法》建立了行政程

① 参见王名扬：《美国行政法》（下），中国法制出版社 1995 年版，第 953 页。

序法上的政府信息获取制度。① 1992 年西班牙《行政程序法》对信息获取制度也作了相当明确的规定。我国《行政复议法》第二十三条第二款规定：“申请人、第三人可以查阅被申请人提出的书面答复、作出具体行政行为的证据、依据和其他有关材料，除涉及国家机密、商业秘密或者个人隐私外，行政复议机关不得拒绝。”这是我国较早的一条涉及政府信息公开的规定。2008 年国务院制定的《政府信息公开条例》的实施，为政府信息获取制度提供了相对完整的行政法规支撑框架。

政府信息获取制度的核心内容是：（1）行政相对人可以获取政府信息的范围。法律如何确定行政相对人可以获取政府信息的范围，关系到行政相对人权利范围大小以及能否有效地实现参与行政程序的问题。由于国家秘密、商业秘密和个人隐私保护等需要，客观上必然存在一个政府信息不得公开的范围。从保护行政相对人的合法权益需要看，以法律列举行政相对人不能获取的政府信息范围较为可取，对于列举范围之外的政府信息，行政相对人都有权获取。②（2）行政相对人对政府信息获取权利的救济。行政相对人与行政机关对某种政府信息是否可以获取发生争议时，该行政机关不具有争议的最终裁决权，行政相对人有权对此提起行政复议或者行政诉讼。

政府信息获取制度是现代社会中公民参与国家和社会事务管理以及监督行政机关合法、正当地行使行政职权的基本前提。没有政府信息获取制度作保障，宪法和法律赋予公民再多的权利也可能是没有意义的。

（五）行政听证制度

行政听证制度是行政程序法基本制度的核心。行政程序的公正、公平与公开，构成了行政程序法的生命源泉；没有公正、公平与公开，行政程序法也就没有存在的必要。而行政程序的公正、公平和公开并不仅仅在于让行政相对人了解一个行政决定的结果，让行政相对人得到一个

① 参见美国《联邦行政程序法》第 552 条。

② 行政信息获取制度应当包括行政机关从行政相对人处获取信息和行政相对人从行政机关处获取信息两个方面的内容。

可以进行司法救济的法律途径。“对于行政机关而言，这一问题的实质是要求行政机关履行职能实现法律授权的目的时应当有一个正当合理的程序；从保护公民合法权益而言，则表现为在行政机关行使权力作出行政行为（不管是抽象的或具体的行政行为）对行政相对人发生效力之前，就应当提供某种程序的保障，就应当赋予行政相对人以某种程序上的权利，使之通过对程序上权利的行使来维护自己的合法权益。”① 行政听证制度正是这种程序保障的制度性机制。可以观察到的事实是，一些国家和地区行政程序法之间有关听证制度内容差异性是客观存在的，但它们的基本内容却是有相同性的。一般认为，行政程序法上听证制度的基本内容是：

1. 告知或通知。告知是行政机关在作出行政决定前将事实和法律理由依法定形式告知行政相对人。通知是行政机关将有关听证的事项在法定期限内通知行政相对人，以便行政相对人有充分的时间准备参加听证。告知和通知在行政程序中发挥着行政机关与行政相对人之间的沟通作用，是听证过程中不可缺少的步骤，对行政相对人的听证权利起着十分重要的保障功能。

2. 公开听证。听证必须公开，让社会民众有机会了解行政机关作出行政决定的过程，从而监督行政机关依法行政的目的。如果有涉及国家秘密、商业秘密和个人隐私的事项的，行政机关可以决定听证不公开举行。

3. 委托代理。行政相对人并不一定都能自如地运用法律维护自己的合法权益，因此，行政机关应当依法允许其获得必要的法律帮助。在行政听证程序中，行政相对人可以自己亲自参加听证，也可以依法委托代理人参加听证。

4. 对抗辩论。对抗辩论是由行政机关提出行政决定的事实和法律依据，行政相对人对此提出质疑和反诘，从而使案件事实更趋于真实、可

① 张春生、袁吉亮：《行政程序法的指导思想及核心内容的探讨》，《中国法学》1991 年第 4 期。

靠，所适用的法律依据更加准确，行政决定内容更趋于公正、合理。

5. 制作笔录。行政听证过程必须以笔录的形式保存下来，行政机关必须以听证笔录作为作出行政决定的唯一依据。[①] 因为，如果允许行政机关依据听证记录以外的材料作出行政决定，那么行政听证可能会流于形式。

行政听证制度“一方面限制行政官吏的专断恣意，维护法的稳定性和自我完善性；另一方面又给予其一定的裁量权，容许其选择的自由，扩大了本身的适应性”。[②] 因此，凡制定行政程序法的国家，尽管在内容上存在着差异，但基本上都会规定一个行政听证制度。

第三节　行政公正原则

一、行政公正界定

行政公正是确保行政机关行使行政权的过程、结果可以为行政相对人以及社会一般人认同和接受所要求遵循的一项法律原则。“公”要求行政机关行使行政权以无偏私为要旨，“天下为公”，不牟私利。“正”要求行政机关行使行政权时对所有行政相对人一视同仁，没有偏心。“强调程序公正，就是要防止某种价值处于独尊的位置，而让不同的价值诉求都能在理想的对话条件下自由而平等地进行说服力的竞争，通过理由论证来达成共识、作出决定。”[③] 由于行政公正的状态往往是人的主观判断，具有较强的主观性，所以，行政公正是一个主观性原则。而前述的行政

① 《行政许可法》第四十八条第二款规定：“行政机关应当根据听证笔录，作出行政许可决定。”《行政处罚法》没有这样的规定是一个十分明显的立法缺陷。

② 刘勉义、蒋勇：《行政听证程序研究与适用》，警官教育出版社 1997 年版，第 4 页。

③ 季卫东：《论法制权威》，《中国法学》2013 年第 1 期。

公开要求公开行政权行使的客观状态，是一个客观性原则。之所以确立行政公正为行政程序法的原则之一，是因为现代民主国家中“国家权力是公有物，国家的治理是所有公民的共同事业”。① 因此，行政机关应当在行政公正原则的约束下行使行政权，实现行政目的。

行政公正原则与行政合理原则是有差别的。② 这种差别不仅决定着这两个原则的适用情形，也影响着司法审查的范围。行政公正原则不仅包含结果的公正性，同时也包括过程的可接受性，而行政合理原则主要是指结果的公正性，与过程可接性基本无涉。“合理性原则是行政法治的另一个重要组成部分，指行政决定内容要客观、适度、符合理性。”③ 正因为如此，行政公正原则被列为行政程序法的原则。行政公正原则具有以下特征。

1. 模糊性。即本原则所内涵的意义具有不确定性。它具有与一般性条款相类似的特点，经常需要借助于个案才能确定其内容。行政公正之所以具有模糊性的特点，是因为需要对行政权的广泛性、行政事务的复杂性等所产生的行政裁量最大限度地加以规范。在这里，也同样存在凯恩斯说的“世界上的事物比用来描述它们的语词要多得多”的法现象④。以一个高度抽象、模糊的法原则来规范行政裁量，可能是人类社会的法学智慧迄今为止最好的发明创造之一。行政公正模糊性的优点是它衍生出来的稳定性和广泛适用性，具有以不变应万变的功能，满足了规范行

---

① 刘军宁：《共和·民主·宪政——自由主义思想研究》，上海三联书店 1998 年版，第 104 页。

② 我国目前绝大多数行政法学教材都将“行政合法性原则”和“行政合理性原则”，而不是“行政公正原则”列为行政法的两大基本原则。这说明在许多学者的观点中，行政合理性原则不同于行政公正原则。但是，也有学者直接指出这两个基本原则的不同。（参见杨解君：《秩序·权力与法律控制》（增补本），四川大学出版社 1999 年版，第 204 页）

③ 罗豪才主编：《行政法学》，中国政法大学出版社 1989 年版，第 41 页。

④ 转引自［美］博登海默：《法理学—法哲学及其方法》，邓正来等译，华夏出版社 1987 年版，第 464 页。

政裁量的基本要求。它的不足之处在于，因内容上的不确定性所导致在适用上的广泛争议与行政机关利用行政职权作偏私解释的可能性。所以，如行政机关无充分的理由，则它的行政裁量结论是难以让人信服的。为了确保行政公正原则的实现，通过法规范承载此原则的法律精神并以此为渠道连接个案，是现代法治国家规范行政裁量权普遍首选的方案。选择这一方案的结果是导致自20世纪中叶以来世界范围内兴起的“行政程序法典化”运动的原因之一。

2. 普适性。只要有行政权存在的地方，行政公正原则必然要伴其左右，而且没有任何例外的情形——即使法律也不能作出例外适用情形的规定。在这里，例外情况被看作瓦解行政公正原则的手段，所以现代行政法绝对否定这种“例外情况”的存在。行政公正原则的普适性源于行政公正所内含的道德价值。在一般人看来，与其说公正是一个法律术语，不如说它是一个道德规范更加符合事物的本意。当道德规范的普适性波及行政公正原则时，这一原则也因此获得了道德规范普适性的特点。当然，行政公正原则的普适性仍不能越出法律所能调整的范围，因为普适性不等于此原则的“万能”功能。在理解行政公正原则的普适性时，以下几点内容值得注意：（1）行政机关必须公正地对待所有情况相同的行政相对人，任何差别对待都是违背行政公正原则的行政行为，除非行政机关能够给出差别对待的正当理由，才符合行政法上所谓的“合理差别待遇”的法理。（2）在预设的各种法律制度中，每一个行政相对人都有权援用行政公正原则抗辩行政机关实施的行政行为，它是现代行政法中的“公器”，并不为行政机关所专有。（3）行政公正原则所具有的普适性构成了不同国家互相借鉴相关法律制度的基础。

3. 伦理性。即本原则所具有的强烈张扬的道德伦理价值，体现了人类在协调互相间关系（既包括权利与权利的关系，也包括权利与权力的关系，还应当包括权力与权力的关系）中最基本的道德诉求。自古以来，公正一直是伦理学家和法学家所关注的基本命题之一，它是促进人类自我发展和自我完善的道义力量。尽管“公正”属于道德范畴，但“只要正常人无法容忍，道德问题就可以成为法律问题”。① 正如“塞尔萨斯（Celsus）为法律所下的定义，即法律乃是善与公正的艺术，却仍含有很重的道德味道”。② 行政程序法确立行政公正原则，本质上是对“公正”这一道德规范的“重述”，也使行政公正原则具有了浓重的伦理色彩。与行政公正原则相关的问题是：（1）行政公正原则的伦理性决定了它具有“自然法”的形而上特性，制定法只能适应它而不能修改、废除它。所以，评判一部行政程序法的善恶标准之一，是它是否符合了行政公正原则的基本要求。（2）国家公务员的道德素质事关行政公正原则的全面落实。经验告诉我们，如果他们的道德素质普遍不高，总是想着以权牟取私利，那么行政不公正的权力现象必然会相应增加。从这个意义上说，国家公务员应当是行政公正原则的担保者。

行政公正原则是法治国家一项不可动摇的法律原则，具有宪法层面上的法律价值。它具有以下法律意义。

1. 提升行政机关的权威。决定行政机关权威的因素不是它拥有的行政权大小，而是它行使行政权的公正性。提升行政机关权威的基础是公民对其行政权的普遍认同与服从。这种认同与服从可分为强制和自愿两种类型：强制服从是行政机关通过暴力压迫公民所形成的社会秩序，公民一般只能在无奈中表现出对行政机关的蔑视与情绪上的对立。自愿服从是行政机关通过公正行使行政权，以自己的实际言行说服了公民遵守对自己不利的行政行为，从而形成一种社会正常发展所需要的秩序。在后一种社会秩序中，公民认同与服从行政权是因为其认为它是公正性的，所以，当行政机关在行使行政权发生困难时，公民就可能会主动给予必要的协助，即使少数公民的反抗行为也可能会在大多数公民的公众舆论压迫下，转为认同和服从行政权。因此，一个不公正的行政机关只有权势而没有权威，面对公民的

---

① ［英］德夫林语，转引自刘星：《西方法学初步》，广东人民出版社 1998 年版，第 323 页。

② ［美］博登海默：《法理学—法哲学及其方法》，邓正来等译，华夏出版社 1987 年版，第 363 页。

不服从，只能一味地加强行政执法力量，继而引发行政机关机构膨胀、人员增加和经费不足等问题，“乱摊派、乱收费、乱罚款”的现象更加难以避免。行政不公政权的结果是行政机关的权威更加低落，或陷入一种难以解脱的恶性循环，最终还可能导致整个社会秩序崩溃。

2. 促进现代社会的稳定。社会稳定是现代社会发展的一个基本前提条件，因此，它构成了国家基本政策的核心。然而，在以行政机关为主导的现代社会中，行政权是行政机关联结公民的基本媒介，直接影响行政机关与公民之间的正常关系。这种关系的实质是国家行政权与公民权利之间的法律关系，构成了稳定现代社会的基石。如果这种法律关系呈良性发展，那么它将有利于巩固社会的稳定。但是，这种良性的法律关系不是天然所有的，在现代社会经常需要公正的行政权加以培育。事实证明，不公正的行政权对这种良性的法律关系所产生的损害往往是毁灭性的。行政权天然所具有的滥用倾向，经常突破法律所设置的防线，从而导致国家行政权与公民权利之间的法律关系时常恶化。现代社会不稳定的因素基本由此而生。通过观察具体的信访个案，这个结论也是可以成立的。因此，现代行政程序法列出行政公正原则，旨在防范行政权的滥用，以消除现代社会中不稳定的基本因素——行政权滥用。

3. 培植公民的法律信仰。法律信仰是指公民对法律的认同与尊重，并自觉将法律作为自己行为的最高准则。经验告诉我们，现代法治社会的基础不是法律条文的数量而是公民的法律信仰。公民对法律所产生的信仰不是与生俱来的，而是后天在体验法律过程中逐步形成的。在这个过程中，国家权力是否合法、公正地行使，对公民形成法律信仰起决定性的作用。在一个国家权力经常违法行使的社会中，公民绝对不可能形成对法律的信仰，进而自觉守法。此时，驱使公民守法的唯一外力只能是国家暴力。然而，我们应当知道，“归根结底，并非赤裸裸的武力，而说服力才能确保在最大程度上对法律的遵守”。① 这种说服力不是来自国

① ［英］阿蒂亚：《法律与现代社会》，范悦等译，辽宁教育出版社/牛津大学出版社1998年版，第88页。

家权力的高压，而是国家权力公正地行使。行政机关的行政权全方位、多层次地与公民发生法律关系，成为现代社会中国家权力发生作用的中心。它的公正行使对培植公民的法律信仰具有其他国家权力不可替代的作用。

二、行政公正原则确立的社会背景

自古以来，公正一直是法学家们孜孜不倦追求的法律理想，但长期以来，这种法律理想的落脚点基本上没有越出审判权领域。是什么因素促使人们将关注的目光又投向了行政权领域呢？以下三个因素可以作为我们思考的基础。

（一）行政裁量权对公民合法权益的影响

在早期人类社会中，行政权作为一种国家权力现象不引人注目，这是因为当时国家的立法、行政、司法三权（其实当时也没有现代意义上的分权观念）集中于君主一人之手。这一现象在中国历史上的表现尤为明显。由于行政权被君权所包容而无法凸显于社会，以致人们忽视了它的存在与作用。到了资本主义社会，因资产阶级思想家提出的分权理论的影响，导致行政权开始从与其他权力混合的状态中分离出来，并独立地发挥其应有的作用。这一时期行政权的一个特点是行政裁量成分稀少。20世纪以后，行政权扩张成为一种无法抑制的趋势，其原因是“司法和立法的缺陷”，① 难以满足现实的需要。面对这样的现实，议会和行政机关不得不通过扩大行政权来迎合这种社会发展的客观需要。行政权扩大的一个重要结果是它的内容发生了重大变化，即行政裁量成分大幅度增加。行政裁量成了现代行政权的核心。在现代行政法上，行政裁量权几乎成了行政权的代名词。

行政机关可能并不完全懂得“裁量乃是一种科学，用以区分真实与虚假、正确与错误、实体与影像、公平与伪装，不容行政机关依彼等之

---

① Phillip J.Cooper, Public Law and Public Administration, F.E.Peacock Publishers, Inc., 2000, p.93.

自由意志及个人好恶决定之”。[①] 所以，行政权固有的滥用倾向使公民合法权益受到损害的可能性大大增加。

面对这样的现实，人们需要寻找新的对策以解决这一问题。我们知道，行政实体法在授予行政机关裁量权之后，在要求行政机关公正地行使行政裁量权方面已经显得力不从心了，于是，在不放弃司法审查的前提下，人们将依法行政的重心从行政实体法转向了行政程序法。通过行政程序中的步骤、方式、时空等法律机制的作用，驱使行政机关公正行使行政裁量权，成了现代行政法上人们关注的问题。行政程序法典化运动成为人们关注这一问题的结果。行政程序作为行政行为的形成过程，尽管行政相对人也参与其中，但行政裁量带来的大量不确定的因素为行政机关恣意作出行政行为侵害公民合法权益提供了客观条件。行政裁量意味着当行政行为构成要件成立之后，行政机关在法效果上有多种选择方案，但无论如何总会伴随着行政机关可能表现出来的恣意。“程序排斥恣意却并不排斥选择。”[②] 行政程序法确立行政公正原则，旨在促使行政机关在选择过程中排除恣意，从而确保行政行为的公正性。

（二）现代社会的经济发展所需要的社会稳定

现代社会的经济发展始终是国家政策制定者所首先考虑的因素，因为，经济发展给国家和社会所带来的好处符合人性的要求。经济发展的一个基本前提是社会稳定；没有社会稳定，最好的经济和社会发展规划终会成为泡影。因此，维护社会稳定成了现代国家经济和社会发展过程中最为重要的基本政策。

自20世纪以来，世界各国都面临着社会稳定与经济发展两大难题。如罗斯福“新政”中行政权的扩张既是经济发展的必然，也是维护社会稳定的需要。社会稳定的基础是利益关系的稳定，如果利益关系被国家权力不公正地调整，必然波及社会稳定。在现代社会中酿成社会不稳定

---

① 罗明通、林惠瑜：《英国行政法上合理原则之应用与裁量之控制》，台湾台英国际商务法律事务所1995年版，第26页。

② 季卫东：《法律程序的意义》（增订版），中国法制出版社2012年版，第28页。

的因素很多，如行政机关不公正地行使行政裁量权对公民合法权益产生的侵害，经常导致公民法外抗争（越级上访），在实务中，这样的个案并不少见。行政机关在行使行政裁量权时，可供选择的方案均为复数，不同的方案对公民的合法权益的不利影响程度是不同的。如果行政机关有不当利益的驱动，或者为了偏袒一方当事人，可能会选择对另一方当事人合法权益不利影响较大的方案。当下有的行政机关在涉及罚款的行政处罚决定和行政收费决定上出现的问题，原因基本如此。如果司法审查制度又不能有效地解决这个问题，那么最终必然会导致“民怨沸腾”。

当公正成为社会发展的一种价值取向以后，整个社会制度的安排必须为它服务。在这些社会制度中，法律制度尤其是行政法上的制度承担了更大的重任。因此，以行政公正这一行政程序法的原则促使行政机关公正地行使行政权，可以形成满足现代国家为发展经济所需要的社会稳定。

（三）政府的权威性在现代化进程中的重要性

现代化是人类正在经历的一场深刻的社会变革，现存的无论是具体制度、规则还是思想、观念都受到前所未有的冲击。“其经验表明，最好把现代化看作涉及社会各个层面的一种过程。”① 在这个过程中，传统的社会规范因受新观念的冲击而瓦解，但新的社会规范并不能立即形成，因此，社会中个人和组织行为脱序、失范现象相当严重，结果是“社会成员失去了理想，生活成了纯粹的买卖”。② 许多国家在从 21 世纪初开始的现代化过程中，几乎毫无例外都遇到了这些难题。“国家与社会、政府与公民的二元化结构导致这两组关系之间矛盾冲突的加剧，政府的社会平衡职能极为繁重。”③ 对于每一个正在进行现代化过程的国家来说，能否处理好这个矛盾直接关系到能否完成现代化进程的问题。

国家如要解决上述现代过程中的各种难题，行政机关需要从立法机

---

① ［美］罗兹曼主编：《中国的现代化》，陶骅译，江苏人民出版社 1995 年版，第 4 页。

② 何清涟：《现代化的陷阱》，今日中国出版社 1998 年版，第 169 页。

③ 施雪华：《政府权能理论》，浙江人民出版社 1998 年版，第 234 页。

关那里获得大量的授权，这一法律现象在每个现代化国家中都发生过或者正在发生。如果立法机关不及时授予行政机关相应的权力，那么行政机关将会落到只有责任而没有解决问题的权力的窘境。但是，增加行政机关的权力并不一定能够将国家导入现代化的进程，我们还必须解决公民是否认同与服从行政机关权力的问题。经验证明，公民对行政机关权力的认同与服从并不取决于行政机关拥有巨大的权力，而是行政机关所具有的权威。"一个领导者的权力何以真正地强而有力，可以通过他何以成功地说服他的追随者，使其接受他所提出的解决他们的问题的方法，走他选择的实现他们的目标的道路的能力来体现。"① 可见，权力的大小与权威的高低没有任何正比关系。行政机关公正地行使权力是权威的基本源泉。如果一个行政机关被怀疑不公正地行使了权力，或者它不公正地行使权力的事实昭然于天下，那么行政将会受到公众的蔑视，行政机关原有的权威也会随之瓦解。因此，行政公正受到了法学家们和立法者的高度重视，并载入本国的行政程序法典或者单行的行政程序法中，两者之间并非没有因果关系。②

三、行政公正原则的基本内容

行政公正原则的抽象性并不影响我们借助现代行政法理念对其基本内容进行提炼和概括，从而归纳出以下三个方面的内容。

（一）行政行为的正当性

行政行为的正当性是指行政行为能够被与该行政行为无利害关系的人认可而形成的一种社会状态。如果与该行政行为没有利害关系的人也

---

① ［美］加尔布雷思：《权力的分析》，陶远华等译，河北人民出版社1988年版，第35—36页。

② 参见日本《行政程序法》第一条、韩国《行政程序法》第一条、葡萄牙《行政程序法》第6条、澳门"行政程序法"第6条、中国台湾地区"行政程序法"第1条、"行政处罚法"第4条和"行政复议法"第4条等。虽然有的国家行政程序法没有直接表述行政公正为其基本原则，但在有关的具体制度中却体现了行政公正的法律精神，如回避制度、说明理由制度和审裁分离制度等。

认为该行政行为是无法接受的，那么，该行政行为就无公正可言。之所以将认知主体确定为与该行政行为没有利害关系的人，是因为作为受该行政行为不利影响的行政相对人，因利益关系难以一种“公正”的心态给予评价。当然，“因为近代行政法试图考虑到各种情况的巨大差异，以及在这些多元性中如何提出正当程序的权利主张。管理性决定影响到各种私人利益，而且政府采取即决行动的理由也是依具体情况而千差万别的”。① 但是，现代行政法发展到今天，这个问题还是可以回答的。行政行为的正当性应当具有如下内容。

1. 解释正当。行政机关有权对所适用的法规范中不确定法概念和一般性条款进行解释；没有法解释权，行政机关就不可能公正地行使行政权。行政机关对法规范的解释有两种形式：（1）个案中适用法规范的解释。如在适用“随地吐痰，罚款五元”的法规范时，甲在公共场所随“树”吐痰被当场查获，行政机关给甲以“随地吐痰”为由罚款五元。甲以行政机关“适用法律错误”为由进行抗辩，认为法只规定对随“地”吐痰的行为行政机关才能作出处罚，而没有规定对随“树”吐痰的行为也要处罚。对此，行政机关则解释为，这里的“地”不限于地面，而是指一切公共场所的“地方”。这一解释对于局外人来说一般都是可以接受的，因为，如果行政机关不作这样的解释，那么公共场所的环境卫生就难以得到保护。从立法目的看，这样的解释也是符合立法本意的。（2）一般性的法规范解释。即行政机关在个案之外对法规范作出一种适用性解释。在分权原理之下，这种解释权的正当性有时是令人怀疑的。如根据《杭州市船舶防涌潮、防洪、防台安全管理规定》（杭州市人民政府令第108号）第3条第1款规定：“杭州市交通局是全市船舶防涌潮、防洪、防台（以下简称‘三防’）安全管理的行政主管机关。”第28条又规定：“本规定由杭州市人民政府法制局负责解释，具体应用问题由杭州市交通局负责解释。”如果杭州市交通局的某一行政行为因法规范适用

---

① ［美］盖尔霍恩等：《行政法和行政程序概要》，黄列译，中国社会科学出版社1996年版，第119页。

问题被行政相对人诉诸法院，那么行政相对人在诉讼过程中将处于相当不利的境地。因为，被告既拥有对个案的行政执法权又有一般性法规范的解释权，其解释的结论很难让人不怀疑它的正当性，所以，这种一般性的法规范解释授权应当取消。

2. 裁量正当。行政机关在行使行政裁量权时，应当考虑的因素必须予以充分考虑，不得考虑的因素必须彻底排除，从而确保裁量的正当性。如《物业管理条例》第九条第二款规定：房地产行政主管部门对“物业管理区域的划分应当考虑物业的共用设施设备、建筑物规模、社区建设等因素……”。这一规定要求行政机关在作出物业管理区划决定时，必须考虑这几个法定因素。虽然行政程序可以“通过排除各种偏见、不必要的社会影响和不着边际的连环关系的重荷来营造一个平等对话、自主判断的场所”，但这毕竟是“现代程序的理想世界”。① 因为，行政程序在运作中的功能因某些客观条件有限制往往要大打折扣，行政程序之外的各种因素也会通过多种方式影响行政程序内行政裁量权，进而影响行政裁量的结果。我国是一个“熟人社会”，同时也是一个“关系社会”，这种社会关系具有相当强的伦理基础。“国家的法律或许可以比喻为是情理的大海上时而可见的漂浮的冰山。”② 因此，落实行政公正原则的现实困难是相当大的。

为了裁量正当，行政机关在裁量过程中必须注意两个问题：（1）应当考虑的因素必须加以充分考虑。如违法建筑的拆除不属于紧急情况的，其期限应当考虑当事人搬迁所需要的正常、合理期限。在通常情况下，一个要求当事人在送达后立即拆除违法建筑的行政决定，显然是欠缺正当性的。再如，对过境车辆的违法行为可以处 50 元以下的罚款案件，行政机关决定采用一般处罚程序加以处理也是不正当的。（2）不应当考虑的因素不能加以考虑。如因偷税而被判刑的公民在刑满释放之后向工商

① 季卫东：《法律程序的意义》（增订版），中国法制出版社 2012 年版，第 25 页。

② ［日］滋贺秀三等：《明清时期的民事审判与民间契约》，王亚新等编译，法律出版社 1998 年版，第 36 页。

行政管理部门申请从事个体工商的营业执照，工商行政管理部门不得将他以前的偷税行为作为拒绝发照的事由。

3. 目的正当。行政机关在行使行政裁量权时，必须服从于法定目的，因为法定目的可以引导行政机关的行政裁量不偏离正当性的基本要求。当然，如果法定目的不正当，如“恶法”，则可能会引导行政机关不公正地行使行政裁量权。因此，要确保行政目的正当，首先要求法的目的具备正当性，尤其是行政机关自己所制定的行政法规、行政规章和行政规定。目的正当具有两项内容：（1）行政机关行使行政权不得以增加本部门的利益为目的，如为了获得更多的罚款返还额度，在行政处罚的裁量中确定较高的罚没款金额。（2）行政机关行使行政权不得以保护本部门的不当利益为目的。如《浙江省殡葬管理条例》第 33 条规定：“制造、销售丧葬用品、殡葬设备的，应当经民政部门审核，并向工商行政管理部门申领营业执照。”某些城市中制造、销售丧葬用品和殡葬设备的，都为民政部门下属企业，具有较紧密的部门利益关系，为此，民政部门不得为了保护自己的部门利益而拒绝核准他人从事殡葬服务的申请。

（二）行政行为的衡平性

行政行为的衡平性主要体现在行政机关基于公平观念而行使行政权所产生的，并可以为一般人接受的结果。行政行为的衡平性主要基于这样的理由提出：（1）制定法的缺陷导致行政机关如严格依法行政，可能产生极不公正的结果，因此，它需要某种原则加以调和。（2）制定法的漏洞导致行政机关必须通过适用某些法的原则，才能使行政机关获得行政裁量的依据。“衡平”本是英美法系中的一个重要概念，在我国法律上并无存在的根基，但衡平固有的那种“公正”观念是可以为我们的行政法理论吸收的；只要法律以公正为终极目标，就不会排斥衡平观念。行政行为的衡平性具有如下内容。

1. 遵守惯例。惯例是行政机关在没有制定法依据的情况下，在相同案件的处理过程中形成的一种习惯性做法。由于我们正统的行政法理论上并不承认“惯例”可以作为行政法的一种法源，所以“惯例”一直没有进入绝大多数行政法学者的研究视野。但是，行政法的实践却并不理会行政法学者们的这种态度。它有自身的实践逻辑。惯例在处理行政事务过程中，对行政机关和行政相对人来说都具有难以抗辩的力量，所以，现代行政法应当注重行政惯例在行使行政权过程中的运用。如在杜某等不服某市公安分局龙泉寺派出所变更户口行政决定案中，杜某夫妇因违反计划生育政策被单位某市农工商综合总公司开除后，该公司又决定将全家改为农业户口，被告根据该公司的决定为他们办理了户口变更手续。杜某夫妇认为其女儿出生后申报非农业户口，其无任何违法行为，将她的户口转为农业户口于法无据。对此，被告在答辩中提出，未成年人的户口随母亲是户口管理中的惯例，既然她母亲的户口转为农业户口，那么她的户口应当随其母亲改为农业户口。被告引用这一惯例证成的理由为法院的判决所确认。① 又如，在沈某诉某市人民政府不服行政复议一案中，法院认为："申请人申请建房，需村（居）民小组、村（社区）和镇（街道）出具相关意见后，再逐级转呈海宁市规划建设局，是海宁市规划建设局审批建房申请的惯例。海宁市海洲街道办事处对原告申请建房不予转呈上报，有违公平原则。"② 当然，对于惯例在现代行政法上的法源地位，我们还应当认真审视其是否属于"良法"，对于不符合"良法"要求的惯例，应当逐步加以否定。

2. 平等对待。平等对待的基本含义是，行政机关在处理行政事务时，对于相同的情况应当给予相同的对待，不同的情况应当区别对待。它是宪法上的"在法律面前人人平等原则"在行政程序法的具体体现。③ 平等对待是基本人权中应有的内容，它是人与生俱来要求平等相处的天性所产生的一条基本规则。在理解平等对待时，我们应当注意几个方面：（1）平等对待具有相对性，即任何平等对待都是相对而言的，绝对的平等对待只能导致不平等的状态。（2）对弱者的合理倾斜保护，本质上是

① 北京市海淀区人民法院编：《审判案例选析》，中国政法大学出版社1997年版，第344—351页。

② 浙江省海宁市人民法院《行政判决书》（［2007］海行初字第7号）。

③ 参见《宪法》第三十三条第二款。

为了实现平等对待。如适当减免经济困难的行政相对人应当缴纳的规费。在实践中，影响平等对待落实的主要原因可能是“人情”关系，这在我们这个伦理社会中“人情”影响尤甚，不可不防。

3. 始终如一。始终如一的基本含义是，行政机关应当以诚信为行使行政裁量权的基本准则，在与行政相对人互动过程中做到言而有信。如果行政机关反复无常、不讲信用、不遵守诺言，它不可能在社会中树立起应有的权威。始终如一地体现行政机关理性地行使行政裁量权，应当：(1) 行政机关事先的承诺在事后无正当理由可以拒绝的，必须将承诺兑现给行政相对人。(2) 行政相对人因信赖行政机关的承诺而实施了相应的行为，当行政机关无正当理由不予兑现，导致行政相对人的合法权益受到损害的，行政机关应当承担相应的法律责任。(3) 行政机关行使行政裁量权因不能始终如一而产生严重后果的，在司法审查中可以认定为滥用职权。行政机关能否在行使行政裁量权过程中做到始终如一，在很大程度上取决于行政机关公务员道德水准的高低。如果他们道德水准比较低下，那么，反复无常、不讲信用、不遵守诺言等必然出现在其行使行政裁量权的过程中。

(三) 行政行为的说理性

行政行为是行政机关依法行政的结果，且这里的“法”是良法。良法是以说理为前提、以强制为保障的一种行为规则，只有这样的法规范才能建构起一个稳定的社会秩序，也只有这样的法规范才能成为人们所信奉的行为准则。现代行政法是民主、宪政的产物，体现了一国全体人民的共同意志，因此，行政行为的说理性具有充分的理论基础。行政机关就其作出的行政行为能够向行政相对人说明理由，至少可以说明行政机关是在理性地行使行政裁量权，从而排除或减少行政机关行使行政裁量权过程中的独断、专横、恣意。同时，行政行为说理性至少还能说明行政相对人不是任凭行政权所能任意支配的客体，表明了行政机关对公民基本人权的尊重与保护。在这里，行政行为的说理性具有如下内容。

1. 事实理由。即用于支持行政行为事实基础的各种证据，而这些证据又是行政机关通过法定程序收集的。以不合法的程序收集的证据不能成为行政行为的事实理由，这是由证据合法性要求所决定的。一个行政行为的事实理由既应当包括对行政相对人不利的证据，也应当包括对行政相对人有利的证据。如果行政机关不能做到这一步，行政公正将受到行政相对人和社会民众的质疑。在行政裁量权行使过程中，行政机关不应当将行政相对人当成对手、异己，而应当是行政合作的伙伴，唯有这样，现代行政法的合作、协商精神才能得到体现，行政行为说理性也能够充分展开。事实理由是行政相对人认同、接受行政行为的客观基础，失去了这一客观基础，行政权就不能发挥预期的效益。

2. 依据理由。即用于支持行政行为的各种规范性文件。首先，可以成为行政行为依据理由的规范性文件可以分为具有法属性的和不具有法属性的。前者如宪法、法律、法规和行政规章，后者如行政规定。行政规定如不与宪法、法律、法规和规章相抵触的，可以成为法的自然延伸部分，也是行政机关作出行政行为的依据。其次，行政规定还可以分为外部行政规定和内部行政规定。前者是制定机关事先通过法定程序向社会公开的规范性文件，行政相对人有条件了解、认知，后者是国家机关内部下发的，用于工作指导的规范性文件。后者规范性文件一般可以排除在行政行为依据理由之外，不向行政相对人说明也不违反行政公正原则。但是，如内部行政规定影响行政相对人的合法权益的，应当向行政相对人事先公开或作为依据理由向行政相对人说明。

3. 裁量理由。即用于支持行政机关在行使行政裁量权时考虑的各种因素。行政机关在行使行政裁量权的过程中，许多因素会通过各种途径对行政机关施以影响，有时行政机关也会主动地考虑这些因素。行政机关对其考虑的因素应当作为行政行为的理由向行政相对人说明。哪些因素属于行政裁量时行政机关应当加以考虑，制定法通常并没有明确规定，由此行政机关获得了相当的选择权。所以，裁量理由的正当与否直接影响到行政行为的公正性。也正因为如此，裁量理由必须成为行政行为说理性的基本内容之一；没有裁量的理由的说明，也就难以保证行政行为的正当性。

四、行政公正原则支撑的程序制度

当法律原则被确立之后，如何使其在具体个案件中得到落实，通用的方法一是创立法规范，二是建构法制度。在这里，可以成为行政公正原则之下的程序性法制度主要是：

（一）行政回避

行政程序法中的回避是指行政机关的公务员在行使职权过程中，因其与所处理的法律事务有利害关系，为保证实体处理结果和程序进展的公平性，根据当事人的申请或者公务员请求，有权机关依法终止其职务的行使并由他人替代的一种法律制度。

回避作为一项法律制度具有悠久的历史。① 无论在专制政体还是民主政体的法律制度中，回避都没有缺席，但在不同政体的法律制度中，回避的价值取向是有所不同的。英国普通法中自然公正原则派生出一条重要的规则就是"任何人都不得在与自己有关的案件中担任法官"。如果程序主持人与程序结果有利害关系，则人们不会认同该程序的结果；因此，确立回避制度与人们对法律公正的期待有关。人类具有天然的公正情感，在相互交往的过程中维护公正的状态是社会正常发展的基本前提。当人类选择了法律作为解决双方争议的一种手段时，程序的公正性就成为人们关注的一个焦点。程序公正是人们在设计解决权利冲突的制度时所首选的法律价值。它的第一要义是，程序主持人与程序结果应当没有任何利害关系，否则，程序的主持人可能会利用自己在程序中的主导地位，促使程序结果向有利于自己的方向发展。

在西方法学史上，法律始终被认为是公正的同义词。迄今为止，公正"乃是所有法律的精神和灵魂"这一论断，仍然为西方法学家认同。② 因此，在法治国家中，法官之所以受人尊敬，与他在诉讼程序中所表现

---

① 参见［日］仁井田升：《中国法制史》，牟发松译，上海古籍出版社2011年版，第82—83页。

② ［美］金义勇：《中国与西方的法律观念》，辽宁人民出版社1989年版，第79页。

出来的不偏不倚的中立地位具有相当密切的关系。法官这种中立地位取决于他受诉讼法中回避制度的制约；没有回避制度，这种中立地位也就难以保障。20世纪后，随着行政程序法典化运动的开展，行政程序和诉讼程序在法律价值上的某种共性，使诉讼程序中回避制度移植到行政程序之中有了充分的法理与现实基础。

我们知道，行政裁量权由具有自然人特性的国家公务员来行使的。因他们都是生活在一定的社会关系之中，所以，社会关系的复杂性使他们在行使行政裁量权过程中，经常会遇到本人与其处理的行政事务之间存在一定利害关系的情形，尤其是在其出生地或长期在一地任职的市、县、乡镇级行政机关的国家公务员。从行政公正的要求看，国家公务员应当与所处理的行政事务没有任何利害关系，才能保证行政行为的公正性。回避制度的法律价值在于确保法律程序的公正性，而法律程序的公正性则可以树立起利益冲突的双方当事人寻求法律程序来解决争议的信心，所以，回避制度客观上也有助于产生社会稳定发展的积极力量。

（二）审裁分离

审裁分离是指行政机关的审查案件的职能和对案件作出决定的职能，应当分别由不同的机构或人员来行使，以确保行政相对人受到公正对待。

审裁分离制度的法理基础是分权理论。在行政程序中，如果审查案件人同时又具有对案件作出决定的权力，那么，行政相对人的合法权益就可能难以获得公正的保障。因为，审查案件的人参与对案件的决定，是以他审查案件过程中所获得的证据作为认定事实的基础，这种先入为主的认识，可能会妨碍他在作出决定过程中全面听取行政相对人提出的不同意见，也难以超然的中立地位来行使案件的决定权。行政机关对案件作出行政决定不同于法院，法院在审判案件中与案件无任何利害关系，是具有超然中立地位的第三者。但是，行政机关在审裁案件时，它既是案件的调查、审查者，又是案件的决定者，审裁职能分离对于行政机关作出公正的决定尤为重要。因此，通过审裁分离制度可以实现审查权与决定权相互分离，以达到行政机关系统内不同机构和人员相互制约的目的。审裁分离的基本模式有两种。

1. 内部审裁分离。内部审裁分离是指在同一行政机关内部由不同的机构和人员分别行使案件审查权与决定权的一种制度。内部审裁分离是基于审裁案件需要的行政专业知识、行政效率这一特点而设置的。尽管这种模式从行政相对人来看仍然有违背公正原则之嫌疑，但与原有审裁不分的做法相比已经有了很大的进步，加之有司法审查制度作事后救济，行政相对人的合法权益更有了法律的保障。如美国《联邦行政程序法》就是采用了内部审裁分离制度。该法第554条规定："为机关履行调查或追诉的职员或代表，不得参与该案或与该案有事实上的联系的案件的裁决。对于这类案件的裁决也不得提供咨询意见，或提出建议性裁决，也不得参加机关根据本编第557条规定的复议，除非他们作为证人或律师，参加公开的程序例外。"我国《行政处罚法》也规定了内部审裁分离制度。该法第四十二条第一款第（四）项规定："听证由行政机关指定的非本案调查人员主持，当事人认为主持人与本案有利害关系的，有权申请回避。"① 这里的内部审裁分离仅仅是行政机关执行层级的分离，在行政机关决策层级不发生审裁分离的问题。

2. 审裁完全分离。审裁完全分离是指行政案件的审查权与决定权分别交给两个完全独立的行政机构行使的一种程序性制度。审裁完全分离是一种司法色彩浓重的分权模式，它在美国《联邦行政程序法》制定以前作为解决审裁分离的一种方案被提了出来。但是，由于这个方案有悖于普通法系国家的法院传统，因此它没有被美国《联邦行政程序法》采纳。由于这种模式过分强调行政案件中审查权与决定权的分离，既可能会因多设机构而增加财政负担，又可能会导致行使决定权的机构因欠缺行政专业知识而不能正确、合理地对案件作出行政决定，所以，采用这个方案的国家并不多见。

---

① 《工商行政管理机关行政处罚案件听证规则》第十条规定："听证主持人由工商行政管理机关负责人指定。听证主持人可以由一至三人担任，二人以上共同主持听证的，应当由其中一人为首席听证主持人。案件调查人员不得担任听证主持人。"

审裁分离制度的法律意义在于确保行政决定的公正性，树立行政相对人对行政机关的信任感，进而促使行政相对人自觉履行行政决定确定的义务。

（三）禁止单方接触

单方接触是指案件一方当事人在另一方当事人不在场时与听证主持人讨论案件，试图影响听证主持人作出的决定。由于单方接触可能影响到行政决定的公正性，因此，禁止单方接触被确立为行政程序法上一项程序性制度。

禁止单方接触原理移植于诉讼程序。诉讼公正要求法官的裁判建立在案卷所记载的全部材料之上，而这些案卷材料是法官在经过双方当事人质证之后当面确认的，双方当事人对这些材料都充分发表了自己的意见。如果法官将案卷之外的材料作为判决的基础，其判决的公正性就没有保障。在行政听证程序中，听证主持人的法律地位类似于诉讼程序中的法官，即使听证主持人无权作出行政决定，那么他也应当基于公正立场撰写听证报告。所以，为确保行政决定的公正性，禁止单方接触是十分必要的。禁止单方接触原先在美国《联邦行政程序法》中并无规定。该法中关于“禁止单方接触”的规定是在 1976 年修改时增加的。它的主要内容是：（1）任何机关以外的利害关系人都不得就本案的问题同该机关的领导集体成员、行政法官以及其他参与或有可能参与该裁决过程的雇员进行或故意促成单方联络。（2）机关的任何领导集体成员、行政法官以及其他参与或有可能参与该裁决过程的雇员，都不得就本案的问题同该机关以外的任何利害关系人进行或促成单方联络。（3）机关的领导集体成员、行政法官以及其他参与或有可能参与该裁决过程的雇员，如果收到或者进行或故意促成了法律禁止的单方接触，应当记录在案卷并公开。（4）机关、行政法官或主持听证的其他雇员，在收到当事人违反上述规定作出的或故意促成的单方联络时，可以在符合基本法律原则的前提下，要求该当事人说明其在本程序中的请求或利益不应因这种违法行为而受到驳回、否定、不理或其他不利影响的理由。美国《联邦行政程序法》对禁止单方接触制度的规定是相当完善的，这可能与他们注重程序公正的普通法传统有关。

虽然我国《行政处罚法》等法律、法规规定了行政听证制度，但禁止单方接触制度基本上没有建立起来。行政处罚程序的听证主持人是本机关的非本案调查人员，但目前还没有一个有效的制度来禁止听证主持人与案件调查人员的单方接触，有的行政机关甚至让调查人员参与作出听证决定的讨论。这对于当事人来说，行政处罚听证是流于形式的，甚至是一种“走过场”。形成这种不公正的局面主要是行政程序制度不完善，也暴露出行政程序中公正性的欠缺。在以后有关行政程序立法中，应当增加禁止单方接触的规定。

（四）行政救济

行政救济是指行政相对人认为自己的合法权益受到行政机关的行政行为损害后，有权通过法定程序获得救济的一种法律制度。它是法律赋予行政相对人对不公正的行政行为的一种补救制度，是行政公正原则的逻辑产物。大凡制定行政程序法的国家或者地区，都建立了相关的行政救济制度。这些程序性制度主要是：

1. 行政复议。行政复议是指行政相对人认为行政机关的行政行为侵犯其合法权益，依法向行政复议机关提出复查该行政行为的申请，行政复议机关依照法定程序对被申请的行政行为进行合法性、适当性审查，并作出行政复议决定的一种法律制度。它是行政机关内部的一种自我纠错机制，具有较高的效率，但因体制原因往往欠缺公正。因此，对行政复议决定不服的，应当允许行政相对人向法院提起行政诉讼，寻求司法救济。

2. 行政诉讼。行政诉讼是指行政相对人认为自己的合法权益被行政机关的行政行为所侵害时，以该行政机关为被告向法院提起诉讼，请求法院审查该行政行为是否合法并作出裁判的一种法律制度。它是通过审判权对行政权实施法律监督的一种法律制度。如果法院具有相对的独立性并有良好的法治环境，那么行政诉讼将会具有相当的监督力度，基本可以满足行政相对人进行行政救济的要求。

3. 行政赔偿。行政赔偿是国家为行政机关行使行政权侵犯行政相对人合法权益所造成的损害进行赔偿的一种法律制度。它以财产赔偿为主要方式，其他赔偿方式为补充，以弥补行政相对人的财产权、人身权的实际损害。

第四节　行政参与原则

一、行政参与权界定

行政参与原则的核心是行政参与权。行政参与权是指行政相对人为维护其自身合法权益而参与到行政程序过程中，就相关的事实认定和法律适用阐述自己的观点，以影响行政机关作出有利于自己的行政行为的一种权利。行政参与权的确立，意味着行政相对人在行政过程中不是受行政权支配的客体，而是在行政法上具有独立利益诉求的主体。

行政参与权可以作进一步的解读：（1）行政参与权是一项程序权利。由于行政机关行使行政权有时离不开行政相对人的参与，因此行政相对人的参与程序是行政程序的有机组成部分。虽然行政相对人行使参与权并不是其参与行政程序的目的，但如果其参与权不能实现或者不能完全实现，那么在其行政法上的实体权利也难以得到有效的保护。因此，参与权是行政相对人在行政程序上的一项重要的程序权利。从这个意义上讲将行政参与权作为行政程序的内核来理解是恰如其分的。（2）行政参与权是一项主观权利。行政相对人参与行政程序是为了维护自身的合法权益，与公共利益没有关系。虽然现代社会中公民的公共责任不可缺少，但基于公共责任所产生的政治上的参与权属于宪政内容，不属于行政参与权的范畴。在一些公益性的听证会中，出席听证会的代表表面上看似与听证的事项没有个人利益关系，但是，如作为某一利益集团的代表参与听证会，他的听证参与权也具有了主观权利的成分。①（3）行政参与

① 如2001年1月12日历史上第一个公开召开的全国性价格听证会——铁路价格听证会上，12位消费者代表可能当年不会成为铁路旅客，因此他们与听证的事项没有利害关系。但是，他们作为全国铁路旅客的代表参加了听证会，因此，这一听证程序参与权也具有主观权利的性质。

权是可以影响行政机关作出行政行为的一项法定权利。行政相对人行使程序参与权的目的是争取内容上一个有利于自己的行政行为。他通过行使参与权对行政案件涉及事实认定、法律适用是否正确等发表自己的看法，旨在影响行政机关做出行政行为的内容。基于行政程序的正当性要求，行政机关应当充分考虑行政相对人在行政程序中发表的意见，并合理地采纳其意见。因此，行使行政参与权的过程是形成实体权利的过程；离开了这个过程，行政相对人的实体权利永远不可能成为一种实有权利。①

关于行政参与权的来源是存有争议的。有学者认为，参政权是现代人权的灵魂，参与行政的权利则是参政权的自然延伸。② 这一观点将行政参与权作为现代人权的衍生，大大提升了行政参与权的法律地位，其意义是不言而喻的。也有学者认为，《宪法》第三章“公民的基本权利和义务”的规定并没有成为参与行政权利的直接根据规定。从“任何公民享有的宪法和法律规定的权利”、公民“都有选举权和被选举权”等规定，并不能直接导出参与行政的权利。在这种意义上，“宪法和法律规定”就显得无比重要了。针对现实社会中权利内涵的扩展，有必要制定和完善有关法律规定，明确规定个人参与行政的权利。③ 这两种观点虽然都说明了一些问题所在，但就行政参与权的来源依据而言，它应当是基于行政公开原则而确认的一项公民程序权利。行政公开是行政程序法的原则之一。之所以将行政公开原则作为确认行政相对人行政参与权的依据，主

---

① 将“法律程序”看作一种法定形式，实在是对法律程序本质的一种误解。类似的观点可以参见张文显主编：《法理学》，高等教育出版社/北京大学出版社 1999 年版，第 337 页。季卫东教授将程序界定为“交涉过程的制度化”是极为精辟的。他说：“实体法是通过一环扣一环的程序行为链而逐步充实、发展的。因而，程序法不应该被视为单纯的手段和形式。”（季卫东：《法律程序的意义》（增订版），中国法制出版社 2012 年版，第 19、20、33 页）

② 方洁：《参与行政的意义——对行政程序内核的法理解析》，《行政法学研究》2001 年第 1 期。

③ 杨建顺：《政务公开和参与型行政》，2001 年第五届海峡两岸行政法学术研讨会提交论文。

要基于以下几点认识。

1. 行政公开使行政机关行使行政权的过程呈开放姿态。行政权的开放势态意味着行政机关仅仅公开行政权的结果是不够的，还应当公开行政权行使的过程。行政权行使的过程是行政行为的形成过程，在这个过程中，如果仅有行政机关单方面在场，那么行政机关就不可能听到与其立场可能相反的观点，也就难以发现自己认定事实、适用法律上的偏差与错误，其行使行政权的结果也就可能难以做到完全合法、公正。因此，为了确保行政机关行使行政权的结果尽可能合法、公正，行政相对人参与行政权的过程就显得非常必要。行政相对人参与行政权的过程，有助于驱使行政机关作出的行政行为更加合法、公正，也更容易为行政相对人所认同、接受。

2. 公开行政权行使过程可以为行政相对人参与行政程序提供前提。专制、集权体制中行政权以神秘、恣意、专断为特征，将公民视为行政权可任意支配的客体，无视公民的意见与愿望。在这种体制下，行政权的行使以封闭、隔离为主要特征，公民只能被动地、无条件地接受行政权的结果，不可能参与到行政权行使的过程之中发表自己的意见。在现代行政法治理念支配下行政权必须公开行使，已为最高国家立法机关接受，并通过法律确定为行政机关的法定义务。① 没有行政权的公开行使，就不可能有行政相对人的行政参与权，即使法律加以确认也没有行使参与权的事实基础。

3. 行政公开作为一项法律原则需要通过法规范加以落实。法律原则具有纲领性、模糊性等特点，不具有可操作性。它如要在现实生活中发生作用，就需要通过法规范这个“管道”与现实生活的具体事实联系起来。行政公开作为行政程序法的原则也是如此。行政公开的法律意义在

① 《行政处罚法》第四条规定：“行政处罚遵循公正、公开的原则。”这是我国立法第一次要求行政机关行使行政处罚权必须遵循公开原则。就这点而言，我们可以说现代行政法治理念已经开始为我国制定法所接受，但要行政机关接受这一现代行政法治理念恐怕还要假以时日。

于，它将行政权运用的基本过程公开于行政相对人和社会，接受行政相对人和社会的监督，以防止行政权被滥用。要在行政实践中体现这一法律意义，必须将这一法律原则细化为法规范，以法规范确认行政相对人的行政参与权便是其中的一个具体实践。

行政参与权是行政相对人一项重要的程序权利。虽然行政相对人参与行政程序并不以享受行政参与权为目的，但确认行政参与权仍具有以下法律意义。

1. 确立行政相对人的程序主体地位。现有的一些行政法理论，当论述行政法律关系时，一般都会将“行政法律关系中双方当事人的地位是不对等的”作为行政法律关系的特征之一，并认为“在行政法律关系中，一般说行政主体一方当事人处于管理者地位，相对人一方处于被管理者地位；行政主体一方依法拥有管理权、强制权、制裁权等权力，相对人一方是没有的”。① 虽然这样的论述并没有多大的错误，但是其负面的影响是，行政相对人在行政法律关系中被误解为处于从属的、被支配的地位，甚至被当作行政权可以任意支配的客体。在这种“管理论”支持下的行政法学，不可能科学地认识到行政相对人在行政法律关系中的独立地位，更不可能承认行政相对人具有行政参与权。现代行政法以“控权论”为理论基础，提升行政相对人在行政法律关系中独立的主体地位，行政程序法也得以发展起来。② 在行政程序法中，行政机关和行政相对人形成了一种对峙的关系，行政相对人不再从属于行政机关，而是作为一个独立的法律主体通过行使行政参与权，制约行政机关行使行政权。

2. 促使行政相对人形成认同行政行为的心理基础。行政机关作出对行政相对人不利的行政行为的话，行政相对人会有一种天生的抵触心理；

① 王连昌主编：《行政法学》（修订版），中国政法大学出版社1997年版，第27页。

② 现代行政法的控权论并不是基于单纯、消极地阻止行政权的违法行使，而是更要强调通过行政法要求行政机关更加积极、有效地行使行政权。它所要达到的目的是行政权既要有限制地行使，也要有效率地行使，唯有这样行政法才能适应现代社会发展的需要。

即使有利的行政行为也还会发生所得利益多少的争议。从本质上讲，行政行为是否获得行政相对人尊重与自觉履行，直接影响到行政行为的实效。要获得行政相对人的尊重与自觉履行，行政行为应当具备的条件是：(1) 在行政行为作出之前，行政相对人的意见是否已经获得了充分表达，因可能受到的不利后果而衍生的“怒”是否获得了正常的发泄。(2) 在行政行为作出时，行政相对人的意见是否已经被充分考虑，对行政相对人有利的观点没有采纳是否已给足了理由。(3) 在行政行为到达行政相对人之前，他是否已经认识到了自己将受到的不利后果具有充分的事实、法律依据。上述条件的成就是行政相对人形成认同行政行为的心理基础，而这些条件的满足又与行政相对人能否参与行政程序之间具有密不可分的联系。

3. 驱使行政机关更加公正地行使行政权。行政相对人的程序参与权是一种程序性权利。所谓程序性权利“是指为制约国家机关的权力，保障公民实体权利的实现，在一定的法律程序中为公民设定的权利”。① 从程序性权利的功能上看，一方面它是为了程序性权利主体实现其实体法上的权利，另一方面还有制约行政机关权力的功能。在现代社会中，行政权不仅是最强大的国家权力，而且它的核心是行政裁量权。在这种情况下，如果不对行政权实施有效的监督，行政权的滥用可能无法得到有效的遏制。通过法律确认行政相对人的行政参与权，可以使行政相对人能够进入行政程序关注行政机关行使行政权的主要环节，及时抗辩行政机关违法行使行政权。而行政机关面对这样一个具有独立利益的对立面，在行使行政权时就不得不考虑合法、公正的问题。

因此，法律确认行政相对人的行政参与权在客观上增加了一股驱使行政机关公正行使行政权的外在力量。

二、行政参与权基本内容

行政参与权是一个程序权利体系，在它的下位由众多的、个别性的程序权利构成。行政相对人参与行政程序被不少学者提升为行政程序法

① 郭曰君：《论程序权利》，《郑州大学学报》2000 年第 6 期。

的一个原则，多少说明了参与行政程序在行政程序法中的重要性。① 无论将来的“行政程序法”是否将“参与行政”列为它的原则，参与行政的现代法治精神肯定将贯穿整个行政程序的始终，并通过如下行政相对人的个别性程序权利体现出来。

（一）获得通知权

获得通知权，即行政相对人在符合参与行政程序的法定条件下，有要求行政机关通知其何时、以何种方式参与行政程序的权利。获得通知是行政相对人的一项程序权利，相应的，通知就是行政机关应当履行的职责。“通知义务的履行，不仅仅关乎使利害关系人获知行政行为的内容，还涉及期间计算，利害关系人行政救济的申请。”② 因此，获得通知权是行政相对人一项重要的程序权利。获得通知权有如下需要进一步明确的问题。

1. 获得通知的内容。这里需要解决的问题是，行政机关应当将哪些内容通知给行政相对人。从一些国家的行政程序法规定看，通知的内容可以分为：第一，实体法上的权利和义务。在比较法上，如葡萄牙《行政程序法》第 66 条规定，行政机关“应将下列行政行为通知利害关系人：（1）对利害关系人提出的任何要求作为决定；（2）课予义务、拘束、处罚，或造成损失；（3）创设、消灭、增加或减少权利及受法律保护的利益，或损害行使该等权利或享受该等利益的条件”。又如，西班牙《公共行政机关及共同的行政程序法》（1992）第 58 条第 1 款规定：“影响利害关系人权益的裁决及行政行为应根据下条规定通知利害关系人。”行政

① 这方面的观点可以参阅应松年主编：《行政行为法》，人民出版社 1993 年版，第 24 页；应松年主编：《行政程序立法研究》，中国法制出版社 2001 年版，第 189—192 页；杨海坤、黄学贤：《中国行政程序法典化》，法律出版社 1999 年版，第 122 页；章剑生：《行政程序法学原理》，中国政法大学出版社 1994 年版，第 112—115 页；王万华：《行政程序法研究》，中国法制出版社 2000 年版，第 186 页；金国坤：《中国行政程序法纲要》，华夏出版社 2000 年版，第 59—61 页；贺善征、王学辉：《行政程序法研究》，四川人民出版社 1999 年版，第 128—129 页。

② 朱林：《澳门行政程序法典——释义、比较与分析》，澳门基金会 1996 年，第 85 页。

机关将上述内容通知给行政相对人的目的，是为行政相对人提供行使复议申请权、司法救济权的一个前提条件。第二，程序法上的权利和义务。如《行政处罚法》第四十二条规定："行政机关作出责令停产停业、吊销许可证或者执照、较大数额罚款等行政处罚决定之前，应当告知当事人有要求举行听证的权利……"《行政复议法》第十七条第一款规定："行政复议机关收到行政复议申请后，应当在五日内进行审查，对不符合本法规定的行政复议申请，决定不予受理，并书面告知申请人；对符合本法规定，但是不属于本机关受理的行政复议申请，应当告知申请人向有关行政复议机关提出。"在比较法上，如澳门"行政程序法"第90条第1款规定："当预审机关选择书面听证时，须通知利害关系人，让其表明立场，而给予之期间不少于10天。"第91条第1款规定："如预审机关选择口头听证，则最少须提前8日命令传召利害关系人。"行政机关将上述内容通知给行政相对人的目的，是便于行政相对人能够及时、有效地参与行政程序。

2. 获得通知的期限。获得通知的期限是指行政相对人有权在参与行政程序之前何时可以获得通知。如《行政处罚法》第四十二条第一款第（二）项规定："行政机关应当在听证的七日内，通知当事人举行听证的时间、地点。"在比较法上，如澳门地区"行政程序法"第68条规定："当未有特别定出期间时，行政行为之通知应在8日期间内作出。"当然，如果行政机关没有在8日期间内作出，并不影响行政行为的效力，只是推迟行政行为生效的时间。因为，根据行政法原理，行政行为必须在送达行政相对人后才能生效。又如德国《行政程序法》第41条规定："（1）行政处分应通知其相对人或其关系人。若有指定代理人时，通知得对该代理人为之。（2）在本法有效区域内由邮政机关传递之书面行政处分，自交付邮政机关后第3天，视为已通知，但于第3天后始达到或未达到者，不在此限。对此遇有争议时，应由官署证明行政处分之达到与达到之时间。（3）行政处分于法规许可时，得公告之。（4）书面行政处分之公告，应将其处分部分，依地方惯例告示之。依地方惯例之告示中应载明，得查阅行政处分或其理由之处所。行政处分自依地方惯例告示之日后两周，视为已通知。但在一般处分，得指定与上述规定不同之日期，其最早日期为公示后之次日。(5) 有关以送达作为行政处分通知方式之规定，不受影响。”基于行政实践的复杂性，行政机关通知的时间应当根据不同的情况分别作出不同的规定。

3. 获得通知的方式。获得通知的方式是指行政机关借用何种形式，将通知内容送达行政相对人。通知应当以书面形式进行，除非有法律明确规定。书面形式具有一定的客观性，如因通知发生争议，容易确定行政机关和行政相对人之间的法律责任。与获得通知的方式相关的另一个问题是，行政机关是否必须将通知直接送至行政相对人？原则上，行政机关应当采用直接送达的方式，除非直接送达不能达到时才可以采用其他送达方式。《行政处罚法》对行政处罚听证程序中的通知采用何种形式没有作出特别规定，而对行政处罚决定的通知方式规定了应当依照《民事诉讼法》的有关规定执行。① 在比较法上，如葡萄牙《行政程序法》第 70 条第 1 款规定：“通知应按下列方式作出：(1) 以邮寄方式，只要在居住或住所地存在私人邮寄服务；(2) 直接向本人作出，只要该通知方式不会影响快捷或无法以邮寄方式为之；(3) 以电报、电话、专线电报或图文传真作出，只要因其急迫性而有此必要；(4) 在利害关系人不详或因人数不便使用其他方式时，应将通知张贴于常贴告示处，或刊登于《共和国公报》，市政公报，或利害关系人居住或者住所所在地较多人阅读的两份报章。”从行政处罚实务中出现的问题看，法律对行政处罚听证程序中的通知没有规定具体形式，导致实践中行政机关履行通知义务时有一定的随意性。若行政处罚决定的通知方式采用《民事诉讼法》规定，又可能因程序过于严格而影响行政效率，因此，将来的“行政程序法”对此问题应当作出一个统一规定。

(二) 陈述权

陈述权，即行政相对人就行政案件涉及的事实认定和法律适用问题，向行政机关作陈述的权利。行政相对人是行政案件的当事人，亲身经历

---

① 参见《行政处罚法》第四十条、第四十二条。

了行政案件的事实发生、发展的过程，因此，确认行政相对人的陈述权有利于行政机关全面了解行政案件的事实真相和行政相对人对于法律适用的意见，正确地处理行政案件。同时，确认行政相对人的陈述权，也是行政相对人为维护自身合法权益而向行政机关说明行政案件事实真相的需要。虽然行政相对人在陈述行政案件事实时可能会缩小、隐瞒对其不利的事实，夸大、编造对其有利的事实，但行政机关只要把握行政相对人陈述的这个特点，是可以去伪存真的。行政相对人的陈述权可以分为：

1. 肯定性陈述与否定性陈述。肯定性陈述是行政相对人对行政案件的事实和法律适用作认可陈述，即承认行政案件事实客观存在，认同行政机关引用的法律规定。肯定性陈述可以是对行政机关查明的行政案件事实和引用的法律规定作出肯定的意思表示，也可以是对行政机关未查明的行政案件事实和未引用的法律规定作出确认的意思表示。否定性陈述是行政相对人对行政案件的事实和引用的法律规范作否定陈述，不承认行政案件事实客观存在。否定性陈述是行政相对人针对行政机关查明的、不利于自己的事实和法律规定。行政相对人作出否定性陈述的目的是摆脱不利的法律后果。对于行政机关来说，无论是肯定性陈述还是否定性陈述都是行政相对人合法行使权利的表现，行政机关不能因行政相对人仅作有利于自己的陈述而拒绝行政相对人行使陈述权。

2. 书面陈述与口头陈述。书面陈述是行政相对人以书面形式向行政机关就行政案件的事实和法律适用所作的陈述。书面陈述可以是行政相对人亲自书写的书面材料，也可以是由他人记录的书面材料，但后者应当有行政相对人亲自签名或盖章。口头陈述是指行政相对人自己到行政机关向行政案件的经办人陈述案件事实，表达对法律适用的看法，并由行政案件经办人记录制成笔录形式，由行政相对人查阅无误后签名或盖章。口头陈述可以是由行政案件的经办人通知行政相对人到其办公地点听取陈述，也可以是行政案件的经办人到行政相对人工作、住处等地点听取陈述。书面陈述和口头陈述都是行政相对人行使陈述权的基本方式，行政机关不得单方面决定行政相对人必须采用何种方式行使陈述权。采用何种方式行使陈述权可以由行政相对人自行决定。

行政相对人行使陈述权（事实部分）是行政案件证据来源途径之一。

从证据形成的时间上看，当事人陈述不同于物证、书证和视听资料，它是在行政案件发生之后在行政机关调查过程中形成的，而且行政相对人本人就是案件处理结果的利害关系人，所以，当事人陈述的证明效力不如物证、书证和视听资料。在时间上行政相对人行使陈述权应当限于行政程序之中，在行政程序未开始或者行政程序已经结束后，行政相对人不能行使陈述权。如果行政相对人在行政程序中因客观事由不能行使陈述权的，可以由其代理人代为行使；如果行政相对人没有代理人，且查明行政案件确实需要听取行政相对人陈述的，行政机关应当中止行政程序，待阻碍行政相对人不能行使陈述权的客观事由消失后再恢复行政程序，听取行政相对人的陈述。

（三）抗辩权

抗辩权，即行政相对人针对行政机关提出的不利指控，基于其掌握的事实和法律向行政机关提出反驳，旨在法律上消灭或者减轻行政机关对其提出不利指控的权利。确认行政相对人抗辩权的法理基础是，当行政机关运用行政权限制、剥夺行政相对人的人身自由权、财产权等法律权利时，应当给予行政相对人抗辩的权利。这是行政程序正当性的要素之一。如果没有给予抗辩的权利就限制、剥夺了行政相对人的人身自由权、财产权等法律权利，那么，该行政行为不能产生法效力。

抗辩权是以获得通知权利为前提的。获得通知权利的实现可以使行政相对人了解行政机关对其作出不利行政行为的事实、法律依据，从而使行政相对人找到反驳的目标，否则，行政相对人的抗辩权就会因此丧失抗辩对象。然而，仅仅给予行政相对人了解证据、法律规定和反驳的机会是不够的，还必须在时间上给予必要的保障。所以，落实获得通知权对行政相对人有效地行使抗辩权具有重要法律意义。《行政处罚法》第四十一条的规定也体现了这一法律精神。①

---

① 《行政处罚法》第四十一条规定："行政机关及其执法人员在作出行政处罚决定之前，不依照本法第三十一条、第三十二条的规定向当事人告知给予行政处罚的事实、理由和依据，或者拒绝听取当事人的陈述、申辩，行政处罚决定不能成立；当事人放弃陈述或者申辩权利的除外。"

抗辩权从本质上说是一种防卫权。这种防卫权从宪政的角度可以视为一种基本权利。作为一种防卫权，抗辩权是为了防御行政权的侵犯，也是对行政权产生一种拘束力量。行政机关行使行政权是否具有正当性，不能由其自身内容来决定，在很大程度上取决于国家是否承认行政相对人对行政权具有抗辩权；只有确认行政相对人拥有抗辩权，行政相对人在行政程序上才具有独立的人格。正如有学者所说："只有个人在政治国家中的自主性得到承认和保障时，政治（统治）才具备正当性；反之，政治正当性是缺位的。个人在政治国家中的自主性，也即个人对于公共权力的自主性。当个人对于公共权力能居于主动的、积极的态势，能参与和影响公共权力的运行并能作为公共权力运行的价值目标时，这就是实现了个人对于公共权力的自主性。换言之，公共权力在承认并保障个体生命和自由、人格独立和尊严的前提下的运行，构成了政治正当性。"① 这种正当性反过来进一步稳固了公民的防卫权。与此相反，专制体制下行政机关行使行政权因正当性缺失，公民也就成为行政权可以任意支配的客体，其本身没有什么自主性可言；作为防卫权的抗辩权也就丧失了存在的基础。国家虽然从 1954 年开始实施宪法，将近六十年了，但是，或许是由于我国专制政体传统源远流长，或者是没有认真地落实过宪政、人权、法治思想，《行政处罚法》确认了行政相对人的抗辩权，但在实务中，行政相对人的抗辩权却经常在行政机关"坦白从宽、抗拒从严"的训斥中被剥夺得干干净净。今后国家的行政程序制度建设应当关注这一点。

（四）申请权

申请权，即行政相对人请求行政机关启动行政程序的权利。申请权是一项程序权利，行政相对人行使申请权的目的是希望通过行政程序来维护其自身的合法权益。申请权是行政相对人获得行政程序主体资格的重要条件。行政程序之所以在现代法治社会被如此推重，是因为行政程序将行政相对人从行政权可任意支配的客体变为可以约束行政机关的外

---

① 李琦：《论法律上的防卫权》，《中国社会科学》2002 年第 1 期。

在力量。行政相对人拥有了申请权，意味着行政相对人可以要求行政机关行使以及如何行使行政权，从而减少行政机关恣意行使行政权的可能性。申请权在行政程序中可以表现为以下几个方面的权利。

1. 听证请求权。听证是在行政程序中行政相对人通过表达自己意愿以维护自身合法权益的一种权利。当行政机关向其告知将要作出的行政行为所依据的事实和法律规定时，他可以决定是否要求行政机关在听取其意见之后再作出。如《行政处罚法》第四十二条规定："行政机关作出责令停产停业、吊销许可证或者执照、较大数额罚款等行政处罚决定之前，应当告知当事人有要求举行听证的权利；当事人要求听证的，行政机关应当组织听证。……"将听证请求权赋予行政相对人，并由其自主决定是否行使，有利于行政相对人自愿接受不利的行政行为。

2. 回避请求权。行政机关公务员回避决定与自己有关的行政争议是程序公正的基本要求。在行政程序中，行政相对人如认为主持程序并决定自己与行政机关争议的公务员具有法定回避情形时，有权请求该公务员回避。这项申请权的法律意义在于，通过行政相对人将可能不公正主持程序和决定的公务员排除在行政程序之外，以消除行政相对人对程序结果不公正的合理怀疑。在比较法上，如中国台湾地区"行政程序法"第33条规定："公务员有下列各款情形之一的，当事人得申请回避：(1）有前款所定之情形而不自行回避者；(2）有具体事实，足认其执行职务有偏颇之虞者。前项申请，应举其原因及事实，向该公务员所属机关为之，并应为适当之释明；被申请回避之公务员，对于该申请得提出意见书。"对于行政相对人的回避请求，行政机关如果作出予以驳回的决定，应当说明理由。

3. 卷宗阅览请求权。卷宗阅览请求权，即行政相对人要求行政机关将卷宗交给其查阅、复制和摘抄的权利。由于卷宗材料可以成为行政机关作出行政行为的依据，行政相对人事先应当有了解的权利，从而利用卷宗材料主张权利、抗辩不利指控。《行政复议法》第二十三条第二款规定："申请人、第三人可以查阅被申请人提出的书面答复、作出具体行政行为的证据、依据和其他有关材料，除涉及国家秘密、商业秘密或者个人隐私外，行政复议机关不得拒绝。”实务中的问题是，行政机关有时无限制地扩大解释国家秘密、商业秘密或者个人隐私，变相地收缩、剥夺行政相对人卷宗阅览权。可以考虑的相应对策是，通过法律进一步明确国家秘密、商业秘密或者个人隐私的内涵，并原则上确立所有卷宗材料行政相对人都是可以查阅的，不能查阅的例外情形应当由法律明示。

4. 复议请求权，即行政相对人不服行政机关作出的行政行为，可以依法请求复议机关审查的权利。复议程序是行政系统内部的一种层级监督制度，也是行政系统自我纠错的机制。为了保证下一级行政机关行使行政权的主动性、积极性，复议机关不能主动介入下一级行政机关的行政程序，是否启动行政复议程序应交给行政相对人来决定。因为，只有行政相对人才最了解自己合法权益是否被侵害、是否需要通过复议程序来实现权利救济。

三、行政参与权的程序保障

虽然行政相对人实现程序参与权不是其参与行政程序的目的，但没有行政参与权，行政相对人在法律上的实体权利难以获得切实的保障。对行政相对人程序参与权的法律保障，我们可从以下几个方面作进一步的思考。

（一）通过立法细化宪法规定的行政参与权

宪法为一国的基本法，它既规定了国家权力，也确认了公民权利。但是，由于宪法本身的原则性、纲领性的特点决定了其所确认的公民权利缺乏可操作性。如《宪法》第四十一条规定：“中华人民共和国公民对于任何国家机关和国家工作人员，有提出批评和建议的权利；对于任何国家机关和国家工作人员的违法失职行为，有向有关国家机关提出申诉、控告或者检举的权利，但不得捏造或者歪曲事实进行诬告陷害。……由于国家机关和国家工作人员侵犯公民权利而受到损失的人，有依照法律规定取得赔偿的权利。”《宪法》这一规定确认公民在行政程序上的参与权利至少有申诉权、控告权、检举权、行政赔偿请求权。除行政赔偿请求权外，申诉权、控告权、检举权可以说至今仍无法律的细则化规定。

也就是说，《宪法》公布实施三十多年了，这些《宪法》上的行政参与权绝大多数仍然是纸面上的权利。虽然现实政治生活中公民可以通过如举报箱等行使权利，但由于没有法律程序的保障，举报的材料有时回到被举报人的手中，等待举报人的便是报复。即使行政赔偿请求权，也是到了 1995 年才通过《国家赔偿法》加以落实的。

行政程序立法的一个重要功能在于将《宪法》确认的程序参与权具体化。然而，这个认识似乎在行政程序立法的讨论中没有给予应有的关注。需要提示的是，脱离宪法规范讨论行政程序立法，可能难以制定一部适合法治政府的“行政程序法”。所以，通过立法保障行政相对人的程序参与权，首先要正确认识宪法规范包含的宪政思想，不折不扣地通过立法将其释放出来。其次，行政程序立法中有关行政相对人的程序参与权规范设计，应当具有正当性，便于行政相对人行使行政参与权。

（二）通过法治提升对行政参与权保障的认识

法治的基本内容是制约权力、保障权利。虽然将“法治国家”写进了《宪法》，但是我们对法治的认识并没有产生同步效应。目前，对法治的误读尤其在各级国家机关公务员群体中是相当严重的，许多人将法治理解为依法而治，将法视为实现国家权力的一种工具，只注重结果，不关注公民的权利是否受到不利影响。在这样的法律认知背景下，公民必然成为国家权力支配的客体；既为国家权力支配的客体，就无所谓权利的确认与保障。这种思想观念可能是我们推进法治进程的最大障碍。“行政程序法”被视为一国步入法治的重要标志之一，如果我们对法治的认识仍然没有质的提升，那么行政程序立法不可能充分重视对行政相对人参与权利的保障。“如果一个公共行政制度只注重结果而不关心人权，那么它就有可能导致独裁与压迫。”①

通过法治提升对行政参与权的程序保障认识，至少应当关注 3 个问题：（1）将法治的基本内容通过行之有效的管道输入国家机关公务员的

① ［美］博登海默：《法理学—法哲学及其方法》，邓正来等译，华夏出版社 1987 年版，第 356 页。

思想意识中，成为其法律意识的内核。“普法”虽然可以向他们讲明一些法治的道理，但实际效果并不好，主要原因是“普法”所宣称的违法行使职权的不利后果是或然的、不现实的，他们感受不到其中的利害关系；而行政机关一个行政行为被法院判决撤销或者确认违法的实际效果，有时不逊于100次“普法”报告。所以，这里所说的“输入管道”不仅仅是“普法”，更为主要的是行政诉讼、行政复议、行政监察等法律机制。从这个意义上讲，完善现行的行政诉讼、行政复议和行政监察等制度对于提升国家机关公务员对法治的正确认识具有重要意义。(2) 将法治的基本内容溶解于行政程序法的具体法律规范之中，使行政程序法规范形神合一。任何一个法规范背后都有一定的法律思想所支撑，而法律思想的科学与否直接决定了法规范的科学性、可行性。过去我们的某些立法在调整国家与个人之间关系时，无法摆脱人治、专制思想的束缚，产生了不少违背法治思想的法规范。(3) 将法治的基本内容传递给社会民众，提高公民的权利主体意识。法治所要规范的主要不是公民而是国家机关。简言之，法治是治官，而不是治老百姓。公民依法行使权利是治官的最大力量，因此，对于一切通过法律挑战国家权力合法性的行为都应当得到法律的支持。从这个意义上说，公民拥有坚定的权利主体意识是现代法治社会之本。

（三）通过救济保障行政相对人切实行使程序参与权

“不能救济的权利不是权利”。由于对程序法的性质在认识上长期存有偏差、偏见，“重实体、轻程序”的观念导致国家对公民程序权利的轻视、淡漠，相应的法律保障机制也不尽完善，公民许多程序法上的权利被侵犯不能单独提起法律救济。在行政程序中，虽然行政相对人的行政参与权是一种程序权利，但行政相对人行使程序参与权利，不仅为了确保其行政法上的实体权利，同时还具有制约行政权、形成接受不利行政行为心理基础的功能。这种独立存在的程序参与权利是其获得法律救济的基础。因此，针对一些重要的程序参与权，若没有提起行政救济的行政行为为依托，或者作为附带理由提出法律救济时难以保护其合法权益的，行政相对人应当有权对之单独提起法律救济。

第五节　行政程序法基本制度概述

一、行政程序法基本制度界说

行政程序法基本制度是指体现行政程序法基本原则精神的，在行政程序中某一阶段承先启后，对整个行政程序具有重要影响的法律制度。法律制度是法构成的基本要素之一。尽管法律制度也是由法律规范组成的，但是法律规范不能取代法律制度的功能。法律制度根据其在法的重要程度可以分为基本制度和具体制度，行政程序法中的法律制度也具有这一现象。行政程序法基本制度具有以下特征。

1. 规范性。行政程序法基本制度的规范性是指行政程序的主体违反基本制度的具体规定将会直接导致相应的法律后果，因而这一特征有别于行政程序法的基本原则，因为行政程序法基本原则本身并非法律规范，而行政程序法的基本制度却是由法律规范所构成的。

2. 确定性。行政程序法基本制度的确定性是指构成基本制度的法律条款具有完整的行为模式和法律后果，因而行政程序法律关系主体具有明确的权利和义务。所以，行政程序法基本制度不具有基本原则特有的不确定性。行政程序法基本原则因自身的局限性应当借助行政程序法基本制度来克服，因此，作为行政程序法基本制度，它具有如下法律意义：

第一，克服基本原则的弱点。行政程序法基本原则的弱点是不具有可操作性，而行政程序法基本制度可以将基本原则的精神表现出来，并运用到行政实践中，从而使行政程序法基本原则的精神转化为构成基本制度的具体法律规范。

第二，阐释基本原则的内涵。行政程序法基本原则是由行政程序法律规范构成，而行政程序法律规范则又是从行政程序法基本原则中推导出来的，所以行政程序法基本制度对其基本原则具有阐释功能。

二、既有行政程序法基本制度整理

自行政程序法为学者所关注并成为研究对象起，许多学者就此发表了不少论著，专门讨论这个问题。关于行政程序法基本制度，主要有以下几种观点。

罗豪才等教授在论及行政程序法基本原则中，论及行政程序法的制度，如作为行政程序法基本原则的公正原则主要是通过回避程序、合议程序、辩论程序和调查程序表现出来。公开原则主要是通过表明身份程序、通知程序、咨询程序、告知权利程序和说明理由程序表现出来。① 姜明安教授认为，现代行政程序是由大量的具体制度组成的，其中较能体现行政程序法基本原则且在各国运用较普遍的制度主要有告知，听证，辩论，回避，职能分离，不单方接触，考虑相关因素，说明根据、理由，制作记录与卷宗，时效，复议和司法审查。② 江必新等教授将行政程序法基本原则与制度联系起来进行了系统的研究，其观点是：（1）依法行政原则下的制度是行政程序依法进行制度，不得执行违法指令的制度和责效制度。（2）民主原则下的制度是情报公开制度、公听制度、咨询制度（或对话制度）、诉愿制度、合议制度。（3）公正原则下的制度是回避制度、听讯制度、辩明制度、告示制度、审裁分离制度、记录制度、防偏见制度。（4）基本人权原则下的制度是有限调查制度、有限强制制度、保障个人隐私权的制度、充分考虑制度和推迟生效制度。（5）效率原则下的制度是时效制度、替代制度、申诉不停止执行制度、紧急处置制度、代行职务制度、委任制度、排除行政障碍制度。③ 应松年教授认为，行政程序法主要制度是表明身份，告知，受理，传唤，听证（听取意见），调查，回避，合议，审批，审裁分离，格式，说明理由，复审，咨询，保

---

① 罗豪才主编：《行政法学》，中国政法大学出版社 1989 年版，第 252—253 页。

② 姜明安：《行政法与行政诉讼》，中国卓越出版公司 1990 年版，第 275—277 页。

③ 参见江必新等：《行政程序法概论》，北京师范大学出版社 1991 年版，第 25—38 页。

密顺序和时效。① 杨海坤等教授认为，行政程序法基本制度应当是信息公开制度、教示制度、听证制度、回避制度、时效制度、责任制度、救济制度。② 金国坤教授认为，行政程序法基本制度应当是听证制度，回避制度，信息公开制度，时效制度和救济制度。③ 马怀德教授认为，行政程序制度有表明身份制度、告知制度、说明理由制度、回避制度、合议制度、听证制度、审执分离制度、复议制度、司法审查制度、顺序制度等。④

以上是我国行政法学对行政程序法基本制度研究的状况。每个学者根据自己对行政程序法基本制度的理解，提出了自己的观点。虽然各位学者的观点都存在可以商榷的地方，但这些观点完全可以成为我们进一步认识行政程序法基本制度的良好基础。

三、行政程序法基本制度确立

我国的行政程序法还没有完成立法程序，但如湖南省等已经完成了行政程序地方政府规章的立法工作，也有不少省市正在进行这项立法工作。这为我们进一步研究行政程序法基本制度保留了很大的空间。1996年《行政处罚法》以听证为核心确立了行政处罚程序，为我们研究行政程序法基本制度提供了一个很好的法律规范。所谓行政程序法基本制度的确立，我们必须把握“基本”的内涵，在行政程序法基本制度下设置具体制度，可以解决现在对行政程序法基本制度研究中存在的问题。我们认为，行政程序法基本制度主要有行政管辖制度、行政回避制度、证据制度、行政告知制度和说明理由制度。行政听证是行政程序的核心制度，所以本书列专门章节论述。

---

① 参见应松年：《行政行为法》，人民出版社1993年版，第24—28页。

② 参见杨海坤等：《中国行政程序法典化》，法律出版社1999年版，第163页。

③ 参见金国坤：《中国行政程序法纲要》，华夏出版社2000年版，第65—90页。

④ 参见马怀德主编：《行政程序立法研究》，法律出版社2005年版，第7—8页。

第六节　行政管辖制度

一、行政管辖权界定

行政管辖权是行政机关之间就某一行政事务的首次处置权所作出的权限划分。这种权限划分主要发生在纵向行政机关之间和横向行政机关之间。对行政机关来说，它是明确某一行政事务应当由哪一级的哪一个行政机关行使首次处置权的问题；对行政相对人来说，它可以确定哪个行政机关行使某一行政事务的首次处置权。虽然行政管辖权不涉及行政事务的实体性处置，但它关系到行政机关能否公正、有效地处理行政事务，因此，凡有《行政程序法》的国家或者地区都相当重视行政管辖权的法律化。① 行政机关以层级制方式构建了一个重叠式的行政机关体系，作为行政权运作的组织架构。这种重叠式的行政机关体系形成了几个不同层级的行政机关同时都可以管辖某一行政事务，或者一个行政机关可以管辖若干个行政事务的状况。如果对行政机关的管辖权不作必要的权限划分，那么可能会在行政机关之间引起行政管辖权的争议，从而影响行政权的有效行使。因此，行政管辖权作为行政程序法上一个重要法律制度，是确保行政权有效行使的重要前提。行政管辖权具有如下法律特征。

1. 内部性。即行政管辖权的法效力范围限于行政机关系统内部，不涉及外部行政相对人的实体法上的权利。但是，在一定条件下这种行政管辖权的“内部性”可能会产生外部法效力，而这种外部法效力正是行政相对人提起行政救济的法定理由。行政管辖权的内部性可以解析出的

---

① 如瑞士的《行政程序法》、奥地利的《行政程序法》、德国的《联邦行政程序法》等都专门规定了行政管辖权的问题，中国台湾地区的“行政程序法”以专节规定了行政管辖权。

内容：(1) 行政管辖权是行政机关系统内处理行政事务的一种权限分配。合理分配行政权限是行政机关有效行使行政权的前提；只有当行政机关根据其自身的能力承担相当的行政权限时，行政权的有效行使才能得以实现。进言之，行政机关（作为复数）构成了一个纵横关系复杂的组织系统，而这个复杂的组织系统面临着广泛的、复杂的、多变的行政事务，只有在行政机关与行政事务之间列出一个个清晰、对应的管辖关系，才能使行政机关有效地处理各自管辖的行政事务。(2) 行政相对人之间或者行政机关和行政相对人之间不得通过协议变更行政管辖权。行政管辖权是法律根据有关原则对行政权限所作的权力资源的分配，具有法定性，行政相对人不能通过自己的意思表示改变行政管辖权。但是，为了有效地行使行政职权，行政机关之间本着管辖便利的原则，可以通过法定程序改变行政管辖权，即管辖权转移。如《煤炭行政处罚办法》第九条规定："上级人民政府煤炭管理部门必要时可以处理下级人民政府煤炭管理部门管辖的煤炭行政处罚，也可以将自己管辖的煤炭行政处罚交由下级人民政府煤炭管理部门处理。下级人民政府煤炭管理部门认为重大、复杂的煤炭行政处罚需要由上级人民政府煤炭管理部门处理的，可以报请上级人民政府煤炭管理部门决定。"① (3) 行政相对人对行政机关行使管辖权可以提出异议。尽管行政管辖权属于行政机关系统内部的事务，但由于它与行政相对人的合法权益有一定的关联性，因此，在行政相对人认为行政机关对与其有关的行政事务行使管辖权可能影响其合法权益时，有权提出行政管辖权异议。行政机关对于行政相对人提出的行政管辖权异议，应当在法定期限内进行审查，并依法作出异议是否成立的决定。基于行政效率的要求，行政相对人对行政机关就管辖权异议作出的决定不得行使行政救济权。

2. 排他性。行政管辖权的排他性是指任何一项行政事务只能由一个行政机关行使管辖权，以确保行政机关行使行政管辖权的有效性。行政管辖权的排他性具有的内容：(1) 行政机关对某一行政事务行使管辖权

---

① 《煤炭行政处罚办法》(煤炭工业部 1997 年 5 月 19 日)。

之后，排除了其他任何机关对该行政事务同时行使管辖权的可能性，因此，行政管辖权的排他性又可以称为“管辖权独占”。行政管辖权排他性在于防止多个行政机关对同一行政事务作出互相矛盾的行政行为，引起行政行为执行上的冲突。(2) 如行政机关受理了不属自己管辖的行政事务，应当依法及时移送至有管辖权的机关，不得将申请退回给行政相对人。行政机关对不属于自己管辖的行政事务作出行政行为，难以保证行政行为的合法性。(3) 行政机关不得对同一行政事务行使两次以上的管辖权。它分为两种情况：其一是同一行政机关对同一行政事务不得行使两次以上的管辖权；其二是不同的行政机关对同一行政事务不得行使两次以上的管辖权。禁止重复行使行政管辖权的法理基础是，防止行政机关利用行政管辖权加重行政相对人的不利负担。如《行政处罚法》中关于对同一行政违法行为行政机关不得给予两次以上的罚款处罚的规定。①

3. 程序性。即行政管辖权只解决某一行政事务应当由哪一级中的哪一个行政机关处理的问题，因此，本质上它是行政机关的程序性权力。行政管辖权的程序性具有的内容：(1) 行政管辖权不处理行政相对人的实体法上的权利，对于行政相对人实体法上的权利处置，必须由具有管辖权的行政机关根据相应的行政实体法规定作出决定。虽然行政相对人依法可以对行政机关的行政管辖权提出异议，但通常不是因为行政机关处置了他的实体法上的权利，而是他认为行政机关无权作出行政行为。(2) 行政机关超越行政管辖权并不必然导致行政行为无效。由于行政管辖权并不处置行政相对人的实体权利，因此，一个超越行政管辖权的行政机关作出了与一个有管辖权的行政机关相同的行政行为，且如果能通过法定程序由有行政管辖权的行政机关加以追认的话，该行政行为应当认定有效。另外，基于紧急情况无行政管辖权的行政机关作出的行政行为，也应当视为超越行政管辖权无效原则的一种例外情形。(3) 法律对行政管辖权可以作出统一性的规定。既然行政管辖权是一个程序性权力，

① 《行政处罚法》第二十四条规定：“对当事人的同一个违法行为，不得给予两次以上罚款的行政处罚。”

各个行政机关在行政管辖权上必然具有许多共性，这些共性构成了法律对行政管辖权作出统一规定的实证基础。

如何确定行政机关之间行政管辖权，通常是基于人们对行政事务的主观认识。为了防止主观认识的偏差，我们有必要为行政管辖权的确立和分配提供若干法理基础，以确保行政管辖权在法律化过程中获得正当性。从现代社会科学的理论看，可以用来解释行政管辖权的法理基础至少有：

1. 社会分工理论。人类社会发展总的趋势是呈复杂、多变的势态，由此形成的知识体系也是如此。人的认识世界和改造世界能力的有限性，使个人管理社会事务在总量上也被作了客观限制。自亚当·斯密提出劳动分工论以来，社会分工理论一直为社会学家所关注，并成为解释社会现象的一种经典理论。社会为什么要分工？它困扰过许多杰出的和非杰出的思想家。法国著名的社会学家涂尔干（Durkheim）是这样解说的："社会容量和社会密度是分工变化的直接原因，在社会发展的过程中，分工之所以能够不断进步，是因为社会密度的恒定增加和社会容量的普遍扩大。"① 我们知道，行政权从性质上讲是行政机关管理社会秩序的基本手段。古代经济不发达，社会关系简单，政府管理的事务也不多，如中国古代大多数朝代中央政府一般只设六部，在县级也没有现在的政府那样设置了上下对口的几十个部委办局。西方国家也是如此。

如英国，有人曾说"直到1914年8月，除了邮局和警察以外，一名具有守法意识的英国人可以度过他的一生却几乎没有意识到政府的存在"。② 因此，在这样的社会背景下，行政管辖权问题不为人们重视也是可以理解的。但是，现代社会因工业革命的巨大成功给社会带来了深刻的变化，而人口流动滋生的问题更是让原有的行政机关管理体制无所适从。当行政机关面临越来越多的行政事务时，人们意识到解决这一问题

① ［法］涂尔干：《社会分工论》，渠东译，生活·读书·新知三联书店2000年版，第219页。

② ［英］韦德：《行政法》，徐炳译，中国大百科全书出版社1997年版，第3页。

的常规方案是在专业化分工的基础上增设行政机构和人员。于是，行政机关数量的增加成为强化国家对社会管理的重要指标之一。当然，这也给国家财政带来了巨大的负担。如在 1982 年，国务院部委、直属机构、办事机构为 100 个，1988 年国务院部委有 45 个，非常设机构 75 个。① 这个变化与当时我国改革开放政策之后行政事务——主要是经济发展过程的外部性问题——剧增的现实有关。只要在行政管理中存在分工的必要性，那么行政管辖作为一个程序法律制度也就必不可少。

2. 有限政府理论。有限政府理论是当代宪政理论的重要组成部分之一。"宪政的核心特征就是对国家权力的法律限制。"② 这种有限性不仅体现在政府与社会之间，而且也体现在政府职能部门之间权力的分配上。从行政权所处的地位看，至少有三个法律关系涉及它的权力管辖范围的确定：其一是行政权与立法权和审判权的关系；其二是行政权与公民权的关系；其三是行政权之间的关系。这三个法律关系都涉及法律如何确定行政权的管辖范围问题，同时，它们也确定了行政管辖权的三大基础关系。因此，以有限政府理论为基点，我们可以推出结论：每一个行政机关都应当有明确的，并由法律预先设定的行政管辖范围，才能确保行政权有效行使。由此我们也不难理解，在全能政府下行政管辖权是不可能受到应有重视的。这种不重视的结果往往是凡有利可图的行政事务，行政机关之间争抢管辖权；无利可图的行政事务管辖权，行政机关之间往往是互相推诿，或者把管辖责任推向社会大众。当然，强调行政管辖权并不是要让行政机关恪守"各人自扫门前雪，莫管他人瓦上霜"的古训。但是，由于行政实践中无法避免这种现象，与行政管辖权相关的行政协助就成了弥补行政管辖权缺陷的行政程序制度之一。

3. 行政效率理论。在"管得最少的政府就是最好的政府"的年代

① 王金年：《中国大精简——第四次机构改革现状及思考》，济南出版社 1998 年版，第 1—2 页。

② 刘军宁：《市场与宪政》，《市场逻辑与国家观念》（公共论丛），生活·读书·新知三联书店 1995 年版，第 22 页。

里，自由市场经济价值取向导致了社会对行政权的效率并不关注，行政法的基本功能是消极地限制行政权不要伸入公民的自由范围。但是，20世纪后，社会现代化的加速过程客观上要求行政权高效率运行，以满足行政机关协调日益复杂的社会关系的需要，因此，行政权如何配置成了提高行政效率的关键。现代社会是一个效率社会，效率也是现代社会发展的基本价值目标。“既然效率是社会的美德，是社会发展的基本价值目标，那么，法律对人们的重要意义之一，应当是它通过界定人们参与社会资源配置的权利，为人们实际配置资源提供必不可少的手段，从而实现效率的极大化。”① 通过法律规定行政管辖权，正是为了满足行政效率的要求。行政管辖权所要解决的根本问题是，每一项行政事务都应当纳入一个相应的行政机关的行政管辖权范围内，任何一个行政机关对于自己行政管辖权范围内的事务，必须依法、及时作出处理。

二、行政管辖权内容

（一）级别管辖

级别管辖是指在行政机关系统中确定上下级行政机关之间首次处置行政事务的权限。行政机关根据行政区域的划分，一般分设中央、省、县（市）和乡（镇）四级。② 这四级行政机关的级别管辖如何确定，法律、法规和规章往往只有原则性规定。如《行政处罚法》第二十条规定：“行政处罚由违法行为发生地的县级以上人民政府具有行政处罚权的行政机关管辖。法律、行政法规另有规定的除外。”又如，《反不正当竞争法》第三条第二款规定：“县级以上人民政府工商行政管理部门对不正当竞争

① 万光侠：《效率与公平——法律价值的人学分析》，人民出版社2000年版，第235页。

② 自20世纪80年代开始的“市管县”体制改革以来，在省、县（市）之间实际上还存在“省管辖市”一级行政机关。虽然这样的设置与《宪法》第三十条规定并不一致，宪法解释机关也怠于作出相关的宪法解释，但实践有时并不在乎宪法是如何规定的。

行为进行监督检查；法律、行政法规规定由其他部门监督检查的，依照其规定。”从这些法律规定看，只要属于其权限范围内，从中央到地方相关的行政机关似乎对于某一行政事务都具有管辖权，它们之间级别管辖界限十分不清。在行政法学理论上，有学者试图从法理上将五个因素列为确定级别管辖权的标准：（1）相对人的法律地位或级别；（2）对公共利益的影响程度；（3）对相对人权利义务的影响程度；（4）标的物的价值；（5）涉外因素。应当说，这几个标准对确定级别管辖具有较好的指导意义，但也存在标准缺乏可操作性、理论欠缺正当性等方面的不足。如在相对人的法律地位或级别的标准中，它被解释为“相对人的法律地位较高，则由较高层次的行政机关来管辖；相对人的法律地位较低，则由较低层次的行政主体管辖”。① 以这样的表述作为确定级别管辖，有悖于宪法确定的在法律面前人人平等原则之嫌。②

确定级别管辖的标准既要确保行政机关有效处理行政事务，又不背离法治原则。虽然具体的国情我们也需要加以考虑，但我们不能因此而迁就落后的现实，否则，国家就永远不能进步。确定级别管辖的原则应当是：

1. 行政事务原则上应当由县、市（省辖市，下同）级行政机关处理，即遵循“执法重心下移”原则。确立此原则的理由是，首先，县、市级行政机关接近需要处理的行政事务的发生地，了解当地的民风民情，能够充分考量与所处理的行政事务相关的各种因素，使行政相对人和当地民众接受所作出的行政行为。其次，在实践中，提高行政事务管辖的级别与行政相对人所承的负担是成正比的，因此，将行政事务的管辖级别确定为县、市级行政机关，可以为行政相对人行使权利提供许多便利

---

① 叶必丰：《行政法学》，武汉大学出版社 1996 年版，第 90—92 页。

② 我国诉讼法中级别管辖理论是值得反省的。以诉讼主体的行政级别、社会地位和争议标的等作为确定级别管辖的标准，实质上是反法治理念的。1974 年美国的水门（Watergate）事件中，哥伦比亚特区的联邦地区法院（相当于我们的基层人民法院）对此案行使了管辖权，并向尼克松总统发出了要求其交出录音磁带的传票。在我国法律文化背景下，这种做法确实是匪夷所思的。

条件，减轻行政相对人的经济（如交通费用等）负担。最后，社会心理学认为，“空间上的距离越小双方越接近，则往往容易引为知己，尤其在交往的早期阶段更是如此。因为地理上的接近使互相接触的机会更多，相互之间更容易熟悉对方”。① 因县、市级行政机关与行政相对人共同生活在双方能接触、了解的一个不大的社会圈内，双方具有共同的社会习俗、价值观念等认知基础，也有利于行政事务处理决定的执行。

2. 省级以上行政机关业务政策领导。首先，省级以上行政机关公务员一般具有较高的业务素质和政策水平，掌握的行政信息比较丰富，有条件对下级行政机关处理行政事务提供业务和政策的指导。其次，省级以上行政机关不具有县、市级行政机关与行政事务发生地之间那种互相了解、熟悉的客观条件，但它拥有远远大于县、市级行政机关的行政职权。不过，权力的大小与公民的服从程度从来不是成正比的，经验往往可以颠覆意识形态的逻辑。也就是说，不是行政权越大，就越能把行政事务处理妥当。正如有学者所说：“对于任何一种权力的考察，在福柯看来，应当是在微观层面，应当在权力运作的末梢，在一种权力与另一种权力交界的地方；只有在这里，我们才能真正了解权力是如何实现的。”② 最后，省级以上行政机关不介入具体行政事务的处理，可以用更多的时间来考虑宏观的行政管理问题，制定更加切实可行的行政政策，指导下级行政机关的行政执法活动。如果省级以上的行政机关经常陷于琐碎、繁杂的行政事务，疲于处理具体个案，就可能难以发挥上级行政机关应有的行政领导和政策指导作用。

3. 例外情形应当以法律、法规为准。例外情形是指上述两条原则尚不能确定有效的级别管辖时，需要作出变通规定所指向的各种客观情形。为确定级别管辖的可行性，法律、法规可以作出相应的变通规定。从行政执法实践看，例外情形主要有：（1）涉外的行政事务。（2）县、市级

---

① 时蓉华编：《社会心理学》，上海人民出版社 1986 年版，第 268 页。

② 苏力：《送法下乡——中国基层司法制度研究》，中国政法大学出版社 2000 年版，第 36 页。

行政机关提请处理的行政事务。如因地方保护势力的干扰导致其无法开展正常的行政事务的处理活动，可以通过法定程序提请省级以上行政机关行使管辖权，或许更为妥当。(3) 涉及两县或两市以上的行政事务或者当地县、市级行政机关无法处理的行政事务。如有的环境污染引起的行政事务，经常涉及两个以上的行政区域，甚至省级行政区域，在这样的情况下，变通级别管辖是非常必要的。

（二）地域管辖

地域管辖是指在行政机关系统中确定同级行政机关之间首次处置行政事务的权限。任何一个行政机关都有其独立的行政管辖区域，但是，在其管辖的行政区域内，由于行政事务的繁杂而导致的分工，在行政机关之间行政事务管辖权上会出现交叉、重叠的现象。如《产品质量法》规定，县级以上地方人民政府管理产品质量监督工作的部门负责本行政区域的产品质量监督管理工作。县级以上地方人民政府有关部门在各自的职责范围内负责产品质量监督管理工作。① 这种行政管辖权的交叉、重叠现象是我们确立、厘清行政事务地域管辖权的现实基础。为确保行政机关有效地行使行政管辖权，科学地划分行政事务的地域管辖权相当必要。确定地域管辖权的原则应当是：

1. 行政机关独占行使管辖权。独占行使管辖权是指某一行政事务确定的管辖权只能归属于一个行政机关，两个以上行政机关的共同管辖权应当从严限制或者当作一个例外来处理。在行政实践中，一个行政事务如为法律确定由两个以上的行政机关共同行使管辖权，可能是立法者出于加强行政管理良好愿望，或是受制客观条件所表现出的无奈，但实际效果往往不能尽如人意，如产品质量的监管便是一例。这一原则的法律意义在于，它划定了行政机关的责任边界，避免行政管辖权的互相推诿。

2. 便利行政机关行使管辖权。便利行使管辖权是指行政机关能以最低的行政成本管理行政事务。如行政事务发生地往往存在可以证实该行

① 参见《产品质量法》第六条第二款。

政事务的主要证据，从收集证据便利性的角度出发，地域管辖权一般由行政事务发生地的行政机关管辖，以便利具有行政管辖权的行政机关收集证据，走访证人。《行政处罚法》确立地域管辖所采用的规则就是“违法行为发生地”。[①] 这一原则的法律意义在于，它既有利于行政机关减轻行政管理的成本，也有利于行政相对人通过行政机关行使职权保护自己的合法权益。

3. 行政机关有效行使管辖权。有效行使管辖权是指确定行政事务的管辖权能确保行政机关实现行政权的目的，形成有利于社会发展的正常秩序。行政机关对行政事务行使管辖权，从经济学的角度上讲，它是为社会提供秩序、安全等公共产品。因此，有效行使管辖权要求行政机关必须将行政权限制在公共产品的生产和供给的范围之内，否则可能会导致行政职权的滥用。也就是说，要确保行政机关有效地行使管辖权，其管辖的事务必须严格限于公共领域，不能涉足私人领域，更不能与私人争利。这一原则的法律意义在于，必须严格划定行政机关的职能，才能有效地确立行政管辖权。

（三）特别管辖

特别管辖是级别管辖权、地域管辖权的一种例外。在行政实践中，如果严格遵循级别管辖和地域管辖的原则确立行政管辖权，有时无法解决行政管辖权中所出现的一些特殊问题。于是，现代行政法有必要在级别管辖和地域管辖之外创设一种特别管辖权，以弥补行政管辖制度的缺陷。但是，特别管辖的设定应当从严限制。特别管辖主要有：

1. 共同管辖。共同管辖是指两个以上的行政机关对同一行政事务都具有法定的行政管辖权。共同管辖可以分为两种情况：其一，不同质的行政机关对同一行政事务具有共同的管辖权。如国务院 1994 年颁发的《音像制品管理条例》第四条规定，国务院文化行政部门和广播电影电视

---

① 《行政处罚法》第二十条规定：“行政处罚由违法行为发生地的县级以上地方人民政府具有行政处罚权的行政机关管辖。法律、行政法规另有规定的除外。”

行政部门共同组成音像制品内容审核机构主管全国音像制品内容的审核工作。① 根据这一规定，全国音像制品内容的审核工作由国务院文化部和广电部共同管辖。又如，《邮政行业安全监督管理办法》第三十七条规定："邮政管理部门应当妥善处置邮政行业突发事件，查明事件原因和责任，提出整改措施，并依法对有违法行为的责任人作出处理。涉及其他部门管理职权的，应当联合有关部门共同处理。"在共同管辖之下，行政机关作出的行政行为应当共同署名。如果是分别作出行政行为，则不属于共同管辖的情形。其二，同质行政机关对同一行政事务具有共同的管辖权。如《司法行政机关行政处罚程序规定》第九条第一款规定："对同一违法行为，两个以上的司法行政机关都有管辖权的，由先立案的司法行政机关管辖。"在这种情形下，只能由其中的一个行政机关行使管辖权。从行政实践看，共同管辖经常是导致行政管辖权冲突的重要根源之一，因此，在制定法上应当从严创设共同管辖权。

2. 移送管辖。移送管辖是指已经受理行政事务的行政机关因没有法定的管辖权，依法将受理的行政事务移送到有管辖权的行政机关处理的一种管辖制度。如《医药行政处罚程序暂行规定》第五条第三款规定："医药行政机关对行政违法案件立案后，发现不属于本行政机关管辖的，应当及时将案件及有关材料移送有管辖权的行政机关。"移送管辖是无管辖权的行政机关对已经受理的行政事务作出的一种管辖权处置，受移送的行政机关不得再次移送。如有管辖权的行政机关拒绝受理所移送的行政事务而产生管辖权冲突，应当通过行政管辖权争议解决程序确定管辖机关。

3. 指定管辖。指定管辖是指上级行政机关将行政事务依法指定给某一行政机关管辖的一种管辖制度。指定管辖可以分为两种情况：其一，行政事务处于无行政机关管辖或者有管辖权的行政机关因客观原因不能

① 《音像制品管理条例》（国务院 1994 年 8 月 25 日）。2001 年国务院发布了新的《音像制品管理条例》，此条文已经改为由出版行政部门和文化行政部门分别管理音像制品。

行使管辖权时，由上级行政机关指定某一行政机关行使管辖权。其二，两个以上的行政机关对同一行政事务都主张具有管辖权或者都主张没有管辖权时，由上级行政机关指定某一行政机关行使管辖权。如《国家外汇管理局检查处理违反外汇管理行为办案程序》第六条规定：“违反外汇管理行为涉及两个以上外汇局管辖的，应就管辖权协商解决。无法协商解决的，由其共同上级局指定管辖。”指定管辖是行政管辖的一种补充性制度，目的是确保每一项行政事务都能及时、有效地得到处理。

三、行政管辖权冲突及解决程序

无论我们在法理上如何表述行政管辖权的内容，其背后总是以现实的利益分配——行政机关本质上也是一个利益主体——为基础的。多年来，国家行政法制建设陈债堆积，行政管辖权制度也极不完善。虽然我们通过更高一级的行政权来解决行政管辖权的冲突，但行政管辖权的冲突仍是行政领域中经常发生的现象，而我们解决行政管辖权冲突的正式法律制度是不完善的。① 对于行政管辖权的冲突，我们现有的规定通常是，先由行政管辖权冲突的双方协商解决，协商不成的，由其共同的上级行政机关指定管辖。② 然而，上级行政机关根据什么原则、标准和程序行使指定管辖权，外人却不得而知。③ 因此，从法理上论证行政管辖权的

---

① 如九江长江大桥连通江西九江市和湖北黄梅县，为了方便两岸的百姓，2000 年 3 月 25 日开通了一条跨省公交线。然而，不到一个月湖北省黄冈市交通局运管处向隶属城建部门的公交公司下达了《交通违法行为通知书》，不允许公交公司“擅自经营”。之后，为了证明线路的“性别”及行政管辖权归本部门所有，交通、城建两家部门针尖对麦芒——都搬出了有利己方的部门行政规章，并向各自的省厅乃至国家交通、建设两部汇报，黄冈市人民政府也没有出面就管辖权作出裁决。（沈小平：《部门利益公众利益谁大》，载《法制日报》2000 年 11 月 20 日）

② 《行政处罚法》第二十一条规定：“对管辖发生争议的，报请共同的上一级行政机关指定管辖。”

③ 行政公开原则要求行政机关行使职权必须公开，除非涉及法律规定的不公开事项。然而，我们一直认为，行政管辖权争议是行政机关的内部问题，不必让行政相对人参与。这种观念是不正确的，应当予以改变。

冲突及其解决的程序实益明显。

（一）行政管辖权冲突类型

尽管有关行政管辖权冲突解决的实证资料相当欠缺，但根据现有法律规定和若干个案实践，行政管辖权的冲突类型可以作如下划分。

1. 同层级不同职能行政机关之间的行政管辖权冲突。如关于音像制品的管理，涉及非法出版的音像制品由文化部门管理，但如果是有淫秽内容的音像制品则由公安部门管理。如果文化部门查处了有淫秽内容的音像制品，则与公安部门在音像制品管理上发生了管辖权的冲突。类似这种行政管辖权的冲突，在工商行政管理部门和质量技术监督部门因产品质量监管上也时有发生。

2. 同层级同职能的行政机关之间的行政管辖权冲突。这种行政管辖权的冲突原因主要是，因行政事务涉及两个以上的行政区域，对这一行政事务在法律上有管辖权的行政机关或者都行使行政管辖权（积极冲突），或者都不行使行政管辖权（消极冲突）。

3. 不同层级同职能的行政机关之间的行政管辖权冲突。行政机关以层级制作为行使行政权的基本方式，但这种层级制的运转必须以行政机关上下级之间必要的分工为前提。如对省、自治区、直辖市人民政府批准的道路、管线工程和大型基础设施项目、国务院批准的建设项目占用土地，涉及农用地转为建设用地的，由国务院批准。

而在已批准的农用地转用范围内，具体建设项目用地可由市、县人民政府批准。① 如国务院就已批准的农用地转用范围内的具体建设项目用地作出审批，则构成了不同层级同职能的行政机关之间的行政管辖权冲突。

4. 不同层级不同职能的行政机关之间的行政管辖权冲突。这类行政管辖权的冲突并不多见。如衡水市枣强县电力局因不服衡水市工商行政管理局作出的处罚决定，于2000年8月4日向衡水市人民政府申请行政复议。衡水市人民政府以被申请人未在法定期限内提交《复议答辩书》

---

① 参见《土地管理法》第四十四条。

和有关证据材料，作出了撤销此处罚的决定。衡水市工商行政管理局之所以不答辩、不提交有关证据材料，是因为它认为根据《国务院批转国家工商行政管理局体制改革方案的通知》和国家工商行政管理局《关于行政复议案件管辖权问题的答复》，认为工商行政管理局省级以下实行垂直领导体制后，省级以下人民政府对工商行政管理局的具体行政行为不具有行政复议的管辖权，因此，它在2000年8月11日向衡水市人民政府提交了行政复议案件管辖权异议。① 这是一种比较典型的不同层级不同职能的行政机关之间的行政管辖权冲突，但在行政实践中并不多见。

（二）行政管辖权争议解决规则

1. 行政管辖权争议裁决及时规则。现代行政以效率为原则，达成增进人民福利的目的。行政管辖权争议导致行政权被搁置，行政机关难以通过行使行政权实现行政目的，因此，现代行政法必须安排相关的制度、程序及时解决行政管辖权的争议。“及时”应当包含三方面的内容：(1)应当设置行政管辖权争议解决的相关期限。如提起争议裁决的期限、作出争议裁决的期限等，且规定的期限也不宜过长。(2)与行政管辖权争议有关的行政机关应当及时履行解决争议的义务。如管辖权发生争议后，行政机关应当在法定期限内将争议提交到有权裁决的机关；又如有权裁决行政管辖权争议的行政机关应当在法定期限内尽快作出裁决，没有法定事由，不得延长裁决作出的期限。(3)为了确保行政管辖权争议及时获得裁决，应当允许行政相对人有提出要求裁决行政管辖权争议的权利。② 确认行政相对人这一权利，有利于防止行政机关怠于行政，并确保公共利益和行政相对人的利益不因行政管辖权争议而受到损害。

2. 行政管辖权争议一裁终局规则。行政管辖权争议裁决就性质而言，

---

① 张惠军等：“本是强行销售为何查处艰难衡水市工商局反垄断受挫”，载http://yzdsb.hebnews.cn/20010627/ca1531.htm,最后访问时间:2014年12月10日。

② 如中国台湾地区“行政程序法”第14条规定：“前项情形，人民就其依法规申请之事件，得向共同上级机关申请指定管辖，无共同上级机关者，得向各该上级机关之一为之。受理申请之机关应自请求到达之日起十日内决定之。”

它是一种解决行政程序僵局的方式，不涉及行政相对人实体利益的重新分配，因此，应当遵守“一裁终局”的规则。“一裁终局”的内容是：（1）无论是行政机关还是行政相对人，即使对行政管辖权争议裁决不服，法律也不再为其提供救济程序。（2）行政管辖权争议裁决一经作出并送达相关的行政机关和行政相对人，即产生法效力。（3）如果行政相对人认为行政机关作出的管辖权裁决违法，可以作为不服行政行为而提起行政救济的一个附带理由，请求行政复议机关或者法院审查。如行政相对人对行政管辖权争议裁决异议成立，则该行政行为应当认定为违法，其法效力需要视具体情况确定。

3. 行政管辖权争议裁决书面规则。行政管辖权争议裁决是要式行政行为，必须以书面形式作出。“书面规则”的要求是：（1）行政管辖权争议裁决必须符合行政机关公文制作的要求，以文字的形式记载行政管辖权争议的全部内容，不得以其他形式记录与裁决有关的内容。（2）行政管辖权争议裁决书必须以法定程序送达行政机关和行政相对人，否则，该裁决书不产生法效力。（3）行政管辖权裁决书如发生文字书写、计算、标点符号运用等错误，除非这种错误会使人得出相反的结论，否则对该裁决的法效力不产生影响，作出裁决的行政机关可以自行更正。（4）在行政紧急的情况下，行政机关可以口头的形式作出行政管辖权争议裁决，但事后应当制作裁决书或者书面记录存档备查。

（三）行政管辖权争议解决程序

1. 申请或提交。申请是指行政相对人认为行政管辖权争议影响其合法权益而向有关行政机关提出要求裁决的请求。提交是指行政管辖权争议的一方行政机关向有关行政机关提出要求裁决的意思表示。为了确保行政效率，法律应当明确规定行政相对人申请或者行政机关提交裁决的法定期限。申请或提交是行政管辖权争议解决程序的开始。

2. 书面审理。书面审理是指行政管辖权争议裁决机关仅就管辖权争议的书面材料真实性、合法性进行审查。这里的“书面材料”是指申请人或者行政机关就行政管辖权的争议所提供的有关证据、规范性文件以及其他相关材料。它是与言词审理相对的一种审理方式。确立书面审理方式的理由主要是基于行政效率的需求。行政管辖权争议所涉及的事实一般并不复杂，通过书面审理方式可以达到解决管辖权争议的目的。

3. 作出裁决。行政管辖权争议的裁决机关在查明争议事实的基础上，运用法律对行政管辖权争议作出书面决定。为了确保行政效率，法律应当规定行政管辖权争议的裁决机关作出裁决的法定期限。行政管辖权争议裁决书一经作出，应当按法定程序送达行政相对人和行政机关。

第七节　行政回避制度

一、行政回避法理基础

行政回避，是指行政机关公务员在行使职权过程中，因其与所处理的事务有利害关系，为保证实体处理结果和程序进展的公正性，根据行政相对人的申请或行政机关公务员的请求，有权机关依法终止其职务的行使并由他人代理的一种法律制度。

回避与人类要求应当受到公平对待的自然本性有关。人之所以为人，在于他有要求受到公平对待这种与生俱来的期待，它构成了人性尊严的核心。回避最初产生于司法程序，它是指“法官在某个案件中拒绝行使审判权的一种特权和义务。由于法官与某一方当事人存在亲属关系或因案件的结果可能产生与其有关的金钱或其他利益，他可能被怀疑带有某种偏见，因而不参加该案的审理”。① 英国普通法上自然公正原则派生出的一条规则是，“任何人都不得在与自己有关的案件中担任法官”。这一规则要求与争议方有利害关系的裁判者应当回避，裁判者不得明显支持或反对某一方的偏见，必须保持不偏不倚的立场。“在他可能会偏私或者他可以被人们正当怀疑会偏私的案件中，法官是没有资格作出裁判的。这项规则是如此重要，如同我们所知道的，以至于柯克法官认为它可以

① ［英］沃克：《牛津法律大辞典》，光明日报出版社1989年版，第247页。

超越议会所制定的法律。”①

虽然美国在独立时期与英国处于敌对状态，但“普通法传统的根基扎得那样牢固，就是伴随着革命而发生的对英国的东西的敌视情绪也不能将其连根拔除”。② 作为普通法上基本原则的自然公正，在被麦迪逊替换成“正当法律程序”写入《权利法案》后，成为美国宪法修正案中引人瞩目的条款。③ 南北战争之后，联邦最高法院从正当法律程序中发展出了实质性正当程序理论，作为限制行政权的重要法律武器。如同英国一样，“不能作为自己案件的法官这个原则，首先适用于司法程序，以后扩张适用于行政程序，所以司法方面关于这个原则的判例，基本上能够适用于行政程序。但行政程序又有其本身的特点和需要，这个原则在行政方面应用的标准，可能不完全和司法程序相同”。④

大陆法系国家行政法上的回避制度多源于诉讼法上的规定。早在古罗马时期的诉讼法中，现在可以查阅到的有关回避制度的法律条文就有四五条之多。⑤ 大陆法系几个主要国家通过借用诉讼法上的回避制度，在行政程序法上建立了行政法上的回避制度。有学者认为，大陆法系行政法上的回避制度与民法上禁止双方代理源于同一法理。行政人员不能在作为公共利益代理人的同时，又兼顾私人利益，更不能徇私枉法，以权谋私。行政回避制度的目的在于预先避免利益冲突，确保行政决定、行政合同与私法管理的有关合同公正合法。⑥ 其实，具有浓厚的民法学理论

---

① Sir William Wade, Administrative Law (Ninth Edition), Oxford University Press 2004, p.450.

② ［美］施瓦茨：《美国法律史》，王军等译，中国政法大学出版社 1990 年版，第 12 页。

③ 即“未经正当法律程序不得剥夺任何人的生命、自由或财产”。

④ 王名扬：《美国行政法》（上），中国法制出版社 1995 年版，第 458 页。关于制定法上的规定，参见美国《联邦行政程序法》第 556 条第 2 款。

⑤ 参见谢邦宇主编：《罗马法》，北京大学出版社 1990 年版，第 384—385 页。

⑥ 朱林：《澳门行政程序法典——释义、比较与分析》，澳门基金会 1996 年版，第 58—59 页。

的大陆法系国家借用民法中的法理，在其他部门法中建立新的法律制度，不仅仅只有回避制度，其他诸如行政合同、公法人、行政私法等也是这种方法的产物。大陆法系国家在行政法上创建回避制度方式虽然不同于英美国家，但所要达到行政公正这一目的却是一致的。

我国在西周时期已经确立了类似于古希腊、古罗马法律上“没有告诉人就没有审判”的控诉式诉讼原则，即审理案件要求原告、被告都必须到庭。现代法律上三角诉讼模式基本形成。不过，虽然法律规定了法官的“五过之疵”①，但确保诉讼公正的回避制度却未见于法律规定。到了秦朝，回避制度开始出现在国家对官吏的管理制度上。《置吏律》规定：“啬夫之送见它官者，不得除其故官佐、吏以之新官。”根据这一规定，官员调到他处任职时，不得随带下属。这一立法目的可能是防止官员结党营私、拉帮结派，不利于皇权的巩固。至汉代，官员任职的籍贯、亲属回避正式入律。

《三互法》规定：不仅州郡长官不能录用本籍人士，三州人士、婚姻之家也不能交互为官。② 唐承汉制，并通过立法对回避制度加以进一步完善。直到明清，回避制度基本上没有多大的改变。由古代朝廷对官员管理制度中发展出来的任职回避，是出于巩固皇权的需要，与现代行政法上的回避制度大异其趣。对于涉案的个人来说，即使裁决他们之间法律争议的官员与案件有利害关系，也无权提出要求官员回避的权利。

行政回避制度古今中外都不缺失，它背后所包含的法律价值是具有普适性的。它的重要性可以体现在以下几个方面。

1. 回应人的本性需求，公正对待他人。人类具有天然的公正情感，在相互交往的过程中维护公认的公正状态是社会发展的基本前提。当人类社会选择了法律作为解决双方争议的一种手段时，程序公正成了人们关注的一个焦点，也是设计解决权益冲突制度时首选的法律价值。程序公正的第一要义是，程序主持人与程序结果应当没有任何利害关系，否

---

① 《尚书·吕刑》。

② 徐世虹主编：《中国法制通史》（第2卷），法律出版社1999年版，第357页。

则，其可能会利用自己在程序中的优势地位，促使程序结果向有利于其自己的方向发展。控制程序即可以控制结果。如果程序主持人与程序结果有利害关系，则人们通常不会认同该程序结果。在西方法学史上，“法律”始终被认为是“公正”的同义词，所以，离开公正来谈法律是没有任何意义的。凡涉嫌于此种情形的程序主持人不得再介入程序，不得对该程序产生任何影响，这已成为人们公认的法律基本价值。

2. 行政程序主体之间的关系不具有诉讼法意义上的三角模式，行政公正更受人关注。20 世纪之后，随着行政程序法典化运动的兴起，行政程序和诉讼程序在法律价值上的某些共性，使诉讼程序回避制度移植到行政程序中有了充分的法理与制度基础。通过一些国家立法者的努力，在行政程序法上确立了回避制度。在行政程序中，行政机关既是行政案件的决定者，同时也是行政案件的一方当事人（代表国家），这种关系结构在行政处罚程序中最为显著。尽管有内部审裁分离（如非本案的调查人员主持听证）等制度，但它无法形成诉讼法上的三角对抗模式。在程序的外观上，行政机关“自己做自己的案件法官”十分明显。回避制度的介入，可以缓和其中的紧张关系，最大限度地实现行政公正。

3. 妥善地、彻底地解决行政争议。回避制度的法律价值在于确保程序公正，而程序公正则可以树立当事人通过法律程序来解决法律争议的信心。法院的裁判能够较好地终局性解决法律争议，源于法官具有较高的法律权威；这种法律权威与他在诉讼程序中不偏不倚的中立地位之间具有相当密切的关系。没有回避制度，法官的中立地位也就难以保障。同理，在行政程序中确立回避制度，根本目的是使行政相对人真心实意地接受行政机关做出的对其不利的行政决定，从而及时消解行政争议。

二、行政回避的适用

（一）回避缘由

回避缘由是指行政机关公务员与行政相对人之间因何种情形，导致行政相对人认为其不能公正处理行政事务的情形。在比较法上，回避缘由在表述上不尽一致，如“个人偏见”“招致不公正事由”“偏袒嫌疑”

和“利害关系”等。可见，回避缘由既有行政相对人的主观判断，如“偏见”，也有人无法改变的客观存在，如“利害关系”。综合制定法上的规定，对回避缘由作如下分述。

1.“偏见”。偏见，偏于一方面的见解。① 在法律上，这种“偏于一方面的见解”形成于行政机关公务员在没有了解全部案情之前，其因民族、种族、性别等非人为因素而对某些事情已经形成了一种固定的看法。如印度电影《流浪者》中拉兹生父的“名言”：“法官的儿子是法官，贼的儿子就是贼。”对于有偏见的行政机关公务员来说，全面、客观地了解案件真实情况，这对于他来说并不重要，因为他对案件的处理在内心早已有了结论，法律程序作为形成行政决定的过程已经变成了一种可有可无的“过场”。

在我国制定法上，尚未见到有关“偏见”的规定。在比较法上，美国《联邦行政程序法》第557条规定：“对有关人员提出的证明之雇员或参与之雇员具有个人偏见或其他不合格之处的及时且充分的确实材料，机关应将其作为案件中记录和决定一部分加以裁断。”在这里，“个人偏见”构成了美国《联邦行政程序法》规定的回避缘由之一。但是，根据美国法院的判例，这种个人偏见具有比日常用语更狭窄的意义。如联邦上诉法院在伯杰诉美国案中指出，“‘个人偏见’一词是指个人憎恶诉讼中作为个人的当事人或作为某党派的当事人，或个人喜欢、崇敬诉讼中的另一方当事人”。②

但是，在实务中要找到有法官那样“不偏不倚的中立性”的行政机关公务员是极其困难的。因为行政机关公务员行使职权时本身既是公共利益的代理人，又是行政法律关系的一方当事人，长期在体制内观察思考问题，难免会积成一些个人的偏见。我们知道，“大多数行政机关均须完成法定的任务；不仅仅只是解决提至机关的那些纠纷，行政机关还应

① 中国社会科学院语言研究所词典编辑室编：《现代汉语词典》（2002年增补本），商务印书馆2002年版，第969页。

② ［美］施瓦茨：《行政法》，徐炳译，群众出版社1986年版，第283页。

执行重要的社会政策，如保障消费者免受危险食品和药品的伤害或防止证券销售中的不道德做法等。至少在这一程度上，可以说多数行政机关都带有所谓的‘内在固有的偏见’”。①

有时，行政机关由于职能交叉也会导致公务员事先介入案件的处理。如在英国，“一个普遍的问题是，裁决人以某种别的身份已经与所裁决的案件发生了联系。这种情形在治安法官中尤其多见，他们可以同时担任地方当局或其他行政机构的成员”。② 在这样的情况下，行政机关公务员也会产生某种“偏见”。这些“偏见”是否构成法律上的偏见，有时需要在个案中确定。如在美国联邦贸易委员会诉水泥协会案中，联邦贸易委员会经过调查认定水泥工业中多种价格制度是联邦贸易法所禁止的不正当手段，为此，联邦贸易委员会对水泥协会提出指控。在联邦贸易委员会主持的程序中，水泥协会认为联邦贸易委员会对此案有先入之见，即以偏见为由请求联邦贸易委员会回避。联邦贸易委员会否决了这一请求，并得到了联邦最高法院的支持。③

2. 利害关系。即案件处理的结果影响到负责处理案件的行政机关公务员的金钱、名誉、友情、亲情等的增加或减损。人在作为一个社会人时，他始终处于各种利害关系中；离开了这种利害关系，他是无法生存的。人所处的社会关系本质上就是利害关系。行政机关公务员虽然是经过法律程序录用的，但这种录用程序并没有隔绝其担任公务员之后与社会其他成员的关系。基于人与生俱来的趋利避害的本性，行政机关公务员在行使职权时，有时可能会屈从与其有利害关系的个人或者组织的要求，如自己儿子老师说情，亲朋好友的劝告等，都有可能导致行政机关公务员在行使职权时徇私枉法。利害关系本身的内涵十分复杂，如果将

---

① ［美］盖尔霍恩等：《行政法和行政程序概要》，黄列译，中国社会科学出版社1996年版，第176页。

② Sir William Wade, Administrative Law (Ninth Edition), Oxford University Press 2004, p.468.

③ ［美］施瓦茨：《行政法》，徐炳译，群众出版社1986年版，第287页。

所有的利害关系不分大小都纳入回避缘由，可能会导致行政机关中没有一个符合法律规定有权处理本案的行政机关公务员。① 为此，下列几种利害关系可以不列入“回避缘由”。

（1）罚没款与行政机关公务员的收入关系。行政机关的罚没款上缴国家财政，公务员的工资由国家财政支出，这两者之间存在“利害关系”是不可否认的。所以，在美国1927年的塔迈诉俄亥俄州案中，市镇法官的报酬来自市法院所判决的罚金，最高法院认为在这种情况下，法官对于判决的结果，有直接的金钱利害关系，不符合正当的法律程序，因此撤销了这个判决。在另一个案件中，市镇长官负责市政的财政收入。最高法院认为由市镇长官主持的市法院所判决的违反交通规则的罚款，不是由大公无私的裁判官所主持，不符合正当的法律程序。② 我国的问题是，财政部门规定返还给行政机关罚没款的比例，与其上缴罚没款额之间存在比例关系，客观上导致行政机关在个案处理中追求高额的罚没款，但未见有制定法把此种情形认定为回避情形之一，在实务中也未见有法院裁判的个案。《行政处罚法》规定“收支两条线”制度，旨在消除这种“比例关系”。③ 对于这种“利害关系”的情形，如果罚没款的多少与处理行政案件的公务员收入没有直接关系的，那么，即使公务员的工资来自于罚没款上缴的国库，也不宜认定为回避缘由中的“利害关系”，否则有泛化回避缘由中的“利害关系”之嫌。

（2）师生关系、同（籍）学关系以及曾经为同事、上下级关系等。

---

① 为此，《行政处罚法》在“利害关系”之前特别用“直接”加以限定，旨在收缩“利害关系”的适用范围。参见《行政处罚法》第三十七条第三款、第四十二条第一款第四项。

② 王名扬：《美国行政法》（上），中国法制出版社1995年版，第459页。

③ 《行政处罚法》第四十六条规定：“作出罚款决定的行政机关应当与收缴罚款的机构分离。除依照本法第四十七条、第四十八条的规定当场收缴的罚款外，作出行政处罚决定的行政机关及其执法人员不得自行收缴罚款。当事人应当自收到行政处罚决定书之日起十五日内，到指定的银行缴纳罚款。银行应当收受罚款，并将罚款直接上缴国库。”

最高人民法院、司法部《关于规范法官和律师相互关系维护司法公正的若干规定》（法发［2004］9号）第四条规定："法官应当严格执行回避制度，如果与本案当事人委托的律师有亲朋、同学、师生、曾经同事等关系，可能影响案件公正处理的，应当自行申请回避，是否回避由本院院长或者审判委员会决定。"这是诉讼法上回避制度适用性解释。有这种利害关系的情形是否构成回避缘由，仍然取决于"可能影响案件公正处理"的要件是否成立。回避缘由可能引起行政机关公务员不公正行使职权，这仅是当事人的一种内心担忧，不是一种客观的必然性。人与他人的关系如同向河中扔一块砖头，引起的波纹由近及远，直至消失。[①] 利害关系究竟划定于何种界点，应当在个案中考虑特定区域内传统文化下人们的认知，难以在制定法上确立一个抽象的标准。在一些特定的法领域中，可以通过单行立法确定某些利害关系为回避缘由，也不失为一种妥当的方法。

（二）回避范围

1. 自己是当事人或者当事人中有其亲属的。前者直接违背"自己做自己案件的法官"之规则，当属回避范围。后者中的主要问题是"亲属"的范围界定。在诉讼法上，民事、刑事诉讼法都使用"近亲属"[②]，行政诉讼法使用"利害关系"。[③] 那么，在行政程序中究竟采用何种表述？《行政处罚法》《行政许可法》等法律采用的"直接利害关系"，但在一些行政程序规章中，这个问题的规定也并不一致，有的使用"近亲属"。如《环境行政处罚办法》第八条规定："有下列情形之一的，案件承办人员应当回避：（1）是本案当事人或者当事人近亲属的；（2）本人或者近亲属与本案有直接利害关系的；（3）法律、法规或者规章规定的其他回避情形。"有的使用"利害关系"，如《农业行政处罚程序规定》第三十六条第一款规定："案件调查人员与本案有利害关系或者其他关系可能影

---

① 参见费孝通：《乡土中国》，北京出版社2005年版，第32页。

② 参见《民事诉讼法》第四十五条、《刑事诉讼法》第二十八条。

③ 参见《行政诉讼法》第四十七条。

响公正处理的，应当申请回避，当事人也有权向农业行政处罚机关申请要求回避。”从法制统一原则要求看，上述不一致的规定应在将来的“行政程序法”中加以统一为妥。①

2. 与当事人的代理人有亲属关系的。当事人有权聘用代理人为其提供法律帮助，以便更好地维护自己的合法权益。但是，如果处理本案的行政机关公务员与该代理人之间有亲属关系，无异于与当事人有亲属关系。

3. 在与本案有关的程序中担任过证人、鉴定人的。在行政案件调查程序中，行政机关公务员曾经作为证人提供了证言，或者以专家身份就案件的专门问题做了鉴定结论，如在行政案件进入听证程序时，他又被指定为听证主持人的，应当回避。

4. 与当事人有监护关系的。监护是指对未成年人和精神病患者的人身、财产以及其他一切合法权益的监督和保护。这种职责的承担者在法律上称为监护人。如行政机关公务员是本案当事人的监护人时，他的法律地位就是本案当事人的法定代理人。

5. 当事人为社会团体，而行政机关公务员作为其成员之一的。行政机关公务员可以参加某些社团组织，如集邮协会、书法协会等，这是他作为公民应有的一项法定权利。但是，当该社团成为行政案件当事人时，他就失去了处理本案的资格。

6. 与当事人有公开敌意或者亲密友谊的。公开敌意是指行政机关公务员曾公开向本案的当事人或者在当事人不在场的其他公开场合表示过

① 在比较法上，如德国《联邦行政程序法》第 20 条专门对亲属作出具体规定：“(1) 有婚约者；(2) 配偶；(3) 直系亲属和姻亲；(4) 兄弟姐妹；(5) 兄弟姐妹的子女；(6) 兄弟姐妹的配偶的兄弟姐妹；(7) 父母的兄弟姐妹；(8) 形同父母和子女的，长期共同生活在一个家庭中具有养护关系的人（养父母和养子女)。上列人员属下列情形时，亦视为亲属：(1) 第一、三和六项所指情形中，婚姻关系不再存在的；(2) 第三至第七项所指情形中，血亲或姻亲关系因被收养为子而消亡的；(3) 第八项所述情形中，家庭共居关系虽不复存在，但彼此仍如父母和子女之联系紧密者。”

对其的憎恨，或者极不友好的言语。在比较法上，如在伯杰诉美国一案中，法官在审理过程中对当事人说："事实上，一个人必须具有真正的司法头脑才不会对在美国的美籍德国人有偏见。这些人的心对美国极不忠诚。"① 这是法官对美籍德国人所公开表现出来的敌意，属于个人偏见。又如在著名的辛普森案件中，警官佛曼曾在一位剧作家的录音带中公开宣称洛杉矶市政府里的黑人都应该一起枪毙掉。在14个小时的录音中，他不止40次用了"黑鬼"这个词。② 这是警官佛曼对黑人的公开敌意。同样，与当事人之间的亲密友谊也可能会影响行政机关公务员对案件的公正处理。这种亲密友谊可能是恋人关系，或者是救命恩人，也可能是生死之交等。

（三）回避程序

1. 请求与申请。自行回避程序由行政机关公务员以请求开始，即行政机关公务员在接受行政案件之时，如认为自己与本案有法律规定的回避情形时，应当提出回避请求。行政机关公务员提出回避请求应当以书面形式，并说明回避的理由，必要时，应当提供证据材料。

申请回避程序由当事人申请开始，即当事人发现处理本案的行政机关公务员有法定回避的情形时，可以在行政程序终结之前向行政机关提出要求该公务员回避处理案件的申请。申请应当以书面形式提出，并附有证明回避情形的证据材料。如果当事人提出书面申请有困难的，也可以口头形式提出，由接待当事人的行政机关公务员制成笔录。当事人在行政机关做出回避决定之前可以撤回申请，但这并不影响他在行政程序结束之前再次提出回避申请。

2. 审查。行政机关在收到公务员回避请求或者当事人回避申请后，应当尽快给予审查。回避审查以书面形式为主，必要时，行政机关也可以当面听取公务员或者当事人的陈述，并作必要的调查，核实相关情况。

3. 决定。经审查，如认为回避情形成立的，行政机关应当决定终止

① ［美］施瓦茨：《行政法》，徐炳译，群众出版社1986年版，第283页。

② 林达：《历史深处的忧虑》，三联书店1997年版，第244页。

该公务员处理本案的职权，并确定由其他公务员接替此案的处理。被决定回避的公务员在接到此决定后，应当尽快将行政案件材料移交给接替其职权的公务员。如一时不能确定接替的公务员，行政机关应当决定中止本案的行政程序。对于申请回避决定不服的，申请人可以向作出该决定的行政机关申请复核一次。

（四）回避限制

1. 回避不能瓦解行政机关的管辖权。回避不能使行政机关体系内有管辖权的行政机关无法对行政案件行使管辖权。在英美法系中，这是“任何人不能做自己案件法官”原则的例外，称为“必须原则”。① 也就是说，即使行政机关的负责人与行政案件的处理结果之间存在法定回避的情形，如果没有其他机关可以代替其行使职权的，那么，当事人必须接受有偏见的行政机关公务员作出的裁决。“此时自然正义不得不让位于这种必要性，否则的话，就没有办法作出决定，司法或行政机制就会瘫痪。”② “必须原则”内含的法理是，公共利益的需要有时可以压倒个人利益的主张。然而，正因为“必须原则”可能导致个人利益受到损害，所以，此原则在适用范围上必须受到严格限制。

2. 行政程序结束后当事人不得再提出回避申请。当事人申请行政机关公务员回避是一项程序权利，但行使这项程序权利有严格的时间限制。在比较法上，如葡萄牙《行政程序法》第45条规定：“在做出确定性决定或做出行为之前，任何利害关系人可以申请回避的宣告，申请时应详细说明构成回避事由的事实情节。”事后当事人申请回避的情形可能是：（1）事先知道回避情形存在，事后因不满处理结果才提出回避申请。这种情形应视为其放弃申请权。（2）事后才知道回避情形，当事人因此申请回避。如果行政机关在行政程序中未告知回避申请权的，当事人可以在行政救济中作为一个撤销行政决定的理由提出。

---

① 王名扬：《美国行政法》（上），中国法制出版社1995年版，第462页。

② Sir William Wade, Administrative Law (Ninth Edition), Oxford University Press 2004, p.459.

3. 行政机关公务员在应当回避的情形下作出的行政决定的法效力。回避是为了防止行政机关公务员可能作偏私的决定，并不意味着存有回避情形的公务员作出的决定必然是不公正的。因此，在这种情形下需要审查行政机关违反回避规定作出的行政决定，是否损害了当事人的实体法上的权益，然后再来判断是否属于可撤销的事由。

三、行政回避制度研评

行政回避是确保行政公正原则的一项重要法律制度。虽然制定法上也不乏规定，但行政回避至今仍未纳入绝大多数行政法学者的研究视野，作深入论述者更是无几。中国是一个伦理社会，传统法律文化中的“天理”“国法”“人情”的表述，多少也说明了人情与国法的关系。虽然古代也有官员任职回避制度，但它并没有解决官员处理个案中的回避问题。在废除旧法统后，我们既没有认真地吸收西方现代法制社会中的先进的法治理念，也没有善待自己保存于历史中的制度精华，不少有益于新法制建设的法律文化都被 20 世纪兴起的“文化大革命”等运动革掉了，而现在看来不少有害于新法制建设的旧文化却被保存并进一步巩固下来了，如领导干部地域任职回避等。因此，新的法律制度确立后，面貌一新的法律制度仍然在没有完全改造过的传统法律文化基础上运作，导致新的法律制度并没有产生良好的社会效果，加上初始二三十年的“革命”运动，新的法律制度产生的效果一直处于负增长状态。

在国家步入法制建设的正常轨道之后，由于“治国运动论”和“法律工具论”的消极影响，“好结果主义”占据了法制建设指导思想的地位。它在行政立法上表现为“重实体、轻程序”。在这样的行政法制建设环境中，程序立法自然不可能为立法者所重视。在行政程序法制建设中，回避的制度性构造始终没有被放置在应有的地位。从恢复法制建设以来国家所发布的有关行政程序性法律、法规和规章的规定看，回避制度依然是一个没有获得合理设计的法律制度。有关回避制度的内容基本上是重复诉讼法的规定，且在适用范围上，也主要限于行政处罚程序中，在其他行政行为程序中似乎少有规定。① 虽然《公务员法》中已有较为完整的回避制度规定，但这样的立法实效还需要法律实践的验证。

（一）回避制度的问题

1. 缺少保护当事人合法权益的程序机制。在当事人提出回避申请被行政机关驳回之后，如何防止行政机关公务员在处理本案过程中对其可能的刁难、报复行为，至今在制定法上未有这方面的预防性制度。在这样的情况下，当事人可能宁愿忍声吞气地受公务员可能作出的不公正处理，也不愿对其执法的公正性公开表达怀疑，并提出回避申请。在这样的情况下，制定法上的回避制度可能会沦于空转。

2. 回避违法尚未构成行政决定撤销的理由之一。虽然《行政复议法》《行政诉讼法》都将“违反法定程序”作为行政决定的撤销理由，但回避违法是否属于违反法定程序，既无细则化的规定，也少有这样的司法个案。这种现象一方面助长了行政机关公务员轻视回避制度的不良心理，另一方面也淡薄了当事人对回避制度功能的认识，使其难以借助回避制度来维护自身的合法权益。

---

① 这时期有关行政回避制度比较典型的规定，如《国境卫生检疫行政处罚程序规则》第二十条规定：“合议组成员有下列情形之一的，应当自行回避，当事人也有权用书面申请他们回避：（1）是当事人的近亲属；（2）与本案有利害关系；（3）与本案当事人有其他关系，可能影响对案件公正处理的。上述三项，适用于翻译人员、鉴定人。如有特殊原因，无法执行本规定的，可由上一级国境卫生检疫机关指定人员组成合议组，作出处罚决定。”《行政处罚法》第三十七条规定：“执法人员与当事人有直接利害关系的，应当回避。”该法第四十二规定：“听证由行政机关指定的非本案调查人员主持；当事人认为主持人与本案有直接利害关系的，有权申请回避。”《林业行政处罚程序规定》第十五条规定：“林业行政执法人员在调查处理林业行政处罚案件时与当事人有利害关系的，应当自行回避。当事人认为林业行政执法人员与本案有利害关系或者其他关系可能影响公正处理的，有权申请林业行政执法人员回避。林业行政执法人员的回避，由行政负责人决定；行政负责人的回避由集体讨论决定。回避未被决定前，不得停止对案件的调查讨论。”《医药行政处罚程序暂行规定》第十条规定：“案件承办人员在立案后开始调查，调查人员应当两人或两人以上。调查人员如与本案有关的，应当回避。”

3. 当事人回避申请中举证困难。当事人认为行政机关公务员与本案有法定回避情形而要求其回避处理本案的，应当提出一些证据材料证明这种“回避情形”的存在。但是，当事人可以利用获取证据的合法手段太少，再加上政府信息透明度很低，当事人难以取得有效的证据材料来证明自己的申请主张。

4. 行政机关公务员原籍任职。清代法律曾有“五百里之内不为官”的规定，即朝廷官员必须远离原籍五百里任职，以防止官员偏袒亲情，为官不公。1949 年以后，因实行新型的户籍管理制度，地方政府公务员主要由本地户籍的公民担任。出于户籍管理的需要，20 世纪 80 年代后，“大中专毕业回原籍就业”政策也使公务员原籍任职情形有增无减。在这样的情形下，行政机关公务员与当事人之间很容易形成一个“熟人社会”，从而使回避制度的实施增加了许多困难。

5. 伦理社会中的人情因素。我国在传统上不是一个契约社会。“人情”构成了人与人之间社会关系的基础，宗属、亲属观念则进一步强化了人情的社会价值，人情在很大程度上支配着人的日常活动。人情作为个人对人际关系的一种内心感受，一方面可以在行政机关公务员与当事人之间形成融洽的关系，另一方面人情也成为影响当事人提出回避申请的一个情理因素。

（二）回避制度问题的原因

1. 回避程序缺失。尽管有的制定法上规定了自行回避和申请回避两种程序启动方式，但如回避的举证责任分配、被回避公务员的代理职务、行政程序因回避而中止、终结的情形、“必须原则”的适用等内容却付之阙如。

2. 回避条件模糊。在现有不少制定法上，“利害关系”是回避的唯一条件，如《行政处罚法》。这样模糊的回避条件一方面可能有助于提高行政效率，但另一方面很容易导致行政机关滥用裁量权，进而否定当事人的回避申请。

3. 行政决定违反回避规定的法效力不明确。如《行政处罚法》虽然确立了回避制度，但违反回避规定的法律后果只限于对行政机关直接负责的主管人员和其他责任人员给予行政处分。① 从实务上看，因法律未明确行政机关违反回避规定作出的行政决定是否有效，回避规定对行政机关就缺少了应有的法约束力。

（三）解决回避制度问题的对策

1. 回避制度的具体化。制定法已经提供了一个回避制度的框架，需要通过下位法加以具体化，才能使回避制度正常运转起来。这个“下位法”也可以是行政规定。当然，下位法对回避制度作具体化，必须遵守《立法法》的规定。

2. 明确列举回避的法定情形。在“利害关系”——无论是否有“直接”的限定——要件之下，应当列举若干种常见的利害关系的表现形式。② 从许多国家的行政程序法规定可以看到，列举利害关系表现的若干情形几乎已成为立法的一种通例，况且刑、民事诉讼法都已经采用了这样的立法方式。当然，因回避情形在客观上难以穷尽时，也有必要设置一个兜底性条款。

3. 明确规定行政决定违反回避规定的法效力。从性质上说，违反回避规定是程序违法的行为。因程序违法并不必然导致实体违法，即两者之间存在不对应的关系，才引起对违反法定程序的行政决定是否都必须

---

① 《行政处罚法》第五十五条规定：“行政机关实施行政处罚，有下列情形之一的，由上级行政机关或者有关部门责令改正，可以对直接负责的主管人员和其他责任人员依法给予行政处分：(1) 没有法定的行政处罚依据的；(2) 擅自改变行政处罚种类、幅度的；(3) 违反法定的行政处罚程序的；(4) 违反本法第十八条关于委托处罚的规定的。”

② 《国家公务员任职回避和公务回避暂行办法》以“亲属关系”作为回避的缘由，将亲属关系的范围限定为：“(1) 夫妻关系；(2) 直系血亲关系，包括祖父母、父母、子女、孙子女、外孙子女；(3) 三代以内旁系血亲关系，包括伯叔姑舅姨、兄弟姐妹、堂兄弟姐妹、表兄弟姐妹、侄子女、甥子女；(4) 近姻亲关系，包括配偶的父母、配偶的兄弟姐妹及其配偶、子女的配偶及子女配偶的父母、三代以内旁系血亲的配偶。”这种列举的范围更不科学。因为在这个范围之外其他有利害关系支配下，国家公务员也可能难以公正地执行职务。

撤销的争议。① 可选的方案是，当行政决定违反回避规定足以影响实体内容的，应当认定构成撤销的理由。

第八节　行政证据制度

一、证据及其合法性

（一）证据

证据是法律程序的灵魂。离开证据的证明作用，任何精巧的法律程序都将会变得毫无意义。作为一个法律程序整体不可缺少的组成部分——行政程序同样也在证据的作用下发挥着它应有的功能。但是，由于证据制度源于司法程序以及行政程序历史短暂等因素，行政程序中的证据制度并不为人们所重视。在比较法上，不少国家行政程序立法或是规定有关证据可以适用民事诉讼的证据规则②，或是只字不提有关证据运用问题。③ 但是，只要涉及行政程序的适用，我们无论如何都无法回避证据的适用问题。

证据的概念在法学理论上并无统一的表述。在比较法上，有的国家在制定法中单列证据的概念，如奥地利《行政程序法》第 46 条规定："凡适于确定主要事实，并依各个案件之情况有助于达到目的者，皆得视为证据"。不同国家的法学理论对证据的概念理解也有所差异，如日本法学家兼子一教授认为："证据是法官为确定判决的基础资料而取得的诉讼上的手段和方法。"④ 这一表述与英国泰勒的看法相似，即证据"皆于证明或反证某件事实所用的纯粹的论证以外的一切法定方式，该项事实的

① 进一步阅读章剑生：《对违反法定程序的司法审查》，《法学研究》2009 年第2 期。

② 参见奥地利：《行政程序法》第 47 条，瑞士：《行政程序法》第 19 条。

③ 日本《行政程序法》没有涉及证据的相关规定。

④ ［日］兼子一等：《民事诉讼法》，法律出版社 1995 年版，第 100 页。

真实性正是法院进行调查的”。[1] 他们都将证据看成一种取得证据的手段和方法。这与我国制定法上的规定有不小的差距[2]，可能难以为我们接受。但是，这种证据理论也有其独特之处，不仅用静态目光去辨别证据的具体种类，而且还用动态的目光去说明证据的取得和审查的方法，从而使证据的概念更加丰满、完整。

（二）证据的合法性

证据不同于证据材料。证据材料是收集在卷的“证据”，经审查符合证据三属性之后，即成为证据。证据的三属性即客观性、关联性和合法性。对证据的客观性和关联性，学理上一般尚能达成基本共识。但是，对证据的合法性却存在两种相反的观点，即“两性说”和“三性说”。“两性说”认为，合法性不是证据的属性，因此证据的属性只有客观性和关联性。[3] “三性说”则认为证据必须具有合法性。[4] 证据的合法性有时可能会与证据的关联性、客观性有矛盾，如违法取得的且可以认定行政相对人违法行为的证据被排除后，他的违法行为就得不到法律制裁。这样的结果是实体真实价值观所不能接受的。但是，如违法取得的证据被作为认定行政相对人违法事实的依据，那么这种“以毒攻毒”的手段在道义上就不具有正当性，这又是程序正当价值观所主张的基本观点。所以，“证据的合法性是实质真实性与程序法治之间价值冲突协调的结果”。[5] 实体真实与程序正当一直是现代法治理论所关注的一个重要理论问题。不同国家基于不同的法律传统、法律价值取向以及意识形态等因素都会给出不同的答案，所以，对这个问题恐怕并不能那么简单地作出肯定或否定回答。

---

① 沈达明：《比较民事诉讼法初论》（上），中信出版社1991年版，第261页。

② 《刑事诉讼法》第四十二条第一款规定：“证明案件真实情况的一切事实，都是证据。”《民事诉讼法》第六十三条第二款、《行政诉讼法》第三十一条第二款都规定，证据必须查证属实，才能作为认定事实的根据。

③ 陈一云主编：《证据学》，中国人民大学出版社1991年版，第104—107页。

④ 江伟主编：《证据法学》，法律出版社1999年版，第216—219页。

⑤ 高家伟等：《证据法原理》，中国人民大学出版社2004年版，第19页。

在西方法学理论中，坚持证据的合法性作为一种主流学说至今仍未改变。如对于口供的合法性与作为证据使用的属性，英国普通法中的“考门罗原则”是一个相当重要的法原则。它的意旨是被告人不当的或不自由的自白不应作为定案的证据。这项证据规则的法理基础是，只有当事人在人身、财产处于安全的前提下作出的自白，才能保证其自白内容的真实性。如果当事人在外力驱使下作了自白，必然会不自觉地顺从外力驱使的要求，这种自白的真实性令人怀疑。美国《联邦宪法》修正案第5条也接受了此原则。它规定“任何人……在刑事案件中，都不得被迫成为不利于己的证人。”这一规定的宪法精神是，“政府对于公民罪行的控告，负有提供罪证的责任，即举证责任；而有关犯罪的证据的收集，必须严格遵守宪法的有关规定，不得使公民在被迫的状态下提供不利于己的证据”。① 日本在这个问题上采取了与英美国家一致的态度。如日本《宪法》第三十八条规定：“以强制、拷问或胁迫所取得的自白，或者经过不适当的长期扣留或拘禁的自白，都不得作为证据。”又如日本《刑事诉讼法》第三百一十九条规定：“出于强制、拷问或胁迫的自白，在经过不适当的长期扣留或拘禁的自白，或其他可以怀疑为并非出于自由意志的自白，都不得作为证据。”日本东京高等法院在昭和五十七年（1982年）的一个判决中认为：“搜集证据采用严重违反社会公德的手段，限制他人的精神和肉体上的自由等带有侵犯人格的方法去搜集时，这本身就是违法，因此，不得不否定其证据能力。”② 在大陆法系国家中，如意大利《刑事诉讼法典》第188条规定：“不得使用足以影响人的自由决定权或者足以改变对事实的记忆和评价能力的方法或技术，即便关系人表示同意。”由此可见，国家机关在个人违反自愿口供规则下从中所获得的证据，应当在诉讼程序中从定案依据中排除出去。这是目前西方法治国家仍然坚守的一条证据规则。

从我国制定法上看，坚守这一证据规则不会存在法律上的障碍。如

① 李心鉴：《刑事诉讼构造论》，中国政法大学出版社1992年版，第207页。

② ［日］兼子一等：《民事诉讼法》，法律出版社1995年版，第108页。

《刑法》中已设有刑讯逼供罪,[①]《刑事诉讼法》第四十三条规定:“严禁刑讯逼供和以威胁、引诱、欺骗以及其他方法收集证据。”因此,在行政程序中,行政机关(主要是公安机关等)利用刑讯逼供或者以威胁、引诱、欺骗以及其他违法手段得到的口供(当事人陈述),都应当从行政程序中的定案依据中排除出去。

但是,证据除了口供之外,还有其他诸如书证、物证等证据种类。这类证据的合法性是否要作有别于口供的处理,在比较法上是有不同做法的。如美国《联邦宪法》修正案第4条规定,个人的文件、财物、住所不受非法搜查、扣押,但是,在实践中行政机关有时非法搜查、扣押所取得的证据仍然运用于定案依据之中。这种做法对公民的合法权益造成了不小的损害。1885年联邦最高法院为了彻底实现宪法修正案对公民权利的保护,在Boyadv.U.S一案中宣称,凡联邦官员违犯修正案第4条的规定而取得的证据,在联邦最高法院不得作为不利于被告的证据。虽然联邦最高法院在1904年的Adamsv.New York一案中,废除了1885年判例所确认的证据规则,但在10年后的1914年的Weeksv.U.S一案中又重新承认了这一证据规则。这个判例涉及此原则的要点有:(1)违法证据排除法则所排除的违法证据,仅限于违反《联邦搜查与扣押法》(Federal Search-and-Seizure Laws)所获得的证据,并非对所有的非法取得的证据均能适用;(2)对于州或其他地方官员非法搜查与扣押而获得的证据,即使联邦官员并不违法,在联邦法院内也予以排除,同时联邦法院还禁止联邦官员向各州法院提出自己非法搜查、扣押的证据。[②] 日本在这个问题上表现出与美国不同的态度。从日本宪法的规定看,政府机关及其官员违犯宪法规定,以非法扣押、搜查所获取的证据应当排除。[③] 但是,无

① 《刑法》第二百四十七条规定:“司法工作人员对犯罪嫌疑人、被告人实行刑讯逼供或者使用暴力逼取证人证言的,处三年以下有期徒刑或者拘役。致人伤残、死亡的,依照本法第二百三十四条、第二百三十二条的规定定罪从重处罚。”

② 参见李心鉴:《刑事诉讼构造论》,中国政法大学出版社1992年版,第284—285页。

③ 日本《宪法》第三十五条规定:“任何人对其住所、文件及所持物品,均有不受搜查及扣押之权利,除第三十三条所规定的情形外,非具有基于正当理由所签发并载明搜查场所及扣押物品之文书,不得侵犯之。”

论在日本的法学界还是实务界，对于从宪法这一规定中所推导出的证据规则却并不那么持积极的支持态度。如最高法院在昭和 53 年（1978 年）的一个判例中认为："在证据物的收集程序中，违反宪法第三十五条以及以该条依据的刑事诉讼法第二百一十八条第一段所规定的令状主义的精神，构成重大违法时，在如果容许将这种违法收集的材料作为证据，从抑制将来的违法侦查的立场上看并不适当的场合，应当否定其证据能力。"① 从此判例中可以看出，日本司法界对违法取得的证据的否定态度并没有如美国那么坚决。在这个问题上，意大利《刑事诉讼法》第 191 条则明确规定："在违反法律禁令的情况下获取的证据不得加以使用。"

我国《刑事诉讼法》非常明确地表达了违法证据应予以排除的态度。② 在行政诉讼中，最高人民法院也通过相关司法解释对违法取得的证据表达了否定的态度。③ 在行政程序中，行政机关违法取得的书证、物证和视听资料等证据不具有合法性，这是应当明确的。④ 但是，基于实体正

---

① 转引自李心鉴：《刑事诉讼构造论》，中国政法大学出版社 1992 年版，第 292 页。

② 《刑事诉讼法》第四十三条规定："严禁刑讯逼供和以威胁、引诱、欺骗以及其他非法的方法收集证据。"最高人民法院、最高人民检察院等《关于办理刑事案件排除非法证据若干问题的规定》（法发［2010］20 号）。

③ 最高人民法院《关于行政诉讼证据若干问题的规定》第五十七条规定："下列证据材料不能作为定案依据：（1）严重违反法定程序收集的证据材料；（2）以偷拍、偷录、窃听等手段获取侵害他人合法权益的证据材料；（3）以利诱、欺诈、胁迫、暴力等不正当手段获取的证据材料；（4）当事人无正当事由超出举证期限提供的证据材料；（5）在中华人民共和国领域以外或者在中华人民共和国香港特别行政区、澳门特别行政区和台湾地区形成的未办理法定证明手续的证据材料；（6）当事人无正当理由拒不提供原件、原物，又无其他证据印证，且对方当事人不予认可的证据的复制件或者复制品；（7）被当事人或者他人进行技术处理而无法辨明真伪的证据材料；（8）不能正确表达意志的证人提供的证言；（9）不具备合法性和真实性的其他证据材料。"

④ 《治安管理处罚法》第七十九条规定："公安机关及其人民警察对治安案件的调查，应当依法进行。严禁刑讯逼供或者采用威胁、引诱、欺骗等非法手段收集证据。以非法手段收集的证据不得作为处罚的根据。"

义和行政效率的综合考量，在不具有合法性的证据中，只有如“以违反法律禁止性规定或者侵犯他人合法权益的方法取得的证据，不能作为认定案件事实的依据”。①

二、法律程序与证据

一个国家的行政程序证据制度的完整性，往往与该国行政程序法所追求的法律公正性价值目标成正比，与其所关注的效率性价值目标成反比。证据制度的完整性程度越高，对行政机关行政行为的合法性要求也就越高，结果是，行政机关在严格遵守证据规则的前提下，必须满足更高的证明要求。英美法系国家与大陆法系国家之间就证据制度的规定差异性大致可以佐证这一点。不少国家或地区的行政程序法中并没有规定完整的证据制度，也有的仅就某些问题适用民事诉讼法的规定。由此产生的问题是，行政机关在行政程序中适用民事诉讼证据制度的法理基础是什么？为什么不适用刑事诉讼证据制度？从行政权的公益性意义上说，刑事诉讼证据制度或许更加适合行政程序。如行政处罚与刑罚互相联系，使行政程序与刑事诉讼程序关系更加密切，人们有足够的理由相信行政机关运用刑事诉讼证据制度更适合行政权的需要。但实际情况并非如此。在许多国家或者地区的诉讼程序中，“自由心证”的证据规则一直被适用至今，但我国法学理论至今也没有公开承认这一证据规则。② 在科学技术如此发达的今天，我们是否需要步他国的后尘采用这一证据规则，这是

---

① 最高人民法院《关于行政诉讼证据若干问题的规定》第五十八条。进一步阅读徐继敏编：《行政程序证据规则与案例》第二章“行政程序证据种类与证据排除规则”，法律出版社2011年版，第33—46页。

② 最高人民法院《关于行政诉讼证据若干问题的规定》第五十四条规定：“法庭应当对经过庭审质证的证据和无需质证的证据进行逐一审查和对全部证据综合审查，遵循法官职业道德，运用逻辑推理和生活经验，进行全面、客观和公正地分析判断，确定证据材料与案件事实之间的证明关系，排除不具有关联性的证据材料，准确认定案件事实。”

一个很值得我们重新进行评估的问题，也包括重新审视维辛斯基的否定理由。没有一条可行的证据规则，其结果可能比坚持一条不尽科学的证据规则后果更加严重。

法律程序与证据之间的关系密不可分。讨论法律程序总是离不开与证据有关的程序性技术方法。通过这些程序性技术方法来查明事实，发现案件真相，一直被奉为证据法学的宏旨。行政程序作为一种法律程序，也需要这些程序性技术方法来实现自己的任务。这些程序性技术方法大致有：

（一）举证责任

举证责任涉及当事人对自己的主张应当提出证据加以证明的问题。① 举证责任是证据制度的核心内容。"在实际诉讼中，举证责任问题的实际重要性甚至比大多数律师认识到的还要大。确定举证责任问题常常就是决定谁胜谁负的问题。"② 在行政程序中，同样存在与诉讼程序相同的局势，它需要通过举证责任在当事人之间的分配来解决有关行政法律争议的事实真相问题。

举证责任的核心问题是，当引起法律争议的事实处于真伪不明时，应当由哪一方当事人承担举证责任。不同法律程序中举证责任有不同的分担方式，因此，确定举证责任分担应当充分考虑不同法律程序的特点。在刑事诉讼中有两种不同的诉讼模式，即究问式和抗辩式。在究问式中，除双方当事人应当承担举证责任外，法院也承担着一部分收集证据的职责；在抗辩式中，双方当事人承担全部举证责任，法院没有为查明案件事实去收集证据的职责。在民事诉讼中，"谁主张，谁举证"的举证责任分担原则为许多国家立法所认同，法院通常处于中立的、被动的地位。例外的情形是：（1）法院在必要时也可以去调查证据。如法国《民事诉讼法典》第10条规定："法官有权依职权命令采取法律上允许的一切调查措施。"我国《民事诉讼法》第六十四条也有类似的规定。（2）实行

---

① 进一步阅读叶自强：《举证责任》，法律出版社2011年版。

② ［美］施瓦茨：《行政法》，徐炳译，群众出版社1986年版，第321页。

举证责任倒置的诉讼。在一些侵权纠纷的民事案件中，如果贯彻“谁主张，谁举证”的举证责任分担原则，可能会对受害人产生极不公平、合理的后果，使受害人无法获得赔偿。所以，法律规定应当由加害人对自己无过错进行举证，如加害人不能举证以证明自己无过错的，推定为其主观有过错，应当负赔偿责任。在行政诉讼中，根据《行政诉讼法》的规定，被告对其作出的行政行为合法性负举证责任，但在法定情形下，原告也要承担一部分举证责任。①

在行政程序中，举证责任及其如何分担的问题同样存在。无论是行政机关行使权力还是行政相对人参与行政程序，法律都要求双方对自己的主张提供事实依据。但是，在行政程序中，由于行政机关和行政相对人的法律地位不对等，决定了双方不可能承担相同的举证责任。在比较法上，有的国家规定行政机关必须对作出的行政行为说明理由，可以看作是在行政程序中行政机关应负有主要举证责任的间接规定。但是，行政相对人对自己的主张也应当提出证据加以证明，如在申请程序中证明申请符合法律规定的要件事实。

从不同国家和地区的行政程序法规定看，我们至少可以获得这样几点认识：(1) 一个国家的行政程序证据制度的完整性，往往与该国行政程序法所追求的法律公正性价值目标成正比，与所关注的效率性价值目标成反比。证据制度完整性的程度越高，对行政机关行政行为的合法性要求也就越高，结果是，在行政机关遵守证据规则的前提下，必须满足更高的证明要求。英美法系国家与大陆法系国家之间就证据制度的规定差异性大致可以佐证这一点。(2) 不少国家和地区的行政程序法中并没有规定完整的证据制度，有的仅就某些问题作出适用民事诉讼法的规定。

① 最高人民法院《关于执行〈中华人民共和国行政诉讼法〉若干问题的解释》第二十七条规定：“原告对下列事项承担举证责任：(1) 证明起诉符合法定条件，但被告认为原告起诉超过起诉期限的除外；(2) 在起诉被告不作为的案件中，证明其提出申请的事实；(3) 在一并提起的行政赔偿诉讼中，证明因受被诉行为侵害而造成损失的事实；(4) 其他应当由原告承担举证责任的事项。”

由此产生的问题是，行政机关在行政程序中适用民事诉讼证据制度的法理基础是什么？为什么不适用刑事诉讼证据制度？从行政权公益性意义上说，刑事诉讼证据制度或许更加适合行政程序。如行政处罚与刑罚互相联系，使行政程序与刑事诉讼程序关系更加密切，人们有足够的理由相信行政机关运用刑事诉讼证据制度应该更加符合行政权的需要。但实际情况并非如此。（3）在许多国家和者地区的诉讼程序中，"自由心证"适用至今，但我国法学理论至今也没有公开承认这一证据规则。① 在科学技术如此发达的今天，我们是否需要步他国的后尘采用这一证据规则，是一个很值得我们重新评估的问题，也包括重新审视维辛斯基的否定理由。

（二）证明标准

与证明标准相关的一个基础性概念是证明对象，它是指在证明过程中需要证明的案件事实。由于案件事实与定案依据之间有着不可分割的关系，因此，证明对象又可称为"待证事实"，而用于证明的事实即定案依据可称为"已知事实"。证明标准的实质内容是待证事实和已知事实之间的一种逻辑关系。

待证事实与定案依据具有相当密切的关系，但不同的诉讼程序具有不同的待证事实范围和要求。如在刑事诉讼中，待证事实是被告人有罪或无罪、罪重或罪轻的事实；在民事诉讼中，待证事实是指当事人之间有关民事权利、义务争议的事实；在行政诉讼中，待证事实是行政机关的行政行为和行政相对人的行为是否合法。前者是行政机关的行政行为接受司法审查的必然要求，后者是行政机关依法行使行政权的合法性基础。在行政程序中，行政机关应当收集这两方的证据，分别对需要证明

① 最高人民法院《关于行政诉讼证据若干问题的规定》第五十四条规定："法庭应当对经过庭审质证的证据和无需质证的证据进行逐一审查和对全部证据综合审查，遵循法官职业道德，运用逻辑推理和生活经验，进行全面、客观和公正地分析判断，确定证据材料与案件事实之间的证明关系，排除不具有关联性的证据材料，准确认定案件事实。"

的事实运用证据加以证实。

已知事实是已经过合法程序收集的，经过审查认定已具有客观性和与定案有关联的定案依据。证据本身是一种事实，可能存在着真假情况，但它不是证明对象，它的真假问题可以通过证据的审查来解决，所以，不能将对案件事实的证明与对证据材料的审查混同。如果把证据材料本身真假的问题也作为待证事实，则是证明对象的颠倒。

当待证事实和已知事实相连接之后，在什么情况下或者依何种标准可以断定待证事实在法律上确已成立，涉及“证明成熟性原则”的运用。这是证据法理论中一个极其重要的问题。在比较法上，如英国，不同性质的诉讼案件适用不同的证明标准。如在刑事案件中使用的“按情理无可置疑的证明”（proof beyond reasonable doubt），而在民事案件中则使用“或然性权衡”（proof on a balance of probabilities）。丹宁法官（Denning）在 1951 年的一个判决中指出：“英国法上刑事案件需要更高的证明标准。但必须注意民事和刑事案件都没有绝对的标准。民事法庭审理欺诈案件所要求的或然性程度当然会高于过失案件。”① 在大陆法系的国家中，对刑事案件和民事案件的证明采用的是同一标准，要求证明达到高度的概然性，即要达到排除一切怀疑，接近必然发生的程度。② 不过，日本在这个问题上似乎持有与英国相近的态度。如在民事诉讼中，“要作出裁判，法官必须对认定为判决基础的事项取得确信，这是一个原则。而要达到这种确信状态时，就叫作事项已被证明。这种诉讼上的证明所必要的确信的程度不同于丝毫无疑义的自然科学的证明，而是只要通常人们在日常生活上不怀疑并且达到作为其行动基础的程度就行”。③

在我国的制定法上，刑事诉讼的证明标准是确实、充分，排除合理怀疑，学理上称为一元化证明标准；只有达到这一要求，才能认为事实认定已经满足了证明成熟性原则。但这种一元化的证明标准已经受到诉

① 沈达明：《比较民事诉讼法初论》（上），中信出版社 1991 年版，第 274—275 页。

② 参见黄道主编：《诉讼法》，知识出版社 1981 年版，第 213 页。

③ ［日］兼子一等：《民事诉讼法》，法律出版社 1995 年版，第 101 页。

讼法学界的质疑。① 在民事诉讼中，一般倾向于采用优势证明标准。从《行政诉讼法》的规定看，它的证明标准还是有别于刑、民诉讼法的。《行政诉讼法》对合法的行政行为要求其“证据确凿”，但也只有在行政行为“主要证据不足”时，法院才会判决撤销之。② 显然，基于行政效率的要求，行政诉讼中的证明标准要低于刑事诉讼。那么，行政程序证明标准应当如何确定呢？

在适用证明成熟性原则时，应当考虑所适用的法律程序的价值取向。证明成熟性原则内涵是富有弹性的，可以不断地变化；也只有这样，它才能适应不同法律程序的证明标准要求。但是，在比较法上，通常在制定法中对证明成熟性原则是不作规定的，确定证明成熟性原则大致来说是可以裁量的。在行政程序中，行政裁量除受到行政程序的控制外，还应当受行政程序法价值取向的支配。进言之，如果行政程序法的价值取向重在公平，则证明标准应当确定为排除合理怀疑，几乎接近真实情形；如果行政程序法的价值取向重在效率，则应当确立案件主要事实接近真实情况即可。但是，行政行为对行政相对人合法权益的影响重则限制人身自由，轻则警告，在行政程序中采用一种证明标准显然是不科学的。因此，行政程序中的证明标准应当是一个多元化的体系，即涉及限制人身自由、重大财产的行政案件，应采用排除合理怀疑标准；涉及影响较轻的行政案件（如现场处罚），应采用优势证明标准；其他行政案件，应采用“清楚的且有说服力”的标准。

三、行政程序中的证据

（一）三大诉讼法的异同

我国没有统一的证据法典，三大诉讼法根据自身特点和需要都规定了自己的证据制度。就它们的共性而言：其一，相同的证据种类。其二，相同的运用证据的基本原则。这个基本原则是重证据，重调查研究，不

① 参见李浩：《民事举证责任研究》，中国政法大学出版社1993年版，第233—236页。

② 参见《行政诉讼法》第五十四条。

轻信口供，严禁刑讯逼供。一切证据必须查证属实，才能作为定案的根据。必须忠实于事实真相等。其三，相同的证明方法等。就它们的差异性而言：其一，证明对象不同。如在刑事诉讼中，一切实体法和程序法的事实均可成为证明对象；在民事诉讼中，凡可以成为诉讼请求原因与答辩理由的具有法律意义的事实就是证明对象；而在行政诉讼中，证明对象是被诉行政行为合法性的事实，附带如原告起诉期限争议的事实等。其二，举证责任分担的方式不同。刑事诉讼中的举证责任由检察机关分担，但在自诉案件和个别案件（如巨额财产来历不明罪案）中，被告人也承担了部分举证责任。在民事诉讼中，一般情况下实行“谁主张，谁举证”的举证责任分担方式，法院只有在当事人不能自行取得证据或者认为审理案件需要时，才能调查收集证据。但这种诉讼活动不是承担举证责任。在行政诉讼中，被告对作出的行政行为合法性负有举证责任，但原告也要承担部分举证责任，如在申请行政行为作为行政诉讼客体时，原告必须对申请的事实承担举证责任。

从总体上看，三大诉讼法的证据制度还是比较科学的。但是，这几个问题仍然不可忽视：其一，如何对待违法所取得的证据？其二，如何有效地排除伪证？其三，如何更多地使证人当庭作证？其四，如何认定证明成熟性问题？等等。我们知道，证据制度的完善与法律程序的关系相当密切，在一个并不重视现代法律程序建设的国家中，证据制度不可能成为法制建设的关注点。我国今天的情况大致如此。然而，证据制度对保证实体规范的准确实施确实是其他任何制度不可替代的，否则，即使构筑起完善的实体法律体系，也不可能达成预期的立法目的。

（二）制定法中行政程序证据制度的主要内容

我国未制定统一的行政程序法典，这里所说的证据制度是指分设于制定法（法律、法规、规章）中有关证据的规定。① 有关制定法大多参照诉讼法的规定，对行政程序证据制度作出一些规定，或者根据行政权

① 《湖南省行政程序规定》对行政程序证据制度作了一些原则性规定，如种类、违法证据排除、质证、举证责任分担等。

特点作出了变通的规定。从这些规定中，大致可以归纳出我国行政程序证据制度的基本框架。

1. 调查取证采用职权主义。职权主义强调行政机关在调查取证的范围、种类和方式上享有主动决定权，不受当事人主张的约束。如《城市供水水质管理规定》第二十八条第二款规定："发生城市供水水质安全事故后，直辖市、市、县人民政府城市供水主管部门应当会同有关部门立即派员前往现场，进行调查和取证。调查取证应当全面、客观、公正。"这样的规定是符合行政权特点与要求的。

2. 取证方式。调查取证应当由 2 名以上执法人员参加，并向被调查人出示有关证件。证人证言应当制成笔录，经其阅读或向其朗读认为无误后签名；对拒绝签名的，应当在笔录上加以注明。书证、物证应当是原件，如取原件有困难的，可由提交人在复制品上加印章，并注明"与原件相同"的字样或相关的文字说明。对于一时难以取得的证据，法律还规定了一些特别的处理方式。如《行政处罚法》第三十七条第二款还规定："行政机关在收集证据时，可以采取抽样取证的方法；在证据可能灭失或者以后难于取得的情况下，经行政机关负责人批准，可以先行登记保存，并应当在七日内及时作出处理决定，在此期间，当事人或者有关人员不得销毁或者转移证据。"在涉及行政处罚程序中取证方式时，制定法大都作出这样的规定。

3. 证明标准和证据种类。在制定法中，行政程序的证明标准通常是用"确实、充分"，与刑事诉讼和民事诉讼的证明标准基本一致，体现了"以事实为依据，以法律为准绳"的法律原则的影响力。证据的种类主要是书证、物证、视听资料、证人证言、当事人陈述、鉴定结论和现场勘查笔录，与诉讼法中的证据种类相同。

（三）行政程序证据制度的修补

将来的"行政程序法"应对行政程序证据制度作一个框架性规定，允许其他制定法作出特别规定。但是，以下几个有关证据的问题必须优先加以解决。

1. 违法证据的性质。行政机关之所以要违法取证，可能是因为：

（1）通过合法手段无法取得定案需要的证据；（2）为图便利而通过违法手段取得证据；（3）出于个人私利而恶意违法取证。在实务中，基于第一种原因违法取证的情况比较普遍。除第（3）种情形外，对于违法取证的执法人员来说，他的主观上并无恶意，有时还可能是出于打击违法行为的良好愿望。但这种良好的主观愿望是否可以改变违法取证的性质，往往与一个国家对人权的尊重与保障程度有关。在当下，若要求行政机关在行政程序中一律必须合法取证，否则它取得的证据都将在司法审查中被排除，那么行政机关的反对声音肯定是十分强烈的。但是，如果我们不守住这条底线，则与依法行政原理又是背道而驰的。解决的方案是，对违法取得的口供应当无条件地从定案依据中排除出去；对违法取得的其他证据，如果具备客观性、关联性的属性，那也只能成为其他定案依据时参考。一个违法取得的"孤证"，绝对不能作为定案的依据。

2. 举证责任分担。从程序法理上看，行政程序法律主体的地位，即是指控还是防卫，直接影响到举证责任的分配。另外，举证责任分配还与行政行为的授益性或不利性有密切的关系。从行政程序的功能看，举证责任大致可以作如此分配：（1）依职权作出的行政行为。如果行政行为是不利性的（如行政处罚、行政强制措施），行政机关是指控方，行政相对人是防卫方，举证责任应当由行政机关来承担。（2）依申请作出的行政行为。如果行政行为是授益的（如行政许可、发放抚恤金等），行政相对人为了得到申请的利益，他必须向行政机关提供充分的证据以证明申请要件事实成立，举证责任由行政相对人来承担。若行政机关作为否定行政相对人申请的行政决定，则应当对该行政决定承担举证责任。

与举证责任分担的有关问题是：（1）行政机关的特权证据问题。所谓特权证据，是指行政机关可以法定理由拒绝向行政相对人提供其作出行政行为的证据，也不影响其行政行为的合法性。基于保护公共利益（国家秘密）和他人合法权益（商业秘密、个人隐私）的需要，行政机关可以拥有特权证据，但是，行政机关拥有特权证据的理由应当接受司法审查。如法院认为行政机关拥有特权证据的理由不充分，行政行为合法性将会受到影响。（2）免证事实及其范围的确定。为了减轻法律程序主体举证的负担，对于案件中的某些事实，法律适用机关可以直接认定。在诉讼法上，免证事实作为审核证据中的规则不可缺失。如在行政诉讼中，免证事实有：a. 众所周知的事实；b. 自然规律及定理；c. 按照法律规定推定的事实；d. 已经依法证明的事实；e. 根据日常生活经验法则推定的事实。但对于 a、c、d、e 中的事实，当事人有相反证据足以推翻的除外。① 行政程序可以参照适用《行政诉讼法》的规定。

3. 证人的资格。即个人作为证人的条件。只有具备证人条件的人提供的证据，才能作为定案依据。为此，《刑事诉讼法》第四十八条规定："凡是知道案件情况的人，都有作证的义务。生理上、精神上有缺陷或者年幼，不能辨别是非、不能正确表达的人，不能作证人。"《民事诉讼法》第七十条规定："凡是知道案件情况的单位和个人，都有义务出庭作证。有关单位的负责人应当支持证人作证。不能正确表达意志的人，不能作证。"但《行政诉讼法》对证人资格没有作出规定，应可以参照适用上述规定执行。从上述法律规定看，证人必须具备的条件是：（1）知道案件情况；（2）具有辨别是非、正确表达的能力。在比较法上，除了这两个条件外，法律还对某些特殊情形作了适当的排除，如在英国普通法中，当事人的配偶一般不得充当证人。② 其他诸如医生、律师、神职人员等，由于受委托在业务上了解当事人的事实或秘密，也不能成为证人。在大陆法系中，被告人不能作为证人对待。配偶、定有婚约的人和告密的人有权拒绝作证。公务员在职务上了解的国家机密，非经主管官员的同意，不得传唤作证。③ 这种特殊情形在我国实务中也是客观存在的。不考虑这种特殊性而确定证人的资格，可能影响证人证言的真实性。因此，确定行政程序中的证人资格条件，除了援用诉讼法的规定外，还可以规定若干例外情况。

（1）律师。律师不能在自己当事人受指控的案件中充当证人，这是

---

① 参见最高人民法院《关于行政诉讼证据若干问题的规定》第六十八条。

② 程味秋主编：《外国刑事诉讼法概论》，中国政法大学出版社 1994 年版，第 89 页。

③ 胡锡庆主编：《诉讼证据学通论》，华东理工大学出版社 1995 年版，第 113 页。

律师与当事人之间信任而产生的委托关系决定的。联合国《关于律师作用的基本原则》第22条规定："各国政府应确认和尊重律师及其委托人之间在其专业关系中所有联络和磋商均属保密性。"可见，尊重和保护律师享有保守职务秘密的权利已成为国际通例。当然，基于保护公共利益的需要，法律也可以作出例外的规定。如日本《律师法》第二十三条规定："律师或曾任律师的人，对保守由其职务上所得知的秘密，享有权利，负有义务。但法律另有规定时不在此限。"我国《律师法》第三十八条第一款规定："律师应当保守在执业活动中知悉的国家秘密和当事人的商业秘密，不得泄露当事人的隐私。"这是行政程序中对证人资格作出例外规定的法律依据。

（2）医务人员。医务人员与病人之间的医患关系是基于信任而产生的一种法律关系。通过这种法律关系，医务人员了解到病人的某些个人隐私，所以，在病人作为当事人的案件中，医务人员不能成为该案的证人。这种例外的规定是基于法律对公民个人隐私保护的需要。如果在证人资格上不排除医务人员，病人有时可能不愿将自己的病情全部诉诸医务人员，医务人员也就难于详尽了解病人的病情，导致医务人员不能确诊，贻误病情，损害病人的合法权益。

（3）本案承办人员。对于承办过本案的公务员，不能将执行公务过程中了解的情况作为证据提供给行政机关，以确保行政案件处理的公正性。如果在一个行政案件中，一个公务员既是证人，同时又是执法人员，则案件处理的公正性就难以获得法律保障。当然，在一些现场执行等特殊行政案件中，公务员的陈述是可以作为案件证据的。如在廖宗荣诉重庆市公安局交通管理局第二支队道路交通管理行政处罚决定案中，在原告廖宗荣"违章掉头"时，只有当时在场的警察陈祖坤看到了这一事实。在诉讼中，陈祖坤的一份书面陈述作为证明原告违法行车及交通警察纠正违法的经过提交到了法院，为法院采信。①

---

① 《最高人民法院公报》2007年第1期。

第九节　行政告知制度

一、行政行为告知界定

行政行为告知是指行政机关在行使行政权过程中，将行政行为（包括与行政行为相关的事项，下同）通过法定程序向行政相对人公开展示，使行政相对人知悉该行政行为的一种程序性行为。行政行为告知对行政机关而言是一项法定职责，如不履行这一法定职责，应承担相应的法律责任；对行政相对人而言是一项法定权利，行政机关如不履行这一法定职责时，行政相对人有权启动相应的法律程序，请求行政机关履行告知义务，或者救济其受损害的合法权益，或者依法产生有利于行政相对人的法效果。其中，行政决定是否告知行政相对人，有时还会影响到行政决定的效力。

行政机关在行使行政权的过程中，应当将行政行为依法定程序告知行政相对人。然而，行政机关如何告知行政相对人，行政机关不告知、延迟告知等对其所作出的行政行为的法效力是否有影响，以及行政相对人如何行使行政救济权等问题，在行政法学理论上至今仍是语焉不详的,① 同时也造成了行政执法和司法审查实践中困惑迭出。

行政行为告知的法理基础是行政相对人在行政法律关系中的主体法律地位，它源于国家对人权的尊重和保护的理念。② 战后这一宪政理念的

---

① 迄今为止，绝大多数的行政法学论著对行政行为告知都有所论及，但基本上限于告知方式和行政决定生效的关系。对于行政行为告知背后的行政法理及行政执法实践中产生的问题基本未及，更不用说提出解决行政执法实践和行政诉讼中出现的问题的方法。

② 凸显这一理念最具有代表性的法律是战后德国、日本制定的宪法。德国《基本法》第1条规定："人的尊严不受侵犯，尊重和保护它是国家的义务。"日本《宪法》第十三条规定："任何国民之人格均被尊重。关于国民生命、自由及追求幸福之权利，在不违反公共福利之范围内，在立法及其他国政上，必须予以最大之尊重。"

高扬对现代行政法产生了巨大的影响，导致了现代行政法的主题发生了深刻的变化。[①] 这一变化结出的宪政硕果之一就是行政程序法的产生与发达。行政程序法的基本理念是，行政相对人不再是行政权可以任意支配的客体，而是一个具有独立利益，且不可任意支配的主体，是限制行政机关滥用职权的外在力量。在行政程序法中创设行政行为告知程序，既是对行政相对人的尊重，也是防止行政机关滥用行政职权的法律机制。行政行为的告知具有以下法律特征。

1. 附属性。即告知作为行政机关实施的一种程序性行为。它依附于一个独立的行政行为之上，否则告知就没有了依托。可见，行政行为告知并不具有独立的法律价值，只有当它与某一个特定的行政行为结合时，才有将其纳入行政法体系加以调整的必要。行政行为告知不直接影响行政相对人的权利和义务，但它可能会影响行政相对人行使权利和承担义务；行政行为告知还可能会涉及行政行为的法效力。在大陆法系国家行政法理论中，行政行为告知是一种观念通知，属于（精神性的）事实行为，不发生法效力的行为。行政行为告知不是一个独立的行政行为，因此，与之相关的法律救济程序、方法与行政行为也有不同。[②] 行政复议机关或者法院在对被诉行政行为进行审查时，若行政行为告知不符合法律规定，它可以成为行政行为无效或者撤销的一个理由。附属性也意味着

① 现代行政法既要使政权不被滥用，也要保证行政权有效率地行使，单纯强调行政法控权这一消极功能已经不能适应现代社会发展的需要。现代行政法这一功能是否能够发挥，很大程度上取决于行政机关作出的行政行为是否具有可接受性以及可接受性的程度高低。这就要求行政机关对行政相对人应给予必要的尊重。将行政行为告知行政相对人是行政机关尊重行政相对人的具体表现。

② 如德国《联邦行政法院法》第 44a 条规定："针对行政机关行政程序行为付诸法律救济的，须同时针对有关实质性决定提请有关法律救济。但行政机关的行政程序行为可予以行政执行时或针对非程序参与人时除外。"中国台湾地区"行政程序法"第 174 条也规定："当事人或利害关系人不服行政机关关于行政程序中所为之决定或处置，仅得于对实体决定声明不服时一并声明之。但行政机关之决定或处置得强制执行或本法或其他法规另有规定者，不在此限。"

行政行为告知是一种方法，可以广泛适用于各种行政行为，同时也表明行政行为本身与告知行为之间存在的主从关系。

2. 义务性。即告知作为行政机关在行政程序法上的义务性行为，与行政机关在行政实体法上作出行政行为的权力性行为相对应。这是法律主体权利义务一致性原理在行政法上的体现。由于在行政法律关系中行政机关拥有支配性地位，强调行政行为告知的义务性就具有了不言而喻的法治意义。传统法学理论不重视或者看不到程序法上权利和义务各自的独立价值，将法律程序置于非常次要的、附属的地位。① 现代法学理论重塑了法律程序的应有地位，并导出一个基本规则：法律主体所拥有的实体法权利与程序法义务成正比，与程序法的权利成反比；法律主体应履行的实体法义务与程序法权利成正比，与程序法义务成反比。程序法与实体法如此紧密的关系在现代行政法上产生的效果是，行政机关在行政程序法上的行为是否合法，将影响到其根据行政实体法作出的行政行为的合法性。

3. 裁量性。即行政机关可以根据具体情况选择最适宜的方法履行告知义务。告知是为了给行政相对人行使抗辩权提供必要的条件，法律预先设立了多种告知方法，以应付不同行政案件的需要。不同的告知方法由于预设的情况不同，对行政相对人的影响也有差异。这就要求行政机关在选择告知方法时，应当将对行政相对人的不利影响减少到最低限度。行政机关在决定告知方法上的裁量性，并不意味着行政机关的决定权没有任何限制，它仍然必须遵守行政法上的一般原则，如必要性原则、禁

① 如《中国大百科全书·法学》（中国大百科全书出版社 1984 年版）在论及实体法与程序法的关系时是这样说的：“实体法与程序法的关系，前者居于主导地位，又称主法；后者是为了保证实现实体法的，又称助法。”现在看来，这种观点应当说是不科学的。实际上，实体法离开了程序法是没有意义的，程序法没有实体法同样如此。但是，任何实体法都是通过程序法创造出来的，因此，必须承认程序法是具有自身独立法律价值的。

止恣意原则等。① 行政机关滥用告知裁量权，应当产生对行政机关不利的法律后果。

二、行政行为告知合法要件

虽然行政行为告知是一种程序性行为，但它与行政相对人在行政实体法上的合法权益有着密不可分的关系，因此，研究行政行为告知的合法要件有相当重要的法律意义。根据行政行为合法性的一般原理，行政行为告知的合法性要件应当是：

（一）行政行为告知必须由行政机关作出

行政机关是指具有独立的管理公共事务职能的组织，可以自己的名义在法定管辖范围内自主地处理各种行政事务。基于“有权利必有救济”原则，行政机关作出的行政行为如影响行政相对人合法权益的，应当履行告知的法定义务，为行政相对人行使行政救济权利提供条件。虽然行政行为告知不是一个独立的行政行为，但它与所要告知的行政行为有密不可分的联系，因此，行政行为告知也必须由行政机关作出；其他组织如要替代行政机关履行告知义务，必须事先经行政机关委托，其他组织替代履行告知行为引起的法律后果由委托的行政机关承担。

行政行为告知的主体必须是行政机关，这是由告知与要告知的行政行为的关系决定的。行政行为是行政机关依职权作出的、影响行政相对人合法权益的行为，而行政行为中行政决定生效前提则是行政相对人知道或者应当知道该行政决定。因此，行政机关必须将行政决定依法告知行政相对人，行政决定才能产生法效力，才能产生行政相对人应当服从

① 行政法上的必要性原则“是指立法者或行政机关针对同一目的之达成，有多种适合之手段可供选择者，应选择对人民损害最小之手段。”德国联邦宪法法院将德国《基本法》第3条第1项解释为“禁止恣意”原则而建立下述著名公式：“如果一个法律上之区别对待或相同对待不能有一个合乎理性、得自事物本质或其他事理上可使人明白之理由，简单地说，如果该规定被认为恣意时，则违反‘平等原则’。”（参见城仲模主编：《行政法之一般法律原则》（上），台湾三民书局，第142、203—204页）

的义务，否则，行政机关不得追究行政相对人不履行行政决定设定的义务的责任，也不能强制行政相对人履行行政决定设定的义务。

（二）被告知的行政行为必须依法定程序到达行政相对人

行政机关作出的行政行为如影响到行政相对人的合法权益，行政机关必须通过法定程序告知行政相对人。这里的“告知”应当界定为“法律上到达”。它的基本内容是，被告知的行政行为在经过了一个法定程序之后，已形成了行政相对人充分了解该行政行为内容的客观条件，在法律上可以认定它已经到达了行政相对人知悉范围。① 如行政机关在当事人户口所在地公告《行政处罚决定书》，在经过法定期限后，即可视为该《行政处罚决定书》在“法律上”已经到达了当事人。

本要件可以分为三种情况作进一步讨论：（1）过程意义上的行政行为告知。即在行政程序中涉及与行政相对人有关的事项，如行政机关不告知行政相对人，那么行政程序无法继续向前伸展，或者行政机关在不告知行政相对人的前提下仍然推进行政程序的，则可能产生对行政机关不利的法律后果。如行政复议机关决定不予受理行政复议申请的，应当书面告知申请人，认为不属于本机关受理但属于行政复议受案范围的，应当告知申请人向法定复议机关提出。② （2）生效意义上的行政决定告知。即行政机关将一个已经成立的行政决定通过法定程序告知行政相对人，使该行政决定产生法效力，行政相对人必须履行该行政决定设定的义务。在这种情况下，行政行为告知是行政决定生效的必要条件，即如果行政机关不告知已经成立的行政决定，即使该行政决定符合合法要件，

---

① “法律上的到达”和“事实上的到达”是行政行为告知结果的两种状态。“事实上的到达”是指行政相对人客观上确实知悉了被告知的行政行为，如行政机关将行政处罚决定书当面交给当事人。如果我们采用“事实上的到达”作为告知的标准，那么，不仅不利于提高行政效率，确保行政机关有效率地行使行政权，而且行政相对人也可能会借口不知道行政行为，导致行政行为无法生效。这种情况最有可能发生在公告告知程序中。因此，现代行政法上通常采用“法律上的到达”的告知标准。

② 参见《行政复议法》第十七条。

对行政相对人也不具有法约束力。这种“不具有法约束力”表现在法律上是行政相对人不履行该行政行为设定的义务，也不承担任何法律责任。(3) 执行意义上的告知。即行政机关将具有执行内容的行政决定，在行政相对人不履行该行政决定所设定的义务时，以一定的形式告知行政相对人。如《行政强制法》第三十五条规定：“行政机关作出强制执行决定前，应当事先催告当事人履行义务。催告应当以书面形式作出，并载明下列事项：(一) 履行义务的期限；(二) 履行义务的方式；(三) 涉及金钱给付的，应当有明确的金额和给付方式；(四) 当事人依法享有的陈述权和申辩权。”这种告知具有告诫意义，行政相对人如果不加以重视并自觉履行行政决定设定的义务，行政机关将作出行政强制执行决定。

(三) 行政相对人已知悉被告知的行政行为

行政相对人作为行政行为的承受者，其合法权益可能会受到行政行为的不利影响。因此，行政相对人应当有权知悉可能影响他合法权益的行政行为，确保其有效地行使申辩权。行政相对人知悉被告知的行政行为不是客观上的实在状态，而是法律上的推定结果。① 也就是说，这里的“知悉”是基于行政机关告知行为的事实，推定行政相对人已经知悉被告知的行政行为，至于事实上行政相对人是否知悉暂且不论。如以公告方式进行告知的，在经过法定期间之后就可以推定行政相对人已知悉被告知的行政行为，但实际上，行政相对人可能由于种种原因确实不知道该行政行为。这里的“知悉”有两种情况：(1) 行政相对人确实知道被告知的行政行为，如行政机关当场送交行政相对人的行政处罚决定书；(2) 行政相对人确实不知道被告知的行政行为，但因行政机关告知符合法定条件而被推定为知道被告知的行政行为，如依公告程序告知行政行为。

这一要件乍看似有不合情理之处，但实际上具有正当的法理基础。因为，如果不以推定作为判定行政相对人是否知悉行政行为的方式，那

① 法律推定是指从某一事实推出另一事实的一种法律方法。西方法学上对推定较有权威的解释是：“从其他已确定的事实必然或可以推断出的事实推论或结论。”(参见［英］沃克：《牛津法律大辞典》，光明日报出版社 1988 年版，第 714 页)

么行政程序的进展可能会在行政相对人“不知悉”的借口下不断受挫，行政机关可能无法有效地行使行政职权。当然，如果因行政行为告知而引发了行政争议，其举证责任应当由行政机关承担，即行政机关应当提出证据证明其已经履行了告知行政行为的法定职责。①

三、行政行为告知基本内容

（一）行政事项的告知

行政程序包含了行政相对人的参与程序。“参与原则要求所有的公民都应有平等的权利来参与制定公民将要服从的法律的立宪过程和决定其结果。”② 没有行政相对人参与的行政程序是不正当的行政程序。“程序性的正当程序概念的意思是，正式行为必须符合对个人的最低公正标准，如得到充分通知的权利和在作出裁决之前的有意义的听证机会等。”③ 然而，一个不争的事实是，在行政程序中，行政机关掌握着行政的各种信息，始终处于主动的、优越于行政相对人的法律地位。在很大程度上，行政程序如何进行取决于行政机关的意志，要保证行政相对人有效地参与行政程序，行政机关必须将有关行政行为的事项告知行政相对人。这些事项大致有：

1. 拟制行政行为的依据。拟制行政行为是行政机关根据已经掌握的事实、法律依据，对将要作出的行政行为所作的一种意思表示。④ 这种意

---

① 关于这一点《行政诉讼法》已经作出规定。《最高人民法院关于执行〈中华人民共和国行政诉讼法〉若干问题的解释》第二十七条规定：原告对证明起诉符合法定条件承担举证责任，但被告认为原告起诉超过起诉期限的除外。

② ［美］罗尔斯：《正义论》，何怀宏等译，中国社会科学出版社1988年版，第211页。

③ ［美］盖尔霍恩等：《行政法和行政程序概要》，黄列译，中国社会科学出版社1996年版，第119页。

④ 关于拟制行政行为依据的告知，《行政处罚法》有明确的规定。该法第三十一条规定：“行政机关在作出行政处罚决定之前，应当告知当事人作出行政处罚决定的事实、理由及依据，并告知当事人依法享有的权利。”该法第四十一条进一步规定行政机关如不履行第三十一条的告知义务，将导致其所作出的行政处罚决定不成立的法律后果。

思表示是一种未定型的行政行为，对行政相对人不具有拘束力。为了提高行政相对人对行政行为的接受程度，行政机关应当在正式作出行政行为之前，将可能成为以后作出行政行为的事实、法律依据告知行政相对人。这既是对行政相对人的尊重，为行政相对人行使抗辩权提供必要的条件，也有利于行政机关正确认定事实和适用法律。拟制行政行为依据的告知以正当法律程序为法理基础，这一正当法律程序原理在导入行政程序之后，可以演绎出如下基本内容：行政相对人基于正当法律程序不再是任行政权随意支配的客体，而是具有独立人格的主体。当行政机关将要作出的行政行为可能影响行政相对人的合法权益时，应当事先告知行政行为的事实、法律依据，确保行政相对人行使抗辩权的有效性。①

为了确保拟制行政行为的依据告知达到法定目的，国家应当通过立法的方式，规定相应的文件阅览制度，确认行政相对人的卷宗阅览权。这种卷宗阅览权是指行政相对人可以在法律规定的范围内到行政机关那里查阅有关行政案件材料，除非涉及国家机密、个人隐私和商业秘密外，否则行政机关不得拒绝行政相对人阅览卷宗的请求权。

2. 陈述意见的机会。行政相对人获知拟制行政行为的依据是其向行政机关陈述意见的前提，但是行政相对人能否陈述意见，又取决于行政机关是否提供陈述意见的机会。这里的“机会”主要是指由时间、地点等要素构成的一个对话空间。行政机关在行政程序进行到适当的时候，应当将陈述意见的时间、地点等通过法定程序告知行政相对人，以保障行政相对人抗辩权的实现。在“陈述意见的机会”告知给行政相对人的时间点上，因行政管理的复杂性排除了立法作出统一规定的必要性，但

---

① 美国宪法修正案第 14 条规定“正当法律程序”在实践中有很多具体规定，但原则上包括了被告人的 10 条诉讼程序权利：（1）通知指控罪名的权利；（2）受审的权利；（3）由辩护律师辩护的权利；（4）对指控罪名答辩的权利；（5）与被控告人和证人当面对质与辩论的权利；（6）拒绝自认犯罪的权利；（7）出示被告人证人的权利；（8）无罪推定的权利，即被告人被视为无罪，除非法庭在审判期间根据实质证据能证明被告人有罪；（9）获得判决书的权利；（10）上诉的权利。（参见刘卫政等：《疏漏的天网》，中国社会科学院出版社 2000 年版，第 8—9 页）

行政机关必须遵守的原则应当是“这个通知应当给受通知的个人以足够的时间为审讯作辩护准备”。[①] 行政机关确定听取意见的地点，应当在确保行政效率的前提下，尽可能地顾及行政相对人陈述意见的便利性。陈述意见的实质是行政相对人对行政机关将要作出的影响其合法权益的行政行为行使抗辩权；没有陈述意见的机会，行政相对人就不能有效地行使抗辩权。[②]《行政处罚法》第四十二条关于听证通知的规定，就是这里说的给行政相对人陈述意见机会。行政相对人没有实质性的陈述意见的机会，作为行政程序正当性的核心——听证程序也必然流于形式。

3. 行政救济的途径和期限。“有权利必有救济”。即行政相对人在不服行政机关作出影响其合法权益的行政行为时，有通过法定途径在法定期限内获得救济的权利。然而，国家机关纵横交叉，层级复杂，一般公民很难明了国家机关之间的关系。为了确保行政相对人及时行使行政救济权利，行政机关在作出行政行为时，即负有告知行政相对人救济的时间、方式和向何种机关请求救济等的义务。因为，行政机关作为实施行政权的组织，有充分的条件了解行政程序，因此，行政机关承担行政救济途径和期限的告知义务就有了法理基础。在比较法上，如德国《联邦行政程序法》第 25 条规定：“明显因疏忽、不知情而未提出声明、申请或提交不正确的声明、申请时，行政机关应提醒参与人提出声明，提交申请或对声明、申请予以更正。有需要时，行政机关应告知参与人在行

---

① ［美］施瓦茨：《行政法》，徐炳译，群众出版社 1986 年版，第 253 页。

② 德国《联邦行政程序法》第 28 条规定：（1）“行政行为干涉参与人权利的，在作出行政行为之前，应给予参与人对影响行政决定的有关重要事实进行陈述的机会。”日本《行政程序法》第三十条规定：“行政机关应于辩明书之提出期限（其赋予言词辩明之机会时，该时间）前的相当期间内，以书面将下列事项通知将为不利益处分之相对人：（1）预定之不利益处分之内容及其法令依据；（2）不利处分原因的事实；（3）提出辩明书之处所及期限（赋予言词辩明机会时，其意旨及应出席之时间及场所）。”中国台湾地区“行政程序法”第 39 条规定：“行政机关基于调查事实和证据之必要，得以书面通知相关之人陈述意见。通知书中应记载询问的目的、时间、地点、能否委托他人到场及不到场所生之效果。”

政程序中享有的权利和应负的义务。”

关于行政救济途径的告知问题，行政立法和司法解释也日渐重视。如《行政处罚法》明确规定了它是行政处罚决定书应当载明的事项之一，即应当告知行政相对人不服行政处罚决定时，申请行政复议或者提起行政诉讼的途径和期限。① 对于行政机关不依法告知行政相对人行政救济的途径和期限的，将产生对行政相对人有利的法律结果。②

（二）行政行为的告知

行政机关作出行政行为只有通过告知后才能产生对行政相对人的法效果，其中，行政决定只有在告知行政相对人之后才能产生法效力。因此，行政行为的告知在行政法上是行政行为产生法效果的必要条件。这意味着任何一个行政行为必须附带告知行为后，才能对行政相对人产生法效果。行政机关作出的行政行为在没有告知行政相对人之前，只能作行政行为是否成立的判定。③ 所以，为了实现行使行政权的目的，行政机关应当依法定程序将作出的行政行为告知行政相对人。行政行为的告知分为两种方式。

1. 实际告知。即行政机关当面将行政行为直接告知行政相对人，为其了解、接受行政行为提供一个必要条件。实际告知的标准是只要行政相对人愿意就可以便捷地、低成本地获知行政行为的内容。“一般说来，把通知送达至受达人乃是保证通知真正被收到的最好方法，也是使个人感到审讯的正规性的最好方法。”④ 在实际告知方式的选择中，其便捷、

---

① 参见《行政处罚法》第三十九条。

② 《行政诉讼法解释》第四十一条：行政机关作出具体行政行为时，未告知公民、法人或者其他组织诉权或者起诉期限的，起诉期限从公民、法人或者其他组织知道或者应当知道诉权或者起诉期限之日起计算，但从知道或者应当知道具体行政行为内容之日起最长不得超过2年。复议决定未告知公民、法人或者其他组织诉权或者法定起诉期限的，适用前款规定。

③ 区分行政行为成立要件和有效要件是行政法学上一个重要的理论问题。（参阅方世荣：《论具体行政行为》第1章的论述，武汉大学出版社1996年版）

④ ［美］施瓦茨：《行政法》，徐炳译，群众出版社1986年版，第252页。

低成本不能只仅仅体现在行政机关履行告知义务的具体行为上，更应该体现在行政相对人了解行政行为内容的方式上。如以公告方式的告知，行政机关只有在其他告知方式不能产生实际告知结果的情况下才能采用。因为，在所有的告知方式中公告是最不利于行政相对人了解、接受行政行为的。

2. 推定告知。即行政机关在无法直接将行政行为告知行政相对人时，通过其他法定的方式实施告知行为，并据这种告知行为产生的事实推定已将行政行为告知了行政相对人。推定告知的法理基础是行政权运作效率的需要，因为，如果要求行政机关在任何情况下都必须将行政行为直接告知行政相对人，有时不仅做不到，而且还会严重影响行政效率。推定告知对行政机关行使行政权不言而喻会产生相当的便利性，但对行政相对人来说有时可能是不公正的。如邮寄送达中由他人代为签收的行政法律文书，可能因种种原因未能到达行政相对人手中，行政相对人根本无法知道行政行为的内容，但在法律上，只能认定行政相对人已经知道了行政行为的内容。推定告知可以作为实际告知的一种补充，在适用上应当确立一种先后次序，即在实际告知无法进行或者需要很高的行政成本时，才可以采用推定告知。

（三）行政行为告知的规则

1. 依法定程序告知。即行政机关履行告知行为必须根据预设的法定程序进行，并接受法定程序的约束。行政机关的告知行为是一种权力性行为，只有受到法定程序的约束，才能确保其符合法律目的。对于行政机关来说，法定程序一方面可以提高行政权的权威性，增加行政相对人对行政权的认同感；另一方面法定程序可以确保行政权正当行使，以保护个人不受行政权的侵犯。“保护个人免遭政府之害不是保护个人免遭专制权力之害的唯一方式。不仅政府权力而且私人权力都能构成威胁，正当程序或法治都能被用来针对这两者提出保护。”① 在比较法上，基于这

① ［美］埃尔金等编：《新宪政论——为美好的社会设计政治制度》，周叶谦译，生活·读书·新知三联书店1997年版，第106页。

样的理念而作出的规定并不少见。① 如果行政机关作出的行政行为告知违反法定程序，将对其所告知的行政行为产生不利于行政机关的法效果，并可以成为行政相对人提起行政救济的法定理由。

2. 内容完整告知。即行政机关应当将行政行为的全部内容毫无保留地告知行政相对人。通常情况下，行政行为由几个部分构成：(1) 行政机关和行政相对人。它们分别是行政行为的行为人和承受人，构成行政行为的主体要件。(2) 作出行政行为的理由。这些理由应当包括事实、法律和裁量三部分内容。(3) 行政相对人具体的权利或义务及其实现的方式。(4) 行政相对人不服行政行为的行政救济时间、方式及受理机关等。行政行为如以口头形式作出的，行政机关应当将行政行为的主要内容简要地告知行政相对人。

四、行政行为告知违法及其救济

(一) 行政行为告知违法

行政机关在实施行政行为的告知过程中产生的行为缺陷和错误，称为行政行为告知违法。依法行政原理要求行政权必须受到法的约束。行政行为告知违法与依法行政原理相抵触，但它一直未受到应有的重视。② 行政行为告知违法主要有以下三种情形。

1. 没有告知。即行政机关没有将作出的行政行为通过法定程序送达行政相对人。它是一种不作为的程序性行为。这种不作为表现为行政机关没有实施任何行为。但如果行政机关明知行政相对人已经搬迁他处，但仍然将行政法律文书邮寄到他的原住处，导致行政相对人无法收到行

---

① 葡萄牙《行政程序法》第 66 条规定："应将下列行政行为通知利害关系人：(1) 对利害关系人提出的任何要求作出的决定；(2) 课予义务、拘束、处罚，或造成损失；(3) 创设、消灭、增加或减少权利及受法律保护的利益，或损害行使该等权利或享受该等利益的条件。"

② 笔者之所以有这样的认识，是因为我国行政法学理论上至今对这个问题少有论及。虽然在《行政处罚法》和《行政复议法》中对行政行为的告知已有相关的规定，但行政行为告知违法问题仍未涉及。

政法律文书，属于告知作为违法。没有告知可以分为两种情况：（1）行政机关没有实施任何行政行为的告知，称为实际没有告知。它的结果是：其一，行政行为仍处于内部行政程序中，不对外发生法效果；其二，承受该行政行为的行政相对人不受该行政行为约束；（2）行政机关实施了某种告知行为，但因为告知行为违法而不产生告知的法效果，视为没有告知。如行政机关将行政处罚决定书以邮寄包裹的形式送达，但没在包裹单上写明包裹中是行政处罚决定书，不明真相的行政相对人领取包裹拆开后才发现它是行政处罚决定书。此种情形可以认定行政机关因有“欺诈”，导致告知不产生行政决定生效的法效力。视为没有告知的结果应当是：其一，虽然行政机关有告知行为，但因为其违法不能产生预期的法效果；其二，对承受该行政行为的行政相对人不产生法效果。

没有告知与不能告知是有不同的法效果的。前者是行政机关客观上能够告知但主观上故意不告知，而后者是行政机关主观上欲告知但客观上却无法告知。如中国台湾地区“行政程序法”第 85 条规定：“不能为送达者，送达人应制作记载该事由之报告书，提出于行政机关附卷，并缴回应送达之文书。”

2. 对象错误。即行政机关将作出的行政行为告知了行政相对人之外的人，使行政相对人无法了解行政行为的内容。对象错误主要有两种形式：（1）因法律文书上行政相对人的错误导致告知对象错误。法律文书是行政行为的一种载体。在法律文书上出现对象错误而导致告知违法的有两种表现形式：其一，虽然法律文书上的行政相对人与实际上行政相对人的名称发生差错，但并没有发生张冠李戴的错误。如在一个行政处罚的案件中，受处罚的行政相对人是“浙江奥美传播有限责任公司”，但《行政处罚决定书》上的受处罚人是“浙江奥美传播有限公司”，两者相比缺少“责任”二字。① 当环保局将《行政处罚决定书》告知给“浙江奥美传播有限责任公司”之后，它就以对象错误作为理由之一向法院起

① 杭州市环境保护局：《行政处罚决定书》（杭环罚［1995］第 40 号）。

诉。法院审理后认为，虽然《行政处罚决定书》上受处罚人的名称与其工商登记文件的记载之间少了“责任”两个字，但被告的告知对象并没有实体错误，《行政处罚决定书》中的原告名称上缺“责任”两个字，可以通过补正解决，因此判决维持被告的《行政处罚决定书》。其二，法律文书上的行政相对人与实际上的行政相对人的名称发生差错，导致张冠李戴的告知违法。（2）行政机关告知的行政相对人错误。即行政机关在法律文书上列的行政相对人名称是正确的，但行政机关把行政行为告知给行政相对人之外的人。在这种情况下，被告知的行政行为不能对行政相对人发生法效果。理由是：其一，被错误告知的人不是法律上的义务履行人；其二，被错误告知的人有时无法履行行政行为设定的法律义务，尤其是与人身有关的法律义务。

3. 程序违法。即行政机关没有根据法定程序将行政行为告知行政相对人。法定程序对行政相对人合法权益有重要的保障功能，更重要的是它能有效地制约行政权的行使。行政行为的告知程序是否被遵守，直接关系到行政相对人的合法权益能否获得切实有效的保障。

一般来说，程序违法主要有 3 种情形：（1）超过时限。行政机关没有在法定的时限内将行政行为告知行政相对人，构成行政行为告知“超过时限”。及时告知既是行政相对人的权利，也是行政效率的要求。为此，《行政处罚法》第四十条规定：“行政处罚决定书应当在宣告后当场交付当事人；当事人不在场的，行政机关应当在七天内依照民事诉讼法的有关规定，将行政处罚决定书送达当事人。”（2）顺序颠倒。行政行为告知作为一个行为过程是由若干步骤构成的，各个步骤都有先后顺序，如同链条一环紧扣一环。如行政机关不得先要求行政相对人填好送达回证，几天后再交付行政法律文书，或者是口头要求行政相对人履行了义务之后，再书面告知行政行为等。行政行为告知的顺序颠倒紊乱了行使行政权的正常次序，容易出现恣意、反复无常等滥用职权的现象。（3）步骤缺损。行政机关在没有完成前一步骤的情况下直接进入了下一个步骤完成行政行为的告知，称为步骤缺损。如在没有进行直接送达等步骤之前，即进行公告送达，或者在留置送达中缺少第三人的证明等。

行政行为告知步骤的缺损，可能会损害行政相对人的合法权益，影响行政相对人及时行使行政救济权。①

（二）行政行为告知违法的法律救济

行政行为告知违法影响到被告知的行政行为的合法性，受此影响的行政相对人应当有法定救济的权利。据上分析，行政行为告知违法可以分为实体违法和程序违法。行政实体法与行政程序法在性质、功能和目的的差异性，影响到行政相对人法律救济权的行使，这是现代行政法学理论可以接受的一个基本结论，尽管行政程序法非常重要。② 行政行为告知违法的法律救济可以分为两种情况。

1. 行政行为告知实体违法。行政行为告知实体违法主要是没有告知和对象错误。

它产生的法律结果是：（1）行政机关实施的行政行为无法达到法律预期的目的，导致行政行为不能产生法效果，或者对行政相对人不产生法效力；（2）对行政相对人的合法权益可能产生实际的损害，因此，行政相对人可以对行政行为的告知行为提起行政救济。

---

① 《违反矿产资源法规行政处罚办法》第二十条规定："行政处罚机关应当在立案后六十天内做出行政处罚决定，并制作《违反矿产资源法规行政处罚决定书》。《违反矿产资源法规行政处罚决定书》应当直接送交受送达人，受送达人收到后应当填写回执；受送达人不在的，交其同住的成年家属签收；受送达人是单位的，交其收发部门签收。受送达人拒绝接受《违反矿产资源法规行政处罚决定书》的，送达人应当邀请有关人员到场，说明情况，在回执上说明拒收的理由和日期，由送达人、见证人签名或者盖章，将文书留在受送达人住处或者收发部门，视为送达。直接送达有困难的，可以通过邮寄送达、委托送达或公告送达。"这一规定说明了各种送达步骤都有一个先后次序，如公告送达只有在其他送达步骤不能达到送达目的时，或者需要支付较大的行政成本时才能采用。《药品监督行政处罚程序》第四十六条规定："受送达人下落不明，或者依据本程序的其他方式无法送达的，以公告方式送达。"

② 法国行政法院关于形式违法的判例表现出很大的灵活性，作出了不同的区别，考虑不同的情况。（参见王名扬：《法国行政法》，中国政法大学出版社 1989 年版，第 662—664 页）

2. 行政行为告知程序违法。行政行为告知程序违法产生的法律结果是：(1) 行政行为告知程序违法，本质上是一种程序性行为违法；(2) 行政行为告知程序违法有时并不影响行政相对人知悉行政行为的内容。因此，基于行政效率的要求，行政相对人可以等到行政程序结束之后，在对被告知的行政行为不服而提起行政救济时，将行政行为告知的程序违法作为一个撤销请求的理由提出。

第十节　行政行为说明理由制度

一、行政行为说明理由界定

行政行为说明理由是指行政机关在作出不利于行政相对人合法权益的行政行为时，除法律有特别规定外，必须向行政相对人说明作出该行政行为的依据以及行政裁量时考虑的因素。行政行为说明理由可以分为合法性理由和正当性理由。前者用于说明行政行为合法性的依据，如事实材料、法律规范；后者则是用于说明行政机关正当行使行政裁量权和解释不确定法概念时所考虑的如政策、形势、公共利益、客观情形等因素。① 行政行为说明理由是行政机关作出行政行为时的一项义务，这种理由原则上必须附记于行政行为，成为行政行为内容不可缺少的一部分，并同时送达行政相对人。②

行政机关作出不利于行政相对人合法权益的行政行为时是否应当说明理由，在行政法史上经历了一个从不说明理由到说明理由的渐进过程。

① 进一步阅读章剑生：《行政行为说明理由判解》，武汉大学出版社2000年版。

② 日本《行政程序法》第十四条规定："一、行政厅在作出不利益处分的同时，应向相对人说明有关处分的理由，但存在不明示理由也须作处分的紧急情况时，不在此限。二、在前款但书的情形下，除不能查明相对人的所在地时，以及处分后说明理由有困难时以外，行政厅必须在处分后的一定期限内说明有关处分的理由。三、不利益处分的书面方式作出时，必须以书面方式说明前二款的理由。"

在君主专制的年代，法律并不承认个人有其独立的权益，国家如何行使权力不必向个人展示理由。社会结构将绝大多数人定位在服从国家权力的角色上，并通过各种说教使他们意识到自己处于这种社会角色是尽服从国家管理的义务，天经地义。他们不能要求国家展示权力运作的依据，是“因为这些服从他人指令的人们承担了其角色所应该履行的义务”。① 在民主政治制度创建之后的相当一段时期内，尽管“为获得人类基本自由或公民自由权而进行的斗争是仅次于民族独立斗争的重大事件”。② 但是，公民权的范围基本上仅限于保障“生命、自由和追求幸福”。③ 这种公民权的消极性与自由资本主义政府的职能相吻合，满足了当时社会发展的需要。如在英国早先的行政法上，行政机关并没有对其所作出的行政行为承担说明理由的义务，当事人也不具有法律上的强制手段要求行政机关说明作出行政行为的理由。④ 法国尽管存在若干个例外的情况，但传统的行政习惯也并不要求行政机关对作出的行政行为要向行政相对人说明理由。⑤

第二次世界大战后，随着民主参与理论的日趋发达，公民自由权中的积极性得到了迅猛发展和释放。公民通过行使权利，主动介入行政权的运作过程，以便更加有效地监督行政机关合法行使权力。知情权在法律上的确立就是公民积极自由权内容之一。最早确立公民知情权的宪法是德国《基本法》。⑥ 然而，美国知情权（the right to know）的法理与实践，在世界范围内引起了相当大的影响，并成为其他国家相关立法的典

---

① ［美］奥罗姆：《政治社会学》，张华青等译，上海人民出版社 1989 年版，第 111 页。

② 上海社会科学院法学研究所编译：《宪法》，知识出版社 1982 年版，第 286 页。

③ 参见 1776 年美国《独立宣言》。

④ 参见王名扬：《英国行政法》，中国政法大学出版社 1987 年版，第 164 页。

⑤ 参见王名扬：《法国行政法》，中国政法大学出版社 1989 年版，第 157 页。

⑥ 《德国基本法》第 5 条第 1 款规定：“人人有用口头、书面和绘画自由地表达和传播自己意见的权利，并有自由采访一般可允许报道的消息的权利。新闻出版、广播与电影报道的自由予以保护，不受检查。”这里虽然没有直接规定知情权，但其中已蕴涵着知情权的内容。

范。知情权的基本内容是指公民有权获得与国家机关行使权力相关的信息。知情权理论和实践的发展不仅促进了不少国家在立法中对知情权进行保护，同时在司法审查中也改变了对行政机关就行政行为向行政相对人不说明理由的态度。

在英国，说明行政行为理由在相当一段时间内未成为自然正义原则的当然内容，甚至在法院司法审查中似乎也不存在这样的规则，法院也并不认为给行政机关确立这样的规则是合适的。但后来人们发现，“与公共行政机构不负有说明决定理由的义务相比，没有哪一个单独的因素更为严重地阻碍了英国行政法的发展”。① 因此，在法律有明确规定的情况下，行政机关对作出的行政行为不说明理由，就构成法院撤销行政行为的理由之一。法院也可以根据具体情况认为行政机关不说明理由是因为它没有理由，因而撤销行政机关作出的行政行为。② 1992 年英国《裁判所与调查法》要求几乎所有的行政行为都必须提供理由，否则，该行政行为将被撤销或者发回作出的行政机关。③ 美国 1946 年《联邦行政程序法》第 557 条规定：所有行政裁决都应当包括“根据案卷中所记载的所有实质性的事实问题、法律问题、裁量权等问题所作的裁定和结论及其理由或根据”。这是美国在制定法上要求行政机关对行政行为说明理由的法律依据。美国联邦法院的判例则更进一步认为：“行政机关必须说明裁决理由。……这是行政法的基本原则。”④ 可见，在美国行政程序法上，无论是制定法还是判例法都相当重视行政行为说明理由的。⑤ 法国基于改

① Sir William Wade, Administrative Law (Ninth Edition), Oxford University Press 2004, p.522.

② 参见王名扬：《英国行政法》，中国政法大学出版社 1987 年版，第 164 页。

③ Peter Leyland & Terry Woods, Administrative Law, Blacystone Press Limited, 3rd., ed. 1997, pp.249-250.

④ [美] 施瓦茨：《行政法》，徐炳译，群众出版社 1986 年版，第 391 页。

⑤ 美国《联邦行政程序法》的其他条款也有行政行为说明理由的规定。如第 553 条规定：“机关有正当理由认为不必在生效前 30 天公布的规章，此理由应与规章一同公布。”第 555 条规定：“除非维持原否决定性裁决或否决的理由是不言而喻的，否则，在发出的通知中必须附上对否决理由的简要说明。”

善行政机关和公民之间关系的目的，在1979年7月11日公布了《行政行为说明理由和改善行政机关和公民关系法》。该法律规定了两种情形下行政决定必须说明理由：（1）对当事人不利的具体行政处理；（2）对一般原则作出例外规定的具体决定。① 日本现代行政法理上要求行政机关对行政行为说明理由是明确的，除非有法律规定，行政行为才可以不说明理由。② 日本《行政程序法》明确规定了“不利益处分理由的明示”。③

在我国行政法理论上，对行政行为说明理由的问题论述并不多。在实务中，如行政处罚决定书中一般只有简要事实和法条序数（往往是格式化、填空式的），基本没有裁量理由的说明。在制定法上，1989年《集会游行示威法》第九条第一款规定：“主管机关接到集会、游行、示威申请书后，应当在申请举行日期的二日前，将许可或者不许可的决定书通知其负责人。不许可的，应当说明理由。逾期不通知的，视为许可。”这是有关行政行为说明理由较早的制定法规定，在行政程序法上具有标志性意义。后来，《行政处罚法》《行政许可法》等相继作出了类似规定。④

行政行为说明理由是依法行政原理中的当然内容，也是从正当法律程序中可以导出的规则之一。它具有以下法律特点。

1. 附属性。即行政行为说明理由是附记在一个法律上已成立的行政行为之上；没有在法律上已成立的行政行为，也就不存在行政行为说明理由的必要性、可能性。行政机关作出的行政行为是否说明理由，不影

---

① 参见王名扬：《法国行政法》，中国政法大学出版社1989年版，第157页。

② 参见［日］室井力主编：《日本现代行政法》，吴薇译，中国政法大学出版社1995年版，第182—183页。

③ 进一步阅读［日］室井力等编著：《日本行政程序法逐条注释》，第八条、第十四条注释，朱芒译，上海三联书店2009年版，第96—105、138—142页。

④ 《行政处罚法》第三十九条规定行政处罚决定书中应当载明：“（二）违反法律、法规或者规章的事实和证据”。《行政许可法》第三十八条第二款规定：“行政机关依法作出不予行政许可的书面决定的，应当说明理由，并告知申请人享有依法申请行政复议或者提起行政诉讼的权利。”

响行政行为的成立，但它涉及行政行为的法效力，除非法律规定，在某种情况下行政机关可以对作出的行政行为不说明理由，如紧急情况等。因此，行政行为说明理由不是行政行为的成立要件，而是行政行为的效力要件之一。

2. 论理性。即行政行为说明理由是行政机关就作出行政行为的依据进行的一种主观法理上的判定、论证，以提高行政相对人对行政行为的可接受性程度。这一特征的形成取决于两个客观因素：（1）现代社会中的法律大量使用“无固定内容的条款”①，使法律规定内容日趋模糊，法律概念的不确定性程度普遍提高。（2）不同案件事实的同一性几乎不存在。在这样的法制背景下，行政机关处理案件时法律适用的机械性就应当被说理性代替，即行政机关必须论证某一内容不确定的法规范之所以能够适用到某一具体案件的理由，并将这种理由告诉行政相对人。行政行为说明理由的论理性可以排除或减少行政机关行使行政权的独断、专横与恣意。

3. 明确性。即行政机关就行政行为所作的说明理由在内容上必须确定、清楚，行政相对人对行政行为的理由在理解上不会产生歧义。这是因为，（1）在通常情况下，许多法规范的内涵和外延是不确定的，行政机关依据这些法规范作出行政行为时，应当将这一模糊的法规范向行政相对人阐释清楚，不能将一个模糊的法规范指给行政相对人，由其自己捉摸、猜测。（2）行政机关在对可定案证据的选择上，尤其是排除行政相对人提供的证据时，必须明确地说明排除的理由。这种理由既不能言而不及，也不能言之不清。行政行为说明理由的明确性是为了确保理由的质量，因而不能只关注行政行为说明理由的形式意义，即理由附记。

4. 程序性。即行政机关在作出行政行为的同时，必须随附作出该行政行为的理由。这种程序性排除了两种情形：（1）行政机关在作出行政行为之前告知行政相对人拟作行政行为的理由，是为了确保行政相对人

---

① ［美］昂格尔：《现代社会中的法律》，吴玉章等译，中国政法大学出版社1994年版，第184页。

行使听证权利的有效性，是行政行为作出之前的告知理由，不是这里所论的行政行为说明理由。因为此时行政机关在法律上并没有作出行政行为，行政行为的理由也就没有存在的基础。① （2）在行政相对人提起行政救济之后，行政机关为证明被诉行政行为合法性而提供的事实依据和法律依据，不是行政行为的说明理由，而是承担行政行为合法性的举证责任。在行政程序上，行政行为说明理由与作出行政行为应当同时进行，否则，事后说明理由都可能构成行政行为的程序违法事由。

行政行为说明理由的程序性要求保证行政相对人在接到一个不利的行政行为时，同时收到作出行政行为的理由。至于行政行为说明理由的形式，可以由法律作出具体规定。就行政机关而言，说明行政行为理由的根本目的在于说服行政相对人，减轻他的对抗情绪；就行政相对人而言，行政行为说明理由有助于他同意、认可接受行政行为；如行政相对人不认同行政行为的理由，可以有针对性地从中寻找出提起行政救济的理由。强调行政行为说明理由的程序性具有重要的法治意义，因为如果“在没有程序保障的情形下，说服极易变质为压服，同意也就成了曲意”。②

二、行政行为说明理由法理基础

是什么因素促使现代行政法上确立起行政行为说明理由制度，这个问题似乎一直没有进入我国行政法学者的视野。虽然中国台湾地区有学者提到了这个问题，但在论述时仍欠深入。③ 以下几个方面的内容可以作为确立行政行为说明理由制度的依据。

① 《行政处罚法》第三十一条规定：“行政机关在作出行政处罚决定之前，应当告知当事人作出行政处罚决定的事实、理由及依据，并告知当事人依法享有的权利。”

② 季卫东：《法律程序的意义》（增订版），中国法制出版社2012年版，第116页。

③ 如黄异教授认为，行政行为附理由的原因是：“（1）促使行政机关对于决定为全盘而详细的衡量。（2）使行政处分对象或涉及之第三人，能对主文的含义及范围有正确的了解。（3）使行政处分对象或涉及之第三人，得以检视行政处分是否适当或违法。”（黄异：《行政法总论》（增订新版），台湾三民书局印行，第134—135页）

（一）制约权力的要求

现代行政权的核心是行政裁量权。法治实践表明，对公民权利危害最大的莫过于行政裁量权的滥用。为了控制行政权并驱使其正当行使，许多国家创设了多种实体或者程序上的法律制度。这些法律制度最初是通过宪法上的分权原则来实现对行政权的制约，后来又通过行政诉讼制度实现司法权对行政权的控制。但实践证明，这种事后控制行政权的法律制度成本很高，且效果也没有达到人们的预期目标。① 于是，人们发现通过确立和完善规范行政裁量权的法律程序，在行政裁量权行使始初和过程中控制其行为结果趋于合理性，可能是一种比较有效的法律控制方法。② 因此，现代行政法上的“行政程序法”在第二次世界大战之后获得了空前的发展。“新一代行政法学者对法院控制的作用，不如过去重视，而更多地注意总统和国会对行政的控制，以及行政公开和公众参与行政程序等民主方式。”③ 现代行政法的重心从制定实体规则转移到了程序控制，制约行政权机制多元化局面也逐步形成。

作为行政程序的核心，听证制度以一种全新的法律机制发挥控制行政权的功能，但听证制度也有不可克服的局限性。尽管听证制度能够保证行政机关获得作出行政行为需要的正反两方面的依据，但听证制度无法左右行政机关对这些依据的正当筛选、预防行政机关滥用裁量权。因此，要求行政机关在作出行政行为后，将支持行政行为的依据作如何筛选的理由向行政相对人、社会展示。这种法律机制是对听证制度不足的补漏，是制约行政权机制的新发展。行政行为说明理由不仅可以防止听证制度流于形式，而且也是确保行政权正当行使的强有力的一种法律机制。

---

① 王名扬：《美国行政法》，中国法制出版社 1995 年版，第 66 页。

② 进一步参阅余凌云：《现代行政法上的指南、手册与裁量基准》，《中国法学》2012 年第 4 期。

③ 王名扬：《美国行政法》，中国法制出版社 1995 年版，第 68 页。

（二）行政合作的趋势

传统的行政权通过以“命令—服从”为内容的行政法律关系（或者行政模式）为中介，实现对社会秩序的有效控制；行政相对人作为这一行政法律关系的一方主体，是被动承受行政权的作用的。20世纪后随着民主政治的日益发达，行政法律关系的内容开始发生变化。尽管现代行政权的行使仍然要借助“命令—服从”的行政法律关系，但因行政程序的发达，这种行政法律关系的内容有别于传统行政权作用下产生的行政法律关系。“行政程序被视为形成人民客观权利、主观权利及义务之有效手段，其禁止将人民视为国家程序之客体，以维护宪法对人性尊严（Menschenwurde）之保障。”①

行政程序要求行政机关在行使行政权时，尽可能减少与行政相对人的对抗，通过设置行政程序让行政相对人参与到行政权运用的过程中，并作为一个独立的权利主体获得行政机关的尊重，与之建立起一个互相信任与合作的关系。“行政程序法之基本作用及要式性要求，在于借行政程序民主化、透明化，使人民具有行政程序之主体性，并追求预防纷争及权利保护之平常性与事先性。行政决定附具理由，可防止行政之反民主及反法治，使行政得以自我审查，确保行政之合理及效率化，并达成满足、权利保护及控制三大功能。”② 受此种行政法治思想影响，如澳门“行政程序法”第7条确立了行政当局与私人合作的原则。“它反映了现代民主法治国家摒弃过去警察国家只重国家单方管治，不问民意的专制独断，趋向开放行政的发展方向”。③ 现代行政法中合作、民主的法律精神已逐渐在行政法律关系中生长，行政机关与行政相对人通过合作来实

① 洪家殷：《行政程序之基本制度——以行政处分为中心》，1997年海峡两岸行政程序法学术研讨会提交论文（国家行政学院）。

② 罗传贤：《行政程序法基础理论》，台湾五南图书出版公司1991年版，第19—20页。

③ 朱林：《澳门行政程序法典——释义、比较与分析》，澳门基金会1996年版，第15页。

现行政权运用目的，成为现代行政法的主题。这种关系的建立基础则是行政机关与行政相对人的互相信任。行政机关在作出的行政行为中说明理由，是促成、稳固这种合作关系的重要力量来源。不少国家或地区的行政程序法对此作了明确的规定，便是一个具有相当说服力的例证。如澳门“行政程序法”第106条规定：“除法律特别要求应说明理由之行政行为外，下列行政行为亦应说明理由：（1）以任何方式全部或部分否认、消灭或损害权利或受法律保护之利益，又或课予或加重义务、负担或处罚之行政行为；（2）就声明异议或上诉作出全部或部分决定之行政行为；（3）作出与利害关系人所提出之要求或反对全部或部分相反之决定之行政行为；（4）作出与意见书、报告或官方建议之内容全部或部分相反之决定之行政行为；（5）在解决类似情况时，或在解释适用相同之原则或法律规定时，以有别于惯常采取之做法，作出全部或部分之决定之行政行为；（6）全部或部分废止、变更或中止先前之行政行为。”其他如西班牙、葡萄牙《行政程序法》也有这方面的规定。① 可见，要求行政机关就作出的行政行为向行政相对人说明理由，符合现代行政法中行政合作发展趋势。

（三）司法审查的基础

司法审查是事后监督行政机关依法行使行政权的一种诉讼法律制度。它以行政相对人起诉为前提条件，通过司法审查权来裁判被诉行政行为的合法性。然而，法院如果不深究行政机关作出行政行为的理由，是无法判定行政行为的合法性的。“附加理由的目的一则在使当事人可以适当地防卫其权利，另一方面也使法院可得审查侵害权利的主张。”② 因此，

---

① 西班牙《行政程序法》第43条规定：“下列行为必须作记录并简要说明事实理由和法律依据：(1) 限制主体权利的行为；(2) 处理提出诉愿的行为；(3) 与先前行为中所遵循的标准或咨询机构意见不一致的行为；(4) 由法律规定的行为；(5) 成为诉愿对象的行为的中止协议。”葡萄牙《宪法》第368条第3款规定：“应依据法律规定方式，将行政行为通知利害关系人，如行政行为损害公民权利或受法律保护利益，亦应明示说明理由。”

② Erich Eyermann/Ludwig Frohler：《德国行政法院法逐条释义》，陈敏等译，台湾“司法院”2002年印行，第1294页。

依法行政原理要求行政机关必须有理由支持其作出的行政行为的合法性，并在行政行为成为行政诉讼客体时，将行政行为的理由提供给法院作司法审查之用。

行政行为的理由在司法审查的基础功能是：（1）确认行政行为合法性的依据。司法审查以确认行政行为合法性为原则。一个被诉的行政行为是否合法，行政行为的内容是不能自证其明的，只有将行政行为的内容与支持行政行为的理由加以印证、比照，才能作出是否合法性判断；离开行政行为的理由，司法审查也就难以达到目的。（2）构造司法裁判理由的基础。法院受理行政案件之后，必须在法定期限内以一个理由充足的裁判结束行政诉讼程序。然而，司法裁判的理由不是空穴来风，而是直接建立在肯定或否定被诉的行政行为理由之上的。如法院认为被诉行政行为合法，则可将该行政行为的理由吸纳为维持、确认合法等判决的理由；如法院认为被诉行政行为不合法，则可以在否定该行政行为理由的基础上作出撤销、确认违法等判决。（3）行政机关行使抗辩权的依据。行政机关要在行政诉讼中形式上成功地行使抗辩权，必须以作出被诉行政行为的理由为依据。尽管这种形式上的抗辩权最终是否成功要取决于法院对行政行为的理由审查之后才能决定，但是，如果行政机关的抗辩权没有任何理由的支撑，则形式上的成功抗辩也是不可能实现的。需要指出的是，行政机关就行政行为说明理由并不是为了应付事后可能引发的司法审查，而应当基于诚信原则将行政行为的理由如实告诉行政相对人，以便行政相对人自觉履行行政行为设定的义务，减少对抗情绪，提高行政效率。

三、行政行为说明理由内容及其规则

如果上述论证可以支撑“行政机关作出行政行为必须说明理由”这一命题成立的话，那么接下来的问题是，行政机关应当说明哪些理由，即行政行为说明理由的内容范围。支撑一个行政行为的理由是多样的，这种理由多样性与行政所需要的效率决定了行政行为说明理由应当是有范围的，并受一定规则的约束；行政机关不可能也没有必要将作出行政行为时所考虑的全部理由都随附于行政行为之上。不少国家或地区也正是据此作了相应的规定。① 因此，行政行为说明理由的内容及其规则应当是：

（一）行政行为的合法性理由

用于支撑行政行为合法性的事实依据和法律依据，称为行政行为的合法性理由。基于依法行政原理，行政机关只有在获得了合法的事实依据和法律依据之后，才能作出行政行为。当这一行政行为对行政相对人的合法权益产生不利影响时，除法律有特别规定外，行政机关必须将这一行政行为的合法性理由告诉行政相对人，接受行政相对人对这一行政行为合法性的评判。一个不附合法性理由的行政行为，其内容可能是合法的，但形式却是专横的、不可接受的。现代行政法中的行政相对人不应再是行政权的客体，而是可依法支配行政权的主体。② 基本人权的发达要求行政机关在行使行政权时，尽可能地尊重与保障行政相对人的基本人权。③ 从对基本人权的尊重与保障可演绎出的结论：行政机关实施的行政行为如对行政相对人的合法权益产生不利影响时，除法律有特别规定外，应当随附作出该行政行为的合法性理由。

1. 事实依据。事实依据不仅仅指案件发生后留下的各种事实，而且还要求对这些事实由行政机关通过合法程序收集的证据加以证实。由此推定，这里的“事实依据”是法律事实依据，即被合法证据所证实了的客观事实。以行政程序来规范行政权的价值目标，并不仅仅为了确保行政机关通过行政权发现行政案件事实真相，更重要的是防止行政机关违法行使行政权。因此，行政机关通过不合法的行政程序收集的证据，其内容即便可以证明行政案件的真实情况，也不能作为定案证据，更不能

---

① 如荷兰《基本行政法典》第4.1.4条规定：“决定应当根据适当的理由作出。可能的话，决定所依据的实体法规也应当被言明。在合理地推测出理由不需言明的情况下，理由不需被言明。”

② 《宪法》第二条第一款规定：“中华人民共和国的一切权力属于人民。”

③ 《宪法》第三十三条第三款规定：“国家尊重和保障人权。”

依此作出对行政相对人合法权益产生不利影响的行政行为。

事实依据的要求对行政机关说明理由产生的规则：（1）禁止主观臆断规则。即行政机关不得依主观臆断的“法律事实”作为行政行为的依据，并将这种“法律事实”强加于行政相对人。行政机关在行使行政权时，可以对行政案件事实是否存在作出“内心确信”，但这种“内心确信”必须建立在一定的证据基础上；任何先入为主所获得的“法律事实”都不得列为说明理由的内容。（2）符合证明逻辑规则。作为说明理由内容之一的“法律事实”是行政机关通过一系列证据在遵循证明逻辑的前提下认定的。在遵循证明逻辑规则下，法律事实能最大限度地接近客观事实的真实性，由此可以最大限度地提高行政行为事实理由的说服力。（3）主要事实依据规则。一个行政行为的事实依据可以分为主要事实依据和次要事实依据。主要事实依据是指足以影响行政行为性质，或者是否作出、改变和废除行政行为等情况的事实依据。基于行政行为的效率性和事后补救途径的多样性，只有主要事实依据才有必要列入行政行为说明理由的内容之一。在比较法上，如德国《联邦行政程序法》第 39 条规定：“书面的或书面确认的行政行为，得书面说明理由。行政机关得说明其决定所考虑的事实上和法律上的主要理由。行政机关亦得在裁决中，说明其进行裁量时所持的观点。”又如，奥地利《行政程序法》第 60 条也规定：“理由中应将调查手段之结果，认定证据时之主要考虑以及基于此等考虑就法律问题所为之判断，明白简要地综合说明之。”

2. 法律依据。即用于支撑行政行为合法性的法规范。法规范具有确定性、预测性和稳定性的特点。行政机关在已经确定的法律事实基础上能否或者如何作出行政行为以及作出怎样的行政行为，事先已经由法律作出了明确的规定。依法行政原理要求行政机关作出的行政行为必须具有法律依据，并将依据的法规范作为行政行为的理由之一告诉行政相对人，从而使行政相对人根据自己的经历、体验和法律认知水平，或者通过律师帮助来判断行政行为的合法性，继而作出是否接受、是否提起行政救济的决定。一个确有法律依据但不展示法律依据的行政行为，无论行政机关可以列出多少种“借口”，如实际需要、领导意见等都难以提高行政相对人对行政行为的可接受性程度。如果行政相对人不知行政行为的法律依据，就无法判定行政行为的合法性，更遑论寻求行政救济的途径以及有针对性地提出行政救济的理由。

法律依据对行政机关说明理由产生的规则：（1）全面展示法律规则。即凡是用于支撑行政行为的法规范，必须以不会引起行政相对人误解的方式，全部展示或者指明给行政相对人。任何保留、部分保留或者误导的展示或者指明，都是违反此规则的行为。如行政机关以“根据有关规定作出决定”的用语展示法律依据都应当列入禁止范围。①（2）法律冲突选择规则。即当行政机关面对两个以上且又在效力上有冲突的法规范时，必须选择处于法效力位阶最上的法规范作为行政行为的理由。② 尽管在法律上行政机关没有审查法律、法规和规章合法性的权力，但它应当有判断法规范合法性并选择具有合法性法规范作为行政行为理由之职责。(3) 行政规定补充性规则。行政规定可以作为支持行政行为合法性的法律依据之一，《行政复议法》已有明确规定③，司法实践也已经完全接受。因此，当行政规定作为支持行政行为合法性的法律依据时，行政机关也应当向行政相对人明示。另外，如行政法上不成文法源中的“指导性案例”等作为行政行为的“法律依据”时也应当遵守上述规则。

（二）行政行为的正当性理由

用于支撑行政行为正当性的事实依据和法律依据，称为行政行为的正当性理由。要求行政机关就行政行为说明正当性理由的客观依据是行政裁量和不确定法概念的广泛存在。无论是行政裁量还是不确定法概念的解释，都涉及行政机关公务员的主观判断与选择。在对不确定法概念

---

① 在宣懿成等18人诉衢州市国土资源局收回土地使用权行政争议案中，法院认为：“行政机关在依法实施具体行政行为时，仅说明所依据的法律名称，没有说明依据的具体法律条款，且不能证明其具体行政行为符合法律的哪些具体规定，构成违法，应予撤销。”（《最高人民法院公报》2004年第4期）

② 参见《立法法》第七十八条至八十一条。

③ 参见《行政复议法》第七条。

的解释过程中，又会与事实认定相勾连，因此，行政行为的正当理由中并不仅限于法律适用。

1. 筛选事实。行政机关在定案过程中经常要对在调查过程中获得的事实进行筛选，将认为与行政案件有关的事实列入作出行政行为的事实依据，同时排除与行政案件无关的事实。行政机关的这一筛选行为是一种主观判断，或是一种"内心确信"。如果法律不要求行政机关将支持这一内心确信的依据作为行政行为的理由向行政相对人予以说明，则这种内心确信有可能质变成一种专横的、捉摸不定的权力。尤其令人关注的是，在法律确立行政听证制度之后，对行政相对人在听证中提出的事实依据，如果行政机关否定这些事实依据而不必说明理由的话，那么听证制度必将流于形式。

因为，行政相对人无论提出多么有利的事实依据，行政机关都可以在不展示理由的前提下毫不费力地加以否定，并以自己在听证前收集的证据和确定的法律依据作出行政行为。

筛选事实产生的规则：（1）排除非法证据规则。行政机关用于定案的事实必须是被合法收集的证据证实的。凡非法证据证实的事实，必须从定案的事实部分中排除出去，即使非法证据能够证明行政案件的真实情况也不能例外。确立这一规则的法理基础是证据的合法性。（2）遵循因果联系规则。行政机关必须排除与行政案件没有任何因果联系的事实，因为这些事实对于恢复行政案件真相没有任何价值。（3）疑惑事实从无规则。疑惑事实是指根据已有的全部证据仍不能确定，但可以推测与案件有联系的事实。对于行政案件中的疑惑事实，行政机关应当推定为并不存在的事实，并从定案的事实中排除出去。

2. 选择法律。对于一个事实已经确定的行政案件，行政机关随即面临法规范的选择：（1）多种情况适用的确定。当行政机关确定的行政案件事实在法律上存在多种适用情况规定时，必须基于一定的正当性理由确定其中一种规定作为处理本案的依据。如对于情节严重的赌博行为，法律规定可以处10天以上15天以下的拘留，并处500元以上3000元以下罚款。① 行政机关依此规定选择对当事人作出的行政处罚应当具有正当的理由。(2) 不确定法概念的界定。不确定法概念是存在于制定法中的一种必然现象，其原因是人类语言文字表达思想的有限性和客观世界中事物的复杂性。对不确定法概念的界定，本质是让隐藏的东西显现出来，使不清楚的东西变得清楚，② 从而将一般规则适用于具体案件。然而，行政机关在界定不确定法概念时，必须有自圆其说的理由支撑，而这些理由又必须具有正当性。如《教育法》2009 年修订版第七十九条规定："在国家教育考试中作弊的，由教育行政部门宣布考试无效，对直接负责的主管人员和其他直接责任人员，依法给予行政处分。" 这里的"作弊"当然应当解释为个人作弊和集体作弊。(3) 法律空白规范的弥补。当没有明确的具体法规范可适用时，行政机关应当通过对立法目的和基本原则的解释，"创造"出可以适用具体个案的法规范。现代行政法应当承认行政机关在无法规范前提下，基于正当性理由而实施的行政行为仍是一种合法的行政行为，否则将有碍于行政机关维护正常的社会秩序。现代行政法尽管坚守控权的职能，但现代社会的发展需要现代行政法同时也具有确保行政权有效行使的功能。

选择法律产生的规则：(1) 遵守惯例公理规则。惯例是行政机关在以前对同类行政案件作出的相同处理而形成的一种习惯性做法。公理是现实生活中人们应该遵守、不言自明、不用论证的行为规范。如不准随地吐痰，那么对树、对墙等吐痰自然也在禁止之列。惯例与公理具有很强的说服力，行政机关选择法律时援引惯例与公理，可以提高行政行为理由的正当性程度和行政相对人可接受性程度。(2) 体现政策形势规则。政策是国家为实现一定时期的任务而制定的行为准则，它是现代社会政治领域中客观存在的现象；形势是指"一定社会所处的某种状态"。③ 它

---

① 参见《治安管理处罚法》第七十条。

② 参见张汝伦：《意义的探究——当代西文释义学》，辽宁人民出版社 1987 年版，第 3—4 页。

③ 王勇：《定罪导论》，中国人民大学出版社 1990 年版，第 234 页。

可以影响国家权力的运作方向。政策与形势是支配行政机关选择法律的重要客观因素，但政策与形势具有不稳定性，这就要求行政机关在适用法律时，应当适应政策与形势的不确定性所提出的要求。行政机关必须根据政策和形势选择确定对行政案件的法律适用。如假冒伪劣产品泛滥成灾引起民愤的，可以成为行政机关从重处罚生产、销售假冒伪劣产品这一违法行为的正当性理由。（3）符合公共利益规则。“公共利益是由社会总代表所代表的、凌驾于社会之上的、形式上或实质上的社会利益。”①公共利益是现代社会存在和发展的物质基础，行政机关在行使权力时必须充分关切这一点。

四、行政行为说明理由违法的法效力

不说明理由或错误说明理由的行政行为属于行政程序违法，那么它在行政法上的效力如何确定，在行政法理论上一直是一个没有得到清晰答案的问题。许多行政法论著在论及行政行为的效力问题时，并没有将行政机关就行政行为是否说明理由与行政行为的法效力联系起来讨论。②但是，这个问题的确不可忽视。

（一）不说明理由

不说明理由是指行政机关在作出影响行政相对人合法权益的行政行为时，没有说明作出该行政行为的理由。行政机关不说明行政行为的理由有两种情况。

1. 法定可以不说明理由的行政行为。如果法律要求行政机关在作出影响行政相对人合法权益的行政行为时都必须说明行政行为理由，对行政相对人来说他可能获得了公正的对待，但对于行政机关来说在某种情况下可能丧失了必需的行政效率。因此，不少国家的行政程序法都规定

---

① 叶必丰：《行政法学》，武汉大学出版社 1996 年版，第 59 页。

② 这个问题可以参见王连昌主编：《行政法学》，中国政法大学出版社 1994 年版；罗豪才主编：《行政法学》（新编本），北京大学出版社 1996 年版；叶必丰：《行政法学》，武汉大学出版社 1996 年版。

了行政机关可以不说明行政行为理由的若干情况。如德国《联邦行政程序法》第39条规定："具备下列情形之一的，可不说明理由：(1)行政机关准许一申请或一声明，且该行政行为未侵犯他人的权利的；(2)行政行为针对或涉及之人，已知悉行政机关对事实情况和法律状态所持的观点，或即使未书面说明理由，当事人也能立即知悉的；(3)行政机关大量公布类似之行政行为，或借助于自动化设备公布行政行为，且根据具体情况，无说明理由之必要的；(4)依法无须说明理由的；(5)一般命令经公告的。"其他国家也有类似的规定。① 这些法律规定说明，行政机关在行使行政权时，客观上的确需要存在一个可以不说明行政行为理由的范围，以确保行使行政权的效率。由于行政行为不说明理由可能导致行政机关滥用行政权，影响行政相对人行使救济权的及时性，因此，行政行为不说明理由的范围应当由法律加以明确规定。对法定可以不说明理由的行政行为，行政机关不说明理由不影响行政行为的法效力。

2. 法定行政机关必须说明理由但没有说明理由。这种情况可以分为两类加以讨论：(1) 主动说明理由的行政行为。这类行政行为在作出时，行政机关必须随即说明行政行为的理由。(2) 依请求说明理由的行政行为。这类行政行为在作出时，不需要说明行政行为的理由，但事后如果行政相对人提出请求，行政机关必须说明行政行为的理由。② 在说明理由的时间顺序上，也可以分两种情况：(1) 在行政相对人提起行政诉讼之前，行政机关始终没有说明行政行为的理由。如果行政机关"采纳含糊、矛盾或不充分之依据，而未能具体解释作出该行为之理由，等同于无说明理由"。③ 在法律上，这种行政行为可以推定为没有理由。对此种行政行为，在行政复议程序中，复议机关可以作出撤销或者确认违法的决定；

① 美国《联邦行政程序法》第555条规定："除非维持原否决性或否决理由是不言而喻的，否则，在发出的通知中，必须附上对否决理由的简要说明。"

② 前一种情况可参见西班牙《公共行政机关及共同的行政程序法》第54条，后一种情况可参见韩国《行政程序法》第二十三条、荷兰《基本行政法典》第4.1.4条。

③ 参见中国澳门地区"行政程序法"第107条。

在行政诉讼中，法院可以作出撤销或者确认违法的判决。必须指出的是，行政机关在行政复议或行政诉讼中提供证据的活动，表面上似乎是一种行政行为的说明理由，但实质上是一种举证行为。因为，说明理由的对象是行政相对人，而不是行政复议机关或法院。（2）对应当主动说明理由的行政行为，在行政相对人提起行政复议或行政诉讼之前，行政机关通过法定形式向行政相对人说明了行政行为理由。对于这种行政行为的法效力，日本判例认为："即使事后阐明理由，也不治愈附加理由不全的瑕疵。"① 因此，行政机关事后说明理由是行政行为的形式瑕疵，是引起行政行为无效的原因之一，不能使行政行为从无效回归到有效。② 但也有国家将这种情况视为行政机关对行政行为的一种更正，因而不影响行政行为的法效力。如德国《联邦行政程序法》第45条规定，必须说明之理由行政机关在事后已予说明的，可视为程序上和方法上错误的更正，但这种更正必须在预审程序结束前，如未进行预审程序的，则必须在向行政法院起诉之前予以补做。也就是说，只要行政行为仍在行政程序中，那么，行政机关就可以补充行政行为在程序上的错误。

基于行政权行使的效率性、行政程序违法可自愈性和法律形式正义的局限性，原则上，行政机关事后说明行政行为理由，应当视为行政行为在程序上的一种轻微违法。这种违法如果在行政相对人提起行政复议或行政诉讼前已经作了补救，应当不影响行政行为程序上的法效力。

（二）说明理由错误

说明理由错误是指行政机关尽管在程序上向行政相对人说明了作出行政行为的理由，但在行政救济程序中，这些行政行为理由并不能支持行政行为的合法性。在这种情况下，应当如何确定行政行为的效力，这里分为两种情况讨论。

---

① 参见［日］室井力主编：《日本现代行政法》，吴薇译，中国政法大学出版社1995年版，第183页。

② 参见［日］室井力主编：《日本现代行政法》，吴薇译，中国政法大学出版社1995年版，第105页。

1. 行政机关就行政行为作的说明理由是错误的，但在行政救济程序中提出的证据和规范性文件能支持该行政行为合法性的，则不应当影响行政行为的法效力。但是，这些证据和规范性文件不能是在行政机关作出行政行为之后收集的。① 在英国行政法中，“行政机关说明的理由如果是错误的，并不一定引起行政决定无效，除非理由的错误可以表示法律的错误时，法院才可以撤销行政机关的决定”。② 也就是说，行政机关的行政行为实质上是具有合法性和正当性依据的，其说明理由的错误并不改变该行政行为的合法性。③

2. 行政机关就行政行为作的说明理由是错误的，在行政救济程序中提出的证据和规范性文件也不能支持该行政行为的合法性的，则应当认定行政行为违法。因为，这种行政行为在法律上应当视为根本没有理由，当然不能产生法效力。

---

① 《行政诉讼法》第三十五条规定：“在诉讼过程中，被告及其诉讼代理人不得自行向原告、第三人和证人收集证据。”这一规定是有缺陷的，它不能制约行政机关实施先裁决后取证的违法行政行为。因为根据此规定，行政机关在作出行政行为之后，在行政相对人起诉之前收集证据仍然是合法的。因此，这一条款应当修改为：“在行政行为作出之后，行政机关不得自行向当事人或证人收集证据。”

② 参见王名扬：《英国行政法》，中国政法大学出版社 1987 年版，第 164 页。

③ 日本的裁判实务，对处分理由的追加与替换总体上是宽容的。如日本最高法院认为：“一般而言，在撤销诉讼中，只要没有特别理由需要作其他理解，都应当认为，行政机关为维持该行政处分的效力可以对一切法律上以及事实上的根据进行主张。”这主要是出于两点考虑：第一，在一般情况下，行政机关在撤销诉讼中为维持系争行政处分而对其理由进行的追加和替换，并不超出撤销诉讼的诉讼物（系争行政处分的违法性）范围。第二，行政程序法中的行政处分附记理由，与撤销诉讼中是否应当对处分理由的追加和替换进行限制这一问题并无直接关系。附记理由的核心功能在于保障行政机关进行慎重考虑，同时为相对人争论提供方便。一方面，附记理由不完备这一瑕疵本身构成独立的撤销事由；另一方面，行政机关经过慎重考虑、附记理由作出行政处分，并不意味调查义务已经完结，原来的理由存在错误的，可以在诉讼阶段附加正确的理由。（参见王天华：《行政诉讼的构造：日本行政诉讼法研究》，法律出版社 2010 年版，第 86 页）

第三十五章 行政听证

王万华　中国政法大学法学博士，中国社会科学院法学研究所博士后，中国政法大学诉讼法学研究院教授。研究方向为行政程序法与行政诉讼法。已出版独著《行政程序法研究》《中国行政程序法立法研究》《中国行政程序法典试拟稿及立法理由》三部，发表《法治政府建设的程序主义进路》等论文五十余篇。

第一节　行政听证概述

行政听证制度是现代公正行政程序的基本制度之一，各国行政程序法都对之作了规定。“听证”一词系中国移植自外国，而各国在不同意义上使用这一词语，导致“听证”一词在我国的使用目前并不统一。故在探讨行政听证制度之前，极有必要阐清行政听证的含义、种类、功能等基本问题，以作为本章探讨之基础。

一、行政听证的含义

听证（hearing）的内涵是“听取对方意见”，指决定者在作出决定之前，通过一定方式听取受决定影响的当事人的意见。作为公正程序基本制度之一，听证在现代社会广泛适用于立法、行政、司法各公权力运行领域，是权力运行的基本程序规则之一。运用于行政权力运行领域的行政听证，是指行政机关行使行政权力作出行政行为之前，应当听取权利受影响当事人的意见的制度。

听取对方意见，在英国是古老的自然公正原则的要求。据称上帝当初在作出决定之前就听取了亚当的辩护。上帝说：“亚当，你在哪里？难道你没有偷吃我诫令你不能偷吃的那棵树上的果子吗？”① 自然公正原则最初适用于司法程序，要求法官在作出判决前，必须通过公开审判，就事实问题和法律问题，听取当事人和证人的意见。后来法官成功通过判例将这一原则贯彻到合法权利或地位受到行政权侵害的所有案件中②，成为约束行政机关行政活动的程序规则。行政机关在行使行政权力给公民权利带来不利影响时，必须听取当事人意见，只有公正地听取了受不利影响的当事人的意见后权力的行使才有效。迪普洛克勋爵在上议院指出，

① ［英］韦德：《行政法》，徐炳译，中国大百科全书出版社1997年版，第135页。

② ［英］韦德：《行政法》，徐炳译，中国大百科全书出版社1997年版，第131页。

人们获得“听取针对他的指控并提出自己理由的公平机会”的权利对文明的法律制度来说是如此的重要，以至于可以假定议会的意旨是：“没有遵守它应使任何违背这一要求而作出的决定无效”。①

美国承继了英国普通法中的自然公正观念，并在联邦宪法中确立了正当程序原则。联邦宪法修正案第 5 条规定：“未经正当法律程序不得剥夺任何人的生命、自由、财产”，这条规定适用于联邦政府机关；联邦宪法修正案第 14 条规定：“任何州不得未经正当法律程序而剥夺任何人的生命、自由、财产”，这条规定适用于各州政府机关。宪法上正当法律程序的意义就是权力应当公正行使，行政机关对当事人作出不利决定时，必须听取当事人的意见，所以，听证权在美国是公民根据宪法正当法律程序所享有的权利。

在德国等大陆法系国家，崇尚秩序，曾经忽视对个体权利的程序保护，即使在资产阶级取得胜利后，受重实体、轻程序传统的影响，认为完善的实体规制和事后救济已足以保障公民的权利，符合法治的要求，忽视对事前、事中程序的规范。第二次世界大战后，德国、意大利等战败国，对战争进行深刻反思，制定了新宪法，强调国民的主体地位，反映在行政领域，就是不再将国民视为行政管理的客体，开始重视国民对行政活动的事前、事中参与。德国于 1976 年制定的《联邦行政程序法》对行政听证制度作出明确规定。瑞士、奥地利、荷兰、葡萄牙、意大利、西班牙、挪威、瑞典等其他大陆法系国家的行政程序法典中均规定了听证制度。作为体现行政公正、公开、民主的核心制度，听证在大陆法系各国得到广泛运用。

如前所述，听证目前已成为各国行政程序法一项共同的制度，但各国在使用这个词时，所指的范围有所不同。有广义和狭义两种。广义的听证泛指行政机关听取当事人意见的程序，如美国。美国将“听取利害关系人意见的程序”统称为听证，分为正式听证和非正式听证两种，行

---

① ［英］韦德：《行政法》，徐炳译，中国大百科全书出版社 1997 年版，第 159 页。

政机关可以采取从审判型听证到非正式的会谈等二十多种听证形式。① 狭义的听证特指行政机关以听证会的形式听取当事人意见的程序，是一种正式的听取当事人意见的形式，相当于美国的正式听证，也称审判型听证。在采用狭义听证概念的国家，行政机关听取当事人意见的方式除听证外，还有其他形式，并有专门的概念与听证相区分。如韩国将行政机关听取当事人意见的形式分为三种："听证""公听会"和"提出意见"，分别适用于不同情况。根据韩国《行政程序法》第二条第五至七项的规定，所谓"听证"指行政机关在作出行政行为之前，直接听取当事人意见，调查证据的程序；"公听会"指行政机关通过公开讨论，就某种行政作用向当事人、具有专门知识和经验者以及其他普通人员广泛听取意见的程序；"提出意见"指在行政机关行使某种行政作用之前，当事人提出意见，而不属于听证或公听会的程序。日本也将行政机关听取当事人意见的形式分别规定为"听证""公听会""辨明"等几种形式。我国立法对听证也采用了狭义的理解，《行政处罚法》规定的听证指"在行政机关作出行政处罚决定之前，由行政机关指派专人主持听取案件调查人员和当事人就案件事实及其证据进行陈述、质证和辩论的法定程序"②。为了讨论的方便，本章在使用听证这个概念时，取其广义，对以听证会形式听取意见的，称正式听证。

二、行政听证的种类

1. 正式听证与非正式听证。这是以听证是否以听证会的方式进行为标准所作的分类。所谓正式听证是指行政机关以听证会的方式听取意见；非正式听证是指以听证会之外的方式听取意见。

正式听证采用听证会的方式听取当事人的意见，在很大程度上借鉴了审判程序中原告被告对抗、法官居中裁判的等腰三角程序构造，其程序构造为：拟作决定人员与相对人两造对抗，听证主持人居中主持，呈

① 王名扬：《美国行政法》，中国法制出版社 1995 年版，第 450 页。

② 杨惠基：《听证程序理论与实务》，上海人民出版社 1997 年版，第 2 页。

现出极强的司法色彩，可谓司法化程度最高的行政程序制度。因此，正式听证在美国也被称为“审判型听证”“准司法式的听证”“基于证据的听证”“完全的听证”“对造型听证”等。作为一项高度司法化的行政程序制度，正式听证需要耗费大量人力财力，因此，各国都对正式听证的适用范围作了严格的规定，以非正式听证的适用为主，正式听证只在很少情形下适用。① 但由于适用正式听证的事项往往涉及相对人的重大利益，而且这种制度以高度司法化的程序运作集中体现了行政的公正，正式听证程序遂成为行政程序法研究的重点，也是各国行政程序法典的核心内容，大多数国家设专章或设专节规定了正式听证程序的具体制度，如美国《联邦行政程序法》即是以正式听证程序为其核心内容的。我国 1996 年制定的《行政处罚法》率先在行政处罚领域规定了正式听证程序，这在我国行政程序立法历史上具有里程碑的意义。之后，正式听证扩展适用至政府价格决策、城乡规划制定、行政立法、重大行政决策、行政许可、行政复议等领域。2002 年 1 月 12 日国家计委主持举行的铁路价格听证会，由中央电视台向全国现场直播，使得听证会成为普通百姓所熟知的话题。

非正式听证是指以听证会之外的方式听取意见的制度。如在美国，根据具体案件的性质，听证的形式可以从正式的听证到非正式的会谈，以及介于二者之间的各种形式。② 在非正式听证中，行政机关只须给予当事人口头或书面陈述意见的机会，以供行政机关参考，行政机关不需基于记录作出决定。这种听证在美国也被称为“辨明型听证”“陈述的听证”。我国《立法法》第六十七条规定：“行政法规由国务院有关部门或者国务院法制机构具体负责起草，重要行政管理的法律、行政法规草案由国务院法制机构组织起草。行政法规在起草过程中，应当广泛听取有

① 如根据美国一位法学家的估计，90%以上的行政活动采取非正式程序，正式程序所占分量不到 1%。美国司法部长行政程序委员会 1941 年的最后报告中声称：“非正式程序构成行政裁决的绝对多数，它们是行政程序的真正生命线。”（转引自王名扬：《美国行政法》，中国法制出版社 1995 年版，第 537 页）

② 王名扬：《美国行政法》，中国法制出版社 1995 年版，第 410 页。

关机关、组织、人民代表大会代表和社会公众的意见。听取意见可以采取座谈会、论证会、听证会等多种形式。行政法规草案应当向社会公布，征求意见，但是经国务院决定不公布的除外。”非正式听证的适用范围在各国都远远大于正式听证。

正式听证与非正式听证的划分是听证分类中最重要的一种分类。二者的区别主要在于公众参与的方式和程度不同。在非正式听证中，公众参与表示意见的方式以书面提出为主，很少相互质证和相互辩论，行政机关作决定时不受参与人意见的限制；而正式听证中行政机关必须举行审判型的口头听证，当事人有权在律师陪同下出席听证会，有权提出证据，进行口头辩论，行政机关必须根据听证记录作决定。

2. 书面听证和口头听证。这是以当事人陈述意见的方式为标准所作的分类。书面听证指当事人以书面形式向行政机关表明其意见。口头听证指以口头陈述的方式向行政机关陈述意见。

葡萄牙和中国澳门地区行政程序法规定听证是采用书面听证还是口头听证，由行政机关根据具体情况决定。在采用书面听证时，行政机关必须通知利害关系人，听取他的意见，给予的时间不能少于 10 天。在通知时，行政机关必须提供必需的资料，对决定有重要意义的事实和法律事宜，以及查阅卷宗的时间和地点。利害关系人在答复时，可对构成听证程序标的的问题表明立场，申请采取补足措施并附具文件。行政机关选择口头听证的，最少要提前 8 天命令传唤利害关系人。口头听证要审查所有有利于作出决定的事实和法律问题。听证结束后，制作听证记录，记载利害关系人的陈述。如果主持听证的机关不是有权作出最终决定的机关，则要制作调查员报告书，对行政决定提出建议，并说明该建议的事实和法律根据。

三、行政听证的功能

1. 使行政行为以充分、全面的信息为基础作出，保证行政行为的正确“兼听则明、偏听则暗”，作出行政行为之前听取受行政行为影响的主体的意见，可以使行政机关获知充分、全面的信息，保证最终决定的准确。利益受行政行为影响的主体从维护自己利益角度出发，总是会对行政机关认定的不利于自己的事实、观点进行反驳，提出不同意见，并积极提交证据证明自己的观点，以使行政机关的最终决定有利于自己。这样，正、反双方的证据的真实性和关联性在作决定的过程中得以充分讨论，意见得以充分展现，有利于行政机关在更为全面的信息、证据基础上作出最终行政行为。

2. 减少行政机关自行调查的时间，降低成本，提高行政效率行政机关在作出决策、决定时需要调查收集信息、证据，以准确把握决策的基础事实，正确认定作决定的事实。听取意见相当于公众和当事人为行政机关提供了认定事实所需要收集的部分信息、证据，使得行政机关不必事必躬亲，自行完成所有的调查工作。利益受决策影响主体和当事人为了保护自己利益，具有收集、提供证据的动力，可以大大减少行政机关自行调查的时间和成本，提高行政效率。

3. 保障公众和当事人平等、有效参与行政权力的运作，实现程序正义，增强最终决策决定的可接受性，使行政决定为相对人自觉执行，降低事后成本。“参与”一词在政治学中被认为是“一种行为，政治制度中的普通成员通过它来影响或试图影响某种结果”。“参与”不同于“参加”或“到场”，它包含行为主体的自主、自愿和目的性，是一种自主、自愿、有目的的参加，参与者意在通过自己的行为，影响某种结果的形成，而不是作为一个消极的客体被动接受某一结果。在现代社会，普通公民对政治活动，尤其是政治决策活动的参与被视为民主政治的重要标志。

而在法律程序中，美国学者萨默斯认为，民主社会的法律程序的普遍特征是将各种不同的参与角色分配给公民以及由公民选举出来的公民(或者由那些被选举出来的公民任命的公民)。选举是这样一种典型的程序。而在包括立法和法律适用在内的其他法律程序中，公民一般也会通过诸如举证、游说、建议等方式进行参与。① 作为一种作出影响公民权利

① 转引自陈瑞华：《通过法律实现程序正义——萨默斯“程序价值”理论评析》，《北大法律评论》1998 年第 1 卷第 1 辑。

义务决定的活动，行政行为是在相对人的参与下完成，还是由行政机关自行完成，被认为是民主行政与专制行政的区别。

听证制度体现了参与原则的要求。此项制度要求行政机关在作行政行为时听取公众和当事人的意见，进而考虑他们提出的意见，公众和当事人得以平等、有效参与行政权力的运作。公众和当事人实现了对行政权力运作的有效参与后，会增强最终决策决定的可接受性，决策与行政决定的执行将更为顺利，降低行政机关的事后执行成本。这正是“法律程序有助于从心理层面上和行动层面上解决争执。法律程序的诸多内容无助于判决之准确但有助于解决争执”。① 如在华东政法学院朱芒教授撰写的一份调查报告中显示，经过正式听证程序后，行政处罚决定被提起行政复议或行政诉讼的，仅占实施正式听证案件的 2.0%。②

第二节　外国行政听证制度

一、外国行政正式听证制度

虽然适用正式听证的事项远不及非正式听证，但由于适用正式听证的事项往往涉及相对人的重大利益，而且这种制度以高度司法化的程序运作集中体现了行政的公正。正式听证程序成为行政程序法研究的重点，

---

① ［美］迈克尔·D.贝勒斯：《法律的原则——一个规范的分析》，张文显译，中国大百科全书出版社 1996 年版，第 34 页。关于通过程序正义使最终结果获得正当性的功能的论述，可见诸国内诸多专著论文，也请参见王万华：《论行政程序法的功能》，中国人民大学宪法与行政法研究中心学术文丛：《宪政与行政法治评论》2003 卷，中国人民大学出版社 2003 年版。

② 朱芒：《行政处罚听证程序制度的功能——以上海行政处罚听证制度的实施现状为分析对象》，全国依法行政研讨会论文汇编之五：《依法行政与行政程序篇》，第 211 页。

也是各国行政程序法典的核心内容，大多数国家设专章或设专节规定了正式听证程序的具体制度。

（一）适用范围

1. 适用范围规定方式。关于正式听证适用范围的规定方式基本可以分为两种：第一种是完全由行政程序法之外的单行法律规定，如美国。从已经收集到的十余个国家和地区的行政程序法典来看，对正式听证程序的规定都采用了所谓“扣动扳机”理论：即仅在行政程序法典中规定正式听证的程序，但何时适用正式听证则由单行法规定。如美国《联邦行政程序法》规定，正式听证只有在法律规定根据听证记录作决定时才予适用，也就是说，正式听证的适用不取决于《联邦行政程序法》的规定，而是看其他法律是否明确规定根据听证记录作决定。如果其他法律明确规定根据听证记录作决定，则根据《联邦行政程序法》所规定的正式听证制度进行操作。德国《联邦行政程序法》第 63 条第 1 款规定：“法规有规定时，始得依本法规定进行正式听证程序”。我国台湾地区“行政程序法”第 54 条也规定：“依本法或其他法规举行听证时，适用本节的规定”。根据此种规定，行政程序法的功能主要是提供正式听证的行为模块，而非规定何种情形应当适用正式听证。将正式听证的适用交由其他法律确定，使得立法者可以根据需要，不断对正式听证的范围进行调整，正式听证的适用因之具有很大灵活性。此种做法既保证了听证制度的统一性，又兼顾了不同行政管理领域的特殊性。

第二种是除规定由单行法规定外，还规定行政机关可以根据需要自行决定适用，如韩国。韩国《行政程序法》第二十二条第一款规定：行政机关为处分时，符合下列情形之一的，实施听证：（1）其他法令有规定实施听证之情形；（2）行政机关认为必要之情形。

根据此条规定，韩国的《行政程序法》赋予了行政机关启动正式听证程序的自由裁量权，由行政机关根据实际需要决定启动正式听证程序。此种做法可以有效克服成文法局限性，发挥行政机关的自由裁量权，更好保护被管理人的权利。日本《行政程序法》的规定与上述两种做法有所不同，采用了列举适用事项和赋予行政机关自由裁量权的做法。日本《行政程序法》第十三条第一款规定，行政机关将为不利益处分时，符合下列各款之一者，听证：(1) 拟为撤销许认可等之不利益处分时；[①] (2) 前款规定外，将为直接剥夺相对人资格或地位的不利益处分；(3) 相对人为法人的，命其解任职员的不利益处分，命其解任从事相对人业务者之不利益处分或命其将会员除名的不利益处分；(4) 除前3款所规定情形外，行政机关认为相当时。

2. 适用正式听证的事项。适用正式听证的具体事项因各国法律规定的不同而不同。在针对特定人作出的行政决定领域，从内容看，正式听证主要适用于决定对相对人的权利有重大影响时。如在日本，正式听证适用于撤销许认可、直接剥夺相对人资格和地位或命令法人解任、开除职员或会员等的不利益处分。再如在美国，行政裁决影响公民的基本权利的，如剥夺公民自由、财产权等，必须举行正式听证。法院后来又通过判例将正式听证的适用范围由权利领域扩大至所谓的特权领域，终止公民福利津贴、驱逐已居留美国的外国人出境、撤销缓刑或假释、收容监护患有精神病的人、没有设立标准而排斥公民参与签订政府契约、因违反纪律开除或勒令公立学校学生退学等均被纳入正式听证范围。但20世纪70年代以后，随着正当法律程序适用范围的扩大，法院的判例认为受正当法律程序保护并非一定适用正式听证，应根据利益（个人利益与政府利益）平衡原则和费用与效益平衡原则，根据具体情形决定是否需要适用正式听证。

对行政立法行为，由于针对不特定人作出，而且涉及人数众多，一些国家规定采用公听会或咨询的方式听取公众的意见，不适用正式听证。如韩国1987年《行政程序法》草案规定行政立法在法令有规定或行政机关认为必要时可适用听证，但1996年《行政程序法》取消了此规定，该法第四章为“行政立法预告”，其中第四十四条和第四十五条规定了“公听会”和“意见提出”两种听取公众意见的方式，没有像第三章“处分”那样，规定听证程序。但在美国，如果法律规定行政机关根据听证

① 行政机关拒绝许认可申请的，不能要求举行听证。

记录制定规章时，应当适用《联邦行政程序法》规定的正式听证程序。如《联邦食品、药物和化妆品法》就规定有关实体法的制定、修正和废止应基于听证记录。当然联邦和州的法律作出此规定的极少。除法律规定外，法院判例也确定了一些适用正式听证的情形，如依据联邦贸易法、罐头业及家畜业法有关价格的制定。

（二）正式听证程序主体

正式听证程序中的主体包括三方：居中的听证主持人，相互对抗的行政机关调查人员和当事人。

1. 主持人从各国的规定来看，主持人的选任有两种做法，一种是美国的行政法法官制，另一种是由行政机关的首长或指定的人员担任，采用后一种做法的国家和地区占绝大多数。

（1）美国行政法法官制。美国的正式听证一般由行政法法官主持。行政法法官是行政机关内专门主持听证的官员，在一定程度上独立于所在的行政机关。行政法法官在 1972 年之前称为听证审查官，是文官事务委员会对具有律师资格和行政经验的人员，通过考试合格后，列入听证审查官名单，由每个行政机关根据工作的需要，从文官事务委员会所认可的名单中所任命的听证主持人。听证审查官独立于所在的行政机关，不受行政机关长官的直接控制。听证审查官的独立地位由一系列制度予以保障。听证审查官的工资由文官事务委员会规定，不受所在机关建议和级别的影响。听证审查官在生活和编制上是所在工作机关的职员，在任命、工资、任职方面，不受所在机关的控制，而受文官事务委员会的控制。除非基于文官事务委员会所规定和确认的理由，并经过正式的听证程序，听证审查官不能被罢免。1972 年，文官事务委员会将听证审查官改称行政法法官，其地位类似于司法法官。联邦议会在 1978 年的一部法律中，承认了行政法法官的名称，从而大大提高了行政法法官的地位①。

根据美国《联邦行政程序法》第 556 条第 2 款的规定，行政法法官

① 王名扬：《美国行政法》，中国法制出版社 1995 年版，第 451 页。

主持听证是正式听证的正常情况，但如果其他法律明文规定由其他人员主持听证的，由其他人员主持。由行政法法官以外的其他联邦官员主持听证的最著名的例子是1952年的一个法律明文规定，驱逐外国人的裁决程序由特别调查官（移民法官）主持听证。

（2）行政机关长官或其指定人员。美国以外的其他国家和地区，基本上是由行政机关的长官或从行政机关所属的职员中指定的工作人员担任：韩国规定，“听证，由行政机关从所属职员或依总统令具备资格者中选定人员主持。行政机关应努力使听证主持人的选定得以公正进行”。我国台湾地区规定，“听证，以行政机关首长或其指定人员为主持人，必要时得由律师、相关专业人员或其他熟悉法令人员在场协助之”。日本规定，“听证，由行政机关指定之职员或其他由政令所规定之人主持”。主持人的选任需要确保两点：其一为确保主持人地位中立，唯有中立才能作出公正的决定。① 而中立又以主持人的独立为前提条件，特别是要独立于行政机关。只有不受行政机关长官的干涉独立执行职务，才能真正确保主持人公正作出决定。其二为确保主持人专业，唯有专业才能作出正确的决定。正式听证的进行一方面涉及行政管理专业知识，另一方面涉及法律知识，还需要主持人能够很好控制听证的过程，对主持人的专业知识有很高的要求。比较听证主持人的两种选任方法，不难看出，美国的行政法法官从有律师资格和行政经验的人员中选任，专门从事听证工作，富有经验，又有独立于行政机关的一系列保障，更有利于公正的决定的作出。为了保证听证主持人独立执行职务，不受机关长官的干涉，韩国在其《行政程序法》中特别规定，听证主持人独立执行职务，不因执行职务的理由，而受任何违反其意思的身份上的不利处分。但事实上，没有类似美国对行政法法官的独立执行职务的一系列保障规定，听证主持人很难摆脱长官的影响，独立作出决定。

① 如我国台湾地区“行政程序法”第62条明确规定主持人应本中立公正之立场，主持听证。

听证主持人在正式听证程序中的地位类似司法程序中的法官。为了保证正式听证的顺利进行，各国都规定了听证主持人在正式听证中享有的权力。从各国的规定来看，听证主持人的权力有所不同。

第一种情形：听证主持人仅有主持听证的权力，无决定权，如韩国、日本。韩国《行政程序法》第三十五条第四款规定："听证主持人终结听证时，应立即将听证笔录及其他有关资料提交于行政机关"。行政机关在充分讨论听证笔录和其他相关资料后，作出行政决定。日本规定主持人可在听证结束后向行政机关递交的报告书中写明其认为当事人的主张有无理由的意见。

第二种情形：听证主持人不仅有组织听证的权力，还有作出初步决定或者对决定作出建议的权力，如美国、葡萄牙和我国澳门地区。美国《联邦行政程序法》第 556 条第 3 款第 8 项规定，行政法法官有"作出初步决定或建议性决定"的权力。如果行政法法官作出了初步决定，在规章规定的期限内无人提出要求该机关复议的申诉或者或动议的，该初步决定无须经过其他程序可成为该机关的决定。葡萄牙《行政程序法》第 105 条、我国澳门地区"行政程序法"第 93 条规定："如调查机关非为有权限作出最终决定的机关，则必须编制报告书，其内指出利害关系人的请求及有关该程序内容的摘要，对决定作出建议，且扼要说明提出该建议的事实和法律依据"。

2. 正式听证中的当事人和参加人仅指权利将受行政决定影响的相对人，不包括行政机关调查人员。

（1）当事人和参加人的范围。扩大公民对行政程序的参与是当代行政法发展的一个趋势，参加正式听证的利害关系人的范围也相应呈扩大趋势。各国关于有权参加正式听证的主体的范围规定大致一致。一般从权利和利益直接受到行政行为影响的人，到权利和利益间接受行政行为影响的人，都能参加正式听证。前者被称为当事人，后者被称为参加人。"当事人"具体指行政机关命令为一定的行为或不为一定行为的人，或向行政机关申请营业执照和其他利益的人，或营业和收费标准受到行政机关管辖的公司，这类人是直接承受行政行为的客体或引起行政行为的主体；“参加人”具体指当事人以外，因权利和利益间接受行政行为影响，申请或由行政机关根据职权通知参加听证的人。参加人虽然不是行政行为的直接对象，但对行政机关的决定具有利害关系，这类人最典型的就是竞争者和消费者。如在美国，州际商业委员会规定铁路运输的价格时，与铁路公司处于竞争地位的水路运输公司和航空运输公司的利润和营业额将受到影响，也应有权参加听证。美国法院对参加正式听证的主体的范围，一般坚持适用司法审查规则，即有权对行政行为申请司法审查的，原则上也有权参加正式听证。从法院的判例看，参加正式听证的利害关系人的范围呈扩大趋势，如第二上诉法院在1962年的一个判决中声称：“现在，只要不影响公共事务有条不紊地进行，任何有利害关系的人都有权参加听证”。哥伦比亚特区上诉法院认为，“为了保证听证能够有效率地进行，方法不在于排除有权参加听证的利害关系人，而在于控制听证的进程，要求所有的参加听证的人不偏离所争论的问题，不提出重复的或无关的证据”。

日本《行政程序法》第十三条第一款规定：“听证主持人认为有必要时，对当事人以外之人，依该不利益处分所依据之法令认为与该不利益处分有利害关系者的要求其参加许可程序或许可其参加该听证之相关程序”，从而规定了当事人之外的与不利益处分有利害关系的主体可以作为参加人参加到正式听证中来。

德国和我国台湾地区等虽然没有使用“参加人”这个概念，但其对当事人的界定实际上包括了美国和日本所规定的参加人。根据德国《联邦行政程序法》第13条的规定，当事人包括：①申请人和申请相对人，申请相对人指根据申请人的申请，行政机关将对其作出行政处分的第三人。②官署将要作出或已作出的行政处分的相对人。③官署准备与其或已与其缔结公法契约的相对人。④将因行政程序的开始法律上的利益受影响的人，可以申请或由官署根据职权传唤参加听证成为当事人。⑤如果行政程序的开始将对第三人发生法律上形成效力的，则该第三人依申请可成为当事人，官署如果知道该第三人存在，应该将程序的开始通知该第三人。我国台湾地区规定因为程序的进行将影响第三人之权利或法律上利益者，行政机关得依职权或依申请，通知其参加为当事人。

（2）当事人和参加人的权利。根据各国行政程序法的规定，当事人在行政程序中一般享有以下权利。

第一，得到通知的权利。通知中一般应包括听证所要涉及的主要事实和法律问题。第二，委托代理人的权利。行政决定的作出，是一个认定事实、适用法律的过程，因此，应允许当事人和参加人委托律师代理。第三，阅览卷宗的权利。第四，陈述意见的权利。听证的内涵即体现为听取当事人的意见，因此，当事人有权陈述其意见。第五，提出证据和质证的权利。证据是行政程序的核心问题，行政决定要根据为听证主持人所接受的证据作出，因此，当事人应有权提出证据，并对不利于自己的证据进行质证，以防止行政机关只根据一面之词作决定。

关于参加人在正式听证中的权利，各国规定有所不同。日本仅规定参加人可与当事人一样选任代理人，德国和我国台湾地区由于对当事人的界定中包含了参加人，因此，参加人在正式听证中享有与当事人一样的权利。

（三）正式听证程序的初步措施

1．通知

在合理的时间前得到通知是当事人的权利，也是程序公平的最低要求。听证往往涉及当事人的重要权利，因此，当事人有必要了解正式听证所涉及的事项、正式听证如何进行，只有这样，当事人才能进行充分的准备，与行政机关形成有效的对抗。

通知一般采用书面的方式进行，必要时，可进行公告，以告知相对人正式听证事项。关于通知的时间，各国规定并不一致，有的国家规定了通知时间的下限，如葡萄牙、我国澳门地区规定，行政机关给予相对人准备的时间不少于 10 日。韩国规定，行政机关实施听证时，应于听证实施之日起 10 日之前通知相对人，有的国家则使用了模糊词语，让行政机关根据具体情况自由裁量决定。如日本规定，行政机关应在听证期日前“相当期间内”，通知不利益处分的相对人。美国则规定，行政机关必须“及时”通知当事人。通知是否及时，需要根据案件的具体情况决定，如复杂问题自然比简单的问题需要更多时间。但美国有的州对通知的时间作了统一的规定，如加利福尼亚州行政程序法规定，通知书至少应在10天前送达于当事人。

通知相对人是为了让相对人对听证作充分的准备，因此，通知书中必须记载与正式听证有关的事项，以便让当事人了解正式听证的具体事宜。从各国的规定来看，通知书的内容包括两个部分：其一为听证本身及听证所要涉及的问题，一般包括几项：(1)听证的时间和地点。(2)听证所要涉及的事实问题和法律问题。(3)将要作出的行政决定的内容。其二为告知当事人程序上的权利。

韩国和西班牙规定了不予通知的情形，有的事项因涉及国家或商业秘密，不宜通知，如西班牙规定，涉及下列信息的，行政机关不能告知当事人：(1)国家或自治区政府在行使不受行政法约束的宪法职能时所进行活动的信息。(2)国防或国家安全信息。(3)商业或工业秘密。(4)与货币政策有关的情况。有的事项则是不必通知或情况紧急来不及通知，如韩国规定，具有下列情形的，行政机关可以不通知当事人：(1)为了公共安全或福利，有必要作出紧急处分的。(2)没有或丧失法令要求的资格，理应受到一定处分时，其没有或丧失资格的事实根据法院的裁判得以客观证明的。(3)行政行为性质上听取意见有显著困难或有相当理由认为明显不必要的。

通知书的作用是告知当事人听证的事项，以便当事人进行充分准备，与行政机关形成有效的对抗。因此，行政机关必须将听证所涉及的事实问题和法律问题通知当事人。美国《联邦行政程序法》规定，行政机关仅仅通知当事人出席听证，没有通知听证所涉及的事实问题和法律问题，导致当事人无法准备防卫的，行政机关所作的裁决将因违反法律的规定和正当法律程序而无效。

2. 正式听证前的预备会议

美国《联邦行政程序法》规定了正式听证前的会议制度，行政机关往往在举行正式的听证会之前召集由各方当事人参加的预备会议，如果当事人之间能够在正式听证前的会议中协商解决争端，则听证程序不必再举行。该法第 554 条第 3 款规定："行政机关应为利害关系人提供机会，使他们在时间、行政程序的性质和公共利益允许时，能够提出和考虑事实、论据、解决办法和修正的建议。在当事人之间不能协商解决争端时，通知按 556 条和 557 条的规定，举行正式听证和裁决"，同法第 556 条第 3 款规定，主持听证的职员有权举行会议，由各方当事人同意以解决或简化争端。这两条规定是授权听证官员，在举行正式听证以前举行预备性的会议。正式听证前的会议具有两个功能：一是使当事人有机会通过协商解决争端，避免费时费钱的正式听证。美国官方研究行政程序的司法部长委员会指出："一个花费很长时间和大量金钱的审判型听证所达到的裁定，通过当事人之间的同意，很容易就能达到"。当然，适用协商程序有严格的范围限制，只有在案件的性质和公共利益允许的范围内才能适用；二是能简化争端。

预备听证是我国台湾地区"行政程序法"参照诉讼中的预审制度，并借鉴美国联邦行政程序法的正式听证前会议制度规定的。所谓预备听证，指行政机关在正式听证前举行预备会议，议定听证程序的进行、阐清争点、提出有关文书及证据、变更听证期日、场所与主持人等。预备听证的目的在于促使正式听证的顺利进行，并不对听证事项作出决定，因此，没有当事人参加，是行政机关的内部程序。台湾地区的预备听证借鉴了美国的正式听证前的会议制度，但二者有本质的区别：前者并不作决定，只是为正式听证程序作准备，属于行政机关内部程序，当事人不参加。而后者则除了简化争端以外，还有解决争端的作用，如果当事人之间能够在正式听证前的会议中协商解决争端，则听证会不必再举行，因此，后者不完全是行政机关内部程序，当事人也要参与其中。

3. 正式听证程序进行中的几个问题

（1）公开、言词原则公开、言词原则本是诉讼程序的基本原则。正式听证程序从司法程序借鉴而来，是否也同样适用公开、言词原则呢？正式听证是否公开进行，从其他国家和地区的规定来看有两种：第一种是公开为原则、不公开为例外，如我国台湾地区。我国台湾地区"行政程序法”第59条规定：“听证，除法律另有规定外，应公开以言词为之。有下列情形之一的，主持人得依职权或根据申请决定全部或一部不公开：①公开显然有违背公益的。②公开对当事人利益有造成重大损失嫌疑的。”第二种是不公开为原则，公开为例外，如德国和日本。德国《联邦行政程序法》第68条规定：“言词辩论不公开进行”。日本《行政程序法》第二十条规定：“听证，除行政机关认为有必要公开的，不公开”。

美国联邦行政程序法没有明文规定公开原则，但从其《情报自由法》和《阳光下的政府法》的规定来看，可以推论以公开为原则、不公开为例外。一般来说，涉及国家机密和个人隐私的，不公开听证。国防和外交事务不属于正式程序裁决范围，一般不公开听证。社会福利机构关于个人经济情况的听证，不公开进行。涉及工商企业信誉或商业秘密的听证，不公开进行。作为当事人能否申请秘密听证呢？

公开原则要求行政机关在正式听证的过程中，允许公众，特别是新闻记者在场旁听，从而保证了社会公众对听证的参与，有利于加强对行政的监督，增强行政机关的责任心。公开听证，也是行政决定获得当事人，乃至公众认可的基础。对于当事人来说，虽然对不利于自己的决定不服，但由于该决定是通过公正的程序作出的，他的不满也就失去了基础。对不懂法律的公众来说，人们更关注作决定的程序是否合法。如果决定是根据公正的程序作出的，则公众会认可该决定；如果作决定的程序不公正，不管决定的内容是否合法，公众都会否决该决定。因此，以公开的方式进行听证，更有利于保护当事人的利益，也更有利于行政决定的执行。

根据各国的规定，正式听证一般以言词方式进行，如德国《联邦行政程序法》第67条规定：“官署基于言词辩论决定。为举行言词辩论，官署应于听证期日相对期间前，传唤当事人”，奥地利《行政程序法》第40条规定：“言词审理应传唤所有的已知的利害关系人，以及必要的证人及鉴定人”。但言词原则在行政听证中的运用不如诉讼程序严格，如德国《联邦行政程序法》第67条第2项规定行政机关于下列情形，可以不经过言词辩论，迳行作出决定：①对于所有当事人都同意的申请，完全予以准许的。②对于所定措施，在规定期间内，当事人均未提出异议的。③官署已通知当事人不进行言词辩论，将迳行作出决定，当事人在规定期间内没有提出异议的。④所有当事人都已放弃言词辩论的。⑤由于情形紧迫，有即时作决定的必要的，从而大大排除了言词原则的适用。在日本和韩国，当事人可以用书面陈述代替出席听证。如韩国《行政程序法》第三十一条第三项规定："当事人提出意见书，可视为出席陈述其内容"，日本《行政程序法》第二十一条规定："当事人或参加人，可以在听证期日前向主持人提出陈述书和证据书状，代替听证期日的出席"。

言词原则要求当事人、证人、鉴定人等出席听证，并以言词的方式向听证主持人陈述事实，任何一方都有机会向对方证人质证、相互进行辩论，从而富有意义地参与了行政决定的制作过程，保证了听证主持人与证据直接接触，防止听证主持人将决定仅建立在行政机关调查人员所收集的卷宗材料上，促使听证主持人减少预断和偏见。因此，正式听证应以言词原则的适用为原则。当然，由于行政决定并非最终决定，相对人不服行政决定的还可通过行政复议和诉讼程序得到救济，对于不存在事实争议，或相对人放弃言词辩论，以及情况紧急必须马上作决定的，可以考虑不适用言词原则，由行政机关迳行作出决定，从而提高行政效率。但何种情形不适用言词原则，必须由法律明确规定。只有法律明确规定免除言词原则的，行政机关才能免除言词原则的适用。

（2）听证模式。职权主义与当事人主义是现代审判程序的两大模式。从保证诉讼公正的角度而言，当事人主义优于职权主义，它有利于发挥当事人在诉讼中的作用，使其积极有效地参与法庭判决的制作；但从诉讼的经济效益而言，职权主义优于当事人主义，当事人主义易导致诉讼的烦琐和复杂，耗费大量人力、物力，而职权主义由法官依职权主导诉讼的进行，有利于诉讼的迅速、有效进行。

行政活动由于涉及公共利益，需要迅速、及时作出行政决定，而且行政程序不是最终程序，当事人对通过听证作出的行政决定不服，可以通过行政救济或诉讼程序获得救济，所以各国都规定了职权主义听证模式。听证主持人在正式听证中享有广泛的权力，有权调查证据，并指挥听证的进行。如韩国《行政程序法》第三十三条规定，听证主持人可以根据申请或依据职权进行必要的调查，包括对当事人没有主张的事实进行调查。在必要时，听证主持人还可以要求行政机关提出必要的文书或陈述意见。调查证据的方法包括：收集文书、账簿、物件；讯问证人、鉴定人；勘证或鉴定评价，以及其他必要的调查。日本《行政程序法》第二十条规定："听证主持人于听证期日认为有必要时，可以询问当事人或参加人，促使其提出意见或提交证据书状，也可要求行政机关职员说明"。德国《联邦行政程序法》第68条第2款也规定，主持人应促使当事人对不详的申请加以说明，补充证据，对有关事实的确定作出重要声明。奥地利《行政程序法》第43条规定，审理主席"决定听取利害关系人的陈述、调查证据陈述或讨论以前调查证据的结果及以前提出的证据的顺序"，审理主席可在听证外自行收集调查证据。

美国是当事人主义审判模式的代表国家，其正式听证也与其他国家一样适用职权主义听证模式。行政法法官在听证中享有广泛的权力，包括：决定听证的过程；是否允许延期；提出证据的方式和时间表，以保证听证的有序进行；在听证中有权召集证人，进行询问和反询问，充分查明事实的争端等等。

（3）听证内容从各国的规定来看，正式听证的范围不仅限于作出决定的事实和法律依据，还包括行政机关拟作出的决定本身。如韩国《行政程序法》第三十一条规定："听证主持人开始时，应先说明预定之处分内容、成为其原因的事实及法律依据等。当事人可陈述意见，提出证据，并可向参考人及鉴定人提问"。日本《行政程序法》第二十条规定："主持人于第一次听证期日开始时，应令行政机关职员对听证出席者说明预定为不利益处分的内容及法令根据及其原因的事实。当事人或参加人得陈述意见、提出证据书状，并经主持人的许可，对行政机关的职员提问"。

正式听证一般在行政机关拟对当事人作出重大不利决定时举行，当事人参与听证，目的在于使行政机关作出有利于自己的决定。当事人对作为决定根据的事实问题和法律问题进行辩论，意在改变行政机关对其不利的预定决定的内容，当事人并非为了事实问题和法律问题本身而听证。所以，如果将行政机关的预定决定排除在听证范围之外，正式听证也就失去了意义。

（4）律师协助和代理。英美有一句法律谚语“有律师的地方最安全”。律师制度被视为维护民权、伸张正义、实行法治的保障。当事人在行政听证中有权委托律师陪同或代表其参加听证，这是各国的共同规定。但代理人并不限于律师，律师以外的人也可代理当事人参加听证，但如果由律师以外的人担任代理人参加听证的，必须取得行政机关或听证主持人的同意。如美国《联邦行政程序法》第556条规定：“被机关或其代表传唤出席的人，有权由律师陪同、代表作顾问。如果机关允许，也有权由其他合格的代表陪同、代表、作顾问。在机关裁决的程序中，任何当事人有权亲自参加或由律师和其他合格的代表陪同或代表参加”。韩国《行政程序法》第十二条规定，除了律师以外，获得行政机关或听证主持人许可的人也可成为代理人参加听证。

律师有权代表或陪同当事人出席听证，并有权在听证会上陈述意见、提出证据、询问证人，与行政机关调查人员辩论。日本《行政程序法》第十六条规定：“代理人得为个人或当事人有关听证的一切行为”。

刑事诉讼中一般实行指派律师制度。正式听证是否同样适用指派律师制度呢？除了德国之外，其他国家的行政程序法都没有规定指派律师制度。德国《联邦行政程序法》第16条是关于依职权指定代理人制度的规定。根据该条规定，在下列情形下，监护法院应根据官署的请求，指定适格的代理人：①对于当事人，不知其人者。②对于缺席的当事人，其居所不详的，或不能处理自己事务的。③当事人在本法有效区域内无居所，而没有根据官署的要求，在指定期间内指定代理人的。④当事人因心理疾病，或是因身体上、精神上或者心理上的障碍，不能亲自从事行政程序的。⑤对于行政程序所涉及的无主物，为维护有关该物所生权利或义务的。

美国《联邦行政程序法》没有规定当事人有请求行政机关指派律师的权利，最高法院也不承认当事人有请求指派律师的权利。但法律不禁止行政机关指派律师，由行政机关自行决定。联邦政府中有的行政机关如联邦贸易委员会，已经为无能力的当事人指派律师。绝大多数行政机关没有实行指派律师，因为行政案件数量很大，指派律师对政府财政是一个沉重的负担。但是对影响当事人重大利益的裁决，如吊销营业执照、取消假释和缓刑等，在当事人无力雇用律师时，舆论界主张行政机关应当考虑为当事人指派律师。

（5）听证记录正式听证必须制作笔录。从各国的规定看，听证记录一般应包括出席听证人的基本情况、听证的时间和地点、当事人的陈述、提出的文书证据等。如韩国《行政程序法》第三十四条规定，听证主持人应制作记载下列事项的听证记录：①题目。②听证主持人所属机关、姓名等事项。③当事人的住所、姓名、名称及有无出席。④听证的时间和场所。⑤当事人陈述的内容及提出的证据。⑥公开与否及未公开的理由。⑦调查证据时，内容及添加的证据。⑧听证主持人的意见。⑨其他必要事项。德国《联邦行政程序法》第68条规定，听证应制成记录，其中应记明：（a）听证的地点与时间。（b）主持人、出席的当事人、证人与鉴定人的姓名。（c）讨论的题目与提出的申请。（d）证人与鉴定人陈述的主要内容。（e）勘验结果。（f）文书证明作为附件附加在笔录内，并予以注明。

听证记录的约束力是指行政机关的决定是否必须根据听证记录作出，行政机关能否根据听证记录之外的证据作出决定。听证记录的约束力是正式听证制度的核心问题，因为正式听证制度的设计本是将对决定公正的追求置于行政效率之上，如果正式听证的记录对行政机关作决定没有任何的约束力，当事人的主张未能反映在决定中，则正式听证的进行就没有任何意义，反而徒费人力物力，降低行政效率，并对当事人的心理造成严重的伤害，增加其接受行政决定的抵触情绪。

诉讼程序中贯彻严格的案卷主义，未经法庭质证的证据不能作为法院判决的根据，正式听证程序是否也贯彻同样的原则呢？根据各国行政程序法的规定，听证记录对行政机关决定的约束力程度不一样，有两种做法。

第一，美国的案卷排他性原则和禁止单方面接触规则美国《联邦行政程序法》第556条第5款规定："证言的记录、证物连同裁决程序中提出的全部文书和申请书，构成按照本编第557条规定作出裁决的唯一案卷。当事人交纳法定费用后，有权得到副本"。这一规定确立了正式听证中的案卷排他性原则，也叫"唯一专有记录"①。所谓案卷排他性原则，指行政机关的决定必须根据案卷作出，不能在案卷之外，以当事人不知道或没有论证的事实作为根据，否则，行政裁决无效。案卷排他性原则在美国被认为是正式听证的核心内容，其目的在于维护听证的公正性。如果行政机关可以根据听证以外的证据作出决定，听证权就会毫无意义。美国最高法院大法官 Van Devanter 曾说"制定法所规定的对于没有列入听证记录的证据，一律不得加以考虑的原则必须得到遵守，否则听证的权利就变得毫无意义，如果决定者在作出处分时随意背离记录，或咨询他人作出的事实认定或法律见解，则在正式听证中提出的证据和辩论，没有任何价值"。② 美国法院对要求适用案卷排他性原则主要基于三个理由：①有助于确保行政机关不至于没有充分的事实基础，即作出决定。②给予反对的当事人针对推理过程及行政决定的正确性向行政机关提出异议的机会。③给予审查法院充分评估行政决定正确性的机会。

禁止单方面接触是与案卷排他性原则相关联的一条规则。根据案卷排他性原则，行政机关不能在听证之外接纳证据，而最常见的记录之外的证据问题发生在单方面接触的情况下——当事人在对方不在场的情况下与行政法法官和对案件有决定权的人单方面讨论案件。单方面接触极大损害了对方的利益，破坏了正式听证程序的基本原则和行政机关的威信，作出的决定将被法院撤销。美国《联邦行政程序法》最初没有对单方面接触作出规定，有关不正当的单方面接触的申诉一般根据宪法的正

① ［美］欧内斯特·盖尔霍恩、罗纳德·M.利文：《行政法和行政程序概要》，黄列译，中国社会科学出版社1996年版，第169页。

② 罗传贤：《行政程序法基础理论》，五南图书出版公司1990年版，第252页。

当法律程序条款进行审查。1976 年修改《联邦行政程序法》时，在第 557 条第 4 款中加上了禁止单方面接触的规定，禁止任何“行政机关以外的有利害关系的当事人”与任何决策官员进行或故意形成“任何与诉讼的是非曲直有关的单方面联系”。该条同时对行政机关的决策人也规定了相应的限制，机关决策人被界定为包括任何“由行政机关、行政法法官或其他可合理预测与决策过程有牵连的雇员组成的机关的成员”。

单方面接触从通知发出开始禁止，如果当事人在此以前已知道听证的通知，从当事人知道听证通知时起，开始禁止单方面接触。任何参与决定程序的职员，在收到或实行单方面表示的意见时，应把接收和答复记载于案卷之中。当事人违反行政程序法的禁止进行单方面接触，本来应当丧失得到有利行动的资格，但主持听证的职员在收到单方面表示的意见时，在符合司法目的和重要法律政策的前提下，可以要求当事人说明理由，为何他的利益不应因为这种接触而受到不利的影响，以考虑是否允许例外的情况。

第二，听证记录对行政决定的作出有一定的约束力，但行政决定不是必须以听证记录做根据。听证记录对行政机关决定的约束力另一种规定是：听证记录对行政机关的决定有一定的约束力，行政机关应斟酌听证记录作出行政决定，但行政机关不是必须以听证记录为根据，只有在行政程序法之外的其他法律明确规定以听证记录为根据的，行政机关才必须以听证记录为根据、不能以听证记录之外或当事人不知道或没有论证的事实作为根据，如德国、韩国、日本、瑞士等国家。德国《联邦行政程序法》第 69 条第 1 项规定：“官署应斟酌全部程序的结果，决定之”。韩国《行政程序法》第三十五条第五项规定：“行政机关充分讨论听证记录及其他相关资料后，若认为有相当理由，应在为处分时，积极反映听证结果”。日本《行政程序法》第二十六条规定：“行政机关为不利益处分决定时，应充分斟酌笔录内容及报告书中主持人意见”。瑞士《行政程序法》第 32 条规定：“官署为处分前应对当事人所以及时提出的重要陈述予以斟酌”。

（四）决定的作出

正式听证结束后，行政机关要作出行政决定。行政决定如何作出？不同国家规定不同。在听证主持人不仅有进行听证的权力，还有一定决定权的美国，行政法法官在听证结束后可以作出两种决定：初步决定和建议性决定。初步决定适用于不由行政机关主持的正式听证，初步决定作出后，根据德国《联邦行政程序法》第557条第2款的规定，如果在规定的时间内，没有人向行政机关提出上诉，行政机关也没有主动要求复议时，则初步决定成为最终决定，不必再由行政机关长官作出最终决定。建议性决定适用于行政机关在特定的案件中或者以法规规定，要求将全部案卷送交由该行政机关决定的案件，在此种情形下，主持听证的行政法法官必须作出建议性决定，以供行政机关参考。一般认为建议性决定和初步性决定的区别是前者只有咨询性质，只有在行政机关接受时才有效力。而初步决定一经作出就发生效力，只有在当事人不服提出上诉，或者行政机关主动要求复议另作决定时才失去效力①。在葡萄牙、我国澳门地区，听证结束后，由主持人作出建议性决定，最终决定由机关首长作出。如葡萄牙《行政程序法》第105条、我国澳门地区同名法典第93条规定："如调查机关非为有权限作出最终决定的机关，则必须编制报告书，其内指出利害关系人的请求及有关该程序的内容摘要，对决定作出建议，且扼要说明该建议的事实及法律依据"。

在听证主持人只享有听证权力，而无作决定权力的韩国、德国等国家，在听证结束后，由机关首长作出决定，如韩国《行政程序法》第三十五条第四款规定："听证主持人终结听证时，应立即将听证记录及其他有关资料提交于行政机关"，行政机关在充分讨论听证记录和其他相关资料后，作出行政决定。我国《行政处罚法》第四十三条也规定"听证结束后，行政机关依照第三十八条的规定，作出决定"，也就是说，适用听证程序的事件的决定权在行政机关而不是主持听证的工作人员。

---

① 王名扬：《美国行政法》，中国法制出版社1995年版，第513页。

二、外国行政非正式听证制度

（一）行政立法中的非正式听证

美国联邦行政程序法规定行政机关制定规章时，只要法律没有要求根据听证记录制定法规，行政机关就适用联邦行政程序法第553节所规定的通告与评论程序制定。通告与评论程序要求行政机关制定法规时，必须在联邦登记、官方网站等公布建议制定的法规草案或者主要内容，供公众评论，听取公众意见。公众提供意见的方式由行政机关决定。公众可以提交书面意见，也可以口头陈述意见。行政机关有时还采取非正式的磋商、会议、咨询和其他可以供公众表示意见的方式听取公众意见。随着科学技术的发展，目前公众主要是通过电子邮件的方式参与行政立法，发表意见。

行政机关收到公众的意见后，要对意见进行分类整理，并针对每类意见作出回应。公众的意见与行政机关的回应应当在联邦登记、行政机关的网站上公布，以便让公众了解他人的意见。在最终公布的规章中，行政机关在规章正文之前，要对规章制定过程中收到的公众意见及行政机关对公众意见所作的回应进行说明，并说明采纳与不采纳某种意见的理由。

在制定规章的过程中，如果公众对某一问题存在较大的争议，行政机关认为必要的，可以举行听证会。

在韩国，行政机关制定、修正、废止与国民的权利义务有关的法令，以及制定、试行或变更对国民生活带来极大影响的政策、制度及计划时，行政机关应当预告。所有的国民对立法草案、政策、计划等可以提出意见。行政机关应当将意见接收机关、意见提出期间及其他必要事项，在预告立法草案、政策、计划时一并公告。由于行政决策领域不适用正式听证，行政机关听取意见的程序分“公听会”和“意见提出”两种。公听会是韩国《行政程序法》第三十八条、第三十九条所规定的一种听取意见的制度。所谓公听会，是指行政机关通过公开讨论，就某种行政作用向当事人等具有专门知识和经验者以及其他普通人员广泛听取意见之程序。[1] 行政机关召开公听会，应当于公听会召开之14日前将下列事项通知当事人等，并采用刊登于官报、公报或日报等方法广泛周知：(1) 题目；(2) 时间、地点；(3) 主要内容；(4) 关于发言者之事项；(5) 发言申请方法与申请期限；(6) 其他必要事项。公听会的主持人由行政机关在具备法定资格的人中指定或聘请，主持人应当公正主持公听会，有权为维持公听会的秩序采取措施。在公听会上，发言者应当限于与公听会内容有直接关联的事项发言。发言者可以相互进行质疑答辩。行政机关认为公听会中提出的事实及意见有相当理由的，应当反映在最终立法、政策、计划中。

"意见提出"是对正式听证、公听会之外的听取意见方式的统称，包括提交书面意见、口头陈述、发电子邮件等。对公众提出的意见，行政机关除了有特别理由外，应当尊重公众意见，酌情处理。行政机关还应当将对公众意见的处理结果通知提出意见之人。

葡萄牙《行政程序法》规定行政机关制定规章时，应当公布规章草案，听取利益受影响主体的意见。利害关系人应当在规章草案公布之后30日内，将以书面方式作出的建议送交有权限制定规章的机关。分析上述国家关于行政立法非正式听证的规定，具有以下特点。

第一，非正式听证的适用非常广泛。听取意见是行政机关的一项基本程序义务，行政机关在大多数情形中采用非常灵活、高效率的方式来听取公众的意见。正式听证虽然更有利于保护权利受影响之人，但由于司法化程度较高，影响了行政效率使用情形，适用范围很有限。在韩国，行政决策领域不适用正式听证。

第二，非正式听证的方式非常灵活、多样。从各国的规定看，都肯定了提交书面意见、口头陈述等多种方式。随着计算机和网络技术的发展，电子邮件、网上提交意见的运用日益广泛。

第三，重视对公众意见的回应机制的完善。行政机关如何处理公众意见？公众意见对最终决策的作出是否发挥作用？这些问题是听证制度

---

① 韩国《行政程序法》第二条第六项。

能否真正发挥其功能的关键。美国规章制定所遵循的通告与评论程序的核心就在于建立了完善的回应机制。

完善的回应机制可以发挥以下功能：其一，强制行政机关对公众意见进行梳理，此过程也是行政机关理性分析作为决策基础的信息的过程；其二，促使行政机关谨慎作出决策；其三，体现对公众的尊重，保护公众参与决策的热情，使公众易于接受最终决策。

第四，非正式听证与正式听证结合运用。在美国，行政机关在制定规章时，往往将非正式听证与正式听证结合运用。行政机关首先运用非正式听证听取意见，如果仍然存在很大争议问题，再举行正式听证。

（二）行政决定非正式听证

对听证会之外行政机关采用何种方式听取当事人的意见，大多数国家行政程序法的规定都较为原则。行政程序法所解决的是将听取意见作为行政机关的一项基本程序义务规定下来，具体规则由行政机关自行规定。有的国家如美国没有在《联邦行政程序法》中规定非正式听证的程序。

1. 行政机关的通知义务。非正式听证较之正式听证程序简单，但仍然需要遵循一定规则，符合正当程序的要求。行政机关在作出不利于相对人的决定时，应当将有关事项通知相对人，让相对人陈述意见。如日本《行政程序法》规定行政机关在作出不利益处分时，必须赋予当事人辨明之机会，并将下列事项书面通知当事人：（1）预定不利益处分的内容及法律依据；（2）不利益处分原因之事实；（3）提出辨明书的地点、期限。我国台湾地区“行政程序法”规定，行政机关给予当事人陈述意见的机会时，应当书面记载下列事项，并通知相对人：（1）相对人及其住所、事务所或营业所；（2）将为限制或剥夺自由或权利行政处分之原因事实及法规依据；（3）陈述书应当说明的事项；（4）提出陈述书的期限及不提出陈述的后果；（5）其他必要事项。

2. 向行政机关递交书面材料。如韩国《行政程序法》第二十七条规定，“当事人等可在行政处分前向行政机关以书面、计算机通信或者言词之方式提出意见”。希腊《行政程序法》第6条规定，“在作出不利于特定个人的权利或利益的行为或采取不利于特定个人的措施之前，行政机关有义务邀请利害关系人就相关事项以书面或口头方式发表意见。”日本《行政程序法》规定当事人提出辨明意见时，除行政机关允许以言词为之者外，应以书面方式提出。

3. 口头向行政机关陈述意见。韩国和我国台湾地区规定当事人可以选择口头陈述意见。当事人口头陈述意见的，行政机关应当记录，由当事人确认无误后签名。如我国台湾地区“行政程序法”第106条规定，行政处分的相对人或利害关系人可以在规定期限内，以言词替代书面意见向行政机关陈述意见。当事人等以言词方式陈述意见的，行政机关应做成记录，经向陈述人朗读或由其阅读确认内容无误后，由陈述人签名或盖章。

如果行政决定将影响第三人，或者是行政决定影响面广，需要广泛听取意见的，日本和韩国行政程序法规定采用公听会的形式听取意见。

4. 当事人陈述意见的内容包括：事实问题、法律问题、拟作出的决定本身。当事人有权对行政机关认定的事实提出异议，并提交证据证明。当事人还有权对行政机关适用的法律依据、决定本身提出异议。

第三节　我国行政立法与重大行政决策听证

一、发展概况

在中国，自1996年《行政处罚法》首次规定正式听证制度以来，正式听证的适用领域在逐渐扩大：首先，由最初的行政管理领域扩展至人大立法活动领域；其次，在行政管理领域由最初的行政处罚扩展至行政立法、政府价格决策、城乡规划制定、重大行政决策、产业损害调查、保障措施调查、反倾销与反补贴调查、医疗事故技术鉴定、行政许可、城市房屋拆迁行政裁决等领域。① 而2002年中央电视台对铁路春运价格听证会的现场直播更是使得正式听证成为普通百姓耳熟能详的话语。但由于我国没有制定统一的行政程序法典，目前关于正式听证的规定散见于各单行法律文件中，不同部门、不同地区适用的正式听证规则并不统一。此外，就制度设计与实践效果而言，现行关于行政正式听证的制度设计存在较大缺陷，大都欠缺听证制度的基本要素，如对听证记录的效力普遍没有作出规定，有些听证会成了走过场，在某种程度上背离了设置正式听证制度的目的，导致实践中听证会的举行虽越来越多，公众的热情却日益下降。

1. 行政立法。《立法法》规定在起草行政法规与规章时可以采用座谈会、论证会、听证会等多种方式广泛听取社会公众意见，但并未对听证会规则作出具体规定，而在随后制定的《行政法规制定程序条例》与《规章制定程序条例》中，前者没有对听证会规则作进一步规定，仅仅重复了《立法法》的原则性规定；后者则将《立法法》的规定具体化，规定了起草规章时的正式听证规则。2015年立法法修改没有对立法听证进行细化。一些地方早期制定了专门的行政立法正式听证规则，如厦门市于2000年9月制定了《厦门市政府立法听证程序试行办法》（以下简称《厦门市听证办法》），杭州市于2001年5月制定了《杭州市实施立法听证会制度的规定》（以下简称《杭州市听证规定》）。

2. 重大行政决策。听证，特别是正式听证在重大行政决策领域的适用发展十分迅速。1998年施行的《价格法》继《行政处罚法》之后将正式听证制度扩展至实行政府定价和政府指导价的商品和服务的价格决策

---

① 黑龙江省黑河市对医疗事故技术鉴定公开举行听证会，黑龙江省卫生厅将之推广至全省的医疗技术事故鉴定。资料源于三九健康网。2004年7月1日起施行的《行政许可法》第四章第四节规定了听证制度。建设部于2003年12月30日颁布的《城市房屋拆迁行政裁决工作规程》第十八条规定了正式听证制度。

领域，首次在中国将听证制度引入行政决策领域。[①]《价格法》实施后，截至2001年年底，全国各地物价部门召开了近千次价格听证会，议题主要集中在水电气、交通、景点门票、教育、医疗服务、电信等方面。为规范价格决策听证活动，原国家计委于2002年11月制定了《政府价格决策听证办法》，政府价格决策的正式听证规则得以具体化。2008年10月，国家发改委对《政府价格决策听证办法》进行修订，发布了《政府制定价格听证办法》。目前，价格听证会已经成为中国人耳熟能详的制度。2002年9月开始施行的《环境影响评价法》第十一条规定："专项规划的编制机关对可能造成不良环境影响并直接涉及公众环境权益的规划，应当在该规划草案报送审批前，举行论证会、听证会，或者采取其他形式，征求有关单位、专家和公众对环境影响报告书草案的意见。"2007年制定的《城乡规划法》第二十六条规定城乡规划报送审批前，组织编制机关应当依法将城乡规划草案予以公告，并采取论证会、听证会或者其他方式征求专家和公众的意见。

随着社会快速发展，重大行政决策成为政府日益广泛应用的管理工具，由于重大行政决策涉及公共利益，影响面广，公众参与重大行政决策得到快速发展，在一些地方立法中，公众参与成为制定重大行政决策适用的必经程序。如《湖南省行政程序规定》第六章第二节专门规定"行政决策听证会"，对重大行政决策正式听证程序作出完整、系统的规定。一些地方制定了规范重大行政决策的程序立法，其中，都规定了决策听证制度，听取意见的方式包括听证会和听证会之外的其他便捷方式。如《广州市重大行政决策程序规定》（2010年）、《广西壮族自治区重大行政决策程序规定》（2013年）、《湖北省人民政府重大行政决策程序规定》（2013年）、《苏州市重大行政决策程序规定》（2013年）、《甘肃省人民政府重大行政决策程序暂行规定》（2015年）等。

---

① 深圳市人大根据全国人大常委会的授权于1996年颁布实施的《深圳经济特区价格管理条例》规定："市政府设立价格咨询委员会，对重要政府控制价的制定和调整进行咨询听证"。

二、行政立法与重大行政决策正式听证制度

（一）适用事项

行政立法听证的适用范围在单行法中有列举规定，如《规章制定程序条例》第十五条规定："起草的规章直接涉及公民、法人或者其他组织切身利益，有关机关、组织或者公民对其有重大意见分歧的，应当向社会公布，征求社会各界的意见；起草单位也可以举行听证会。……"《杭州市实施立法听证制度的规定》第2条规定："下列立法事项，应当组织立法听证会进行听证：（1）创设审批、收费事项的；（2）涉及企业、公民切身利益的；（3）其他应当听证的事项。"《厦门市政府立法听证程序试行办法》规定，正式听证适用于下列事项：（1）设定行政许可、审批的；（2）禁止或者限制公民、法人和其他组织从事某类活动的；（3）设定较重的行政处罚或对财产采取强制措施的；（4）对公民、法人和其他组织切身利益有重大影响的其他立法项目。重大行政决策听证事项也在单行法律中规定。如定价听证适用于制定关系群众切身利益的公用事业价格、公益性服务价格和自然垄断经营的商品价格等政府指导价、政府定价，容易引发抢购、囤积，造成市场异常波动的商品价格，不纳入定价听证目录，通过其他方式征求意见。《湖南省行政程序规定》第38条规定行政决策听证会适用于：（1）涉及重大公共利益的。（2）公众对行政决策方案有重大分歧的。（3）可能影响社会稳定的。（4）法律、法规、规章规定应当听证的。

（二）主体

正式听证程序中的主体涉及以下几类。

1. 听证会的组织者。价格听证会的组织者为政府价格主管部门，规章听证会的组织者有的地方如厦门为规章草案起草部门组织，政府法制机构在对规章草案送审稿进行审查的过程中，也可以根据需要举行立法听证；有的地方如杭州则由市政府法制工作机构组织并主持，市政府法制工作机构负责人为听证人，提出地方性法规、政府规章草

案的政府有关部门为解答人。重大行政决策听证中听证组织者为决策承办单位。

2. 听证主持人（听证人）。价格决策正式听证主持人由政府价格主管部门有关负责人担任，如2002年的铁路春运价格听证会和2003年的民航客运价格调整听证会都由国家发展改革委员会价格司司长担任。《政府制定价格听证办法》新增规定听证人，指代表政府价格主管部门专门听取听证会意见的人员。该办法第二十七条规定，听证会设三至五名听证人。听证人由政府价格主管部门指定的工作人员担任，部分听证人也可以由政府价格主管部门聘请社会知名人士担任。听证会主持人由听证人中的政府价格主管部门的工作人员兼任。《湖南省行政程序规定》规定听证主持人由行政机关负责人指定，行政机关直接参与行政决策方案制定的人员不得担任该行政决策听证主持人。

3. 听证会代表（听证会参加人）。从理论上说，凡是权利或利益受到将要作出的决策影响的人都应当有权参加听证会，陈述自己的意见。国外的实践亦是如此，且听证参加人的范围呈现出日益扩大的趋势，一般从权利和利益直接受到行政行为影响的人，到权利和利益间接受行政行为影响的人，都能参加正式听证。与国外不同，我国目前行政立法与重大行政决策听证中基本采用听证代表制，即由受决策影响的群体选派代表参加听证会，而不是由该群体成员亲自参加听证会。受困于听证会代表遴选在实践中面临的种种质疑，国家发改委在2008年修订《政府制定价格听证办法》中将听证会代表修改为听证会参加人。听证会代表应该具有一定的广泛性、代表性，听证会组织者要根据听证内容合理确定代表构成及其人数，保证正反双方的意见均能在听证会中得以表达。以影响最大的2002年铁路价格听证会为例，参加听证会的代表构成：消费者代表12人、经营者代表7人、全国人大政协代表4人、专家学者代表5人、相关部门代表5人。①

① 相关部门为：国务院法制办、国家经贸委经济运行局、交通部公路司、民航总局财务司、全国总工会。

《政府制定价格听证办法》取消了听证会代表名称，仍规定听证会参加人的人数和人员的构成比例由政府价格主管部门根据听证项目的实际情况确定，其中消费者人数不得少于听证会参加人总数的五分之二。再如《杭州市实施立法听证制度的规定》第六条第二款规定，“立法听证会的参加人应当具有广泛性和代表性。市政府法制工作机构应当根据报名发言的主要内容和报名先后顺序以及不同意见的发言者大致对等的原则，确定听证会参加人名单。”

听证会代表的产生方式目前主要有自愿报名、单位推荐、委托有关社会团体选拔、指定等方式。由于听证会代表的代表性在实践中难以得到公众的认同，主要焦点是公众认为他们不代表公众，是政府或者利益集团的代言人，对此，《湖南省行政程序规定》第136条突破听证会普遍实行听证会代表制度的做法，规定报名参加听证会的人数不多的，行政机关应当让所有报名者参加听证会，行政机关也可以邀请有关公众代表参加听证会。

听证会还允许一定数量的旁听人员列席听证会。定价听证中，旁听人员由政府价格主管部门根据公民、法人或者其他组织报名情况，按照报名顺序选取或者随机抽取。

（三）公告与通知

定价听证中，政府价格主管部门应当在听证会举行30日前，通过政府网站、新闻媒体向社会公告听证会参加人、旁听人员、新闻媒体的名额、产生方式及具体报名办法；在听证会举行15日前，通过政府网站、新闻媒体向社会公告听证会举行的时间、地点，定价听证方案要点，听证会参加人和听证人名单。制定规章举行听证时，起草单位应当在举行听证会的30日前公布听证会的时间、地点和内容。

公告事项需要符合信息对称基本要求，以便听证会参加人或者听证会代表获知足够信息，以有效参与行政立法或者重大行政决策。如《湖南省行政程序规定》第35条规定公布的事项包括：（1）重大行政决策方案草案及其说明。（2）公众提交意见的途径、方式和起止时间。（3）联系部门和联系方式，包括通信地址、电话、传真和电子邮件等。

（四）听证会的举行

听证会的举行以公开为原则、不公开例外，如《规章制定程序条例》第十五条规定，听证会公开举行。

听证会实行直接言词原则，各方主体到场进行陈述，是否设辩论环节不同类型听证会有不同规定。如定价听证会以各方参加主体陈述为主，没有相互辩论的环节，依次由定价听证方案提出人陈述定价听证方案，定价成本监审人介绍定价成本监审结论及相关情况，听证会参加人对定价听证方案发表意见，进行询问，最后主持人总结发言。《湖南省行政程序规定》设辩论环节，在各方主体依次陈述之后，听证会参加人之间、听证会参加人与决策承办单位工作人员之间围绕听证事项进行辩论。

听证会是否设置辩论环节是一个有争议的问题。反对者的理由主要是认为人数众多无法辩论，且听证会主要是行政机关听取公众的意见，参加人之间不必进行辩论。听证会应当设置辩论环节，因为陈述意见阶段的主要内容是让参加人从正面阐述自己的意见和看法（当然，意见中会有对决策方案草案、行政立法草案等不同看法的内容），辩论阶段则是赋予参加人直接就其他参加人的观点提出反驳意见，从反面论证自己观点的合理性。这是不同观点之间的交锋，也是不同利益诉求之间的争论和博弈。通过辩，事才明，可以使决策者作出更好的判断。此外，只有通过辩论才能实现意见的交流，如果仅仅是单向陈述，则有点各说各的味道。赋予发言人相互进行质疑答辩的机会在韩国《行政程序法》中有规定，该法第三十九条第四款规定："公听会主持人在发言者之发言终了之后，应给予发言人之间相互进行质疑答辩之机会，并给予旁听者提出意见之机会。"

肯定了设置辩论环节的必要性，问题就在于如何组织辩论。陈述意见阶段以个体表达意志为主，每位参加人已经获得表达自己观点的机会，在辩论阶段则应当以观点交锋为主线展开，是观点的碰撞，而非个体再次表达意见，可以考虑设置两项规则来有效组织辩论的进行：（1）控制发言人的时间。限制发言时间是控制会议议程最简单和最有效的方式之一。如果发言人超时未能完成发言，主持人有权终止其发言。（2）发言人的反驳意见不得重复其他发言人的观点。辩论阶段以观点为主线，反驳意见没有必要重复表达，因此，如果发言人的反驳意见与之前发言的参加人意见相同的，主持人可以制止。

（五）听证会笔录与听证纪要、听证报告

听证会笔录是在听证会现场制作的记载听证会进行情况的书面文件，是对听证会现场的即时记载。听证纪要或者听证报告则是在听证会结束后由听证组织者对听证会记录进行整理后制作的。如定价听证会结束后，听证人应当根据听证笔录制作听证报告。听证报告包括下列内容：（1）听证会的基本情况。（2）听证会参加人对定价听证方案的意见。（3）听证人对听证会参加人意见的处理建议。处理建议应当包括对听证会参加人主要意见采纳与不采纳的建议和理由说明。

（六）意见回应机制

我国不实行案卷排他性原则，听证会上各方主体提出的意见对决策者没有直接约束力，决策者也不限于仅根据听证会上的意见作出最终结论，但是决策者需要对听证会上提出的意见如何采纳予以说明，并将之公开，让公众周知。如《湖南省行政程序规定》要求行政机关应当充分考虑、采纳听证参加人的合理意见，不予采纳的，应当说明理由，意见采纳情况应当向社会公布。《政府制定价格听证办法》规定定价机关作出定价决定时应当充分考虑听证会的意见。定价机关作出定价决定后，应当通过政府网站、新闻媒体向社会公布定价决定和对听证会参加人主要意见采纳情况及理由。

不实行案卷排他性原则的理由主要有两点：（1）决策类事项对于事实的把握并不要求精确，能够基本把握即可。诉讼中实行严格的案卷排他性原则主要是为了解决事实问题，保证作为判决基础的事实问题尽可能接近绝对真实。而决策类事项对于事实的要求没有如此严格，决策机关掌握一般性事实即可。（2）行政机关在作出重大行政决策、制定行政立法时，除了要考虑一般性事实之外，还需要在不同利益之间进行平衡。事实的是与非有时需要让位于利益的平衡，最终的决策也许不是最正确的，但应当是最能为各方利益主体所接受的。此外，实行案卷排他性原则也不利于保护缺位于听证会的利益主体。

听证会不适用案卷排他性原则，但应当辅之以完善的意见回应机制，一方面显示对参与人的尊重，另一方面约束行政机关随意决策。相对听证会本身，人们更关注听证会结束后的结果，特别是关注最终决策如何处理听证会上提出的各种意见。听证，体现了行政民主，但行政机关不是代议机关，听证会也不是投票表决会，不能要求最终决策根据“少数服从多数”的民主议事原则按照听证会上多数人的意见作出。但行政机关应当将听证会上形成的意见种类、决策机关对每种意见是如何认识处理的、最终决策的形成考虑了哪些因素等向公众公开，这是对公众参与决策最起码的尊重。听证会代表和公众花费了大量时间、精力关注听证会，整理材料，发表意见，当然希望知道行政机关是如何处理自己的意见的。如果满腔热情却无任何回应，恐怕最终只会损害公众参与的热情。而没有公众的参与，听证会制度也就失去了存在的基础。完善的意见回应机制既是培养公众持续参与听证会的热情的关键，也可以促使行政机关梳理决策思路，提高决策的理性程度。因为对意见进行回应的过程，实质就是行政机关理清思路的过程；对公众进行说服的过程，就是决策理性逐渐提高的过程。

三、公众参与重大行政决策面临的困境与存在的问题

（一）当前面临的困境

重大行政决策法治化是近年来依法行政、法治政府建设的重中之重。①

① 论及实现行政决策法治化、科学化、民主化的制度建设的中国共产党的文件包括十六大报告、十六届四中全会《中共中央关于加强党的执政能力建设》、十七大报告、十七届二中全会《关于深化行政管理体制改革的意见》、十八大报告。国务院对推进行政决策法治化、科学化、民主化的制度建设提出具体要求的文件包括：2004 年《依法行政实施纲要》、2008 年《关于加强市县依法行政的决定》、2010 年《关于深化法治政府建设的意见》。

为回应中央关于行政决策法治化、科学化、民主化的要求，目前已在部门规章、地方立法、行政规范性文件等各层级立法出台了数量可观的重大行政决策程序立法。① 公众参与作为民主决策的基本要求，无论是在中央的政策性宣示中，② 还是在立法制度建构过程中，都占据相当重要的地位，如在《湖南省行政程序规定》制定过程中，公众参与被定位为推进政府管理创新的核心制度，为凸显其重要性，该程序规定将听证制度单列一章，其中专门一节规定了行政决策听证制度。2010 年国务院《关于深化法治政府建设的意见》中将公众参与作为重大行政决策的五大必经程序之一予以明确，公众参与在各地关于重大行政决策程序立法中成为立法重要内容之一。

与公众参与制度在制度层面的领域拓展形成强烈反差的是公众参与实践的发展并不顺利。新的《政府制定价格听证办法》出台之后仍然相继发生哈尔滨听证代表怒扔水瓶事件和董事长冒充退休代表事件，福州听证参加人的身份之谜，济南听证代表“睡觉”等事件，将听证会置于闹剧的旋涡。近年来，随着我国城市化进程的进一步加快，快速发展中的城市公共设施建设屡屡陷入严重的邻避困境，维稳高压通常导致政府重大决策失败，典型如厦门、宁波、昆明、广东茂名等一系列地方 PX 项目流产事件，以及地方普遍遭遇的城市垃圾填埋场、焚烧场所选址风波等等。邻避困境的出现更进一步加剧了公众参与公共决策的现实困境，居民拒绝将具有显著负外部性公共设施建在家门口的激烈利益诉求和强

① 关于行政决策程序立法的分析可以参见杨寅、狄馨萍：《我国重大行政决策立法实践分析》，《法学杂志》2011 年第 7 期。

② 如温家宝总理在 2010 年 8 月 27 日的全国依法行政工作会议讲话中关于健全决策程序的具体方案中指出的那样：“各级行政机关要进一步建立健全重大决策的规则，把公众参与、专家咨询、风险评估、合法性审查和集体讨论决定，作为决策的必经程序。要进一步加强对主要领导干部决策权力的监督，防止个人独断专行。需要注意的是，听证会、专家咨询参加人员要有广泛的代表性，特别是要有各个利益相关方参加。这样更有利于协调各方面利益关系，才能得到广大人民群众的理解和拥护，也有利于执行和落实。”

烈抵触情绪使得一些政府官员认为无论怎样实行公众参与也没有用，公众参与在公众与政府官员双方那里都陷入无用论之境地。

（二）对“有序参与”影响下的“有限参与”制度定位的反思

我国发端于20世纪末公众参与行政决策的制度建构与工作推进源于中国社会主义民主政治建设的新要求。在政治体制改革面临种种困难难以取得实质进展情况下，先行寻求行政权力运行机制改革成为新的选择，公众参与作为体现民主决策基本要求的机制成为社会主义民主政治建设的新的增长点和着力点。党的十六大报告提出：“健全民主制度，丰富民主形式，扩大公民的有序政治参与，保证人民依法实行民主选举、民主决策、民主管理和民主监督，享有广泛的权利和自由，尊重和保障人权”。中央文件在要求扩大公民参与，实行民主决策的同时，对参与也提出了有序参与的基本要求，有序参与在之后的党的重要文件中持续得到强调①。

开门决策必然会限缩政府从容决策的空间，政府决策将会因开放而变得充满变数，引入参与的同时必然引发决策者对公众参与给政府决策可能带来的决策效率、社会稳定等问题的担忧：其一，参与是表达利益诉求的活动，在利益多元化的社会条件下，不同利益之间存在矛盾和冲突，参与成为不同利益博弈的机制，参与的过程很可能因为利益冲突引发不稳定，决策是否会演变成引发社会不稳定的过程？其二，重大行政决策涉及不特定人群，有的重大行政决策如北京、广州、杭州、天津等大城市实行的尾号限行、车辆限购等限制措施，涉及广大车主和购车人群，数量众多的参与主体参与到决策中来是否会对决策的效率产生影响，决策是否会演变成一个久拖不决的过程？其三，参与是一项全新的制度，行政机关及其工作人员是否已经具备足够的知识、经验去应对可能带来的变化？其四，参与是行政民主的体现，缺乏民主训练的民众是否能够理性参与政府决策？这些担忧在中央对有序参与的定调下对公众参与的

① 如党的十七大报告中提出：“扩大社会主义民主，更好保障人民权益和完善社会公平正义。公民政治参与有序扩大。”

制度构建和实际运行都产生了直接影响。有序成为公众参与制度构建和实践挥之不去的紧箍咒，参与对行政决策效率和社会稳定可能带来的不利影响被要求要尽可能降低和减少，公众参与限制性发展的命运由此难以避免，目前的公众参与制度呈现出极强的有限参与色彩，因为有限是有序最直接、最简单的保障手段，此种有限性体现在以下几个方面。

第一，听证会参加主体实行听证代表制度，参加的人数非常有限，参与的广泛性非常有限。并非人人都可以直接参加听证会，只有以各种奇怪的方式产生的听证代表才能出现在听证会的现场中陈述自己的观点。听证代表制是有序参与最重要的保障机制，这种保障体现在两个方面：其一，实现对参加听证会的主体的数量控制，防止因人数过多所造成的听证持续时间过长，影响决策效率，同时也防止听证场面失控。其二，保证听证代表的广泛性与均衡性，让不同利益群体都有代言人出现在听证会上，但是有的时候异化成为实现对参加听证会主体的背景过滤，或者阻止不和谐声音出现，或者防止不可知观点出现的手段。如全国首次铁路价格听证会时，乔占祥与王海都报名了①，但最后没有列入听证代表名单。

第二，作为公众参与前提条件的信息公开不对等，公开的信息十分有限，参与的深度性欠缺必要的信息支持。信息对称是公众有效参与的前提条件，在决策机关与公众之间做到武器平等，保证公众获知足够的信息以有效表达意见，但当前提供给公众的与重大行政决策相关的信息并不能够满足信息对称要求，包括公众获得信息的内容、知悉信息的时间等都存在不对称的问题，这使公众参与重大行政决策的效果受到很大影响。

---

① 乔占祥是河北律师，于 2001 年 3 月 19 日向北京市第一中级人民法院提起行政诉讼，状告铁道部 2001 年春运期间的部分铁路火车票价上涨的通知未经国家计委召开听证会，属于程序违法。该案件直接促使原国家计委于 2001 年 7 月 2 日发布《政府价格决策听证暂行办法》，2002 年 1 月 12 日在北京举行了首次铁路价格听证会。

第三，公众参与主体之间缺乏有效的沟通与辩驳，影响参与的深入。非正式程序中，公众参与以原子个体向决策机关提出意见的方式呈现，公众之间缺乏交流与观点辩论。在决策听证会上，由于听证会时间过短，十分有限，同样缺乏不同观点的辩论，以单方陈述为主，缺乏互动，参与的深度性有限。参与既是利益的表达，也是利益博弈的平台，说服别人接受自己的观点通常是参与很重要的一项内容，但这些在目前的听证会程序装置中尚难实现。听证会的会期通常很短，多数是半天的时间，不管问题是否得到充分的辩论，必须在规定的时间内完成，代表们通常很难有充分的时间发表意见。

第四，欠缺完善的意见回应机制，公众意见对决策结果所能发挥的影响力极其有限。参与是对决策过程的参与，意在影响决策者的最终决策，因此，公众参与决策并非公众替代政府决策，但是目前公众参与之后政府最终决策如何考量公众提出的意见没有充分向公众说明，造成公众对参与缺乏信心，对最终的决策欠缺认同。

有限参与制度定位显得政府倾听民意的诚意不足，降低了公众对重大行政决策的认同，在邻避困境中，通常极易转化为大规模群体性事件，最终造成重大行政决策的失败，如各地 PX 项目中，厦门宣布迁址，宁波市政府宣布坚决不上 PX 项目，一系列地方 PX 项目流产已经严重影响了国家能源战略布局。公众参与面临的困境凸显了多元社会条件下多元利益诉求与传统威权行政权力运行机制之间的冲突，旧的封闭运行的单向决策体制已经难以适应新的社会条件。新的社会条件下，个人面对国家无条件服从已经被强烈的个人利益诉求替代，行政权力运行机制需要对此作出调整，为多元利益进入重大行政决策作出制度安排。在公众参与历经近二十年的发展，无论是政府还是民众，都已历经公众参与实践的训练和摸索，需要对有限参与定位作出调整，由有限参与向广泛参与和深度参与横纵双向推进。心智只有在自由的土壤和空气中才能健康发展，制度亦如此，公众参与的有序发展不在于为其设定局促的发展空间，而是应当通过完善规则，强化遵循规则的意识来实现。

（三）应当确立和保障公众对重大行政决策的参与权

公众参与通常在政府系统的文件中还以另一些表述方式出现，包括“吸纳民意”“开门立法”“听证于民”等等，这些表述反映出政府当前对参与的定位并未实现“参与是公民、法人或其他组织的一项程序性权利”的属性，依然是一种自上而下推进的新的工作方式的调整。公众参与制度的构建因此没有以参与是公民的一项权利为逻辑展开，其直接表现就是公众参与带有很强的政府组织色彩，包括遴选听证代表，邀请、安排媒体进行报道等，体现的是政府俯下身子倾听民意的姿态，公众参与以政府自上而下进行组织的方式运行。

有限参与制度定位及公众参与的政府组织色彩反映出立法者希望公众参与处于一种可控的状态，实现有序参与。制度起步之初，对之作出有限参与的保守定位，限制制度探索的空间，有其合理性，并可因此防范一些问题的发生，避免过早扼杀制度于不成熟阶段。但是，由于有限参与制度定位对公众在重大行政决策过程中的参与权构成限制，公众难以认同最终决策，造成公众参与难以起到促成公共意志形成的功能。公众参与运行过程中的政府组织色彩，又使得政府既当运动员又当裁判员，公众参与欠缺公信力。在公众参与已经度过起步阶段，历经近二十年的发展，无论关于公众参与行政过程的理论研究，还是制度实践都已得到迅速发展的今天，对公众参与重大行政决策的可控式发展思路需要调整，回归公众参与的权利属性，淡化和消除政府组织色彩，实现自下而上的公众参与运行机制。重大行政决策程序立法中，应当明确公众参与的权利属性，在充分保障公众参与权基础上构建公众参与制度。

第一，公众参与重大行政决策是公民、法人和其他组织在多元社会条件下更好保障自身利益的利益诉求，应当将此种利益诉求转化为参与权这一程序权利予以保障。随着市场经济改革的推进，个人利益诉求正当性在价值层面得到社会普遍认同，并以权利的形态在宪法、刑法、民法、行政法、劳动法、社会法、诉讼法等基本立法中呈现出来。在社会转型时期，很多重大行政决策的作出直接影响公民、企业、社会组织的权利和利益，如城市交通限行措施对私人汽车的使用造成限制，教育改革措施的出台影响千万家庭孩子受教育权的实现，政府关于城市发展公共设施的规划与建设直接影响居民房产的价值和生活环境，为更好保护自身的权利和利益，公民、企业和组织渴望知悉与决策相关的信息，渴望参与到决策的过程中来，并能将自己的利益诉求体现在最终决策之中，这种利益诉求需要在立法中进行回应，以权利的形态确立下来。在重大行政决策作出过程中，受重大行政决策影响的公民、法人或其他组织应当有权利表达自己的利益诉求，进而影响重大行政决策的作出，这是程序正义的基本要求。我国是社会主义国家，国家权力属于人民，面对人民在社会发展过程中产生的参与公共事务管理的利益诉求，政府应当积极回应，倾听他们的声音，以便更好在各种利益之间作出平衡。

第二，公众参与权的保障是多元社会条件下政府重大行政决策获得民众认同的社会基础。30 年改革深刻改变了中国的社会结构，改革的过程就是一个个体的权利不断得到确立的过程，个人利益从集体利益、国家利益中分离出来，个体成为独立的利益主体，国家利益、集体利益也不再具有天然的优越性，政府官员直接感受到的就是老百姓越来越不好管。多元利益并存的社会条件下，政府决策机制需要调整，其核心问题是如何回应日益凸显的多元利益诉求？对此，党的十八届三中全会《关于全面深化改革若干重大问题的决定》提出“推进协商民主广泛多层制度化发展，……在党的领导下，以经济社会发展重大问题和涉及群众切身利益的实际问题为内容，在全社会开展广泛协商，坚持协商于决策之前和决策实施之中”。无论从国家权力属于人民的社会主义国家性质，还是从政府管理的有效性角度，面对民众的利益诉求，政府都应当积极回应，而不能消极忽视，更不能以暴力方式进行压制。在重大行政决策过程中，需要让各种利益诉求进入决策过程，政府与受决策影响的各方主体之间进行充分沟通。哈贝马斯极力主张的“让立法的过程成为商谈的过程，使立法的承受者本身就是规则的制定者，让实现公民自决的民主程序为立法注入合法性力量，现代法律秩序只能从‘自决’这个概念获得合法性”同样适用于重大行政决策这一公共意志表达活动①。在利益多元化的社会条件下，政府决策形成方式的转型关键在于为政府决策注入建立在说服基础上的权威，这就需要抛弃旧有过程封闭、结果单向输出的行政意志支配决策模式，代之以过程透明、利益代表充分参与的以理性、平等对话为基础的公共意志形成模式。由此，通过立法确立公众对重大行政决策的参与权，并以此为基础展开公众参与制度构建，是我国在新的社会条件下回应民众多元利益诉求，促成重大行政决策获得民众广泛认同的制度基础。

第三，公众参与权的保障是防止决策权滥用，促进重大行政决策科学决策的重要机制。长期以来，我国对行政权力的规范主要依赖权力监督权力的监督机制，不重视来自公民权利对权力的外部监督机制。仅仅通过对国家权力内部进行解构的方式监督权力，具有很大局限性，尤其是我国在计划经济体制下形成了行政权过于集中的国家权力结构，权力内部的监督机制难以有效发挥监督作用，引发权力寻租、干部腐败等严重社会问题，动摇了民众对政府的信任与信心。保障公众参与权，正是完善权利规范权力机制的重要方式，通过将重大行政决策过程向公众充分公开、开放，较之内部监督机制能够更有效防止通过决策寻租。此外，公众参与重大行政决策在发挥防止决策权力滥用作用的同时，也通过公众的积极参与，为决策机关提供了更加充分、全面的决策信息，对提升决策质量同样具有重要作用。

① ［德］哈贝马斯：《在事实与规范之间》，童世骏译，生活·读书·新知三联书店2003年版，第685页。国内学者应用哈贝马斯商谈理论分析行政决策听证制度的主要有薛冰、郑萍：《以商谈求共识：行政决策听证中公共意愿的形成》，《北京行政学院学报》2011年第2期；薛冰、岳成浩：《论行政决策听证代表的遴选——基于商谈理论的视角》，《中国行政管理》2011年第8期。

四、合理定位听证会，构建以非正式听证为主要形式的公众参与程序机制

制定重大行政决策时以听证会之外的其他方式听取意见在现行立法中得到广泛应用，方式主要有召开座谈会、论证会等，如《广州市重大行政决策程序规定》第15条规定，决策起草部门除依照该《规定》第14条规定征求社会公众意见外，还可以通过听证会、座谈会、问卷调查或者其他方式征求社会公众意见；再如《山东省行政程序规定》第31条规定，决策事项承办单位应当根据重大行政决策对公众影响的范围和程度，采用座谈会、论证会和互联网发布等形式广泛听取公众意见。随着网络技术的发展，越来越多的行政机关通过知名网站、官方网站就行政立法、城市规划、交通管理等事项向公众征求意见。

虽然立法广泛规定了以听证会之外的其他方式听取意见，但是与正式听证相比较，非正式听证没有受到足够的重视，其作用还没有充分发挥出来。正式听证由于采用了对抗式程序，最有利于利益对立双方就问题展开充分辩论，因此，从保护当事人的利益、实现公平正义的角度而言，在听取意见的诸多形式中，正式听证是最佳的选择。但正式听证同时也是成本最高的一种听取意见形式。因此，从各国行政程序法的规定来看，正式听证仅在行政事务对公众或当事人有重大影响，或者公众对行政事务存在较大争议时才适用，一方面确保最终决策，另一方面为各方利益主体提供充分的利益诉求平台，增加结果的认同性，降低执行过程中的阻碍。

由于诸多因素的影响，听证会制度在我国被不适当举行太多，而举行的听证会又由于制度存在的缺陷，既让行政机关感到不堪重负，又让公众心生不满。经过几年的实践积累，目前我们有必要重新审视听证会制度，客观定位此项制度。在重大行政决策程序立法中，需要明确决策听证会适用的情形，将之限定在两种情形：其一是经过非正式听证方式发现公众意见存在较大分歧的，启动听证会程序，加强不同意见的沟通与辩驳；其二是法律、法规规定应当召开听证会的。

听证会高度司法化的程序构造限制了它无法作为公众参与的一般性形式，非正式听证以其形式的多样性、适用的简便性和灵活性较好同时满足了公众参与和行政效率的双重需求，在一定程度上平衡了二者的矛盾和冲突。因此，对于非正式听证在公众参与程序机制中的作用应当给予足够的重视，将之定位为重大行政决策中公众参与的基本形式。非正式听证可以考虑包括以下内容。

1. 名称。基于听证在我国立法中采取狭义的理解，可以考虑借鉴美国规章制定程序中的通告与评论程序，将非正式听证称谓约定化为“通告与评论程序”，与听证会程序形成对应。前者是一种非正式听取意见的形式，后者是一种正式的、司法化程度较高的形式。

2. 明确公众参与是重大行政决策的必经程序，同时将通告与评论程序作为公众参与的一般程序。

3. 公告。公告的内容应当满足信息对称的基本要求。向公众公开的事项包括与重大行政决策相关的事项和公众如何提交意见两大类。与重大行政决策相关的事项不限于决策方案本身，还包括关于决策的目的和合法性、必要性、可行性的说明，以及决策涉及的主要问题。这些信息可以帮助公众更有针对性提出意见，也可以使公众意见集中于要讨论的问题。公众如何提交意见包括公众提交意见的方式、途径、起止时间和接收公众意见的部门、人员和联系方式等。重大行政决策方案草案多数情形下由政府部门拟定，应当整合发布平台，将部门拟定的重大行政决策方案草案统一在政府法制机构的网站上进行公告，建立统一的、权威的发布平台，保证与重大行政决策相关信息发布的集中、准确性、权威性，也便于公众更为便捷获得信息。

4. 多样化的公众评论形式，即时、及时公布公众意见。公众评论的形式是多元的，为公众参与提供了相当的便利，尤其是网络和电邮的广泛应用，为公众参与的发展提供了强大的技术支持，有的地方如杭州市的开放式决策听证中将之作为最主要的参与形式。电子平台与纸质平台之间如何进行选择是当前争论的一个问题，这主要是因为中国发展的极大不平衡导致电子化参与方式远未达到理想的程度，但就政府工作的便利及其在快捷、经济方面所具有的优势来看，电子化参与作为主要的参与形式似乎会成为一个难以抗拒的趋势。信息技术的发展为非正式方式中公众意见的互动、交涉提供了技术支持，决策机关应当将通过各种途径，特别是通过网络平台提交的意见即时发布，公众可以在提出自己意见的同时，针对他人的意见进行反驳，同时增强公众参与的透明度，提高公众对行政机关的信任。

5. 认真对待公众提出的利益诉求，决策时进行利益平衡，建立完善的意见回应机制。如何对待公众提出的意见是听取意见制度的核心问题。如果公众意见对最终的结果没有实质影响力，公众参与的有效性没有保障，公众参与的持续性也就难以保障。我国目前一些立法已经建立了意见回应机制，但是在实质利益分配上还没有能够真正考虑公众提出的利益诉求，很多意见不予采纳理由的说明并不充分，只有在重大行政决策中实体上兼顾公众的利益诉求，听证会才能免于走过场、走秀的质疑。

第四节　我国行政决定听证

一、行政决定正式听证发展概况

我国行政决定领域规定正式听证制度的有行政处罚、行政许可、产业损害调查、保障措施调查、反倾销与反补贴调查等，其中以行政处罚正式听证影响最大。1996 年的《行政处罚法》首次将正式听证制度引入中国，在当时引起了极大的社会反响，对增强行政机关依法定程序执法的观念起到了积极作用。之后一些部委与国务院直属机构如财政部、劳动部、司法部、公安部、海关总署、国家工商总局、国家外汇管理局、国家税务总局等相继制定了部门规章，规定了适用于本部门的行政处罚听证细则。而地方 20 余个省、自治区、直辖市与广州市、杭州市等一些省会城市也结合本地方社会经济状况，制定了适用于本区域的行政处罚听证规则。可以说目前关于行政处罚正式听证的规定最多，制度建设最为完备①，实践经验也最为丰富。在关于行政处罚正式听证规则的规定中，部门规章中以《林业行政处罚听证规则》《审计机关审计听证规则》《司法行政机关行政处罚听证程序规定》《工商行政管理机关行政处罚听证暂行规则》的规定较为完备、具体，具有较强的可操作性；在地方性法规与规章中，以《上海市行政处罚听证程序规定》《重庆市行政处罚听证程序规定》《浙江省行政处罚听证程序实施办法》《杭州市行政处罚听证程序实施规定》《广东省行政处罚听证程序实施办法》《哈尔滨市行政处罚听证规则》等的规定较为完备、具体，具有较强的可操作性。

继《行政处罚法》之后，又一规定正式听证制度的重要领域是行政许可。《行政许可法》第四章第四节规定了行政许可领域的正式听证制度。《行政许可法》的规定较之《行政处罚法》更为详细、具体，并在某些方面发生重大变化。如《行政许可法》没有像《行政处罚法》那样列举规定行政许可正式听证的适用范围，而是借鉴国外的做法，仅规定正式听证的程序，何时启动正式听证程序则由其他单行法规定，或者由行政机关自由裁量决定。再如《行政许可法》规定了听证记录的效力，规定行政机关应当根据听证笔录，作出行政许可决定。

产业损害调查、保障措施调查、反倾销与反补贴调查正式听证分别规定在《产业损害裁定听证规则》（原国家经济贸易委员会制定）、《中华人民共和国对外贸易经济合作部保障措施调查听证会暂行规则》《对外贸易经济合作部反倾销调查听证会暂行规则》《中华人民共和国对外贸易经济合作部反补贴调查听证会暂行规则》中。

二、行政决定正式听证制度及存在的问题

（一）行政处罚与行政许可听证适用范围

行政处罚正式听证仅适用于责令停产停业、吊销许可证或者执照、较大数额罚款三种行政处罚。对现行规定质疑最多的是行政拘留这一涉

① 虽然《行政处罚法》的规定较为原则、抽象，但部门规章与地方政府规章的规定都较为完备，对行政处罚正式听证制度作出了详细规定。

及公民人身自由的处罚种类没有纳入处罚听证范围。较大数额罚款具体数目不同部门、不同地区的规定并不相同。如《林业行政处罚听证规则》规定国家林业局适用的罚款数额为10万元以上（含10万元），而《测绘行政处罚程序规定》规定的数额为对公民处以1000元以上罚款、对法人处以10000元以上罚款。再如《江苏省行政处罚听证程序规则》规定的较大数额罚款，是指对非经营活动中公民的违法行为处以500元以上、法人或者其他组织的违法行为处以1000元以上、对经营活动中的违法行为处以20000元以上罚款，而《哈尔滨市行政处罚听证规则》规定的较大数额罚款，是指对非经营行为处以1000元以上、对经营行为处以10000元以上罚款。

2012年最高人民法院发布第6号指导案例《黄泽富、何伯琼、何熠诉四川省成都市金堂工商行政管理局行政处罚案》，将没收较大数额涉案财产处罚决定纳入处罚听证适用范围，该指导案例的裁判要点中载明“行政机关作出没收较大数额涉案财产的行政处罚决定时，未告知当事人有要求举行听证的权利或者未依法举行听证的，人民法院应当依法认定该行政处罚违反法定程序。”行政许可何时适用正式听证分为两种情形确定：其一由法律、法规、规章规定。法律、法规、规章规定行政许可应当举行正式听证的，行政机关适用《行政许可法》规定的正式听证程序举行听证；其二为行政机关自由裁量决定，即在法律、法规、规章无正式听证规定时，行政机关认为重大行政许可事项涉及公共利益，需要举行正式听证的，适用《行政许可法》规定的正式听证程序进行听证。

（二）听证主体

1. 听证主持人

（1）听证主持人的人选。行政决定正式听证的主持人由作决定的行政机关内部工作人员担任，必须是非调查人员，但具体人选规定并不一致：有的由行政机关有关负责人担任，有的由行政机关负责法制工作的机构的工作人员担任，有的笼统规定由行政机关的非调查人员担任，有的简单规定由行政机关负责人指定。广东省对听证主持人的任职资格与培训制度作了规定，要求听证主持人由在行政机关从事法制工作 2 年以上或者从事行政执法工作 3 年以上的人员担任。凡从事听证工作的听证主持人、听证员、书记员，应当持有《广东省人民政府行政执法证》，并经过有关法律、法规和业务的培训考核。听证人员培训考核工作由省人民政府法制局负责指导实施。听证主持人的人数规定并不一致，大多数听证会由 1 人独任，有的听证会则由数人担任，如产业损害调查听证会由 3 至 5 人担任。工商行政处罚听证会主持人可以由 1 至 3 人担任。主持人由多人担任时一般设首席听证主持人 1 名。广东省则实行听证会制度，听证会由听证主持人、听证员组成，人数为单数。听证员既可以组织听证机关内部工作人员，也可以聘请本单位以外的听证员参加听证。听证会一般设记录员 1 名，负责听证笔录的制作和其他事务。有的也称之为书记员、听证秘书等。

（2）听证主持人的回避。听证主持人与所听证的行政事务存在利害关系的，应当回避。如《林业行政处罚听证规则》第十一条列举规定了听证主持人应当回避的情形：（一）参与本案调查取证的；（二）与本案当事人或者与当事人的近亲属有利害关系的；（三）与案件处理结果有利害关系，可能影响对案件公正听证的。

（3）听证主持人的职权。听证主持人的职权分为两类情形：第一类为听证主持人仅有主持听证会的程序权力，无决定权，此种情形占绝大多数；第二类为听证主持人除有主持听证会的程序权力之外，还有一定的对最终决定的建议权，如在林业行政处罚正式听证中，听证主持人有权就案件的处理向林业行政主管部门行政负责人提出书面建议。主持人享有一定决定权的情形很少。有些法律规范对主持人的权力作了列举规定，有的采用分散规定的方式。《林业行政处罚听证规则》与《广东省行政处罚听证程序实施办法》的列举规定较为全面，前者规定听证主持人的职权包括：（一）决定举行听证的时间、地点；（二）按照程序主持听证；（三）要求听证参加人提供或者补充证据；（四）就案件的事实和适用的法律进行询问；（五）维护听证秩序，对违反听证秩序的人员进行警告或者批评；（六）按规定决定听证的延期、中止或者终结；（七）就案件的处理向林业行政主管部门行政负责人提出书面建议；（八）本规则赋予的其他职权。

2. 当事人及其代理人

当事人是指行政调查人员之外的主体，一般为要求举行听证的公民、法人或者其他组织。在行政处罚领域为被处罚人，如《上海市行政处罚听证程序试行规定》第13条“当事人的含义”中规定：“当事人是指被事先告知将受到适用听证程序的行政处罚的公民、法人或者其他组织。”在行政许可领域为许可申请人和利害关系人。在保障措施调查听证会中为保障措施调查的申请人、出口国（地区）政府、原产国（地区）政府、已知的出口经营者和进口经营者，以及其他有利害关系的组织或个人。

《林业行政处罚听证程序规则》与《广州市行政处罚听证程序规定》在当事人之外还规定了第三人制度，所谓第三人是指向听证主持人申请要求参加听证的，或者由听证主持人通知其参加听证、与所听证的案件有利害关系的公民、法人或者其他组织。

大多数法律规范形式上采用分散规定而非明确列举的方式来规定当事人在正式听证中的权利义务，但内容基本相同，当事人的权利主要有：（1）得到通知的权利。当事人有权知悉听证会的时间、地点、听证主持人、可申请回避与委托代理人等。（2）委托代理人。（3）申请主持人回避。（4）出席听证会并陈述意见，为自己申辩。（5）提出新的证据，与调查人员进行质证。（6）核对听证笔录。《广东省行政处罚听证程序实施办法》还规定当事人及其代理人还有权依法查阅、复制与听证有关的案卷材料。

当事人应当履行的义务主要有：（1）按时出席听证会，如果不能亲自出席听证会，应由其委托代理人出席。当事人无正当理由不按时出席听证会的，视为放弃听证权利。（2）如实陈述案件事实和回答主持人、听证参加人员的提问。（3）遵守听证会场纪律，服从听证主持人指挥。

3. 行政调查人员

行政调查人员在听证会上行使控方职能，与行使辩护职能的当事人之间形成对抗。调查人员享有当事人的部分权利，如可申请主持人回避、出席听证会发表意见、与当事人质证等。

（三）正式听证的启动

行政处罚听证与行政许可听证根据当事人的申请启动。《行政处罚法》和《行政许可法》都规定具备适用听证情形的，行政机关作出决定前，应当告知相对人享有要求听证的权利。告知一般以书面方式作出，行政处罚听证权利告知书应当包括：（1）当事人的姓名或者名称；（2）当事人的违法事实；（3）拟作出的行政处罚决定、理由和依据；（4）当事人享有要求听证的权利、提出听证的期限和组织听证的机关。《浙江省行政处罚听证程序实施办法》对书面告知作出例外规定，情况特殊的，可以口头告知，但应当由当事人签名予以确认。《重庆市行政处罚听证程序规定》也规定了口头告知的方式，要求采取口头形式告知的，应当将告知情况记入笔录，并由当事人在笔录上签名或盖章。正式听证制度并不为普通相对人所熟悉，行政机关告知义务的履行对保护被行政处罚人的权利具有重要意义。如果行政机关没有履行告知义务，《浙江省行政处罚听证程序实施办法》规定当事人可以向上级行政机关提出撤销该行政处罚决定的申请，上级行政机关审查属实后应当及时予以撤销。

行政处罚正式听证的申请应当在行政机关告知后3日内提出，行政许可正式听证的申请应当在被告知听证权利之日起5日内提出。根据《行政处罚法》和《行政许可法》的规定，当事人提出正式听证申请后，行政机关不作实体审查，只要申请在法定期限内提出，行政机关就应当组织正式听证。正式听证的启动权实质赋予了相对人。有的法律规范要求正式听证申请必须以书面方式提出，如《杭州市行政处罚听证程序实施规定》第16条规定：“当事人要求听证的，应当在收到听证告知书之日起3日内，向行政机关书面提出听证要求。当事人以邮寄挂号信方式提出听证要求的，以寄出的邮戳日期为准。”而有的既可以书面方式提出，又可以口头方式提出。如《林业行政处罚听证程序规则》第七条规定："当事人要求举行听证的，应当在林业行政主管部门告知之日起三日内提出书面申请或者口头申请；口头申请的，林业行政主管部门应当制作笔录，并由当事人签字或者盖章。"

（四）听证通知

《行政处罚法》与《行政许可法》都规定行政机关应当在听证会的7日前，通知当事人举行听证会的时间、地点。通知的事项在一些下位阶法律规范中得以扩展和具体化，如《上海市行政处罚听证程序试行规定》中规定听证通知书应当载明：（1）当事人的姓名或者名称。（2）举行听证的时间、地点和方式。（3）听证人员的姓名。（4）告知当事人有权申请回避。（5）告知当事人准备证据、通知证人等事项。

通知书的作用是告知当事人听证的事项，以便当事人进行充分准备，与行政机关形成有效的对抗。因此，行政机关必须将听证所涉及的事实问题和法律问题通知当事人。美国联邦行政程序法规定，行政机关仅仅通知当事人出席听证，没有通知听证所涉及的事实问题和法律问题，导致当事人无法准备防卫的，行政机关所作的裁决将因违反法律的规定和正当法律程序而无效。我国没有对通知书欠缺法定事项时所产生的法律后果作出规定。

我国在听证会举行前的准备工作主要是确定听证主持人、通知当事人等，没有设置类似美国的正式听证前会议制度，也没有设置我国台湾地区的预备听证制度。虽然《上海市行政处罚听证程序试行规定》和《重庆市行政处罚听证程序规定》都规定了听证预备制度，但就其内容来看，与台湾地区的预备听证制度存在较大差别。上海与重庆都规定听证人员在听证预备阶段完成下列事项：（1）核对听证参加人身份。（2）宣读听证纪律。（3）征询当事人是否申请听证人员回避。而在台湾地区听证会前举行的预备会议的内容包括：议定听证程序的进行、阐清争执点、提出有关文书及证据、变更听证日期和场所等。预备听证的目的在于促使听证顺利进行，并不对听证事项作出决定，因此，没有当事人参加，是行政机关的内部程序。台湾地区的预备听证借鉴了美国的正式听证前的会议制度，但二者有本质的区别：前者并不作决定，只是为正式听证程序做准备，属于行政机关内部程序，当事人不参加。而后者则除了简化争端以外，还有解决争端的作用，如果当事人之间能够在正式听证前的会议中协商解决争端，则听证会不必再举行，因此，后者不完全是行政机关内部程序，当事人也要参与其中。

在有的情形中，听证会各方参与主体对某些事实并不存在争议，没有辩论的必要，在正式举行听证会之前，整理各方主体的争执点，可以避免纠缠于无争议的事项，将听证会集中于各方存在争议的事项，无疑有助于提高行政效率，使听证得以顺利进行。可以考虑借鉴我国台湾地区的规定，规定行政机关在听证会举行之前进行预备听证。要求各方参与人在预备听证中提交文书与证据，由主持人整理双方的争执点，准备听证程序的进行等。

（五）公开原则、言词原则

行政决定正式听证与行政决策一样，以公开为原则、不公开例外。除涉及国家秘密、商业秘密或者个人隐私外，听证会公开进行。《广东省行政处罚听证程序实施办法》还规定公开听证的案件应在听证会举行3日以前公告案由、当事人姓名或者名称、听证举行时间和地点。

言词原则在诉讼程序中指法庭审判活动以言词陈述的方式进行，行政处罚听证与行政许可听证均适用此原则。如《行政处罚法》规定，举行正式听证时，对调查人员提出的当事人违法的事实、证据和行政处罚建议，当事人有权进行申辩和质证。但在反补贴调查等听证会中，均不适用言词原则。《反倾销调查听证会暂行规则》《反补贴调查听证会暂行规则》与《保障措施调查听证会暂行规则》中明确规定“听证会旨在为各利害关系方提供充分陈述意见的机会，不设辩论程序”。原国家经贸委制定的《产业损害调查听证规则》中也没有规定听证各方当事人之间可以进行辩论。各国的行政程序法都将言词原则作为正式听证的基本原则之一，如德国《联邦行政程序法》第67条规定：“官署基于言词辩论决定。为举行言词辩论，官署应于听证期日相对期间前，传唤当事人”，奥地利《行政程序法》第40条规定：“言词审理应传唤所有的已知的利害关系人，以及必要的证人及鉴定人”。我国现行有的听证会不设言词辩论原则，从根本上违背了举行听证会的意义。诚所谓事实越辩越明，经过当事人双方的辩论，法官得以听取正反两方的意见，对案件事实形成正确认识。听证制度将司法程序引入行政管理领域的目的就在于借助司法程序中有利于法官正确认定案件事实的机制，在作出对相对人权利有重大影响的决定时，正确认定事实。如果当事人之间不对对方提供的证据展开辩论，则完全可以采用书面提供证据的方式，根本没有必要举行听证会。《产业损害调查听证规则》第二十条甚至规定："听证当事人在听证会上所作的口头发言和陈述均应以听证结束之日起10日内向国家经贸委提交的书面材料为准，相关补充证据也应在听证结束之日起10日内向国家经贸委提交"。根据此条规定，当事人在听证会结束后提交的证据材料如果与其在听证会上所作的陈述不同，以事后递交的书面材料为准。即当事人可以随便更改自己在听证会上所作的陈述，很难想象举行这样的听证会除了浪费资源还有别的什么意义！因此，应当将质证规定为听证会的必经程序。

（六）听证会的进行

《行政处罚法》和《行政许可法》对听证会如何开没有作出详细规定，非常原则，欠缺可操作性。《通讯行政处罚程序规定》等部门规章与《广东省行政处罚听证程序实施办法》等地方性法规规章对行政处罚听证会如何举行作出了非常详尽的规定。比较这些规定，内容基本相同，都借鉴了诉讼法关于庭审程序的规定，具体分为以下几个阶段。

1. 主持人宣布听证会开始。由听证主持人宣布听证会开始，宣读听证会纪律，核对听证参加人身份，宣布案由，宣布听证主持人、书记员、翻译人员名单。告知听证参加人在听证中的权利和义务，询问当事人是否申请回避。

2. 行政调查人员陈述。《行政处罚法》规定："举行听证时，调查人员提出当事人违法的事实、证据和行政处罚建议"，此项规定明确了调查人员在听证会上发言的范围。行政调查人员在听证会陈述当事人违法的事实，出示支持其主张的证据，并提出拟作出的行政处罚决定，以及适用的法律依据。《广东省行政处罚听证程序实施办法》对行政调查人员的举证行为作出明确规定，要求行政调查人员应当向听证会出示物证，宣读书证，让当事人辨认、质证；对未到会的证人证言、定结论、勘验笔录和其他作为证据的文书，应当宣读。行政调查人员还有权申请通知新的证人到会，调取新的证据，申请重新鉴定或者勘验。

3. 当事人申辩，并提交证据。《行政处罚法》规定："举行听证时，调查人员提出当事人违法的事实、证据和行政处罚建议；当事人进行申辩和质证"。此项规定在明确调查人员的发言范围的同时，也明确了当事人在听证会上发言的范围。当事人或者其代理人针对行政调查人员的发言，陈述自己的意见，否认调查人员认定的违法事实，或者提出具备减轻行政处罚的情形，并提交证据。《广东省行政处罚听证程序实施办法》规定当事人及其代理人有权申请通知新的证人到会，调取新的证据，申请重新鉴定或者勘验。

4. 听证主持人询问当事人或者其代理人、案件调查人员、证人和其他有关人员。

5. 行政调查人员与当事人之间展开辩论。在主持人的主持下，行政调查人员与当事人及其代理人进行质证，展开辩论。辩论围绕以下主题展开：当事人是否存在某一违法事实、证据的证明能力与证明力、应当适用的法律依据、是否具备减轻处罚的情形、最终决定的内容等。

6. 当事人作最后陈述。

7. 听证主持人宣布听证会结束。

（七）中止听证、终止听证、延期听证

借鉴诉讼法的规定，浙江省、广东省、上海市、广州市等地的地方性法规规章中规定了中止听证、终止听证、延期听证制度。

1. 中止听证。中止听证的情形主要有：（1）行政相对人死亡或者解散，需要等待权利义务继承人的。（2）需要通知新的证人到场或者需要对有关证据进行调查、鉴定或者勘验的。（3）行政相对人或者案件调查人员因不可抗拒的事由，无法继续参加听证的。（4）其他需要中止听证的情形。中止听证的情形消除后，听证主持人应当恢复听证。

2. 终止听证。终止听证的情形主要有：（1）当事人死亡或者解散满一定期限后，未确定权利义务继承人的。（2）当事人无正当理由，不参加听证的。（3）其他需要终结听证的情形。

3. 延期听证。延期听证的情形主要有：（1）行政相对人、本案调查人员有正当理由无法到场的。（2）行政相对人、本案调查人员临时提出回避申请的。（3）其他应当延期的情形。

（八）听证会笔录

1. 听证会笔录应当记载的事项听证会的全部过程应当制作听证笔录。行政处罚听证笔录应当载明下列事项。

（1）案由。（2）听证参加人姓名或者名称、地址。（3）听证主持人、听证员、书记员姓名。（4）举行听证的时间、地点。（5）行政调查人员提出的事实、证据和适用听证程序的行政处罚建议。（6）行政相对人陈述、申辩和质证的内容。（7）其他有关听证的内容。

听证笔录是对听证会过程的客观记载，没有听证主持人的主观分析在其中。《广东省行政处罚听证程序实施办法》与《审计机关审计听证的规定》等在听证笔录之外还规定了听证报告。所谓听证报告是在听证会结束后，由听证主持人对听证笔录进行整理分析后向行政机关提交的。《广东省行政处罚听证程序实施办法》第30条规定听证结束后，听证主持人应组织听证会组成人员依法对案件作出独立、客观、公正的判断，并写出《听证报告书》连同听证笔录一并报告行政机关负责人。听证会组成人员有不同意见的，应如实报告。《听证报告书》内容包括：(1)听证案由。(2)听证主持人和听证参加人的基本情况。(3)听证会举行的时间、地点和方式。(4)听证会的基本情况。(5)处理意见和建议。

《审计机关审计听证的规定》第二十二条规定，审计听证会结束后，听证主持人应当根据审计听证情况和有关法律、法规的规定，向审计机关提交审计听证报告。审计听证报告连同审计听证笔录、案卷材料一并报送审计机关。审计听证报告主要包括以下内容：（1）听证案由。（2）主持人、书记员和听证参加人的姓名、工作单位和职务。（3）审计听证的时间、地点。(4) 审计听证建议。(5) 听证主持人签名或盖章。

2. 听证笔录对最终决定的约束力听证笔录的约束力要解决的问题是行政机关的决定是否必须根据听证笔录作出，即行政机关能否以听证会之外的证据作为其决定的依据。《行政处罚法》没有对听证笔录的效力作出规定，未在制度层面上确立案卷排他原则。在理论层面上，目前存在"唯一论""之一论""重点论"和"模糊论"等多种观点。① 事实上在有关行政处罚正式听证规定的一些部门规章与地方政府规章中对听证笔录与最终行政处罚决定之间的关系作出了明确规定，而且采用了案卷排他性原则。如劳动部制定的《劳动行政处罚程序规定》第十六条规定："所有与认定案件主要事实有关的证据都必须在听证中出示，并通过质证和辩论进行认定。劳动部门不得以未经听证认定的证据作为行政处罚的依据。"《上海市行政处罚听证程序试行规定》第 23 条第 2 款也规定："所有与认定案件事实相关的证据都应当在听证中出示，并经质证后确认"，该规定第 26 条"听证笔录的效力"进一步规定："听证笔录应当作为行政机关作出行政处罚决定的依据。"②

《行政许可法》中也明确规定行政许可决定应当根据听证笔录作出。听证笔录的约束力是行政决定正式听证制度的核心问题，因为正式听证制度的设计本是将对实体决定公正的追求置于行政效率之上，如果听证的记录对行政机关作决定没有任何的约束力，当事人的主张未能反映在决定中，则听证会的进行就没有任何意义，反而徒费人力物力，降低行政效率，并对当事人的心理造成严重的伤害，增加其接受行政决定的抵触情绪。作为一项成本非常高的制度，保证听证会对最终决定的正确真正发挥作用是这项制度的生命力所在。而我国目前

① 参见杨惠基：《听证程序概论》，上海大学出版社 1998 年版，第 240—242 页。

② 但根据朱芒教授的研究成果，上海的这一规定并未在实施中得以贯彻。(参见朱芒：《行政处罚听证程序制度的功能以上海行政处罚听证制度的实施现状为分析对象》，全国依法行政理论研讨会论文汇编之五：《依法行政与行政程序篇》，第 233 页)

实践中一方面由于行政听证于中国乃新鲜事物，在一定程度上存在听证会过多的现象；另一方面，很多听证会结束后，行政机关并没有根据听证会上当事人提交的证据作决定，出现了“听而不证”的现象，针对此种情况，建议：

第一，对正式听证的适用范围进行严格限制，防止听证会过多过滥。第二，对适用正式听证的事项，确立严格的案卷排他性原则。行政机关一旦举行正式听证，则最终的决定只能根据听证记录作出，不能以听证记录之外的证据作为决定的依据。

三、行政决定正式听证立法形式上存在的问题

（一）立法形式上存在的问题

目前关于行政决定正式听证制度在立法形式方面存在两大问题。

1. 缺乏统一的立法规定。我国目前尚未制定统一的行政程序法典，也没有单行立法规定统一的正式听证制度，关于正式听证的规定散见于单行法律文件中。这种单行立法模式带有自身无法克服的局限性，一方面造成立法资源的浪费，形成立法空白。

《行政处罚法》规定了行政处罚听证制度，《行政许可法》规定了许可听证制度，但是二者在规则上并无太大不同。而行政处罚与行政许可之外的其他执法决定由于单行法没有规定，因此，难以适用正式听证，形成立法空白。另一方面造成听证规则的不统一。《行政许可法》明确规定行政许可听证适用案卷排他性原则，《行政处罚法》则没有作出此规定。

2. 上位阶法律的规定过于原则、抽象，需要下位阶法律具体化，造成立法资源的极大浪费。如《行政处罚法》关于正式听证的规定仅两条，缺乏操作性。财政部、中国人民银行、海关总署、国家工商总局、国家税务总局、技术监督局、公安部、国家外汇管理局等都规定了适用于本部门的行政处罚听证规则。北京、新疆、湖北、上海、江西、青海、海南等全国20余个省及杭州、石家庄等一些省会市都制定了适用于本行政

区域的行政处罚正式听证规则。

（二）完善行政正式听证制度的立法层面设想

完善行政决定正式听证制度目前已成为学术界的共识。分析美国、德国、日本、我国台湾地区行政程序法关于正式听证的规定，不难发现行政程序法典只规定正式听证的规则，提供行为模块，而是否启动正式听证程序则交由单行法律决定。此种做法的好处是既避免了重复立法，又保障了不同行政机关听证规则的统一，同时又将是否启动正式听证的权力赋予单行法，兼顾了行政管理中公正与效率这对存在一定冲突的价值追求。我国也可以在未来制定《行政程序法》时规定正式听证的程序模块，是否启动正式听证则交由单行法律规范决定，或者行政机关认为有必要时自行决定启动。

四、行政决定非正式听证

人们更多关注的是正式听证，而不是非正式听证。事实上，非正式听证虽然程序简单，但由于其适用范围远远大于正式听证，建立完善的非正式听证制度对于保护公民权利同样具有非常重要的意义。

（一）行政决定非正式听证概况

在 1996 年《行政处罚法》制定之前，听取意见主要是作为一种行政机关走群众路线的工作方式执行的，而不是行政机关必须履行的法定程序义务。1996 年的《行政处罚法》不仅首次规定了正式听证制度，还规定了当事人的陈述申辩权。根据《行政处罚法》第三十二条第一款规定："当事人有权进行陈述和申辩。行政机关必须充分听取当事人的意见，对当事人提出的事实、理由和证据，应当进行复核；当事人提出的事实、理由和证据成立的，行政机关应当采纳。"听取意见成为行政机关作出行政处罚决定时必须履行的程序义务。《行政许可法》第三十六条作出相同规定，要求行政机关在审查许可申请时，应当听取申请人、利害关系人的意见。《行政强制法》第三十六条规定，在行政机关实施强制执行活动中，当事人收到催告书后有权进行陈述和申辩。行政机关应当充分听取当事人的意见，对当事人提出的事实、理由和证据，应当进行记录、复核。当事人提出的事实、理由或者证据成立的，行政机关应当采纳。行政机关作决定，特别是对当事人作出不利行政决定时应当听取当事人的意见，在单行立法中普遍得到确立。

（二）完善行政决定非正式听证规则

现行立法关于非正式听证的规定主要问题是规定过于原则，没有制度化。规定非正式听证制度的单行法呈现出增多的趋势，无疑有助于保护公民权利、提高行政执法人员的程序意识，但《行政处罚法》和《行政许可法》都没有对行政机关如何听取当事人意见作出规定，作为下位阶法律的部门规章和地方立法中大都对正式听证程序作出规定，缺乏对非正式听证程序的细化。由于很多规定过于原则、抽象，导致实践效果并不如人意。非正式听证虽然较之正式听证程序简单，但并非不遵循一定之规。非正式听证力求程序简便、灵活适应行政管理的实际需要，但必须符合公正的要求。我国现行规定大多数仅一句话要求行政机关听取意见，至于行政机关如何听取意见，对相对人的意见又应当如何处理，均欠缺规定，需要进一步完善。非正式听证的适用范围远远大于正式听证，非正式听证程序是否完善对于保护公民、法人或其他组织的权利影响很大。在将来制定的统一的行政程序法典中，应当规定非正式听证程序应当具备的基本要素，下位阶法律可以在行政程序法的框架范围内结合本部门、本行政区域的特点加以细化。完善行政决定非正式听证规则，可以考虑规定以下几点。

1. 通知义务。行政机关应当告知当事人享有陈述意见的权利，并以书面形式将下列事项通知当事人：(1) 当事人的基本情况；(2) 拟作出的行政决定的事实、理由及依据；(3) 当事人陈述意见的要点；(4) 陈述意见的期限及逾期不陈述意见的法律效果。如果行政机关采用口头形式通知当事人的，应当制作笔录，向当事人宣读后或由其阅览后签名或者盖章。

2. 当事人陈述意见以书面方式为原则。当事人有权对行政决定涉及的事实、证据、适用的法律依据等发表意见。具体方式可以包括亲自到行政机关递交或邮寄等。

3. 当事人如果书写有困难，可以采用口头方式向行政机关陈述意见。行政机关应当制作记录，向当事人宣读或由其阅览确认内容无误后，由当事人签名或者盖章。当事人对记录有异议的，应当更正。

4. 行政机关没有采纳当事人主要意见的，应当说明理由。

5. 当事人没有在限定期限内陈述意见的，视为放弃陈述意见的权利。

第三十六章
政府信息公开

刘　恒　经济学博士，法学博士后，中山大学法学院教授、博士生导师、公法研究中心主任、中国行政法研究会常务理事、广东省法学会行政法研究会会长、广东省法学会法律风险管理研究会会长。主要著作有：《行政救济制度研究》《外资并购行为与政府规制》《政府信息公开制度》，主编公法与政府管制丛书。2011 年 1 月，合作主持完成的国内首部规范政府信息公开的地方立法——《广州市政府信息公开规定》获首届“中国法治政府奖”。

第一节　政府信息公开概述

一、政府信息公开的界定及其宪法基础

（一）政府信息公开的界定

1. 学界的认识

关于政府信息的含义，学者们的认识基本一致，但是在表述上存在一些差异。有人认为，政府信息是国家机关（尤指政府机构）为履行职责而收集、整理、加工、利用、产生、保存、处理的信息。① 也有人认为，政府信息一般是指政府机构为履行职责而产生、获取、利用、传播、保存和负责处置的信息。② 还有人认为，政府信息是政府机关掌握的为履行职责而产生、收集、整理、储存、利用和传播的信息，涵盖行政程序、会议活动及文件资料等方面；从具体内容看，包括行政法规、行政规章与政府规范性文件、政府机构职能、人员配置、办公程序、执法依据等信息；从行政过程看，包括决策前信息、决策过程、决策内容及其执行和反馈的信息；从形式看，不仅包括文字、图表、音像、计算机文件等资料信息，也包括公开举行的会议活动。③

综合学者们的观点，我们认为，可以将政府信息归纳为各级人民政府及其职能部门以及依法行使行政职权的组织在其管理或提供公共服务过程中制作、获得或拥有的信息。

关于政府信息公开的含义，学术界有如下认识：有人认为，政府信息公开就是政府机关依照法定程序以法定形式公开与社会成员利益相关

① 黄梓良：《美国电子政府的政府信息公开服务》，《情报海外》2003 年第 3 期。

② 应松年、陈天本：《政府信息公开法律制度研究》，《国家行政学院学报》2002 年第 4 期。

③ 诸松燕：《我国政府信息公开的现状分析与思考》，《新视野》2003 年第 3 期。

的所有信息，并允许公众通过查询、阅览、复制、摘录、收听、观看、下载等形式充分利用政府所掌握的信息的行为与制度。① 也有人认为，政府信息公开是指行政机关通过公众便于接受的方式和途径将其利用公共资源、在行使公共权力过程中所获取的信息和情报（法律明令应予保密的除外）公之于众，允许公民、法人和其他组织通过查询、抄录、下载、复印、阅读等形式了解、掌握和保存这些信息。② 还有人认为，政府信息公开又称为“行政资讯公开”，可以从微观和宏观的角度上理解政府信息公开的含义，微观意义上的政府信息公开是指行政机关依照法定程序向公众或特定的公民提供有关的信息的法律行为；宏观意义上的政府信息公开是指行政机关在行政管理中的一项法律制度，即行政机关向公众或特定的公民提供行政管理信息的范围、主体、程序、法律后果等要素组成的法律制度。③ 我们认为，政府信息公开就是指国家行政机关和根据授权与委托的组织，在行使国家行政管理职权的过程中，通过法定形式和程序，主动将政府信息向社会公众或依申请而向特定的个人或组织公开的制度。

政府信息公开不同于政务公开，虽然两者都要求政府增强其行为的透明度、公开办事，但政务公开主要是指行政机关公开其行政事务，强调的是行政机关要公开其执法依据、执法程序和执法结果，属于办事制度层面的公开。而政府信息公开的内涵和外延都要广阔得多，不仅要求行政事务公开，而且要求政府将其行使行政职权过程中获得的信息公开，属于一种权利型公开。

政府信息公开是第二次世界大战以后行政程序法发展的重要方面，20 世纪 60 年代在国际上形成高潮，成为当代公共行政的重要原则。政府信息公开是指行政机关的一切行政活动，除涉及国家安全或国家秘密等情况并由法律规定不得公开的以外，一律公开。它包括两个层次的内容：

① 诸松燕：《我国政府信息公开的现状分析与思考》，《新视野》2003 年第 3 期。

② 吴红宇：《知情权、WTO 与政府信息公开》，《当代法学》2003 年第 8 期。

③ 卢琳：《走出我国政府信息公开的困境》，《行政论坛》2003 年第 7 期。

一是行政机关的行政决策活动及其过程公开；二是行政机关制定或决定的文件、资料、信息情报公开。在这一基础上的政府信息公开，形成了现代民主政治其中一个重要支柱。

2. 立法的界定

2002 年，《广州市政府信息公开规定》首开我国政府信息公开立法之先河。此后，全国范围内的政府信息公开立法活动在社会各界的推动下逐步展开。2007 年《中华人民共和国政府信息公开条例》（以下简称《政府信息公开条例》）经国务院第 492 号令颁布，并于 2008 年 5 月 1 日正式实施，是目前我国政府信息公开领域最高层级的法律规范。《政府信息公开条例》第二条规定“本条例所称政府信息，是指行政机关在履行职责过程中制作或者获取的，以一定形式记录、保存的信息。”同时，第三十六条规定“法律、法规授权的具有管理公共事务职能的组织公开政府信息的活动，适用本条例。”第三十七条规定“教育、医疗卫生、计划生育、供水、供电、供气、供热、环保、公共交通等与人民群众利益密切相关的公共企事业单位在提供社会公共服务过程中制作、获取的信息的公开，参照本条例执行，具体办法由国务院有关主管部门或者机构制定。”综合来看，《政府信息公开条例》对政府信息公开的界定包含以下几层含义。

第一，政府信息公开的主体是行政机关与法律、法规授权行使行政职权的组织（以下简称“行政机关”）。而第三十七条所规定的公共企事业单位，因其公法上的义务，在公共行政过程中制作、获取的信息也应当公开，而公开的具体制度则需要由国务院有关部门或机构专门制定相应规范，如教育部 2010 年出台的《高等学校信息公开办法》等。

第二，政府信息公开的内容限于义务主体在履行职能过程中所产生或获得的信息，亦即行政机关等义务主体所控制和掌握的信息并非都是政府信息。如果行政机关以平等主体的身份与其他平等主体签订商业合同，则该合同并非属于政府信息的范畴，不受政府信息公开法律制度的调整，公开与否取决于合同双方的意思自治。

第三，政府信息必须通过有形载体记录和保存。政府信息的载体呈现出多样性，包括纸质、磁盘、胶卷及其他电子存储材料等形式。

对比学界与立法领域对政府信息公开的内涵界定，二者并无太大差别，其所指向的本质都是知情权的保障。

（二）政府信息公开的宪法基础

政府信息公开是现代政府的一项基本义务，同时也是现代社会公民的一项基本权利，是公民知情权的基本内容和重要体现——现代宪法所确认的知情权是政府信息公开的宪法基础和最基本的法律依据。在相当一些国家，信息公开，包括信息获得权利，已经在宪法层次得到认可。各国在宪法上对信息公开权利作出规定的方式主要有以下两种①。

一种是通过判例的方式加以确认，一般由法院解释将信息公开纳入表达自由的范畴而加以保护。例如在 1969 年日本最高法院的两个判例中，认为知情权应当受到宪法第二十一条中表达自由规定的保障。印度最高法院 1982 年的判例认为政府信息公开是印度宪法第 19 条言论和表达自由基本权利的重要部分。韩国宪法法院 1989 年和 1991 年分别在两个宪法判例中，认为“知情权”来源于韩国宪法第二十一条规定的表达自由。

另一种则是由专门的宪法条文予以确认。这一种方式在新兴或转型民主国家尤为多见。例如 1997 年泰国宪法第 58 条规定：“一个人应当有获得国家机构的公共信息的权利。对国有企业或地方政府组织而言，除非这样的信息公开会影响国家安全、公共安全或其他人利益，都应遵从本法的规定。”同年，泰国《官方信息法》公布实施。又如尼泊尔宪法第 16 条规定：“每个公民都有权要求和获得有公共价值的任何信息……”。1987 年菲律宾宪法第 3 条第 7 款规定“应承认人民对公共事务的信息获得权。除非法律有规定加以限制，与政府法令、事务或决定以及作为政策发展基础的政府研究资料有关的官方记录、文件和信息，都应使公民可以得到。”保加利亚宪法第 41 条第 2 款中写道：“公众可以基于正当的利益来从官方机构和团体获得不属于国家或官方机密的信息，但不能妨

① 参见华琳：《各国宪法对知情权的规定》，“行政法论坛”（2002 年 1 月 9 日）。

害到他人的权利。”

根据我国现行宪法的规定，知情权是公民的一项基本权利，政府信息公开是政府的一项基本义务，具体来讲：

第一，我国1982年《宪法》第二条明确规定：“中华人民共和国的一切权力属于人民。人民行使国家权力的机关是全国人民代表大会和地方各级人民代表大会。人民依照法律规定，通过各种途径和形式，管理国家事务，管理经济和文化事业，管理社会事务。”这一规定清楚地表明，从国家的权力归属来看，国家的一切权力属于人民，人民管理国家是宪法赋予的一项基本权利，而人民行使这一权利的基本前提是享有知情权，因此，我们认为知情权是公民的一项基本权利。宪法还同时规定行政机关作为权力机关的执行机关，直接向权力机关负责并报告工作。由此可见，公开政府信息是我国行政机关的一项法定义务和责任，也是现代法治政府的一项基本内容和要求。

第二，《宪法》第三十五条规定：“中华人民共和国公民有言论、出版、集会、结社、游行、示威的自由。”在言论自由中已经包含了政府信息公开的内容。《宪法》第四十一条第一款规定：“中华人民共和国公民对于任何国家机关和国家工作人员，有提出批评和建议的权利；对于任何国家机关和国家人员的违法失职行为，有向有关国家机关提出申诉、控告或检举的权利，……”这表明我国现行宪法以法律的形式明确规定公民的知情权，使知情权成为我国公民的一项基本政治权利，并且依法设立公民实现知情权的方式和途径，以畅通公民实现知情权的渠道。

二、政府信息公开的例外

“以公开为原则，不公开为例外”已成为当下世界范围内政府信息公开立法的基本原则。① 从政府信息公开的理论来看，政府信息公开的例外（限制）主要涉及三个领域：国家秘密、商业秘密和个人隐私。《政府信

① 章剑生：《知情权及其保障——以〈政府信息公开条例〉为例》，《中国法学》2008年第4期。

息公开条例》第十四条第四款明确规定："行政机关不得公开涉及国家秘密、商业秘密、个人隐私的政府信息。但是，经权利人同意公开或者行政机关认为不公开可能对公共利益造成重大影响的涉及商业秘密、个人隐私的政府信息，可以予以公开。"

（一）国家秘密

依照《中华人民共和国保守国家秘密法》（以下简称《保守国家秘密法》）第二条的规定，所谓国家秘密，是指关系国家安全和利益，依照法定程序确定，在一定时间内只限一定范围的人员知悉的事项。由于国家秘密牵涉一国和民族在一定时期内的某些根本利益问题，为防止该利益遭受不当或者恶意利用，应当严格限制其知情人与知情的范围，这在世界各国上均为通例。然而，由于国家或民族的根本利益难以有一确定的外延，容易造成国家机关在实际工作中以保守国家秘密为由阻碍公民或组织知情权的实现，从而将行政不作为或官僚利益的内幕掩饰于国家利益的"高尚"面纱之下。即使公民或组织以政府不作为为由诉诸法院，或者寻求行政复议等其他法律救济手段，公开义务人都会以国家秘密为抗辩而免责。在这种情况下，就产生了政府信息公开和保密的冲突问题——哪些政府信息是应当公开的，哪些政府信息是可以部分公开的，公开的范围和深度如何掌握，公开或不公开的标准是什么，等等，这些问题都直接涉及国家秘密和信息公开的边界界定。①

从历史角度来看，国家秘密的内涵和外延在各国的特定历史时期，根据国家的内政和外交的需要，都有不同的表现，但某些核心内容是公认的。我国《保守国家秘密法》第九条规定："下列涉及国家安全和利益的事项，泄露后可能损害国家在政治、经济、国防、外交等领域的安全和利益的，应当确定为国家秘密：（一）国家事务重大决策中的秘密事

① 《中华人民共和国保守国家秘密法实施条例》（国务院令2014年第646号）第五条规定："机关、单位不得将依法应当公开的事项确定为国家秘密，不得将涉及国家秘密的信息公开。"虽未具体明确国家秘密与信息公开的界限，但至少体现了行政立法层面对此问题的认识。

项；（二）国防建设和武装力量活动中的秘密事项；（三）外交和外事活动中的秘密事项以及对外承担保密义务的秘密事项；（四）国民经济和社会发展中的秘密事项；（五）科学技术中的秘密事项；（六）维护国家安全活动和追查刑事犯罪中的秘密事项；（七）经国家保密行政管理部门确定的其他秘密事项。政党的秘密事项中符合前款规定的，属于国家秘密。”当然，从另一方面来看，正因为国家利益本身也是一个动态的概念，某些国家秘密的内涵中也嵌入了强烈的政治色彩，亦同时给这些概念的解释带来了宽泛的空间，所以即使有了一定的保密范围，仍不能免除公开权利人因该解释权事实上被滥用的可能而被断绝寻求传统法律救济的情况。因此，不仅应当确立政府一般信息的公开原则和特殊信息保密的保留原则，更应当在国家秘密的界定上，进一步明确其界定的程序，即以程序法来规制行政权力被滥用的可能，在公开权利人寻求传统法律救济和保障国家秘密之间保持一种程序上的动态平衡。

就我国目前的保密法律制度而言，《保守国家秘密法》《中华人民共和国保守国家秘密法实施条例》（以下简称《保守国家秘密法实施条例》）规定了国家秘密的范围、确定密级、变更密级和解密的内容，例如《保守国家秘密法》第十五条第二款规定：“国家秘密的保密期限，除另有规定外，绝密级不超过三十年，机密级不超过二十年，秘密级不超过十年。”《保守国家秘密法实施条例》第十条规定：“定密责任人在职责范围内承担有关国家秘密确定、变更和解除工作。具体职责是：（一）审核批准本机关、本单位产生的国家秘密的密级、保密期限和知悉范围；（二）对本机关、本单位产生的尚在保密期限内的国家秘密进行审核，作出是否变更或者解除的决定；（三）对是否属于国家秘密和属于何种密级不明确的事项先行拟定密级，并按照规定的程序报保密行政管理部门确定。”但是，这些规定中仍然缺少明确国家秘密的透明性标准，多为一些时效性规定、确定国家秘密的权属和其他的原则性条款。国家秘密的保密性要求其不为公众所知悉或仅能为特定人所知悉，但确定国家秘密的标准并非也属于秘密本身，若该标准缺乏透明度、客观性和可操作性，不仅会放纵行政机关的解释权和依此解释权而衍生的权力滥用，堵塞公开权利人寻求法律救济的合理途径，还会由于该领域内行为的不可预知性而造成公民权利的收缩，这无疑是建立完善的政府信息公开机制所必须解决的隐患。

此外，鉴于国家秘密的特殊性质，即使在程序上对公开或者不公开的标准予以明确确定，也仍然不能排除公开和保密的冲突问题。例如，若某政府信息的存在与否本身就已经会对社会或公众利益造成重大影响的，按照前述程序上的规定，无论政府对公开权利人的公开申请请求予以拒绝或是同意，都同样会构成泄密。因为对于该公开申请的肯定或者否定的答复都是一种确定性的回答，该确定性的回答即能产生对该信息进行保密的原旨被暴露的后果。所以，有必要对国家秘密的公开程序进行特殊化的规定。我国行政法学的理论界和实际工作部门都已注意到这一问题。2002 年《广州市政府信息公开规定》第二十三条第二款规定："当公开义务人向申请人表明某政府信息是否存在，即会导致公开不应公开的政府信息的后果时，公开义务人有权对该信息的存在与否不予确认。"如此规定下，由于有了法律上的依据，行政机关以此为据拒绝对公开权利人的申请作出明确答复时，并不能被视为不作为，从而能够避免国家秘密的保守受到诉权滥用的挤压。然而，2007 年《政府信息公开条例》作为目前政府信息公开领域最高层级的立法规范，对此却未加规定。

（二）商业秘密

商业秘密是现代知识产权法和反不正当竞争制度的重要内容，也是公开政府信息的保留领域之一。

根据我国《中华人民共和国反不正当竞争法》第十条和《中华人民共和国刑法》第二百一十九条的规定，所谓商业秘密，是指不为公众所知悉、能为权利人带来经济利益、具有实用性并经权利人采取保密措施的技术信息和经营信息。侵犯商业秘密，是指采取不正当手段，获取、披露、使用或者允许他人使用权利人的商业秘密，给商业秘密的权利人造成损失的行为。侵犯的客体包括国家对商业秘密的管理制度和商业秘密的权利人享有的合法权利；客观方面表现为采取不正当手段，获取、使用、披露或者允许他人使用权利人的商业秘密，给商业秘密的权利人造成重大损失的行为。商业秘密的范围在理论和立法上都有扩大的趋势。从世界范围看，商业秘密保护的首先是财产特征明显的技术秘密，随后逐步扩大到技术秘密以外的经营性信息。与此发展趋势同步的是，商业秘密含义的界定由外延式列举到高度概括性地揭示内涵。最能反映这一历史沿革的是美国的《侵权法重述》到《统一商业秘密法》的变化。①

国外近年来的立法实践亦表明，许多信息由不受法律保护的对象逐步纳入商业秘密法律保护的范围，有三类信息：一是生命力很短的保密信息；二是零散而非系统的保密信息；三是否定性的商业秘密，即经营者经过挫折、花费成本获得的有关反向的经营方向的秘密信息。在关贸总协定乌拉圭回合谈判关于知识产权的分协议中，“对未公开信息的保护”纳入知识产权的保护范围。②

从上述分析可见，政府信息公开的范围是一个动态的范围，并需要时时与相关法律领域保持协调。在现实中，由于法定职能规定或者行政便宜之需要，行政机关往往会接触到不少涉及商业秘密的信息。譬如专利管理部门对专利申请的审查，证券和工商管理部门对企业资信情况的了解，或某软件公司为改善市场竞争情势而主动向行政机关开放其软件的源代码等。随着商业秘密范围的扩大，政府在信息公开的裁量上亦须趋于严谨，并应当承担与其获取特定商业秘密时所享有的权利相应的保密义务。对此，我国部分领域法律已经作出了一定的规定，例如《中华人民共和国保障措施条例》第十三条规定：“调查中获得的有关资料，资料提供方认为需要保密的，商务部可以按保密资料处理。保密申请有理由的，应当对资料提供方提供的资料按保密资料处理，同时要求资料提供方提供一份非保密的该资料概要。按保密资料处理的资料，未经资料

---

① 参见张今：《商业秘密的范围和构成条件及其应用》，http://www.rmfyb.com/html/2000/05/25/16920000525010.htm。（《侵权行为法重述》没有界定商业秘密，只是列举了可作为商业秘密的若干具体样态。《统一商业秘密法》从内涵和外延两个方面规定了商业秘密，它“直率地、不是含蓄地说商业秘密指信息”）

② 参见张玉瑞：《商业秘密法律保护的诸问题》，《知识产权》1995 年第 5 期；刘恒、谢晓尧：《商业秘密立法若干问题探析》，《政法学刊》1996 年第 3 期。

提供方同意，不得泄露。”但基于对商业秘密的保护而对政府信息公开作出限制，有可能带来两个严肃的话题：其一，如何在保护合法商业秘密利益的同时防止商业秘密提供人和行政机关直接达成可能有损公共利益的协议？其二，如行政机关披露了涉及商业秘密的信息，如何确定行政机关的责任？对于第一个问题，笔者认为，若非出于法定职能，行政机关并无以行政主体的法律身份接受相对人提供的特定商业秘密的需要。在政府信息公开的法律关系中，行政机关往往以信息提供、调剂或分配人的角色出现，其在向公众公开相关信息时所须遵守的保守个人隐私及商业秘密的伴随义务乃基于依法享有的相应信息的获取、保有、使用或处分权力而言，接受无法定信息供给义务的相对人的信息乃至商业秘密，与政府信息公开行为的公共利益价值取向有悖。根据法律保留原则，公权机关法无明文规定即不可作为，法律没有赋予行政机关以获取相对人提供的特定信息的权力，行政机关当然不得为之。当然，如果行政机关以民事主体身份在民事关系中接纳了另一方当事人提供的商业秘密，则另当别论——该关系自应当以民事法律调整，行政法律在所不问。对于第二个问题，由于商业秘密一经泄露，将给权利人造成难以估量的损失，亦不可能恢复原状。按照现行的《中华人民共和国国家赔偿法》（以下简称《国家赔偿法》）第三十六条第（三）项：“……不能恢复原状的，按照损害程度给付相应的赔偿金。”但是，《国家赔偿法》同时限制了行政机关可能承担的赔偿责任，即仅限于赔偿直接损失，权利人也应当就该损失自行承担举证责任。

在此问题上，审判机关的态度值得我们关注。最高人民法院 2014 年公布的政府信息公开典型案例中的王宗利诉天津市和平区房地产管理局一案，最高人民法院在典型意义分析中指出：“在政府信息公开实践中，行政机关经常会以申请的政府信息涉及商业秘密为理由不予公开，但有时会出现滥用。商业秘密的概念具有严格内涵，依据反不正当竞争法的规定，商业秘密是指不为公众知悉、能为权利人带来经济利益、具有实用性并经权利人采取保密措施的技术信息和经营信息。行政机关应当依此标准进行审查，而不应单纯以第三方是否同意公开作出决定。人民法院在合法性审查中，应当根据行政机关的举证作出是否构成商业秘密的判断。本案和平区房管局在行政程序中，未进行调查核实就直接主观认定申请公开的信息涉及商业秘密，在诉讼程序中，也没有向法院提供相关政府信息涉及商业秘密的证据和依据，导致法院无从对被诉告知书认定‘涉及商业秘密’的事实证据进行审查，也就无法对该认定结论是否正确作出判断。基于此，最终判决行政机关败诉符合立法本意。”

（三）个人隐私

隐私权在英文上被称为The Right to Privacy，其概念和理论产生于美国。1890年，美国两位法学家路易斯·布兰蒂斯和萨莫尔·华伦在哈佛大学的《法学评论》上发表了著名的《隐私权》一文。该文首次提出了保护隐私权的理念，并主张应当维护“个人私生活的神圣界限”。① 所谓隐私，可被分拆解读为“隐”和“私”，前者指某种不为人知的事实状态，后者则指个人与公共利益无关之事，即“隐私乃是一种与公共利益、群体利益无关的，当事人不愿他人知道或他人不便知道的信息，当事人不愿他人干涉或他人不便干涉的个人私事和当事人不愿他人侵入或他人不便侵入的个人领域。”②

行政机关由于行政权力的特性，往往必然掌握一些有关个人隐私的资料。这些资料在为行政机关所掌握后，行政机关即对其享有了占有和在一定条件下进行使用的权力。但是，基于该资料的信息并非由掌握该资料的行政机关所创造，亦非继受，而仅为“取得”之特性，并且兼之属于“个人隐私”之性质，行政机关并非当然地享有处分或从该信息的使用中获取收益的权力。一方面，该资料的信息已归于行政机关掌握，并且经过了行政权力的加工、分类、整理或编撰，同样也具有“政府信息”的性质，那么是否也应当如同其他政府信息一样，应公开权利人的

① 参见吕光：《大众传播与法律》，台湾商务印书馆1981年版，第64页；另参见冯渊源、邓小兵：《隐私权与知情权的冲突与协调》，《天水行政学院学报》2000年第4期。

② 王利明：《人格权法新论》，吉林人民出版社1994年版，第480—482页。

请求而向其公开？若公开义务人以保护相关当事人的隐私为由拒绝公开，公开权利人是否仍得以寻求法律上之救济？另一方面，即使公开义务人依据其对相关信息的占有和使用而自行裁量公开，被公开相关信息的相对人（或可称其为隐私权人）是否有权利请求公开义务人不予公开？若该请求未能得到满足，隐私权人是否有权寻求法律上的其他救济？从这一系列的分析可以看出，政府信息公开与保护个人隐私的冲突是难以避免的，这不仅关系到公民隐私权的保护问题，也关系到政府信息获取权力的制约、第三人利益衡量以及行政机关之间信息的匹配①等问题。

从公民隐私权的角度对政府信息公开进行限制，其实质是赋予公民对个人信息传播的控制权和相应的获得法律救济权，即行政机关有义务在公开内容涉及公民的个人信息的事项上，保证一般意义上的公共利益需求边界以外的个人隐私信息不受干扰或利用，公民自身也有权决定在何种程度上公开自己的个人信息。行政机关应公开个人信息获取及管理的依据和过程，不得建立不为人所知的个人信息秘密存储系统，对个人信息的获取权限和范围应依照法律，视其职责和工作需要而定，并应当在掌握个人信息的获取、保有、使用、处分等不同阶段对信息提供人承担相应的义务。② 首先，行政机关在收集或获取信息时应当向相对人说明信息获取的目的和法律依据，若非法定的强制性义务，相对人当然亦有权予以拒绝。其次，行政机关在保有个人信息时必须明确个人信息的保存期限，并应当保证该个人信息的准确性和完整性；个人或组织有权了

---

① 参见“政府信息公开讨论”精华本（之一），“行政法论坛”（2001 年 5 月 13 日），www.1488.com.cn/bbs/list.asp。（行政机关之间信息的匹配问题，即各个掌握有关信息的机关之间信息的交换的共享问题，这在美国已经出台了相关的法律，现在收入在《隐私权法》之中，关键在于规范行政机关之间的信息交换要有合法正当的程序，并且要公开，像美国有一种匹配合同，要求提供和接受信息的行政机关要签订合同，并且提交有关部门审查，而且必须公开，这样既能体现对个人隐私权的尊重的保护，又可以利用现行资源，提高有关行政机关的效率。我国是否也可借鉴，还需我们更多的探讨）

② 参见周健、赖茂生：《政府信息开放与立法研究》，《情报学报》2001 年第 3 期。

解本人信息的存储及使用状况，对其认为错误或者缺漏的信息也有权提出更改或补正之意见。再次，行政机关使用和披露个人信息不能同获取该信息的目的相违背，且除法定使用或许可使用的情形外，未经提供信息的特定相对人的事前明示许可，行政机关不得公开能够在一般理性人的标准下据以识别出个人身份或特有性状的信息。最后，在对个人信息的处分上，基于政府信息和行政权力的公共性质，行政机关不得利用个人信息的转让牟利；行政机关非以营利的目的而向第三方转让个人信息的，也应当事先取得信息提供人的授权，并保证不与其因获取特定的个人信息而承担的保密义务相抵触。因此，公开涉及个人信息的政府信息，必须在确保政府信息充分公开、保障公民知情权的同时注意与个人和组织的个体信息与隐私权不受非法侵害之间，保持利益衡量上的动态平衡。

某些国家的立法将隐私权的保护纳入政府信息公开的整体范畴。以颇具代表性的美国政府信息公开制度为例，其政府信息公开集中反映在三部法律上，分别为1966年制定的《信息自由法》、1974年制定的《隐私权法》以及1976年制定的《阳光下的政府法》。《信息自由法》要求行政机关依职权或依申请向公众公开政府文件和资料；《阳光下的政府法》则要求实行委员会制（合议制），行政机关的会议必须公开举行，公众可以对会议进行旁听并有权取得会议的信息和文件；而《隐私权法》则规定了行政机关对个人信息的搜集、利用和传播必须遵守的规则，规定了个人记录必须对本人公开和对第三者限制公开的原则，解决了信息公开与保护个人隐私的关系。《隐私权法》与《信息自由法》同属于政府信息公开法的范畴，它和《信息自由法》的不同之处在于，"《隐私权法》只适用于个人记录，而《信息自由法》适用于全部政府记录；《隐私权法》着重保护公民的个人隐私权，而《信息自由法》着重保护公众的了解权；《隐私权法》企图限制某些政府文件的公开，而《信息自由法》则寻求政府文件最大限度的公开。"① 《隐私权法》与《信息自由法》在内容上互

① 周健：《美国〈隐私权法〉与公民个人信息保护》，《情报科学》2001年第6期。

为补充，但在适用上则是互相独立，行政机关对个人记录系统的公开同时受这两个法律的支配，一个法律中免除公开的规定并不适用于另一个法律。

随着信息化社会的到来，特别是网络化的计算机系统和大型数据库的建立，大量涉及金融、医疗、保险、财产、家庭等方面的个人信息集中掌握在政府部门手中，随时都有可能发生个人信息失控的情况。公民的个人信息一旦被他人非法获取，或者信息持有者未经公民本人授权擅自将这些数据用于职责以外的其他目的，就很容易对公民的隐私权甚至人身安全造成侵害。因此，对公民的个人信息进行法律保护，其实质是在确保国家和公共利益的原则下，赋予公民对个人信息传播的控制权。从理想的状态来说，信息公开立法与隐私权立法合二为一可以降低立法成本，保持法律与法律的协调性。但就我国目前的实际状况而言，合并立法的立法难度和实施阻力较大，并且，《政府信息公开条例》也未对个人隐私有具体的界定，隐私权保护的法律依据主要仍是依靠《中华人民共和国民法通则》等法律规范。“信息公开条例必然会涉及个人数据保护立法的某些内容，如赋予个人获得有关自己信息的权利，规定个人数据保护例外等等，这些预先涉及的内容可以在以后制定个人数据保护立法时再进行必要的细化和协调。”①

审判实务中，最高人民法院2014年公布的政府信息公开典型案例中的杨政权诉山东省肥城市房产管理局一案，最高人民法院指出：“……焦点问题是享受保障性住房人的申请材料信息是否属于个人隐私而依法免于公开。该问题实质上涉及了保障公众知情权与保护公民隐私权两者发生冲突时的处理规则。保障性住房制度是政府为解决低收入家庭的住房问题而运用公共资源实施的一项社会福利制度，直接涉及公共资源和公共利益。在房屋供需存有较大缺口的现状下，某个申请人获得保障性住房，会直接减少可供应房屋的数量，对在其后欲获得保障性住房的轮候

① 周汉华：《起草〈政府信息公开条例〉（专家建议稿）的基本考虑》，《法学研究》2002年第6期。

申请人而言，意味着机会利益的减损。为发挥制度效用、依法保障公平，利害关系方的知情权与监督权应该受到充分尊重，其公开相关政府信息的请求应当得到支持。因此，在保障性住房的分配过程中，当享受保障性住房人的隐私权直接与竞争权人的知情权、监督权发生冲突时，应根据比例原则，以享受保障性住房人让渡部分个人信息的方式优先保护较大利益的知情权、监督权，相关政府信息的公开不应也不必以权利人的同意为前提。本案二审判决确立的个人隐私与涉及公共利益的知情权相冲突时的处理原则，符合法律规定，具有标杆意义。”

三、政府信息公开立法

（一）外国政府信息公开立法的发展

政府信息公开制度最早发端于北欧的瑞典，1766 年瑞典宪法中就已经规定了政府公文公开的内容；此外，法国也早在 1789 年《人权宣言》提到公民有权向公务员索取行政文书的事项。但西方发达国家的政府信息公开立法，也经历了一个颇为曲折的过程。譬如瑞典公开政府公文的法律制定后不久，就被废除；法国《人权宣言》中所反映的信息公开的思想得到具体落实，直到 1980 年颁布《行政文书公开法》才得以实现，前后经历了大约 190 年的时间。其他已经建立了政府信息公开制度的国家在政府信息公开领域的立法，也同样经历了从地方到中央的几十年乃至上百年的时间积累，当中经过不少的反复、妥协和修改。日本从 20 世纪 70 年代就开始讨论人民的“知情权”问题，在此基础上也开始提出建立情报公开制度。80 年代初，日本部分地方建立了行政情报公开制度，但在大量的判例和地方立法的基础上制定的全国性的行政情报公开法律《信息公开法》，直到 1999 年才在日本国会获得通过。

当代政府信息公开制度最为完善和最具代表性的，是美国的信息公开法律体系①，这一体系主要由《联邦行政程序法》《情报自由法》《阳

① 参见姚西科、涂敏：《中美行政公开制度比较研究》，《行政法学研究》2001 年第 2 期。

光下的联邦政府法》《联邦咨询委员会法》和《隐私权法》等法律构成。早在第二次世界大战前，美国就想通过立法手段解决政府信息公开的问题，并于1946年制定了《行政手续法》。然而，这部法律不仅没有解决向公众公开政府信息的问题，反而成为行政机关拒绝向公众公开相关政府信息的依据。直到后来美国《信息自由法》于1966年出台，这一局面才有所改观。该法规定政府文件具有公共财产的性质，明确规定除可以不公开的九种情形外，政府文件都应公开。

日本1999年通过的《信息公开法》，对政府信息公开的理论基础、原则、主体、程序以及法律救济等相关环节作出了全面的规定。①

随着信息科技的发展，政府信息公开的影响力也与日俱增，在各国信息公开的立法、行政和司法实践中也出现了许多新的发展。在传统社会中，公众和政府之间存在着严重的信息不对称和无数的信息鸿沟，政府始终处于信息优位的态势，公众获得信息和民主参与的成本都十分高昂；而在信息时代下，按照我国台湾地区叶俊荣教授的说法："在人民、政府、信息所成的三角关系中，靠电子卷宗将政府、民众的互动关系改变"。互联网的特点之一，就是使得传播信息成本大为降低的同时，传播效率迅速提升，无论是大规模还是个体之间的信息的获取和传递，都变得相当便利。互联网络通过政务信息发布的公共平台，可以建设面向公众的电子平台，也可以建设政府层级机构之间的电子政府信息发布沟通反馈渠道。政府上网大大降低了政府信息公开的交易成本，极大地减缓了政府部门间由于每天发布和积累的大量信息而造成部门之间信息交流迟缓的困难局面。在这一基础上的信息公开，不仅可以保证公众"知的权利"，还对建立一个积极的和民主参与的政府有着重大意义。在政府信

① 关于日本《信息公开法》的内容，参见周健：《日本〈信息公开法〉与行政信息公开制度》，《法律文献信息与研究》2001年第2期；宋长军：《日本信息公开法的制定及特点》，《外国法译评》2000年第1期；杜钢建：《日本情报公开法的制定与实施》，《国家行政学院学报》2000年第2期等。

息公开的电子化政府建设上，韩国首尔的 OPEN 系统①是一个经典的范例。② 借助这一系统，公众可以随时通过互联网了解政府对其申请的处理进展，认识政府从政策制定到处理公众申请的整个行政程序，从而在整体上提高了行政的透明化、公开化程度，基本上杜绝了程序腐败和权力寻租的漏洞。

（二）我国政府信息公开立法的发展

1.《政府信息公开条例》出台前的情况

我国具有现代政府信息公开意义的政府信息公开先后经历了村务公开、乡镇政府信息公开、厂务公开、警务公开、检务公开、政务公开等发展阶段③，而政府信息公开方面法律规范的创设，也是通过政策层面的村务公开、政务公开的逐步转化而实现的。以下按时间顺序对 20 世纪 80 年代至 2007 年《政府信息公开条例》出台前的信息公开发展情况做简要梳理。

（1）1987 年，党的十三大报告提出："……提高领导机关的开放程度，重大情况让人民知道，重大问题经过人民讨论。……要通过各种现代化的新闻和宣传工具，增加对政务和党务活动的报道……"。

（2）1988 年十三届二中全会从预防腐败入手，提出要通过政务公开等措施强化权力监督、加强党风廉政建设：各级党政机关在廉政建设中，要尽可能地公开办事制度，以便得到群众的监督。1988 年 5 月，河北省藁城市探索实行公开办事制度、公开办事结果、接受群众监督的"两公

---

① 韩国首尔 OPEN 系统的全称是"公众申请的在线程式优化"（On-Line Procedures Enhancement For Civil Applications，简称 OPEN）。

② "政府信息公开讨论"精华本（之三），"行政法论坛"(2001 年 5 月 13 日),www.1488.com.cn/bbs/list.asp。

③ 在全国第一次信息公开研讨会上，有学者将我国政府信息公开总结为七种：人大信息公开、政府信息公开、审判公开、检务公开、警务公开、厂务公开和村务公开。其中关于人大信息公开的方式主要有：新闻发布会和记者招待会、记者采访制度、新闻媒介公开报告制度、公开征求选民意见和建议制度、信息公开查询制度、公示制度等。

开一监督”制度，并在河北、山东、浙江等地得到推广。①

（3）1989 年第七届全国人民代表大会第二次会议上的政府工作报告提出：“凡处理同广大群众利益直接相关的事情，要积极推行公开办事制度，公开办事结果。要增加政务活动的透明度，强化制约机制，使各种权力的行使都能严格置于法规、制度的规范约束和广大干部、群众的监督之下。”此后，“两公开一监督”政务公开实践制度进一步被推行。

（4）1991 年第十三届八中全会《中共中央关于进一步加强农业和农村工作的决定》提出：“各部门在农村的基层单位，办理涉及农民群众切身利益的事，要公开办事制度和办事结果，接受群众监督，坚决纠正行业不正之风。”

（5）1997 年十五大报告提出：“坚持公平、公正、公开的原则，直接涉及群众切身利益的部门要实行公开办事制度”，“城乡基层政权机关和基层群众性自治组织，都要健全民主选举制度，实行政务和财务公开，让群众参与讨论和决定基层公共事务和公益事业，对干部实行民主监督。”

（6）1997 年 12 月贵州省贵阳市政府颁布了《贵阳市行政机关实行政务公开实现优质服务的规定》，是较早的专门规范政务公开的地方规章。

（7）2000 年中共中央办公厅、国务院办公厅《关于在全国乡镇政权机关全面推行政务公开制度的通知》，对在乡（镇）全面推行政务公开作出部署，并对县（市）级以上政府的政务公开提出了要求。

（8）2001 年福建省政府出台《福建省政务公开暂行办法》，是较早的专门规范政务公开的省级地方规章。

（9）2002 年党的十六大报告提出：“扩大党员和群众对干部选拔任用的知情权、参与权、选择权和监督权。”

（10）2002 年广州市政府颁布《广州市政府信息公开规定》，首开中国政府信息公开立法之先河，此后，多地相继尝试进行政府信息公开方

---

① 参见王万华主编：《知情权与政府信息公开制度研究》，中国政法大学出版社 2013 年版，第 93 页。

面立法。

（11）2004 年国务院《全面推行依法行政实施纲要》提出把行政决策、行政管理和政府信息公开作为推行依法行政的主要内容。《纲要》对政府信息公开方面的表述具体为："推进政府信息公开。除涉及国家秘密和依法受到保护的商业秘密、个人隐私的事项外，行政机关应当公开政府信息。对公开的政府信息，公众有权查阅。行政机关应当为公众查阅政府信息提供便利条件。"

（12）2005 年中共中央办公厅、国务院《关于进一步推行政务公开的意见》提出："要加强制度建设，严格按制度办事，保障政务公开规范运行。要积极探索和推进政务公开的立法工作，抓紧制定《政府信息公开条例》。条件成熟的地区和部门要研究制定地方性法规或规章，逐步把政务公开纳入法制化轨道。"由此，政府信息公开作为政务公开法制化手段得到了中央层面的确认。政府信息公开法律规范的创制活动在我国全面展开，"截至 2006 年 12 月，我国地方共颁布政务公开与政府信息公开专门性的地方法规 2 部、地方规章 26 部、其他规范性文件 455 件（国务院各部门共颁布部门规章 1 部、部门规范性文件 35 件）。"①

2.《政府信息公开条例》的出台及其之后的发展

在总结政务公开政策推行经验及地方立法经验的基础上，国务院着手组织起草《政府信息公开条例》。实务界和理论界相结合的起草组前后完成数十稿，最终形成的草案于 2007 年 1 月 17 日经国务院第 165 次常务会议原则通过后，又经修改之后于 2007 年 4 月 5 日由温家宝总理签署，以国务院第 492 号令于 2007 年 4 月 24 日由新华社公布，于 2008 年 5 月 1

① 王万华主编：《知情权与政府信息公开制度研究》，中国政法大学出版社 2013 年版，第 61 页。（同时，其认为，"《广州市政府信息公开规定》颁布之前，政务公开是主要内容，2003 年与 2004 年是我国各地政务公开向政府信息公开转变的过渡期，2005 年《关于进一步推行政务公开的意见》下发后，我国全面进入了政府信息公开法律规范的创制阶段。"）

日起施行，实施准备期长达一年多。①《政府信息公开条例》是“我国政府信息公开的一个制高点，它凝结了过去多年我国推行政务（政府）信息公开的努力和结果。”② 其第一次将信息公开规定为政府的法定义务，在行政法规层面为公民的知情权提供了相应保障，有人甚至称之为继《行政诉讼法》《行政许可法》之后的“第三次重大革命”。③

《政府信息公开条例》出台至今，国务院办公厅出台了若干规范性文件，包括解释性文件及相关工作通知等。较为重要的有：(1)《国务院办公厅关于做好施行〈中华人民共和国政府信息公开条例〉准备工作的通知》（国办发［2007］54 号）；(2)《国务院办公厅关于施行〈中华人民共和国政府信息公开条例〉若干问题的意见》（国办发［2008］36 号）；(3)《国务院办公厅政府信息公开指南（试行）》；(4)《国务院办公厅关于做好政府信息依申请公开工作的意见》（国办发［2010］5 号）；(5)《国务院办公厅关于进一步做好政府信息公开保密审查工作的通知》（国办发［2010］57 号）等。因应《政府信息公开条例》施行后的政府信息公开诉讼，最高人民法院于 2011 年颁布了《最高人民法院关于审理政府信息公开行政案件若干问题的规定》（法释［2011］17 号）。该司法解释共 13 条，规定了受案范围的确定、被告的确定、证据、审理方式、与档案法的适用竞合、判决方式等问题。

而在《政府信息公开条例》实施的 8 年多来，党的重大会议文件以及政府工作报告等文本中，对政府信息公开领域也仍然予以关注及强调：2007 年十七大报告中提及“完善各类公开办事制度，提高政府工作透明度和公信力”，“让权力在阳光下运行”，“保障人民的知情权、参与权、表达权、监督权”。2012 年十八大报告提出要进行信息化建设，“推进权力运行公开化、规范化，完善党务公开、政务公开、司法公开和各领域

① 莫于川、林鸿潮编：《政府信息公开条例实施指南》，中国法制出版社 2008 年版，第 11—12 页。

② 杨伟东：《政府信息公开主要问题研究》，法律出版社 2013 年版，第 36 页。

③ 《湖南退休职工首告“政府信息不公开”》，《法制日报》2008 年 5 月 6 日。

办事公开制度……让权力在阳光下运行。”2013 年十八届三中全会《中共中央关于全面深化改革若干重大问题的决定》提出：“推行地方各级政府及其工作部门权力清单制度，依法公开权力运行流程。完善党务、政务和各领域办事公开制度，推进决策公开、管理公开、服务公开、结果公开”，“探索推进国有企业财务预算等重大信息公开”等内容。2014 年十八届四中全会《中共中央关于全面推进依法治国若干重大问题的决定》提出：“全面推进政务公开，坚持以公开为常态、不公开为例外原则，推进决策公开、执行公开、管理公开、服务公开、结果公开。各级政府及其工作部门依据权力清单，向社会全面公开政府职能、法律依据、实施主体、职责权限、管理流程、监督方式等事项。重点推进财政预算、公共资源配置、重大建设项目批准和实施、社会公益事业建设等领域的政府信息公开。涉及公民、法人或其他组织权利和义务的规范性文件，按照政府信息公开要求和程序予以公布。推行行政执法公示制度。推进政务公开信息化，加强互联网政务信息数据服务平台和便民服务平台建设。”

将政府信息公开法制化是对公民知情权最有力的保障，这意味着“公众知情权的社会配置方式的改善”①。而对于我国政府信息公开立法历程所呈现出来的特征，王万华教授主编的《知情权与政府信息公开制度研究》一书进行了精到的总结：整体来看，我国政府信息公开立法历程呈现的特点有：（1）立法目的从多元到一元的回归②；（2）立法形式从分散性单行立法到专门性综合立法；（3）立法内容从政务公开到政府信息公开；（4）立法路径从地方到中央。③

---

① 段尧清：《政府信息公开：价值、公平与满意度》，中国社会科学出版社 2013 年版，第 95 页。

② 由单行法律规范中服务生产、生活或科研的需要、突发事件的应急管理需要、贯彻世界贸易组织透明度原则要求的需要、行政公开的需要、反腐倡廉和推进民主政治建设的需要等多元立法目的，逐步统一到保障公民知情权。

③ 王万华主编：《知情权与政府信息公开制度研究》，中国政法大学出版社 2013 年版，第 90—97 页。

笔者认为，从各国制定和逐步完善政府信息公开体系的经验看来，将政府信息公开制度化，是我国建设“阳光政府”、推进吏治改革的必由之路。要建立我国自身的政府信息公开制度，必须也要走循序渐进的道路，切忌在立法上超前冒进。因此，中央没有采取一步到位制定《信息公开法》，而是通过国务院出台了行政法规，具有合理性。《政府信息公开条例》的出台是一大进步，但其在文本与实践中仍然存在着知情权作为基本权利的法律地位缺失、公开的例外情形宽泛而抽象、监督机制的功能发挥不足、制度执行状况不佳等问题。未来，针对《政府信息公开条例》的修改或《信息公开法》的出台，则应当注意首先从如下方面健全政府信息公开制度：第一，对于政府信息公开制度涉及的一系列特殊的技术问题，譬如屏蔽审查的问题、政府信息获取权的问题、利益第三人的救济问题反对诉讼以及交互诉讼等问题，需要进一步从理论上进行深入研究并积累深厚的司法实践基础。第二，政府信息公开相关的其他法律法规可能进行修改调整，注意要与其他法律法规的协调，例如保密法、档案法体系、涉及信息传播与安全的法律法规等，以及要与已经修订了的《行政诉讼法》《立法法》相协调。第三，关注并推动我国政府行政体系与行政方式的调整。由于政府信息公开要由各级政府及其职能部门以及依法行使行政职权的组织作为公开义务人，并通过这种义务角色的确定来推动我国政府行政从传统的管理行政向服务行政转变，需要一定时间的积累和行政机关内部工作方式的协调。第四，建立健全严格的信息匹配系统，无论政府信息对外还是对内公开，首先必须对当前政府内部信息资源状态与权利归属紊乱的状态进行大规模的清理，通过逐步建立健全严格的信息匹配系统，解决政府内部信息秩序失范及信息成本外部化的问题。第五，对政府内部的信息交流和匹配进行全面的制度化梳理，避免中央和地方，或者地方与地方，以及各政府部门之间，对于信息的获取、使用继续出现现时已经不断产生的各种消极冲突或者积极冲突，形成政府信息公开形式下的新的信息孤岛。

第二节 政府信息公开内容

一、国外政府信息公开立法对公开内容的规定

国外政府信息公开的内容因国家的不同而体现出不同的特点，在此仅对有代表性的国家的立法作一简要比较。

（一）美国信息公开立法对公开内容的规定

随着美国1946年《行政程序法》和1966年后以《情报自由法》（FOIA）为代表的一系列关于政府信息公开的法律的颁布，美国以《情报自由法》及其三个修正案为中心而建立的政府信息公开体系是目前世界上最完整的、最有代表性和对其他国家相关立法影响最大的政府信息公开法律制度。

1.《情报自由法》关于公开内容的规定

美国的《情报自由法》（包括1974年、1986年、1996年的三次修订）在世界信息公开立法史上写下了里程碑的一笔，并成为世界各国信息公开立法纷纷仿效的对象。该法要求联邦行政机关和独立的管理机构在《联邦登记》上公布各种指标，并向公众提供不属该法特别规定的九项免除公开情形范围的文件和记录；而且行政机关对法律规定免除公开的文件，还可行使自由裁量权决定是否公开。

1966年通过的《情报自由法》作为规范政府信息公开的专门法规，对信息公开的内容作了规定：第一，信息公开的原则。《情报自由法》对《联邦行政程序法》进行了修改，取消了公共利益和正当理由条款，确立了政府文件以公开为原则、不公开为例外的公民知情权保障原则，一切人都具有同等得到政府文件的权利，政府拒绝提供文件要负举证责任、法院具有重新审理的权力。第二，信息公开的范围。包括必须公开的范围和免除公开的范围。它一改美国政府传统上视政府文件为行政机关财产，行政机关有权决定公开或不公开的陈旧观念，确立“政府文件具有

公共财产的性质”。在该法的第 1 条中就明确地规定了政府机构必须在《联邦政府公报》上公布的具体事项，包括：（1）行政机关所制定的一般性的政策和法规，具体包括机关的组织、机关的职能和工作方法、程序规则、实体规则、政策和影响公众权利的法律解释以及对上述文件的修改等。（2）行政裁定和理由；政策的说明和解释；对公众有影响的行政职员手册和指示；合议制行政机关表决的记录等。（3）依据公众申请，行政机关应当公开的其他文件。需要说明的是，美国规定的政府信息公开的内容是比较广泛的，并不仅局限于上面列举的内容，上面列举的只是必须在《联邦政府公报》这个特定公开方式上公开的内容。除法律明确规定不予公开之外的内容，都是依法应当公开的内容，其并未采取对公开内容逐一进行列举的立法方式，这是美国政府信息公开制度的一大特点。第三，情报公开的例外。在规定原则公开的同时，《情报自由法》也规定了九种不应公开的信息。免除公开的事项有国防和外交政策、机关内部人员的规则和习惯、其他法律规定保密、贸易秘密和商业或金融信息、机关内部和机关之间的备忘录和类似的档案、执行法律的记录和信息、关于金融机构的信息、关于油井的地质和地球物理的信息以及除外文件，包括妨碍执法程序的文件、泄漏刑事程序中的秘密信息来源的文件、联邦调查局关于间谍和反间谍及国际恐怖主义的文件。

1974 年的修正案扩大了负有公开政府信息义务的行政机构的范围，“机构，包括行政部门、军事部门、联邦政府的、受联邦政府控制的企业，或者联邦政府行政部门的其他机关（包括总统办公厅），或者任何独立的管理机构。”1986 年的修正则是在若干地方强调了不予公开的政府信息；1996 年的修订是为了适应由于计算机的广泛运用而带来的信息电子化浪潮，把电子信息（Electronic Information）置于与文件信息（Information Paper）同等地位纳入《情报自由法》之中以便供公众使用，使公众能更快捷、更方便地获取政府文件包括电子信息，故又被称为“电子的情报自由法”。较之以前的规定，1996 年的修正案呈现三个特点：第一，政府信息公开的内容有所扩大，行政部门的电子记录亦包括在应予以公开的政府信息中。第二，要求能动地进行政府信息公开。凡属必须提供给公众阅览和复制的记录，1996 年 11 月 1 日以后作成的文书，该日以后一年内，必须使之可以通过 Internet 等计算机网络形式获得。第三，规定了政府信息公开的形态。规定在易于变换到申请者指定的形态时，行政机关有义务按照申请者指定的形态予以公开。

2. 其他相关法律对公开内容的规定

在《情报自由法》出台之后，美国又陆续制定和颁布了与信息公开制度相配套的一系列法律，继续扩大和明确信息公开的范围和对象。1972 年制定的《联邦咨询委员会法》规定，咨询委员会的文件公开的原则适用情报自由法的标准。即“公众有权查阅咨询委员会的记录、报告、草案、研究或其他文件，并在缴纳复印费以后，可以得到文件的复制品。”① 1974 年为平衡公民个人得到最大隐私权的利益和行政机关为合法执行职务而使用有关个人记录以保护公共利益而制定的《隐私权法》在规定了对个人信息禁止公开的原则后，又规定了 12 项不需要取得被记录者同意的例外。由于该法规定了个人信息应当对本人公开和对第三人有限制公开的原则，因此该法一直被视为信息公开法的范畴。1976 年的《阳光下的政府法》，规定合议制行政机关的会议必须公开举行，允许公众观察，包括出席、旁听和观看，“像法院的公开审理一样，公众可以观察会议的进程，取得会议的信息和文件”②，但不包括有参加会议进行发言的权利。1988 年的《电脑匹配和隐私权保护法》规定行政机关对个人信息进行电脑匹配所必须遵守的程序，以保护个人的隐私权，同时也兼顾行政机关对个人信息进行电脑匹配的需要。该法后被并入《隐私权法》。

（二）澳大利亚信息公开立法对公开内容的规定

受美国《情报自由法》和加拿大相关立法影响，澳大利亚工党政府于 20 世纪 70 年代初期设立了情报自由化立法研讨会。1974 年自由党政府在创设议会行政监察专员制度的同时，亦再度委任部际委员会就此提出报告并作成法律草案。经数次修改后，该法案于 1981 年 6 月由参议院

① 王名扬：《美国行政法》，中国法制出版社 1995 年版，第 1057 页。

② 王名扬：《美国行政法》，中国法制出版社 1995 年版，第 1026 页。

通过，1982年由众议院通过。

1. 关于特定文件及信息的公开范围

澳大利亚《信息自由法》第8条规定“应经主管本法适用的部长认可的方式”，公开的文件有七种：一是对于该法定机关的组织及权限的详细说明资料；二是对于组织机关及职位的详细资料，以及对于联邦行政权之外而有代表该机关之权者，不论其是否透过资讯程序参与该机关政策的形成或参与该机关实际的行政行为；三是机关所掌管文件的分类资料应予公布，凡是任何就文件予以分门别类的资料均应公布；四是政府机关为使公众得以接近各项文件而设立的各种设施，其详细资料应予公布；五是就查阅文件有关的各种程序应详细说明，其资料应予公布，其中包括主管公众申请阅读文件的公务员及其处所的详细资料；六是各机关每年度应向该机关部长作有关该部门的活动、运作情况、业务或其他相关事务的报告；七是若无前项报告，则应公布该主管部长所掌管的有关该政府机关的活动、业务或其他相关事务的文件资料。

2. 关于信息公开的除外规定

澳大利亚1982年《信息获取法》中规定的信息公开的除外文件比较多，其中由公开义务机关自由裁量的比重也比较大。该法规定的不予公开的信息或可以裁量不予公开的信息有18类：一是国家安全、国防或国际关系文件；二是影响其他政府单位关系的文件；三是内阁文件；四是行政议会的文件；五是内部作业文件；六是影响执行法律及保护公共安全的文件；七是法规中保密条款所适用的文件；八是影响本国财产或财产利益的文件；九是关于政府机关特定作业的文件；十是影响个人隐私的文件；十一是法律职业特权限制的文件；十二是商业事务等有关的文件；十三是与研究有关的文件；十四是影响国家经济的文件；十五是已含机密取得资料的文件；十六是信息的披露会造成蔑视国会或法院的文件；十七是公司或证法律有关的特定文件；十八是选举名册及相关文件。其中每一类公开除外信息规定均予以了细化以方便操作。

（三）日本《信息公开立法》对公开内容的规定

日本《信息公开立法》于1999年5月7日公布，2001年4月1日开始实施。日本的信息公开法建立在“三个无限性”的基础之上，即行使公开请求权的主体的无限性（请求权主体包括任何人）、请求公开的文件的无限性和公开形式的无限性。因此，信息公开制度在公开对象文件方面是采用了全面公开、例外不公开的原则。该法第五条比较全面地规定了信息公开的范围，一方面原则规定行政文件均应公开，另一方面也从保护私益的角度确定了公开范围的六个方面的例外。

一是与个人相关的信息（不包括经营业务的个人所从事业务的信息）中，包含姓名、生日以及其他可以识别特定的个人的信息（包含与其他信息相互对照时可以识别特定个人的信息）或虽不能识别特定的个人但因公开可能损害个人权利利益的信息。但以下的信息除外：（1）依法令规定或习惯被公开，或者将被公开的信息。（2）为保护人的生命、健康、生活或财产，有必要公开的信息。（3）该个人为公务员的，该信息为其履行职务相关的信息时，该信息中与该公务员的职位以及职务履行的内容相关的部分。

二是与法人、其他团体相关的信息中，或从事业务经营的个人的与该业务相关的信息中，符合以下规定的各种信息，但不包含为保护人的生命、健康、生活或财产有必要公开的信息：（1）因公开可能损害该法人等或该个人的权利、竞争上的地位和其他正当的利益的信息。（2）接受行政机关的要求，以不公开为条件自愿提供的信息中，法人等或个人中依惯例不公开的信息以及其他依照该信息的性质、当时的状况附加该条件为合理的信息。

三是行政机关的首长有相当的理由认为公开可能危害国家安全，损害与其他国家、国际组织的信赖关系或使与其他国家或国际组织的交往受到不利益的信息。

四是行政机关的首长有相当的理由认为公开可能妨碍犯罪预防、镇压或侦查、支持公诉、刑罚执行及其他公共安全和秩序维持的信息。

五是国家机关和地方公共团体内部或相互之间有关审议、讨论或协议的信息中，因公开可能对坦率的意见交换、意思决定的中立性造成不当损害、可能产生国民间的混乱、可能不当地给予特定的人利益或不利益的信息。

六是国家机关或地方公共团体从事的事务和事业的信息中，因公开可能造成严重后果，以及其他由于该事务或事业性质上的原因，可能妨碍该事务或事业合理运行的信息。①

二、国内对政府信息公开内容的立法规定

（一）《政府信息公开条例》的立法规定

《政府信息公开条例》共计38个条文，分为五章：总则、公开的范围、公开的方式和程序、监督和保障、附则。其确立的基本制度包括："政府信息的主动公开和依申请公开制度""政府信息公开和豁免公开范围制度""政府信息公开的主体制度""政府信息公开发布制度""政府信息公开的程序制度""政府信息公开可分割提供制度""政府信息公开监督和保障制度"等。② 本章第三节、第四节、第五节对《政府信息公开条例》所规定的政府信息公开的方式、程序、监督和权利救济制度予以了详细介绍。此处则简要介绍《政府信息条例》所规定的其他相关内容。

1. 立法目的及主管部门

其一，立法目的。《政府信息公开条例》第一条规定了立法目的，包括"保障公民、法人和其他组织依法获取政府信息""提高政府工作的透明度，促进依法行政""充分发挥政府信息对人民群众生产、生活和经济社会活动的服务作用"。

其二，政府信息公开的原则。《政府信息公开条例》第五条规定：

① 参见朱芒译：《日本信息公开法》，"行政法论坛"（2002年5月3日），adminlaw.126.com。

② 莫于川等编：《政府信息公开条例实施指南》，中国法制出版社2008年版，第15—19页。

“行政机关公开政府信息，应当遵循公正、公平、便民的原则。”第六条规定：行政机关应当及时、准确地公开政府信息。

其三，政府信息公开的主管部门与工作机构。《政府信息公开条例》第三条规定国务院办公厅是全国政府信息公开工作的主管部门，各级地方人民政府办公厅（室）则是各级政府的信息公开主管部门（亦可能是县级以上地方人民政府确定的其他政府信息公开工作主管部门）。第四条规定了政府信息公开的工作机构的确立与职责：“各级人民政府及县级以上人民政府部门应当建立健全本行政机关的政府信息公开工作制度，并指定机构（以下简称‘政府信息公开工作机构’）负责本行政机关政府信息公开的日常工作。政府信息公开工作机构的具体职责是：（一）具体承办本行政机关的政府信息公开事宜；（二）维护和更新本行政机关公开的政府信息；（三）组织编制本行政机关的政府信息公开指南、政府信息公开目录和政府信息公开工作年度报告；（四）对拟公开的政府信息进行保密审查；（五）本行政机关规定的与政府信息公开有关的其他职责。”《国务院办公厅关于施行〈中华人民共和国政府信息公开条例〉若干问题的意见》（国办发［2008］36号）规定：“（二）实行垂直领导的部门（单位）要在其上级业务主管部门（单位）的领导下，在所在地地方人民政府统一指导、协调下开展政府信息公开工作。实行双重领导的部门（单位）要在所在地地方人民政府的领导下开展政府信息公开工作，同时接受上级业务主管部门（单位）的指导。”

其四，政府信息发布协调机制。《政府信息公开条例》第七条规定：“行政机关应当建立健全政府信息发布协调机制。行政机关发布政府信息涉及其他行政机关的，应当与有关行政机关进行沟通、确认，保证行政机关发布的政府信息准确一致。行政机关发布政府信息依照国家有关规定需要批准的，未经批准不得发布。”

2. 政府信息公开的主体

其一，有关政府信息公开的实施（义务）主体。前节已述，《政府信息公开条例》规定政府信息公开的主体是行政机关与法律、法规授权行使行政职权的组织。此外，教育、医疗卫生、计划生育、供水、供电、供气、供热、环保、公共交通等与人民群众利益密切相关的公共企事业单位在提供社会公共服务过程中制作、获取的信息的公开，参照《政府信息公开条例》执行。此外，《国务院办公厅关于施行〈中华人民共和国政府信息公开条例〉若干问题的意见》（国办发［2008］36号）对政府信息主动公开的规定中提及："因政府机构改革不再保留的部门（单位）的政府信息公开工作，由继续履行其职能的部门（单位）负责。"

《政府信息公开条例》第十七条还进一步对具体的公开主体作了规定："行政机关制作的政府信息，由制作该政府信息的行政机关负责公开；行政机关从公民、法人或者其他组织获取的政府信息，由保存该政府信息的行政机关负责公开。法律、法规对政府信息公开的权限另有规定的，从其规定。"其中，"谁制作、谁公开"这一规则的设计初衷，可能是考虑到公开的信息的原始性与准确性。但这一规定却不尽合理，其会造成并非制作却持有信息的行政机关，出于行政责任等因素考量不愿公开，从而可能导致不便民情况的出现；此外，"制作机关制作的原件有可能已经送达给相对人、其他机关，没有留存，或留存的底稿等信息与原件有一定出入。"①

其二，政府信息公开的权利主体。政府信息公开作为知情权保障在法律层面的具体体现，应当说，其权利主体不应当有所限制，一切机关、团体、组织和公民个人，即"任何人"都有权请求政府信息公开。但对"任何人"所代表的外延，则有一定的争论。争论焦点在于外国的组织与个人是否可以成为信息公开的权利主体。大多数国家的立法仍是认可外国组织与个人同样享有申请政府信息公开的权利。对于该问题，目前我国依申请公开的申请人只限于本国公民、法人和其他组织，"外国人和外国组织，可以通过中国政府主动公开信息的渠道，来获取政府信息。至于外国人和外国组织向我国政府申请获取其他政府信息的，就应该根据

① 余凌云：《行政法讲义》，清华大学出版社2014年版，第347页。

国际法规定的原则，按照对等的原则来进行处理。”①

3. 主动公开的范围

主动公开又称依职权公开方式，是指行政机关在没有任何人的请求下，主动将其所拥有的行政信息根据法定的方式向社会公开。《政府信息公开条例》第九条明确规定了4类政府必须主动公开的信息。全国范围内不同级别、不同性质的行政机关均应主动公开4类信息：(1)涉及公民、法人或者其他组织切身利益的；(2)需要社会公众广泛知晓或者参与的；(3)反映本行政机关机构设置、职能、办事程序等情况的；(4)其他依照法律、法规和国家有关规定应当主动公开的。

在第九条一般性规定的基础之上，《政府信息公开条例》第十条至十二条进一步确立了重点公开机制，对各级政府确定了不同的重点公开信息范围，以确保各级政府在开展信息公开工作的过程中能够突出重点，提高行政效率。

县级以上各级人民政府及其部门应当重点公开的政府信息包括：(1) 行政法规、规章和规范性文件；(2) 国民经济和社会发展规划、专项规划、区域规划及相关政策；(3) 国民经济和社会发展统计信息；(4) 财政预算、决算报告；(5) 行政事业性收费的项目、依据、标准；(6) 政府集中采购项目的目录、标准及实施情况；(7) 行政许可的事项、依据、条件、数量、程序、期限以及申请行政许可需要提交的全部材料目录及办理情况；(8) 重大建设项目的批准和实施情况；(9) 扶贫、教育、医疗、社会保障、促进就业等方面的政策、措施及其实施情况；(10) 突发公共事件的应急预案、预警信息及应对情况；(11) 环境保护、公共卫生、安全生产、食品药品、产品质量的监督检查情况。其中，设区的市级人民政府、县级人民政府及其部门除了应重点公开上述11项政府信息外，还须对4项内容信息进行重点公开：(1) 城乡建设和管理的重大事项；(2) 社会公益事业建设情况；(3) 征收或者征用土地、房屋

① 国务院法制办公室副主任张穹就《中华人民共和国政府信息公开条例》答记者问，载曹康泰编：《中华人民共和国政府信息公开条例读本》，人民出版社2007年版，第21页。

拆迁及其补偿、补助费用的发放、使用情况；（4）抢险救灾、优抚、救济、社会捐助等款物的管理、使用和分配情况。乡（镇）人民政府应当重点公开的政府信息：（1）贯彻落实国家关于农村工作政策的情况；（2）财政收支、各类专项资金的管理和使用情况；（3）乡（镇）土地利用总体规划、宅基地使用的审核情况；（4）征收或者征用土地、房屋拆迁及其补偿、补助费用的发放、使用情况；（5）乡（镇）的债权债务、筹资筹劳情况；（6）抢险救灾、优抚、救济、社会捐助等款物的发放情况；（7）乡镇集体企业及其他乡镇经济实体承包、租赁、拍卖等情况；（8）执行计划生育政策的情况。

此外，《政府信息公开条例》第六条规定："行政机关应当及时、准确地公开政府信息。行政机关发现影响或者可能影响社会稳定、扰乱社会管理秩序的虚假或者不完整信息的，应当在其职责范围内发布准确的政府信息予以澄清。"《国务院办公厅关于施行〈中华人民共和国政府信息公开条例〉若干问题的意见》（国办发［2008］36号）规定："（十）因政府机构改革不再保留的部门（单位）的政府信息公开工作，由继续履行其职能的部门（单位）负责。"

4. 依申请公开的范围

依申请公开是指因行政相对人提出申请，行政机关公开其指定的政府信息给行政相对人复印、摘抄、查阅等。确立依申请公开制度的意义在于，在庞杂的政府信息中，有相当一部分仅仅对特定公民、法人或者其他组织从事生产、安排生活、开展科研等活动具有特殊的作用，而对其他人作用甚小，依申请公开制度能够实现便民与减少行政成本、保证行政效率的相对平衡。依据《政府信息公开条例》第十三条，除明确规定的行政机关应当主动公开的政府信息外，公民、法人或者其他组织还可以根据自身生产、生活、科研等特殊需要，向国务院部门、地方各级人民政府及县级以上地方人民政府部门申请获取相关政府信息。①《国务院办公厅关于施行〈中华人民共和国政府信息公开条例〉若干问题的意

---

① 需要注意的是，根据《政府信息公开条例》第十三条，国务院、乡（镇）人民政府没有依申请公开行政信息的法定义务。

见》（国办发［2008］36号）第（十四）条进一步规定："行政机关对申请人申请公开与本人生产、生活、科研等特殊需要无关的政府信息，可以不予提供；对申请人申请的政府信息，如公开可能危及国家安全、公共安全、经济安全和社会稳定，按规定不予提供，可告知申请人不属于政府信息公开的范围。"

需要注意的是，即便是主动公开的信息，当事人不知晓，或者行政机关没有主动公开的，当事人也可以申请依申请公开。①

此外，国务院办公厅在《政府信息公开条例》公开后先后出台的文件对该问题的规定有：

（1）《国务院办公厅关于施行〈中华人民共和国政府信息公开条例〉若干问题的意见》（国办发［2008］36号）规定："（十二）行政机关要按照条例规定的时限及时答复申请公开政府信息的当事人。同时，对于可以公开的政府信息，能够在答复时提供具体内容的，要同时提供；不能同时提供的，要确定并告知申请人提供的期限。在条例正式施行后，如一段时间内出现大量申请公开政府信息的情况，行政机关难以按照条例规定期限答复的，要及时向申请人说明并尽快答复。""（十三）对于同一申请人向同一行政机关就同一内容反复提出公开申请的，行政机关可以不重复答复。""（十四）行政机关对申请人申请公开与本人生产、生活、科研等特殊需要无关的政府信息，可以不予提供；② 对申请人申请的政府信息，如公开可能危及国家安全、公共安全、经济安全和社会稳定，按规定不予提供，可告知申请人不属于政府信息公开的范围。"

（2）《国务院办公厅关于做好政府信息依申请公开工作的意见》（国办发［2010］5号）规定："行政机关向申请人提供的政府信息，应当是正式、准确、完整的，申请人可以在生产、生活和科研中正式使用，也

① 余凌云：《行政法讲义》，清华大学出版社2014年版，第350页。

② 对《国务院办公厅关于施行〈中华人民共和国政府信息公开条例〉若干问题的意见》（国办发［2008］36号）"（十四）行政机关对申请人申请公开与本人生产、生活、科研等特殊需要无关的政府信息，可以不予提供……"的分析具体见本节第三部分。

可以在诉讼或行政程序中作为书证使用。因此，行政机关在日常工作中制作或者获取的内部管理信息以及处于讨论、研究或者审查中的过程性信息，一般不属于《政府信息公开条例》所指应公开的政府信息。”“行政机关向申请人提供的政府信息，应当是现有的，一般不需要行政机关汇总、加工或重新制作（作区分处理的除外）。依据《政府信息公开条例》精神，行政机关一般不承担为申请人汇总、加工或重新制作政府信息，以及向其他行政机关和公民、法人或者其他组织搜集信息的义务。”对此，《最高人民法院关于审理政府信息公开行政案件若干问题的规定》（法释［2011］17号）第二条第三项规定，公民、法人或者其他组织因要求行政机关为其制作、搜集政府信息，或者对若干政府信息进行汇总、分析、加工，行政机关予以拒绝而不服提起行政诉讼的，人民法院不予受理。从诉讼领域肯定了国务院办公厅意见规定的合理性。

（3）《国务院办公厅关于印发2014年政府信息公开工作要点的通知》（国办发［2014］12号）规定：“对于经审核认定可以让社会广泛知晓的政府信息，在答复申请人的同时，应通过主动公开渠道予以公开，减少对同一政府信息的重复申请。”

5. 不予公开的范围与政府信息发布保密审查机制

《政府信息公开条例》第八条规定，行政机关公开政府信息，不得危及国家安全、公共安全、经济安全和社会稳定。第十四条设置了保密审查机制，并列举了三类不得公开的信息类型。

第十四条所列举的不予公开的范围包括：国家秘密、商业秘密与个人隐私。而对于《政府信息公开条例》第八条的规定是否属于不予公开的范围，则有争议。司法审判领域的态度是并不属于，所依据的是《最高人民法院关于审理政府信息公开行政案件若干问题的规定》（法释［2011］17号）第八条规定：“政府信息涉及国家秘密、商业秘密、个人隐私的，人民法院应当认定属于不予公开范围。政府信息涉及商业秘密、个人隐私，但权利人同意公开，或者不公开可能对公共利益造成重大影响的，不受前款规定的限制。”

根据《政府信息公开条例》第十四条，行政机关应当建立健全政府信息发布保密审查机制，在公开政府信息前，应当依照《中华人民共和国保守国家秘密法》以及其他法律、法规和国家有关规定对拟公开的政府信息进行审查。当行政机关对政府信息不能确定是否可以公开时，应当依照法律、法规和国家有关规定报有关主管部门或者同级保密工作部门确定。而不予公开的信息范围为：（1）涉及国家秘密的信息；（2）涉及商业秘密的信息；（3）涉及个人隐私的信息。其中，对于涉及商业秘密和个人隐私的政府信息，如果经权利人同意公开或者行政机关认为不公开可能对公共利益造成重大影响，即可予以公开。可见，《政府信息公开条例》所规定的保密审查机制有如下特点：（1）对免除公开事项的规定没有采取列举式规定，而采取了概括式规定；（2）没有对免除公开事项作全面规定；（3）除《保守国家秘密法》所确定的不予公开事项外，亦容许或许可其他法律甚至法规对不予公开事项作出规定。①

此外，有必要了解国务院办公厅的一系列文件里的表述。

（1）《国务院办公厅关于施行〈中华人民共和国政府信息公开条例〉若干问题的意见》（国办发［2008］36号）规定："（五）行政机关在制作政府信息时，要明确该政府信息是否应当公开；对于不能确定是否可以公开的，要报有关业务主管部门（单位）或者同级保密工作部门确定。（六）行政机关要严格依照《中华人民共和国保守国家秘密法》及其实施办法等相关规定，对拟公开的政府信息进行保密审查。凡属国家秘密或者公开后可能危及国家安全、公共安全、经济安全和社会稳定的政府信息，不得公开。（七）对主要内容需要公众广泛知晓或参与，但其中部分内容涉及国家秘密的政府信息，应经法定程序解密并删除涉密内容后，予以公开。（八）已经移交档案馆及档案工作机构的政府信息的管理，依照有关档案管理的法律、行政法规和国家有关规定执行。"

（2）《国务院办公厅关于做好政府信息依申请公开工作的意见》（国办发［2010］5号）提出要"加强、完善保密审查和协调会商"，"要进

① 杨伟东：《政府信息公开主要问题研究》，法律出版社2013年版，第133页。

一步完善政府信息公开保密审查机制，规范审查程序，落实审查责任。遇到情况复杂或者可能涉及国家安全、公共安全、经济安全和社会稳定的申请，应加强相关部门间的协调会商，依据有关法律法规，对申请是否有效、信息是否应该公开、公开后可能带来的影响等进行综合分析，研究提出处理意见。”

“行政机关向申请人提供的政府信息，应当是正式、准确、完整的，申请人可以在生产、生活和科研中正式使用，也可以在诉讼或行政程序中作为书证使用。因此，行政机关在日常工作中制作或者获取的内部管理信息以及处于讨论、研究或者审查中的过程性信息，一般不属于《政府信息公开条例》所指应公开的政府信息。”

（3）《国务院办公厅关于进一步做好政府信息公开保密审查工作的通知》（国办发［2010］57号）：“……（二）要坚持‘先审查、后公开’和‘一事一审’原则。各机关、单位对拟公开政府信息进行保密审查，应由承办单位提出具体意见，经机关、单位指定的保密审查机构审查后，报机关、单位有关负责同志审批。未经审查和批准，不得对外公开发布政府信息。（三）在保密审查过程中，对是否属于国家秘密不明确的事项，应报有确定权限的保密行政管理部门确定；涉及业务工作的，要听取业务主管部门的意见。遇有可能涉及国家安全、公共安全、经济安全和社会稳定的重大拟公开事项，要与有关部门协调会商。（四）对密码电报、标有密级的文件等属于国家秘密且尚未解密的政府信息，一律不得公开。密码电报确需公开的，经发电单位批准和保密审查后只公开电报内容，不得公开报头等电报格式。”“对违反保密法和政府信息公开条例规定，未建立政府信息公开保密审查机制的，要暂停信息发布，责令改正；情节严重的，要对有关责任人员依法给予处分。对在政府网站上发布涉密文件资料的，要及时采取补救措施，并依法严肃追究有关人员的责任。”

（二）《政府信息公开条例》对《广州市政府信息公开规定》的吸收与发展

《广州市政府信息公开规定》首开政府信息公开地方立法的先河，也在某种程度上为我国政府信息公开基本法律规范的创设提供了一个参考蓝本。《政府信息公开条例》基本延续了《广州市政府信息公开规定》的立法风格和立法框架，以下对二者做简要对比。

《广州市政府信息公开规定》（2002 年）		《中华人民共和国政府信息公开条例》（2007 年）	
第一章（总则）第 1—8 条	**规定立法目的，政府信息定义，公开义务人与公开权利人，实施机构，监督机构，政府信息公开原则，适用区域等。**	**第一章（总则）第 1—8 条**	**规定立法目的，政府信息定义，组织领导部门，实施机构（监督检查机构规定于第四章），政府信息公开原则，政府信息发布协调机制等。**
	1.立法目的：为保障个人和组织的知情权，规范政府信息公开，增加行政活动的透明度，监督政府机关依法行使职权。		1.立法目的：为了保障公民、法人和其他组织依法获取政府信息，提高政府工作的透明度，促进依法行政，充分发挥政府信息对人民群众生产、生活和经济社会活动的服务作用。
	2.政府信息定义：指各级人民政府及其职能部门以及依法行使行政职权的组织在其管理或提供公共服务过程中制作、获得或拥有的信息。		2.政府信息定义：指行政机关在履行职责过程中制作或者获取的，以一定形式记录、保存的信息。
	3.公开义务人与公开权利人 公开义务人非依法律、法规或本规定不得收费。 公开权利人行使权利不得侵犯他人隐私、商业秘密、国家秘密或其他社会公共利益。		3.未明确提出义务人与权利人的概念 行政机关公开政府信息，不得危及国家安全、公共安全、经济安全和社会稳定。
	4.政府信息公开原则： 政府信息以公开为原则，不公开为例外。 政府信息公开应当遵循合法、及时、真实和公正的原则。		4.政府信息公开原则： 行政机关应当及时、准确地公开政府信息。
			5.规定政府信息发布协调机制。

（续表）

《广州市政府信息公开规定》（2002年）		《中华人民共和国政府信息公开条例》（2007年）	
第二章（公开内容）第9—14条	**规定主动公开，依申请公开，不予公开范围等。**	第二章（公开的范围）第9—14条	**规定主动公开，依申请公开，不予公开范围，政府信息发布保密审查机制等。**
	1.主动公开：区分规定向社会主动公开及行政机关内部公开。		1.主动公开：仅规定向社会主动公开。同时规定了各级政府主动公开中重点公开的范围。
	2.依申请公开：（主动公开的信息以外）除非该信息属于法律、法规或本规定禁止公开的内容，公开义务人应当按照申请向公开权利人公开。		2.依申请公开：（主动公开的信息以外）公民、法人或者其他组织还可以根据自身生产、生活、科研等特殊需要，向国务院部门、地方各级人民政府及县级以上地方人民政府部门申请获取相关政府信息。
	3.不予公开：个人隐私，商业秘密，国家秘密，除预公开制度（涉及个人或组织的重大利益，或者有重大社会影响的事项在正式决定前预公开）以外的在审议、讨论过程中的政府信息，法律、法规禁止公开的其他政府信息。		3.不予公开：个人隐私，商业秘密，国家秘密（存在利益衡量的情形）。 规定了政府信息发布保密审查机制。
	4.其他：公开权利人有权要求公开义务人向其公开所掌握的有关自己的政府信息，公开权利人发现该信息的内容有错误或不准确的，有权要求公开义务人予以更正。		4.信息更正问题在第三章“公开的方式和程序”中规定。

（续表）

《广州市政府信息公开规定》（2002 年）		《中华人民共和国政府信息公开条例》（2007 年）	
第三章（公开方式）第 15—19 条 **第四章（公开程序）第 20—26 条**	**第三章规定主动公开的方式，依申请公开方式，预公开制度等。第四章规定主动公开的程序，依申请公开的程序，区分处理、不予确认、暂缓公开等公开方式，信息更正，收费，公开期间的中止等。**	**第三章（公开方式和程序）第 15—28 条**	**规定主动公开的方式，依申请公开方式，主动公开的程序，依申请公开的程序，区分处理的公开方式，信息更正，收费问题等。**
	1.主动公开的期限：15 个工作日公开义务人未履行规定的主动公开义务的，相对人可以随时要求公开义务人履行，公开义务人应当即时向相对人公开。		1.主动公开的期限：20 个工作日主动公开中，行政机关应当编制、公布政府信息公开指南和政府信息公开目录。
	2.特殊的处理方式：区分处理，不予确认，暂缓公开。		2.特殊的处理方式：区分处理。
	3.依申请公开中不计入答复期限的情形：公开义务人因不可抗力或其他法定事由不能在规定的期限内作出是否公开的决定或将被申请材料向申请人公开的，期间中止，公开义务人应及时用书面形式通知申请人中止理由。中止原因消除之日起，期间继续计算。		3.依申请公开中不计入答复期限的情形：申请公开的政府信息涉及第三方权益的，行政机关征求第三方意见所需时间不计算在期限内。
	4.其他：预公开制度，涉及个人或组织的重大利益，或者有重大社会影响的事项在正式决定前，实行预公开制度，决定部门应当将拟决定的方案和理由向社会公布，在充分听取意见后进行调整，再作出决定。		4.其他：公民、法人或者其他组织向行政机关申请提供与其自身相关的税费缴纳、社会保障、医疗卫生等政府信息的，应当出示有效身份证件或者证明文件。 申请公开政府信息的公民存在阅读困难或者视听障碍的，行政机关应当为其提供必要的帮助。

（续表）

<table>
<tr><th colspan="2">《广州市政府信息公开规定》
（2002 年）</th><th colspan="2">《中华人民共和国政府信息公开条例》
（2007 年）</th></tr>
<tr><td rowspan="4">第五章（监督与救济）第 27—29 条

第六章（法律责任）第 30—32 条</td><td>规定监督机制、法律救济机制、法律责任问题。</td><td rowspan="4">第四章（监督和保障）第 29—35 条</td><td>规定监督机制、法律救济机制、法律责任问题。</td></tr>
<tr><td>1.监督机制：定期或不定期检查，内部评议活动，民主议政日活动等渠道接受社会监督，政府信息公开投诉电话和信箱，评议考核制度。</td><td>1.监督机制：政府信息公开工作考核制度，社会评议制度和责任追究制度，政府信息公开工作年度报告，举报制度。</td></tr>
<tr><td>2.法律救济机制：行政复议，行政诉讼，行政赔偿。</td><td rowspan="2">2.法律救济机制：行政复议，行政诉讼。</td></tr>
<tr><td>3.法律责任：较条例多规定了公开义务人对公开权利人予以赔偿的法律责任。</td></tr>
<tr><td>第七章（附则）第 33—34 条</td><td>1.外国人、无国籍人、外国组织在广州市行政区域内申请政府信息公开，同中华人民共和国公民、组织有同等的权利和义务。外国或地区对中华人民共和国公民、组织的政府信息公开权利加以限制的，对该国或地区公民、组织的政府信息公开权利实行对等原则。</td><td>第五章（附则）第 36—38 条</td><td>1.法律、法规授权的具有管理公共事务职能的组织公开政府信息的活动，适用本条例。
2.教育、医疗卫生、计划生育、供水、供电、供气、供热、环保、公共交通等与人民群众利益密切相关的公共企事业单位在提供社会公共服务过程中制作、获取的信息的公开，参照条例执行，具体办法由国务院有关主管部门或者机构制定。</td></tr>
</table>

（三）其他法律规范的立法规定

除了政府信息公开专门法律规范，一些部门法中也存在着个别零散的关于政府信息公开的规定。以下为不完全列举。

（1）《中华人民共和国档案法》第四章“档案的利用和公布”规定了档案的公开，其中较多涉及以档案形式存在的政府信息的公开。第四章第十九条规定："国家档案馆保管的档案，一般应当自形成之日起满三十年向社会开放。……中华人民共和国公民持有合法证明，可以利用已经开放的档案。"

（2）《保守国家秘密法》第十一条第三款规定："国家秘密及其密级的具体范围的规定，应当在有关范围内公布，并根据情况变化及时调整。"

（3）《行政处罚法》第四条规定："行政处罚遵循公正、公开原则。……对违法行为给予行政处罚的规定必须公布；未经公布的，不得作为行政处罚的依据。"

（4）《行政许可法》第五条第一款规定："设定和实施行政许可，应当遵循公开、公平、公正的原则。"第三十条、第四十条则规定了行政许可事项、申请程序等的公开，准予行政许可决定的公开。

（5）《行政复议法》第四条规定："行政复议机关履行行政复议职责，应当遵循合法、公正、公开、及时、便民的原则……"，第二十三条第二款规定："申请人、第三人可以查阅被申请人提出的书面答复、作出具体行政行为的证据、依据和其他有关材料，除涉及国家秘密、商业秘密或者个人隐私外，行政复议机关不得拒绝。"

（6）《预算法》（2014 年修订）第十四条规定预算、预算调整、决算、预算执行情况的报告及报表，应当在批准或批复后二十日内向社会公开，还应当将政府采购情况及时向社会公开。

（7）《政府采购法》（2014 年修订）第三条、第七条和第十一条分别规定了政府采购的公开透明原则，政府采购项目、政府采购限额标准的公布，政府采购信息的公开发布。

（8）《价格法》第十九条规定了定价目录的公布制度。

（9）《统计法》第三章"统计资料的管理和公布"规定了统计资料的公布问题。

（10）《环境保护法》（2014 年修订）第五章"信息公开和公众参与"规定了各级人民政府环境保护主管部门和其他负有环境保护监督管理职责的部门的信息公开义务。

（11）《气象法》（2014 年修订）第四章“天气预报与灾害性天气警报”规定了气象信息的公布，第六章“气候资源开发利用和保护”规定了国务院气象主管机构定期发布全国气候状况公报。此外，诸如《防汛条例》《气象条例》等行政法规也规定了相关规范领域的政府信息公开。

三、对我国政府信息公开内容的评价

（一）争议问题

1. 关于“三需要”

《政府信息公开条例》“自身生产、生活、科研等特殊需要”（三需要）的表述，自出台起就争论不断。最主要的争议在于“三需要”是否是申请人（政府信息公开诉讼原告）的资格条件。一种观点认为是，主要依据的是《国务院办公厅关于施行〈中华人民共和国政府信息公开条例〉若干问题的意见》（国办发［2008］36 号）第（十四）条规定“行政机关对申请人申请公开与本人生产、生活、科研等特殊需要无关的政府信息，可以不予提供……”。另一种观点则认为“三需要”只是政府信息公开范围上的限定，而非申请人资格条件的限定。这是因为《政府信息公开条例》第二十条第二款对政府信息公开申请应当包含的内容并未对“三需要”有所要求，而且，“就一般意义而言，当申请人自身的‘生产、生活、科研等特殊需要’可解释到最大化时，条例中信息公开的申请人，可以是任何人。因为每个人都有选择职业、生活方式和从事科学研究的自由，在法律上无法将生产、生活、科研从特定的社会成员所享有的自由中予以排除。”①

对该问题，司法审查领域已经有所抉择。最高人民法院 2010 年向山东省高级人民法院作出的《关于请求公开与本人生产、生活、科研等特殊需要无关政府信息的请求人是否具有原告诉讼主体资格的答复》（最高法［2010］行他字第 193 号）中提及：“公民、法人或者其他组织认为行政机关针对政府信息公开申请作出的答复或者逾期不予答复侵犯其合法权益，提起行政诉讼的，人民法院应予受理。申请人申请公开的政府信

① 朱芒：《公共企事业单位应如何信息公开》，《中国法学》2013 年第 2 期。

息是否与本人生产、生活、科研等特殊需要有关，属于实体审查的内容，不宜作为原告的主体资格条件。”此后，2011年出台的《最高人民法院关于审理政府信息公开行政案件若干问题的规定》（法释［2011］17号）第五条第六款则规定：“被告以政府信息与申请人自身生产、生活、科研等特殊需要无关为由不予提供的，人民法院可以要求原告对特殊需要事由作出说明。”第十二条第六项则规定，原告不能合理说明申请获取政府信息系根据自身生产、生活、科研等特殊需要，且被告据此不予提供的，人民法院应当判决驳回原告的诉讼请求。最高人民法院李广宇法官对司法解释如此规定作了详细的说明：“（国务院办公厅意见的解释）毕竟是有权解释，司法解释无视这一规定亦有难处。但是，‘三需要’的限制的确与政府信息公开的旨趣不甚吻合，与国际通行做法亦有龃龉，更为紧要的是，既然《政府信息公开条例》并不要求申请人在申请公开政府信息时对所谓‘三需要’作出任何说明，在诉讼阶段将此作为原告的举证责任就有些失去公允。”其提出政府信息公开诉讼审判中工作的四个要点：一是“三需要”是不特定法律概念，对“三需要”的证明只要作出合理的说明即可，不可要求的过于严苛；二是这种证明只关乎原告的胜诉权，不关乎原告的起诉权，不能讲“三需要”作为其提起诉讼的条件；三是只有在行政机关以不符合“三需要”为由拒绝公开政府信息的案件才有就此问题要求原告作出说明的必要，在其他案件中不必多此一举，更不允许法院主动以此为理由判决原告败诉；四是要求原告对特殊需要事由作出说明，不能理解成纯粹是对原告设定的负担，当行政机关持此主张时，这也成为原告进行反驳和申辩的权利。①

综上所述，我们认为，为符合政府信息公开的立法目的，避免实践中可能出现的争议，“治本”的方案是在未来修法中将此表述彻底删除。

2. 关于与《档案法》《保守国家秘密法》的矛盾

（1）公开与保密是一对矛盾关系。《保守国家秘密法》作为法律，在效力层次上高于《政府信息公开条例》。尽管《保守国家秘密法》在

① 李广宇：《政府信息公开司法解释读本》，法律出版社2011年版，第186—187页。

2010 年经过一次修改，但其所规定的保密信息依旧过于宽泛，譬如，哪些属于危及国家安全并不明确，这就给一些行政机关不公开信息提供了借口，具有很大的随意性。加之我国政府信息不公开有着根深蒂固的传统，“民可使由之，不可使知之”，许多地方政府持多一事不如少一事的态度，不是能公开就公开，而是能不公开就不公开。在这样的背景下，政府会本能地把许多和国计民生休戚相关的信息锁在抽屉里。因此，如果不对《保守国家秘密法》关于保密的范围作出明确的限制性规定，消除保密文化的影响，那么尽量实现信息公开、充分利用信息资源的目的就无法实现。

（2）如何处理政府信息与档案的关系，也会直接影响政府信息公开的水平。与《保守国家秘密法》相类似的，政府信息公开与《档案法》的矛盾也相当突出。归档与否是区分政府信息与档案信息的分水岭。档案信息如何处理，《政府信息公开条例》未有明确规定，《国务院办公厅关于施行〈中华人民共和国政府信息公开条例〉若干问题的意见》（国办发［2008］36 号）规定：“（八）已经移交档案馆及档案工作机构的政府信息的管理，依照有关档案管理的法律、行政法规和国家有关规定执行。”《最高人民法院关于审理政府信息公开行政案件若干问题的规定》（法释［2011］17 号）第七条规定：“政府信息由被告的档案机构或者档案工作人员保管的，适用《中华人民共和国政府信息公开条例》的规定。政府信息已经移交各级国家档案馆的，依照有关档案管理的法律、行政法规和国家有关规定执行。”但是，从我国《档案法》所规定的内容看，其更多的是强调档案的保存，对档案的开放与利用限制过多，规定严格。如《档案法》第十九条第一款规定：“国家档案馆保管的档案，一般应当自形成之日起满三十年向社会开放。经济、科学、技术、文化等档案向社会开放的期限，可以少于三十年，涉及国家安全或者重大利益以及其他到期不宜开放的档案向社会开放的期限，可以多于三十年，具体期限由国家档案行政管理部门制订，报国务院批准施行。”行政机关的信息材料形成档案后不得公开的时间过长。法律的滞后与不协调已经为某些行政机关规避政府信息公开留下了借口。

对于与《保守国家秘密法》《档案法》的冲突的解决，余凌云教授认为，信息公开是授益行政，不同于秩序行政。在秩序行政中，良好秩序的形成，常通过侵害或限制公民权利的方式来实现，在人民主权和代议制民主之下，下位法不得与上位法抵触，最终将对公民权利的法律处分权归于法律，这才符合主权在民的思想。授益行政中，要充分发挥地方政府的能力，所以，上位法一般规定的是最低限度必须满足的标准，不妨碍下位法提出更高更多的授益目标。因此，在法律适用上，当这些法律与《政府信息公开条例》规定不一致时，不适用“上位法优于下位法”，而是适用“最有利于当事人原则”。这就将所有定密或者归档的信息都归拢到《政府信息公开条例》的调整范畴，只有符合条例规定的不予公开情形，才免予公开。这尽管不能解决定密过宽、过泛、过于随意的问题，但至少可以将洋溢在《政府信息公开条例》中的便民思想波荡开来，删减不必要的衔接手续。①

3. 关于过程性信息

过程性信息，也称决策信息，指的是行政机关在作决定之前的准备过程中形成的文件，是正在调查、讨论、处理过程中的政府信息。不少国家将过程性信息列入免予公开的范围。例如日本《行政机关拥有信息公开法》第五条（五）项规定，除外信息包括：“国家机关和地方公共团体内部或相互之间有关审议、讨论或协议的信息中，因公开可能对坦率的意见交换、意思决定的中立性造成不当损害、可能产生国民间的混乱、可能不当地给予特定的人利益或不利益的信息。”第一，将此类信息作为不公开信息，目的是保护国家机关和地方公共团体内部或相互坦率的意见交换、意思决定的中立性；第二，当公开具有危害公益的危险时，便成为不公开信息；第三，在这种情况下，对于行政机关的首长的认定并未设置特别的规定。也就是没有像涉及国家安全和公共安全的信息那样，设置对行政及管道首长承认裁量（要件裁量）的余地为宗旨的规定，这

① 参见余凌云：《行政法讲义》，清华大学出版社2014年版，第369页。

意味着，法院可以就要件存在与否进行全面审查。①

《政府信息公开条例》对于过程性信息没有作出规定，《国务院办公厅关于做好政府信息依申请公开工作的意见》（国办发［2010］5号）对此的规定为："行政机关向申请人提供的政府信息，应当是正式、准确、完整的，申请人可以在生产、生活和科研中正式使用，也可以在诉讼或行政程序中作为书证使用。因此，行政机关在日常工作中制作或者获取的内部管理信息以及处于讨论、研究或者审查中的过程性信息，一般不属于《政府信息公开条例》所指应公开的政府信息。"最高人民法院在2014年首次发布政府信息公开典型案例，最高人民法院就姚新金、刘天水诉福建省永泰县国土资源局一案②的典型意义分析中写道："过程性信息一般是指行政决定作出前行政机关内部或行政机关之间形成的研究、讨论、请示、汇报等信息，此类信息一律公开或过早公开，可能会妨害决策过程的完整性，妨害行政事务的有效处理。但过程性信息不应是绝对的例外，当决策、决定完成后，此前处于调查、讨论、处理中的信息即不再是过程性信息，如果公开的需要大于不公开的需要，就应当公开。本案福建省人民政府作出征地批复后，当事人申请的'一书四方案'即已处于确定的实施阶段，行政机关以该信息属于过程性信息、内部材料为由不予公开，对当事人行使知情权构成不当阻却。二审法院责令被告期限公开，为人民法院如何处理过程信息的公开问题确立了典范。"

此外，《政府信息公开条例》对公开范围的规定实际上仍存在几个灰色地带，包括刑事执法信息、历史信息、内部信息等问题。这几类信息

---

① 参见［日］盐野宏：《行政法总论》，杨建顺译，北京大学出版社2008年版，第225页。

② 姚新金、刘天水要求福建省永泰县国土资源局书面公开二申请人房屋所在区域地块拟建设项目的"一书四方案"，即建设用地项目呈报说明书、农用地转用方案、补充耕地方案、征收方案、供地方案。永泰县国土资源局则认为"一书四方案"系自己制作的内部管理信息，处在审查中的过程性信息，自己没有公开的义务。二审法院福州市中级人民法院认为，福建省人民政府作出征地批复后，有关"一书四方案"已经过批准并予以实施，不再属于过程性信息及内部材料。

是否属于公开的范畴，在实践中已经多次引发争议、引起诉讼。最高人民法院 2014 年发布的十大政府信息公开典型案例中，对这几类案件的审查原理、审查要点均有所指引。

（二）基本特点

以《政府信息公开条例》为主要分析样本，我国政府信息公开法律规范对公开内容的规定所呈现的特点是：

第一，未在立法文本中明确“知情权”概念，以及未采用“以公开为原则，不公开为例外”的表述。知情权是政府信息公开制度设计的初衷与首要目的，公开原则被视为是政府信息公开制度的灵魂。国际知名智库“美国布鲁金斯学会”的高级研究员安·弗洛里妮（Ann.M.Florini）在《中国试验——从地方创新到全国改革》一书中，就提出 2002 年的《广州市政府信息公开规定》明确把知情权作为立法的指导原则之一，确定公开为原则、不公开为例外，但相反的，全国的信息公开条例并没有明确宣布知情权的原则，在公开范围上有所保留和限制。① 我们认为，由于《政府信息公开条例》对知情权和“以公开为原则，不公开为例外”作出明确规定，在实践中容易影响各方对条例精神的理解和把握。

第二，政府信息公开规范的法律位阶偏低。《政府信息公开条例》作为政府信息公开领域最高层次的法律规范，也仅仅是行政法规，调整范围的有限导致其在一定程度上会制约政府信息公开制度功能的发挥。更重要的是，它无法更改《保守国家秘密法》《档案法》等“没有完全贯彻和体现信息公开的原则”的上位法。②

第三，大量使用不确定性法律概念，部分表述含义模糊，引发争议。《政府信息公开条例》的部分规定过于原则、笼统，导致多种理解，影响实施成效，例如“国家安全、公共安全、经济安全和社会稳定”“涉及公民、法人或者其他组织切身利益的”等概念，都缺乏明确的界定。这容易使行

---

① ［美］安·弗洛里妮等：《中国试验——从地方创新到全国改革》，冯瑾等译，中央编译出版社 2013 年版，第 148—150 页。

② 杨伟东：《政府信息公开主要问题研究》，法律出版社 2013 年版，第 65 页。

政机关滥用这种歧义和不确定性，采取极广义的解释，达到限制信息公开的目的。执法实践表明，在豁免文件的范围问题上，法律规定得越具体，公民的知情权就越能得到保障，因此，豁免性信息范围越来越受到严格限制，这已是当代政府信息公开立法的一个重要发展趋向。①

第四，实施机制刚性不足。其一，《政府信息公开条例》确立国务院办公厅及各级地方人民政府办公厅（室）或其他相应机构作为政府信息公开的主管部门，但国务院办公厅与各级地方人民政府的相应机构同样是政府信息公开的主体，不具备独立性与相对的中立性。其二，依申请公开中“三需要”的规定也不合时宜，容易导致信息公开范围的个案限缩。

第三节　政府信息公开的方式

一、政府信息公开方式概述

《高级汉语大词典》中关于“方式”是这样定义的：“说话做事所采取的方法和形式”或“可用以规定或认可的形式和方法”，而“方法”的含义是“为达到某种目的而采取的途径、步骤、手段等”，“形式”的含义是“某物的样子和构造，区别于该物构成的材料”。政府信息公开方式（也有称为政府信息公开形式的）应当采用方式的第二种含义，即用以规定或认可政府信息公开的形式和方法。因此，它包括两个方面的含义，一方面它是指政府信息赖以传播的各种途径和手段，比如通过公开栏、政府出版物、新闻媒体、互联网等载体来公开政府信息；另一方面它也包括应公开政府信息从有关政府部门传达到社会公众（或政府信息公开申请人）的各种表现形式，比如是政府主动公开相关信息还是依当事人申请公开，是无偿公开还是有偿公开，是法定公开还是自由裁量公开等等。

---

① 陈红：《行政资讯公开制度及其立法模式》，《现代法学》2001 年第 23 卷第 6 期。

关于政府信息公开方式的意义，一些先贤曾有过精辟的论述。如美国第四任总统詹姆斯·麦迪逊认为，“不掌握正确的信息情报及获得信息情报的方法，(所谓的) 人民的政府只能或是滑稽喜剧或是悲剧的序幕，或者除此两者之外什么也不是。掌握情报者通常支配不掌握情报者。因此，为要使自身成为统治者的人民，必须用从信息情报中获取的知识，把自身武装起来”。① 西方国家的成功经验表明，适当的政府信息公开方式不但可以更好地促成政府信息的公开，而且可以在最适当的范围内以最经济的方式予以公开，帮助政府信息公开目的的实现。

就世界主要国家和地区的政府信息公开立法来看，关于公开方式体系的选择上没有统一的做法，这与政府信息公开立法在世界范围来看都还是一个新兴事物有着密切的关系。尽管各主要国家或地区关于公开方式的体系、数量及其种类的规定不尽相同，但其基本上都遵循着一个共同的规律——按照政府主动公开和依当事人申请公开作为公开方式的基本分类，所有具体的公开方式都是围绕都这两种基本分类来规定的，公开方式的体系也是以此作为构建的基础。我国《政府信息公开条例》也是以主动公开和依申请公开作为构建我国政府信息公开体系的基础。

二、国外立法关于政府信息公开方式的规定

1. 美国《情报自由法》中的规定

美国情报自由法律体系主要是由 1946 年制定的《联邦行政程序法》、1966 年制定的《情报自由法》及其三个修正案，以及 1976 年制定的《阳光下的联邦政府法》、1972 年制定的《联邦咨询委员会法》和《隐私权法》组成。由于本文研究对象只限于信息公开法中的公开方式，因此对美国情报自由法律体系中的其他法律规定的公开方式不作研究。

美国 1966 年的《情报自由法》专门规定了公众了解和取得政府文件的 3 种方法：第一种是政府机关将应公开信息在《联邦登记》上登载，公众通过查阅《联邦登记》获得政府文件；第二种是通过建立出售情报

① 赵正群：《得知权理论及其在中国的初步实践》，《中国法学》2001 年第 3 期。

出版物制度等方式主动公开，使公众获取政府文件；第三种是既不登记又不主动公开，但可以根据当事人申请而公开。这 3 种公开方式可以按照两种类型进行分类：一是可以分为行政机关主动公开方式和依当事人申请而公开的方式；二是可以分为无偿公开方式和有偿公开方式。这两种分类法也成为各国立法中信息公开方式最基本的分类模式。此外，《情报自由法》明确规定了 9 种公开的除外情形，但对于除外的这 9 种不予公开的信息，法律又规定，如果行政机关觉得有必要公开，也可以予以公开，将是否公开法律明确排除在公开范围之外的 9 种信息的权力授予行政机关自由裁量。这就又产生了信息公开方式的一种基本的分类：法定的公开方式和自由裁量的公开方式。

美国《情报自由法》在 1996 年进行了重要修订，其目的是为了适应由于计算机的广泛运用而带来的信息电子化和电子政府的兴起。较以前的规定，该修正案在公开方式上着重突出了这几点：一是规定行政机关要能动地进行情报公开，1996 年 11 月 1 日以后作成的文书，该日以后一年内，凡属必须提供给公众阅览和复制的记录，必须使之可以通过 Internet 等计算机网络形式获得；二是网络信息公开方式应成为主要的公开方式，在政府部门的网站上要设立电子阅览室，所有通过其他方式向社会公开的情报，公众都可以在电子阅览室中看到并可以自主下载复制；三是具体公开方式的决定是一个互动的选择，该法规定情报公开的具体形态在易于变换到申请者指定的形态时，行政机关有义务按照申请者指定的形态予以公开，这也相应的对公开方式产生了影响。

2. 新西兰《情报自由法》的规定

新西兰 1982 年《情报自由法》关于公开方式的规定，主要是针对当事人依申请公开情况下，信息各自不同的特征而分别规定了不同的公开方式，大致可以分为三种情形。

（1）依当事人申请公开的公开方式

新西兰《情报自由法》第 16 条规定了依当事人请求而公开政府文件的 6 种公开方式：第一种是给申请人提供适当的机会阅读该项文件；第二种是给申请人提供该项文件的影印本；第三种是如果该项文件是以声

音或影像等方式储存而且可以重现，则应安排请求人聆听或观看；第四种是如果该文件是以录音、速记或密码的方式保存，则应将该储存于该项文件内的文字抄本提供给申请人；第五种是应申请人要求提供该文件内容的摘录或摘要；第六种是向申请人以口述方式提供该项文件的有关内容。至于具体采用哪种方式，该条第 2 款规定，一般情形下该文件的持有机关应依申请人所选定的方式提供。但如果申请人所选定的公开方式会影响行政效率；或仅就该文件而言，违反了该公开义务机关的法定职责；或危害到信息公开法所应保护的利益而又缺乏对等的公共利益的支持，则公开义务机关可以不依据申请人请求的方式而以自己认为合适的方式予以公开。

（2）信息部分公开的公开方式

该法第 17 条规定，如果申请人请求提供的信息虽然也是记载在文件中，但公开义务机关有正当理由需要保留该文件中的部分信息，即只能对申请人申请公开的文件予以部分公开时，则公开义务机关应将信息中不予公开的部分进行删除或更改，然后将可以公开部分的文件用影印本的方式提供给申请人，并同时告知申请人保留部分信息不予提供的理由。这意味着对于经过删除或更改的信息，只能采取影印本的公开方式予以公开。

（3）有关政府职责等特殊信息的政府出版物公开方式

该法第 20 条规定了政府主动公开中的政府出版物公开方式的适用情形，规定国家服务委员会应当将下列信息用政府出版物的方式予以公开：一是关于政府部门及其机构的组织、职责的信息以及其法定员额编制内人员咨询委员会的职责的信息；二是关于政府部门及其机构所持有文件的种类、项目和范围的信息；三是所有记载政府部门及其机构就攸关公民、团体权益事项进行决定或建议时，其所依据的政策、原则、规则等相关的手册或类似文件；四是为方便欲向政府部门、机构索取公务信息的申请人提出申请，应公开申请的程序及接受其申请的官员等信息。

三、国内关于政府信息公开方式的规定

（一）《政府信息公开条例》出台前的情况

我国的信息公开活动始于20世纪80年代的村务公开，并推及至政务公开，经历了村务公开、乡镇政府信息公开、厂务公开、警务公开、检务公开、政务公开等阶段，而公开方式也伴随着不同的阶段而呈现不同的特点。

1998年4月18日，中共中央办公厅和国务院办公厅联合下发了《关于在农村普遍实行村务公开和民主管理制度的通知》，选择了以广大农村作为我国政府信息公开试验的起步点，规定了以公开栏和村民会议为主要的公开方式。

在全国性村务公开正在推行之际，党的十五大确立了“依法治国”的发展方略，对政法系统的信息公开工作提出了要求。1998年10月25日最高人民检察院出台了《关于在全国检察机关实行检务公开的决定》，打破了之前政务信息公开只是在低层级机关或部门进行公开的做法。继检务公开之后，1999年8月31日公安部以“公通字［1999］43号文”发出了《关于在全国公安机关普遍实行警务公开制度的通知》，成为首个进行全系统政务信息公开的政府部门。在公开方式上，由于检务公开和警务公开都分为对社会公开和执法时对直接当事人的公开两种，公开方式也各有不同。在对社会进行公开时，两者都特别重视各种新闻媒体等现代化信息传播手段，同时也广泛使用公开栏、牌匾和免费印发公开小册子、办事指南等传统公开方式；在对行政执法当事人的公开方式上，则主要采用《行政处罚法》等法律规定的“告知”“听证”等方式。

2000年12月6日，中共中央办公厅、国务院办公厅联合下发了《关于在全国乡镇政权机关全面推行政府信息公开制度的通知》，再次自上而下地推动了我国政务信息公开工作的开展。该《通知》根据乡镇政务信息公开不同于村务公开的特点，在强调设置固定政务信息公开栏方式的同时，又规定：“各地还可以根据实际情况，通过会议、广播、电视、便

民手册、电子触摸屏等有效形式，予以公开。”并首次规定了“预公开”制度。

关于政府机关及其职能部门等行政系统的政务信息公开行为，实际上早在村务公开之前就已经存在。如1992年7月9日，广州市就以政府规章的形式出台了《广州市人民政府公开政府信息活动试行办法》，且在第三章“政务活动公开的方式”中规定了“新闻报道”“书面通报”“挂牌、张贴、出书”“联席决策”“报告、汇报、述职”“座谈、对口联系”“专项咨询”“接访”等8种具体公开方式。从1999年起，有不少省市也开始陆续制定涉及政府及其各职能部门的政府信息公开规定。如1999年1月4日公布的《天津市人民政府批转市纠风办〈关于进一步推行政府信息公开民主监督制度实施意见〉的通知》，该《通知》第4条关于公开的形式中提出了微机查阅、“一站式”办公和“一条龙”服务等新的公开方式；1999年8月10日，江西省人民政府《关于进一步推行政府信息公开的决定》在国内首次规定了“听证会、座谈会、咨询会”的公开方式；1999年8月21日，在吉林省政府出台的《吉林省县以上政府信息公开工作意见》里面又规定了在国内首次作为政府信息公开方式出现的互联网这种新的公开方式；2000年5月21日中共湖南省委办公厅、湖南省人民政府办公厅制定了《关于在全省进一步推行政府信息公开的实施意见》(湘办发［2000］16号)，除继续强调要利用互联网公开外，还专门提出要“编印《政府信息公开指南》”和“建立政府信息公开中心”，继续拓展了政府信息公开方式。

值得特别注意的是，2003年1月1日，《广州市政府信息公开规定》开始正式实施，这是我国第一个政府信息公开方面的地方立法，也是当时国内关于公开方式的规定集大成者，其在第三章以专章规定了政府信息的“公开方式”，它不仅总结和继承了我国各地政务公开中的一些好的做法，还在公开方式的体系上吸收了国外信息公开法的做法。它不但规定了政府机关主动公开的六种具体公开方式：设立政府网站、发行政府信息专刊、设立固定的信息公开厅（栏）、电子触摸屏，召开新闻发布会，设立信息公开服务热线，预公开以及其他便于公众知晓的公开方式等；还规定了依申请公开方式，强调依申请公开“以查阅、放音、放像或电子阅览等符合该信息特性的方式进行”。

（二）主动公开方式的适用情形

根据《政府信息公开条例》第十五条、第十六条规定，“行政机关应当将主动公开的政府信息，通过政府公报、政府网站、新闻发布会以及报刊、广播、电视等便于公众知晓的方式公开。”出于便民的考虑，“各级人民政府应当在国家档案馆、公共图书馆设置政府信息查阅场所，并配备相应的设施、设备，为公民、法人或者其他组织获取政府信息提供便利。行政机关可以根据需要设立公共查阅室、资料索取点、信息公告栏、电子信息屏等场所、设施，公开政府信息。行政机关应当及时向国家档案馆、公共图书馆提供主动公开的政府信息。”《政府信息公开条例》基于便民的考虑，注意到了公开方式的多样性，值得肯定。但其规定仍有不足：《政府信息公开条例》仅仅注意到多样化的公开方式，却未规定一种最主要的公开方式，没有对主动公开的渠道与层次进行理顺，一定程度上制约主动公开发挥其实效。

以下选取若干主动公开方式的适用情形进行分析。

1. 政府出版物公开方式的适用情形

政府出版物在我国现在主要是指政府公报或政报等，作为政府机关直接出版的信息公开的专门刊物，其主要是刊载应当向社会公开的特别重要的那些规范性文件和信息。理论上，这种公开方式是各种政府信息公开方式中最具有严肃性和权威性的一种公开方式，当其他公开方式中所公开的内容与政府出版物上公开的内容发生冲突时，均以政府出版物上公开的内容作为最终有效文本。早在2002年，苏州市人民政府就在《关于创办发行苏州市人民政府公报的通知》（苏府办［2002］40号文）中对政府出版物刊载的内容及其效力进行了明确界定，其刊载的内容为：“市人大常委会颁布的地方性法规；市政府颁布的规章；市政府的重要文稿；市政府和市政府办公室发布的规范性文件；市政府及其工作部门制定的行政措施；市政府工作部门发布的重要的规范性文件；市政府批准刊登的其他文件；人事任免等。”在政府出版物公开方式的效力上，“市政府公报刊登的规章、规范性文件和行政措施文本为标准文本。行政机关在发布公文、行政复议和诉讼中引用上述文件时，应以市政府公报刊登的文本为准。”

《深圳市人民政府公告管理规定》（深圳市人民政府令第 95 号）第六条也规定：“下列文件以《市政府公报》为法定载体，在《市政府公报》上全文发布：（一）市政府规章；（二）以市政府名义或者以市政府办公厅名义制定的规范性文件；（三）市政府制定的行政措施；（四）市政府工作部门制定的规范性文件。……上述文件未在《市政府公报》上发布的，不具有法律效力。”

政府出版物的公开方式在实践中正在发挥着越来越重要的作用，普通民众也可以比较方便地获取政府出版物。如上海市政府在这方面做了很好的示范，《上海市人民政府公报》创办于 2001 年 1 月，为半月刊，其内容包括上海市的市政府文件、市政府办公厅文件、市政府办公厅转发的文件、统计公报、市政府人事任免等诸多事项。公报分为电子版和印刷版，两者同版发行，电子版可自由浏览下载，印刷版在上海市内的各主要邮政所、东方书报亭、书店免费发放，供公众取阅。

《最高人民法院关于审理政府信息公开行政案件若干问题的规定》（法释［2011］17 号）第二条第（二）项规定，公民、法人或者其他组织因要求行政机关提供政府公报、报纸、杂志、书籍等公开出版物，行政机关予以拒绝而不服提起行政诉讼的，人民法院不予受理。

2. 新闻发布会（新闻发言人）公开方式的适用情形

新闻发布会的公开方式是指政府机关通过举办新闻发布会、记者招待会、座谈会或通过新闻发言人发表谈话等形式，将其意欲为社会所知的信息向包括报纸、期刊、电台、电视和互联网等新闻媒体公布，并借助这些媒体的覆盖面向社会公众进行传播。新闻发布会公开方式的特点是公开迅速、广泛、范围大，可以在最短的时间内让尽可能多的社会公众获得信息。因此，它在事实上一直是世界各国进行信息公开的一个主要公开方式。

近些年来新闻发言会、新闻发言人的实践中，我国各级政府和部门对使用新闻发布会的方式公开政府信息已有了一些初步的探索，但由于其缺乏有效的监督和救济措施，不可避免地体现出较强的任意性，其公开效果并不是太理想。尤其是那些对政府有一定负面影响的应公开信息，政府往往不公开或不及时公开，甚至进行虚假的公开，这不但容易导致公众对政府公开行为的不信任，有时还会引起严重的社会恐慌和动荡。

3. 公开指南与公开目录方式的适用情形

《政府信息公开条例》第十九条特别规定了政府信息公开指南与政府信息公开目录的制作。第十九条规定，在开展信息公开工作的过程中，行政机关应当编制、公布政府信息公开指南和政府信息公开目录，并及时更新。制作政府信息公开指南的目的在于方便社会公众的使用，其内容应当包括政府信息的分类、编排体系、获取方式，政府信息公开工作机构的名称、办公地址、办公时间、联系电话、传真号码、电子邮箱等。政府信息公开目录则是提供给公众查阅、检索政府信息的工具，其内容应当包括政府信息的索引、名称、内容概述、生成日期等。

早在《政府信息公开条例》出台前，类似的实践已经有许多，常见的有办事指南（手册）、政务公开栏、明白纸、办事流程表、公示板、办事卡片等，部分地方政府还推出了“政府信息公开中心”（又称为“政府超市”）的公开方式①。实际上，无论是条例实施前的办事指南、办事卡片，还是条例实施后的政府信息公开指南、政府信息公开目录，本质

① 政府超市以“一站式”服务为特色，是为了提高政府机构服务办事效率而新涌现出来的一种新的行政方式。它是把一些具有对外服务职能的行政机关的窗口部门集中起来，实行“一幢楼办事、一个口受理、一个窗收费、一条龙服务”，从而体现“集中、精简、高效、优质”的服务方针。这种方式体现了便民的思想，将许多行政机关的窗口单位集中在一起，将行政信息集中一地公开，便于公众到政府机关办事。这种方式实际上主要是一种办事方式的转变而不是一种信息公开方式，只是由于其将原来较分散的各个行政机关的政务公开栏和明白纸等现在集中放到了一起，提高了公开的效率。因此，从这个意义上讲，“政府超市”是一种较好的政府信息公开方式。但其适用情形并无实质性的变化，只是政务公开栏和办事指南等方式的综合。而且，随着网络技术和电子政府等的发展，“政府超市”本身也只是一种政府过渡性的工作方式。

上都是出于便民考虑而进行的信息载体制作。但《政府信息公开条例》出台前各地叫法与具体做法的混乱，导致了实践中行政相对人在索取相关政府信息时无所适从等情况。《政府信息公开条例》用第十九条专门规定政府信息公开指南与政府信息公开目录的原因，在于期望通过此将过往的实践经验统一，使得公开指南与公开目录得以成为公众到政府机关办事的直接指引。不过，在这几年的实践中，政府信息公开指南的运作仍然存在指导性不足的问题，政府信息公开目录的制作也存在过于简单的情况。

4. 电子政府的公开方式适用情形

电子政府又称为“网上政府”，是指政府机关运用电子科技网网相连，并通过不同信息服务设施，对机关、企业及民众在其方便时间、地点及方式下，提供自动化之服务。① 在这方面，美国走在了世界前面。在美国之后，英国也于 1994 年进行“政府信息服务”的实验，1996 年公布“直通政府”计划，并在绿皮书中提出以电子方式传送政府服务给社会公众。这些计划不但拉进了政府与民众的距离，更给予民众更多的与政府往来的管道②。

具体说来，电子政府包括如下内容：（1）办公自动化，实行无纸化办公；（2）电子公文交换；（3）政府网上服务。电子政府实现了跨机关信息整合，公民只需在家中进入政府统一入口网站，根据分类检索到相关事项，然后填写电子申请表单，向一个部门提交申请，后续部门就会自动接受处理文件并反馈给申请人，实现了“一处收件，全程服务”，从而在网上实现了“一站式”服务。

与传统政府相比，电子政府信息公开服务的优势有：（1）信息公开成本低。实现电子政府，先期建设当然需要大量投入。但从长远来看，能够大大降低信息服务成本。网络服务的重要特点在于，向一个人提供信息与向多人提供信息成本是一样的，其可以被反复下载、复制、传播

① 袁春鹏、张志泉：《论电子政府的信息公开服务》，《政法论丛》2002 年第 1 期。

② 张成福：《电子化政府：发展及其前景》，《中国人民大学学报》2000 年第 3 期。

予以利用。而纸质媒介服务，多一个申请人就要多一份成本，服务的范围越广，成本越高。据美国环保署计算，如果将一些环保资料送上网络，不必像以前那样通过邮局发送，一年可节省大约500万美元。政府还可以通过减少人手来节省开支，美国亚利桑那州政府将车辆监理系统送上网络，每年可节省125万美元。① 同时，从社会成本和行政相对人获取信息的成本来讲，优势则更加明显。（2）信息公开内容全面。政府信息包括政府在行政过程中产生、收集、整理、传输、发布、使用、存储和清理的所有信息。在纸质媒介时代，由于受成本的限制，不可能把政府收集的信息以及作出的规定、命令、裁定都印刷公布，只可能择其要者公布。电子政府突破了上述限制，网络服务中心主机具有巨大的资料存储空间，政府持有的所有信息在技术上都可送上网络，而不用考虑花费太多的成本，其可以适用于所有政府信息的公开。（3）信息获得途径便利。在传统的政府服务方式下，公民很少主动请求公开某方面的信息，一个重要原因在于获得信息途径不畅通，行政双方的信息不对称性太明显。而电子技术不但可以消除时间和地域的界限，只要政府把信息输入网页，任何人在任何地区都可以获得，并且可以重复多次浏览；而且电子政府信息更方便政府的相关职能部门对行政相对人实行“一站式”服务。（4）信息公开的互动性更强、质量更高。传统政府信息公开主要是政府单方面的，政府公布什么，公众就只能接受什么，可选择的余地很小。信息公开就往往沦为“政府宣传车”，而未必能够提供公众真正关心的信息。而在电子政府信息下，公众可以根据自己的需求，有选择地申请和接受信息服务。电子政府增强了政府与公民之间的互动，公民可以通过在电子公告板留言、进行讨论或发送电子邮件，向政府提出公开信息的请求，政府在规定时间内予以答复。这就大大提升了信息公开服务的质量，满足公民多方面的各具个性的信息需求。

从上述电子政府对信息公开的积极影响来看，电子政府的公开方式是一种有着广阔前景的公开方式，它既可以对整个社会进行公开，也可

① 丁刚：《电子政府离你更近》，《环球时报》2001年2月27日。

以应申请只对特定的申请人公开；它既可以作为一种独立的公开方式使用，也可以通过链接等方式和互联网媒体以及其他公开方式互通有无；它既可以是事前公开，也可以是事中公开和事后公开；它既可以有期刊、报纸、办事指南和手册等纸质公开方式的平面化，也拥有电视、录音录像等视听方式的多媒体立体化优势。因此，电子政府公开方式在公开内容上基本上没有限制，它可以涵盖但不限于前三种公开方式公开的全部内容。近年来的政务微博、政务微信等的出现，进一步丰富了电子政府的具体展示形式。

（三）依申请公开方式的适用情形

依申请公开政府信息可以避免政府在主动公开政府信息时的宣传性公开行为，它可以使信息公开申请人在浩如烟海的信息中获得自己所希望的信息，从而提高获取信息的质量。因此，在信息公开立法中重点规范依申请公开信息行为一直是国外信息公开立法的普遍做法。但由于依申请公开主要是一对一的公开，在公开的方式上比政府机关主动公开相对要简单一些，其常见方式主要有提供阅览（或聆听、观看）、口头答复、提供复印件（抄本、副本）、在线提供电子文本（电子政府公开方式的表现形式之一）等。

在公开方式的适用情形上，与政府主动公开方式受公开内容的严重限制不同，依申请公开方式的选择往往受到申请人自己意愿的限制，只要根据公开信息的属性属于公开义务机关可以选择的公开方式的范围，在无特殊理由的情况下，公开义务机关应当根据申请人指明的公开方式公开相关信息。在当事人提出公开申请时，可能影响当事人所要求公开方式的选择的情形一般有几个方面：一是被申请公开文件及其载体的属性，如果被申请公开的文件是以声音记录或影像储存，就不能提供阅览而只能要求聆听或观看；如果文件是以速记或密码的方式保存，就不能提供复印件只能要求提供该项信息的文字抄本；如果被申请公开的文件只有部分才能公开，就不能要求阅览或提供影印件而只能提供该文件的摘录或摘要或经删减（遮盖）后的复印件；如果被申请公开文件的原件可能受到破损而应受到严格保护，也就不能要求提供原件阅览，而应提供其抄本或复印件或口头告之其内容。二是如果当事人选定的公开方式对公开义务机关的行政效率有严重影响时，公开义务机关可以自行决定适当的公开方式。在某些情形下，如果申请公开文件的数量非常庞大，而当事人希望以复印件的方式提供时可能就会给公开义务机关的日常工作效率造成障碍，这时公开义务机关可以以更为快捷的电子文本等方式代替复印件来提供给申请人，当然公开义务机关改变申请人所要求的公开方式时应当说明其理由。三是如果该公开方式的选择可能给法律上应当保护的其他更重要的利益造成损害时，公开义务机关也可改变申请人所选定的公开方式。如提供一些文件的原件可能会泄露某些法律上应当保护的重要信息，从而给利害关系人或社会公共利益造成损害，这时公开义务机关就应避免提供原件而以提供该文件的抄本或电子文本等方式代替。

对此，《政府信息公开条例》第二十六条规定：“行政机关依申请公开政府信息，应当按照申请人要求的形式予以提供；无法按照申请人要求的形式提供的，可以通过安排申请人查阅相关资料、提供复制件或者其他适当形式提供。”又根据第二十一条第（一）项，对申请公开的政府信息，“属于公开范围的，应当告知申请人获取该政府信息的方式和途径”。第二十二条规定：“申请公开的政府信息中含有不应当公开的内容，但是能够作区分处理的，行政机关应当向申请人提供可以公开的信息内容。”《国务院办公厅关于施行〈中华人民共和国政府信息公开条例〉若干问题的意见》（国办发［2008］36号）进一步规定：“（十一）国务院各部门（单位）和地方各级人民政府及其部门（单位）要切实做好依申请公开政府信息的工作。要采取多种方式，方便公民、法人和其他组织申请公开政府信息。特别是设区的市级人民政府及其部门（单位）、县级人民政府及其部门（单位）、乡（镇）人民政府，直接面向基层群众，要充分利用现有的行政服务大厅、行政服务中心等行政服务场所，或者设立专门的接待窗口和场所，为人民群众提供便利，确保政府信息公开申请得到及时、妥善处理……”，可以视为对以上分析的回应。但《政府信息公开条例》及国务院办公厅意见的规定仍然稍显简略，期待条例修改或法律起草时能有进一步的回应。笔者认为，依申请公开的方式的设计上，要考虑三个方面因素的影响，一是被申请公开信息本身存在的物质形态及其保护；二是公开的成本和对行政效率的影响；三是申请人对公开方式的选择。因此，在依申请公开方式的具体规定上，不宜作出强制性的规定，综合上述因素作出原则性的规定既可。

第四节　政府信息公开的程序

一、国外有关政府信息公开程序的立法规定

（一）国外信息公开程序的发展历程

权力必须受到制约，这是法治的基本要求。对这种权力的制约在更大程度上必须诉诸程序，“程序的控制之所以重要，就是因为在实体上不得不赋予行政机关很大的权力”，① 通过行政程序对权力的行使进行事前和事中的监督和制约，防止行政权的滥用，促进行政权行使的效率，平衡行政权和相对人权利的关系，保障相对人的合法权益，已成为现代行政法的一个重要特征。对西方主要国家的行政程序法典化的兴起和发展作一个简要考察，将有助于我们更直观地发现行政权扩张与行政程序法发展之间的呼应关系。

第一次行政程序法典化的浪潮肇始于欧洲大陆。1889 年，西班牙制定并颁布了世界上第一部行政程序法典。此后，奥地利在 1925 年通过了《普通行政程序法》。受两国的影响，欧洲大陆的一些国家纷纷制定自己的行政程序法，从而形成了行政程序法典化的第一次浪潮。需要指出的是，在这一时期，虽然行政程序法典化主要是大陆法系国家在推行，英美等海洋法系国家由于受普通法传统的影响，没有进行行政程序法典化的尝试，但作为英美两国行政法重要原则的“越权无效”“自然公正”和

① 王名扬：《英国行政法》，中国政法大学出版社 1987 年版，第 62—64 页。

“正当法律程序”也有了新的发展。

美国1946年《联邦行政程序法》的制定标志着第二次行政程序法典化浪潮的兴起。该法对行政程序的一般原则、行政立法以及行政裁决程序作了规定，体现了行政活动的公开、参与、公正等程序原则。在美国的影响下，各国纷纷制定或修订行政程序法典，如奥地利于1948年和1950年两次修订其《普通行政程序法》；西班牙于1958年颁布了现行的《行政程序法》；原联邦德国于1976年通过了现行的《行政程序法》等。

行政程序立法的第三次浪潮是20世纪90年代以亚洲为中心展开的。日本受美国行政程序法的影响，早在1964年就提出了《行政程序法草案》，经过近30年的讨论，终于在1993年正式颁布了《行政手续法》；我国澳门地区于1994年通过了“行政程序法典”；我国台湾地区于1999年通过了“行政程序法”，并在2001年开始实施。在我国内地，行政程序作为法律程序的一种，也日益成为人们关注的焦点。

信息公开法与行政程序法有着密不可分的关系，信息公开的程序本身就是行政程序的一种，对于既进行了行政程序法立法，又有信息公开立法的国家，信息公开的程序毫无疑问会深受行政程序法的影响，甚至一些国家信息公开法根本就未规定信息公开的程序而是直接依照行政程序法的规定进行信息公开。但从世界范围来看，信息公开立法要早于行政程序立法出现。世界上第一部关于信息公开的立法是瑞典1776年制定的《自由出版法》，该法在世界上最早建立了公文书公开制度，并设立了行政监察专员制度，但程序部分规定很少。1949年瑞典对该法进行了重要修改，对程序部分比较重视。不但用专章规定了期刊出版的程序和出版自由的诉讼程序，也用较大篇幅规定了政府公文书公开程序，涉及公文书公开的时限、当事人的申请、审查和许可以及不服申诉等程序。但随着美国1946年《联邦行政程序法》带来的世界性行政程序立法热潮，对信息公开程序的关注就被对制定统一的行政程序的关注取代了。不过，由于两者性质上的差异，信息公开程序的发展历程仍然表现出了自己的特色，如美国1946年就制定了《联邦行政程序法》，1966年才制定《信息公开法》，但《信息公开法》解决了《联邦行政程序法》中对于信息公开程序的几个重大缺陷：一是关于信息公开的申请人，废除了《联邦行政程序法》中关于必须是“适当且有直接利害关系的人”的规定，而代之以“无论何人”，即无论何人（不管是否是美国人，是否在美国居住）均有权向行政机关申请查阅、复制行政情报；二是对于行政机关拒绝公开行政情报，该法明确规定申请人有权向联邦地方法院提起诉讼。总之，通过这一法律关于公开程序的规定，信息公开成为了一般原则，而不是例外。在美国《信息公开法》的推动下，挪威于1970年，新西兰、加拿大、澳大利亚于1982年，奥地利、丹麦于1987年，比利时于1994年，韩国、爱尔兰于1997年，日本于1999年等先后制定了《信息公开法》，我国台湾地区也于2001年公布了“行政资讯公开办法”（2005年“政府资讯公开法”出台，“行政资讯公开办法”相应被废止），制定《信息公开法》已成为一股世界性的潮流。

（二）美国信息公开法关于公开程序的规定

美国关于信息公开程序的规定主要集中在1966年制定的《情报自由法》和1976年制定的《阳光下的联邦政府法》中，这两部法律分别规定了公民申请政府机关公开政府文件的程序和合议制行政机关公开行政会议的程序。①

1.《情报自由法》规定的公开程序

依据《情报自由法》，公民要想得到应当公开的文件，必须依照法律所规定的提出申请的时间、地点、费用和程序提出书面申请，说明所需要的文件。因行政文件的种类繁多，当事人在提出申请时要有合理的说明，不能太笼统，应指明需哪一种、哪一类、哪一年的文件，以便行政机关查找。行政机关收到申请后，应在10日内作出决定。同意申请人请求的，对提交给申请人的文件，可以删除有关私人隐私的部分和法律规定免除公开的部分，并说明理由。行政机关拒绝申请人请求的，应说明理由。如果当事人不服其决定，可以提出复议。行政机关收到复议申请后要在20日内作出复议决定，若有特殊原因不能在期限内答复，应说明

---

① 皮纯协：《行政程序法比较研究》，中国公安大学出版社2000年版，第183—186页。

理由，可以延长一个月。关于申请的费用，区别不同的实用文件的目的有所不同，一般情形这种收费仅限于按合理标准征收查找和复制文件的劳务费，以及补偿直接用于查找和复制文件的费用。如果文件的公开可以促进公共利益，不是为了商业利益时，申请人可以提出减费或免费的请求。

2.《阳光下的联邦政府法》规定的公开程序

依据《阳光下的联邦政府法》，合议制行政机关举行的会议应当公开，其具体程序是：行政机关应在举行会议的一周前发出通告，说明会议时间、地点、讨论主题、会议公开举行或不公开举行、行政机关指定的回答公众询问的职员的姓名、电话等事项。情况紧急不能在一个星期之前发布公告的，行政机关可以缩短公告期限，但必须有多数委员投票决定，制作投票记录，并且尽可能早地公告会议的有关事项。行政机关决定不公开会议的，应当由所有委员的多数投票决定，公布不举行公开会议的决定、理由和参加人员，并由该行政机关的法律事务主任出具证明，该证明是会议档案的一部分。会议应当制作记录或者摘要，行政机关应当对公民公开可以公开的部分。

（三）加拿大信息公开法关于公开程序的规定

同美国一样，加拿大 1982 年《资讯取得法》也有政府机关主动公开和依当事人申请公开两种公开方式，其公开程序也因此分为两类，一是政府机关主动公开政府信息的程序；二是政府机关依当事人申请公开政府信息的程序。

1. 主动公开程序

政府主动公开信息的程序比较简单，《资讯取得法》仅在第 5 条作出了规定，要求政府机关就有关政府机关的特定信息在政府出版物和政府公报上定期向社会大众公布（刊物至少一年更新一次，公报至少一年更新两次），并依照人人均有取得资讯的适当渠道的原则，确保公众在全国各处均可索阅政府出版刊物和政府公报。

2. 依申请公开程序

对于依照当事人申请而公开政府信息的程序则可以大致分为以下几

个具体环节。

（1）当事人提出申请

《资讯取得法》第6条规定，依本法请求取得资讯，应以书面向掌管该记录的政府机关提出，并应提供足够详细资料使受理机关的资深工作人员能够查找该记录。第8条规定，如果接受公开请求的机关首长认为请求公开的记录与其他政府机关有利害关系，① 则应依法在受理当事人申请后15日内，将该项请求或连同所请求公开的记录移送至该政府机关，并同时以书面方式将移送之事告知申请人。

（2）政府机关首长的决定

第一，决定的期限。该法第7条规定了一般情形下政府机关决定是否提供申请记录的期限是30日。第9条规定，如果所请求公开记录的工作量太大，受理机关遵守30日的原则期间将影响该政府机关的其他正常业务，或者该公开申请需要进行咨商或需征求第三人的意见无法在原则期间内提供记录时，政府机关首长则可以将期限延长，并将延长的期限及其理由通知申请人，并且通知书应告知申请人可以针对期限的延长向资讯局局长申诉。

第二，拒绝提供的处理。该法第10条规定了两种拒绝公开的情况，一是行政机关首长可以以明示的方式通知申请人拒绝其公开请求，并载明申请人可以就拒绝公开的情形向资讯局局长申诉；二是如果政府机关首长未能在法定期限内向申请人提供其所请求公开的全部或部分记录时，则可以视为政府机关首长拒绝提供，申请人同样可以启动申诉程序。

第三，涉及第三人信息公开的决定。该法第27条规定，政府机关首长认为申请公开的记录载有或有理由足以认为跟第三人有关的特定信息，而第三人的住所、居所或所在处所清楚，则政府机关应于申请人请

① 该条还规定了认定与其他政府机关有利害关系的记录的两条标准，一是该项记录最初是由该政府机关所制作或是为该政府机关而制作；二是该记录虽不满足第一条标准，但该记录是由该政府机关最先取得原件或影印资料。

求提出后30日内将请求情况以及欲提供的该项记录全部或部分的事实通知第三人，如第三人同意提供该记录则可以放弃其后续的权利。依据第28条的规定，该第三人如有异议，有权在收到政府机关的通知后20日内向该政府机关书面陈述不应提供的理由（如经该政府机关首长许可，第三人也可以口头方式陈述）。受理行政机关应在给第三人的通知寄发后30日决定该项记录是否提供，并以书面方式将其决定通知该第三人。

（3）公开决定的实施方式

该法第11条和第12条规定了信息公开的实施方式，第11条规定了公开费用的收取标准和方式，一般情形下，每件申请收取的费用不超过25加元；需要影印资料的，则应收取重置成本费用。此外，如果在正常情况下提供记录的时间超过了5个小时，则政府机关可以以小时为单位另行收取额外费用；如果需提供记录需通过机器设备制作才能提供，政府机关也可按法定标准收取额外费用。公开费用应当在提供记录之前先行收取，对于需要收取额外费用的情况，政府机关在开始着手收寻或制作所请求提供的全部记录或准备提供部分记录前，可以要求申请人支付部分合理费用以充作保证金。第12条规定，政府机关应提供记录的原件或记录的影印资料给申请人。如果申请人要求以特定的官方语言提供记录，则在该记录已由政府机关以该特定语言持有的情况下，或掌管该记录的政府机关认为在适当期限内备妥该特定官方语言的译本符合公众利益时，应当以该特定官方语言提供。

（四）韩国《信息公开法》关于公开程序的规定

韩国是亚洲第一个制定实施信息公开法的国家，韩国《信息公开法》第三章用专章规定了“情报公开的手续”，比较详细地规定了情报依申请公开的程序。

1. 申请

该法第八条首先规定了情报公开的请求方法，该条第一款要求申请人必须以书面的方式向保有、管理该情报的公告机关提出公开申请，并明确规定了申请书的内容，强调要求申请人应当注明其使用要求公开信息的目的，该法第十四条又特别规定："请求人应依据本法律之规定，将其获得的情报使用于正当目的。"可以看出，在请求方式的问题上，韩国信息公开法在公开请求的形式要件方面采用书面主义，排除了口头和电子等方式，这可以避免口头方式可能导致的法律关系等事项不明确化、也避免电磁方式可能存在的兼容性和失真等问题。但韩国并不排除口头等即时的情报公开处理方式，只是该处理方式不由信息公开法来调整，第十三条规定："可以直接处理或可以用口头方式处理的情报的请求公开手续由总统令来规定。"

2. 决定

（1）决定期限。韩国《信息公开法》第九条规定了情报公开决定的时限，自当事人提出申请，行政机关发生审查义务到作出是否公开决定为止的期间内，行政机关须完成检索、审查、通知书等文件的制作等工作。这些时间的长短则被诸如请求公开行政文件的多少、作出是否公开决定的难易程度、是否需要听取第三人的意见以及公共机关本身的事务是否繁忙等要素所左右。对此，第九条第一款规定了 15 天的原则公开决定期限，第二款则规定了公共机关"因不得已的事由"，通常是不可抗力因素影响不能在 15 日内作出决定时，则可以延长 15 日作出决定，但必须以书面方式通知当事人其延长期限的理由。因此，公开义务主体可以有最大限度 30 日的期限用于决定是否公开被请求的信息。但是，期限义务的设定并不能当然地防止在超过最大限度的期限之后依然没有作出是否公开的决定之类问题的发生，第九条第四款规定："从请求公开情报之日起 30 日之内，如公共机关没有决定是否公开情报，可视为决定不公开。"这种规定是非常严格的，它意味着当事人在 30 日内未收到公共机关的决定就可以直接启动公共机关否定其申请的救济程序，而没有必要先寻求公共机关"不作为"的救济。

（2）决定方式。韩国《信息公开法》第十条要求各公共机关均要设置审议委员会，对于社会公众提出的情报公开请求，由审议委员会具体进行审议，并作出是否予以公开的决定。第九条第三款规定，如果要求公开对象中的情报的一部分或全部与第三人有牵连，则公共机关应及时通知第三人该情报被要求公开的情况，并在必要时听取第三人的意见后再决定是否同意申请人的要求予以公开。

韩国《信息公开法》一共规定了三种公开决定方式，全部公开、不予公开和部分公开。第十一条第一款规定了同意全部公开的公开决定方式："公共机关要依据第九条之规定，如决定公开该当情报，则应及时用明示的方式通知请求人公开的时间和场所。"该条第三款规定了不予公开的决定方式："公共机关依据第九条之规定，作出是否公开的决定时，应及时将其内容用书面形式通知到请求人。此时，应明示不公开的理由，不服方式及其手续。"第十二条规定了部分公开的决定方式："请求公开的情报同时包含第七条第一款之规定的非公开事项和可以公开的事项的情况，依据公开请求的原则，如果能分开处理，则应公开第七条第一款规定之外的其他该当情报。"

3. 公开决定的实施方式

韩国《信息公开法》没有用专门的条款来系统规定公开决定的实施方式，从分散在各条文中的内容来看，大致有直接交付或邮寄公开的原件或复本的实施方式。第八条第二款规定了要求公开情报量太多或太细时的限制公开实施方式："因请求人要求提供的情报事项过度详细或要求提供过多的情报量，所以明显的给正常业务带来障碍的场合，可以限制提供情报的手抄本和复本。"第十一条第二款规定了为保护原件不受损毁时的公开实施方式："公共机关依据第一款之规定，决定公开该当情报，而其原本有可发生被污损，破损的情况或其他相应的状况时，可以只公开该当情报的复本。"第十五条第一款则规定了收费的公开实施方式："情报的公开以及邮送所需的费用，在实际使用的范围之内由请求人来负担。"但第二款又规定："请求公开情报的目的被认定为，有利于公共利益的维持或增进，可根据第一款之规定减免其费用。"第十三条则提到了可以有口头等可以直接处理的情报公开实施方式问题，但其"请求公开手续由总统令来规定。"

二、国内政府信息公开程序的规定

（一）主动公开的程序

信息具有很强的时效性，因此，对政府主动公开的信息必须有一定的期限要求，否则将失去公开的意义。根据《政府信息公开条例》的要求，对属于主动公开范围内的政府信息，信息公开主体应当自该政府信息形成或变更之日起 20 个工作日内予以公开。如果法律、法规对政府信息公开的期限另有规定的，则从其规定。但由于责任机制与监督机制的落实问题，公开期限的履行在实践中是一个难以解决的问题，政府网站不及时更新也是较为普遍的情况。相比之下，2002 年《广州市政府信息公开规定》的规定似乎更明确、更有实际的约束力："公开义务人未履行本规定第九条和第十条规定的主动公开义务的，公开权利人可以以书面形式或通过政府综合门户网站要求公开义务人履行，公开义务人应当在接到公开申请书之日起 15 个工作日内向社会公开。公开权利人申请公开的内容已经公开的，公开义务人应当给予指引。公开义务人未履行本规定第十一条规定的主动公开义务的，相对人可以随时要求公开义务人履行，公开义务人应当即时向相对人公开。"

从 2003 年"非典"、2008 年汶川大地震等事件下政府信息公开的应对情况来看，突发事件或紧急状况下的主动公开程序值得关注。原因在于：发生突发事件或紧急情况时，为保证救援及时与避免恐慌，需要在第一时间内将信息告知民众，《政府信息公开条例》规定的自信息形成之日或变更之日的 20 个工作日无法适用于突发事件应对中，而 2007 年出台的《突发事件应对法》第五十三条也仅笼统规定"履行统一领导职责或者组织处置突发事件的人民政府，应当按照有关规定统一、准确、及时发布有关突发事件事态发展和应急处置工作的信息"，可以说，该领域的公布期限未有一个具体的规定。尽管对于突发事件或紧急状况的判断，行政机关拥有一定的裁量权是必要的，但是，这种裁量权必须有一定的限度，在程序设计的考虑上，应当优先考虑第一时间发布信息的可能性。①

此外，从行政审判的角度看，《最高人民法院关于审理政府信息公开行政案件若干问题的规定》（法释［2011］17号）第三条规定也应被关注。第三条规定："公民、法人或者其他组织认为行政机关不依法履行主动公开政府信息义务，直接向人民法院提起诉讼的，应当告知其先向行政机关申请获取相关政府信息。对行政机关的答复或者逾期不予答复不服的，可以向人民法院提起诉讼。"

（二）依申请公开的程序

1. 基本规定

（1）申请的提出

根据《政府信息公开条例》第二十条，政府信息公开申请的提出以书面为原则，口头为例外。公民、法人或者其他组织向行政机关申请获取政府信息的，应当采用书面形式（包括数据电文形式）；采用书面形式确有困难的，申请人可以口头提出，由受理该申请的行政机关代为填写政府信息公开申请。

政府信息公开申请应当包括：①申请人的姓名或者名称、联系方式；②申请公开的政府信息的内容描述；③申请公开的政府信息的形式要求。为有效保护个人信息，《政府信息公开条例》第二十五条第一款规定公民、法人或者其他组织向行政机关申请提供与其自身相关的税费缴纳、社会保障、医疗卫生等政府信息的，应当出示有效身份证件或者证明文件。

（2）申请的答复

其一，有关答复期限。《政府信息公开条例》第二十四条规定，行政机关收到政府信息公开申请，能够当场答复的，应当当场予以答复。行政机关不能当场答复的，应当自收到申请之日起15个工作日内予以答

---

① 具体论述可以参考王万华主编：《知情权与政府信息公开制度研究》，中国政法大学出版社2013年版，第203—204页。

复；如需延长答复期限的，应当经政府信息公开工作机构负责人同意，并告知申请人，延长答复的期限最长不得超过 15 个工作日。但行政机关因申请公开的政府信息涉及第三方权益的而征求第三方意见所需时间并不计算在该期限内。

其二，有关答复方式。《政府信息公开条例》第二十一条、第二十二条、第二十三条规定，根据所申请的信息不同，行政机关可以作出五种答复：①属于公开范围的，应当告知申请人获取该政府信息的方式和途径。②属于不予公开范围的，应当告知申请人并说明理由；如果行政机关认为申请公开的政府信息涉及商业秘密、个人隐私，公开后可能损害第三方合法权益的，应当书面征求第三方的意见，第三方不同意公开的信息不予公开。但是，行政机关认为不公开可能对公共利益造成重大影响的，应当予以公开，并将决定公开的政府信息内容和理由书面通知第三方。③依法不属于本行政机关公开或者该政府信息不存在的，应当告知申请人，对能够确定该政府信息的公开机关的，应当告知申请人该行政机关的名称、联系方式。④申请内容不明确的，应当告知申请人作出更改、补充。⑤申请公开的政府信息中含有不应当公开的内容，但是能够作区分处理的，行政机关应当向申请人提供可以公开的信息内容。

其三，有关答复形式。依据《政府信息公开条例》第二十六条，行政机关依申请公开政府信息，应当按照申请人要求的形式予以提供；无法按照申请人要求的形式提供的，可以通过安排申请人查阅相关资料、提供复制件或者其他适当形式提供。

（3）申请的费用

《政府信息公开条例》第二十七条规定，信息公开是政府所履行的公共职能，因此行政机关不得通过其他组织、个人以有偿服务方式提供政府信息。行政机关依申请提供政府信息的，除可以收取检索、复制、邮寄等成本费用外，不得收取其他费用。行政机关收取检索、复制、邮寄等成本费用的标准由国务院价格主管部门会同国务院财政部门制定。

《政府信息公开条例》第二十八条规定，申请公开政府信息的公民确有经济困难的，经本人申请、政府信息公开工作机构负责人审核同意，可以减免相关费用。申请公开政府信息的公民存在阅读困难或者视听障碍的，行政机关应当为其提供必要的帮助，以保障其知情权的实现。

此外，我们留意到《国务院办公厅关于印发2014年政府信息公开工作要点的通知》（国办发［2014］12号）中的要求："对于经审核认定可以让社会广泛知晓的政府信息，在答复申请人的同时，应通过主动公开渠道予以公开，减少对同一政府信息的重复申请。"《国务院办公厅关于印发当前政府信息公开重点工作安排的通知》（国办发［2013］73号）规定："各级行政机关要按照谁公开、谁负责信息审查，谁公开、谁负责解疑释惑的原则做好信息公开工作。"

2. 若干问题

（1）有关申请政府信息内容描述不明确的认定及处理

依申请公开中，要求申请人申请内容明确的目的在于缩小查找范围，减少行政机关无谓的查询，节约行政成本。因此，就涉及"申请内容描述不明确"的判断标准。

《政府信息公开条例》对此并无规定。笔者认为，由于信息由行政机关掌握，加之信息的不对称性，申请人在提出申请时，通常不掌握申请公开的政府信息的细节，因此，赞同部分学者的看法"申请标准应主要是形式标准而非实质标准，而且形式标准只要达到最低标准即可。"①

有关申请政府信息内容描述不明确的处理，《政府信息公开条例》第二十一条第（四）项规定，对申请公开的政府信息，申请内容不明确的，行政机关应当告知申请人作出更改、补充。亦即由申请人通过补正申请，使申请内容符合形式要求。这要求行政机关在遇到申请内容不明确时，不能简单以申请条件不符合作出不予公开的决定，而应当对申请人如何更改、补充进行引导，否则是对申请人知情权实现的不当阻碍。最高人民法院2014年公布的政府信息公开典型案例"如果爱婚姻服务有限公司诉中华人民共和国民政部"一案，最高人民法院对案例

① 于立深：《依申请公开政府信息公开制度运行的实证分析——以诉讼裁判文书为对象的研究》，《法商研究》2010年第2期。

的典型意义分析中提及："对于已经主动公开的政府信息，行政机关可以不重复公开，但应当告知申请人获取该政府信息的方式和途径。本案中，被告虽然在复议期间告知申请人可以查询信息的网址，但登录该网址仅能查询到部分信息，二审判决认定其遗漏了申请中未主动公开的相关信息，构成未完全尽到公开义务，是对《政府信息公开条例》的正确理解，从而对行政机关是否充分履行告知义务进而完全尽到公开义务确立了比较明确的司法审查标准。此外，行政机关不予公开政府信息，应当援引具体的法律条款并说明理由。本案判决认定被告有可援引的法律依据而未援引，属于适用法律错误，能够敦促行政机关规范政府信息公开的法律适用，增强政府信息公开的说理性。判决还针对行政机关超期答复和答复主体不当等问题作出确认，也有利于促进政府信息公开答复形式与程序的规范化。"

（2）有关政府信息不存在的认定及处理

根据《政府信息公开条例》第二十一条第（三）项的规定，行政机关可以以"政府信息不存在"为理由拒绝向相对人公开政府信息。"政府信息不存在"主要有几种可能：一是行政机关经检索未能找到与申请人要求相一致的信息；二是申请人申请公开的信息不属于该行政机关制作或职责范围内；三是被申请行政机关未对该信息进行制作或保存；四是政府信息遭到灭失而不复存在；五是尽管该信息存在，但出于某些原因导致行政机关答复"信息不存在"。"政府信息不存在"在实践中有被滥用的可能：有的行政机关不愿意向申请人公开政府信息时，就以所申请的信息不存在来搪塞。在北京市各级政府 2012 年已经答复的 16468 件申请中，答复"信息不存在"的达 4130 件，而答案非政府信息的仅 297 件，答复非本机关职责的仅 2016 件，直接答复不予公开的仅 421 件。[①] 而在政府信息公开诉讼中，"信息不存在"往往成为证明困境。笔者建议，在未来的修法中，应当明确行政机关在答复"信息不存在"时，必须一并说明不存在的原因。并且，按照相关法理，行政机关在政府信息

① 万静：《信息不存在成不公开主要理由》，《法制日报》2013 年 10 月 17 日。

公开诉讼中应当承担信息不存在的举证责任。①

（三）监督及救济程序

《政府信息公开条例》第三十三条对政府信息公开的监督与救济作了规定："公民、法人或者其他组织认为行政机关不依法履行政府信息公开义务的，可以向上级行政机关、监察机关或者政府信息公开工作主管部门举报。收到举报的机关应当予以调查处理。公民、法人或者其他组织认为行政机关在政府信息公开工作中的具体行政行为侵犯其合法权益的，可以依法申请行政复议或者提起行政诉讼。"但该条应被视为是一个概括性、指引的规定，对程序并未有详细着墨与特别规定。公民、法人或者其他组织举报、提起行政复议或行政诉讼依照有关法律、法规所规定的程序进行。

三、完善我国政府信息公开程序应考虑的问题

（一）应进一步厘清的问题

1. 关于政府信息公开程序的性质

从实际情况考察，世界各国的行政程序法，不外乎权利模式与效率模式。当然，也没有哪个国家实行纯粹的单一模式，而只是以何者为重而已。权利模式和效率模式体现了行政程序法所追求的两个目标，即公民权利保障的增强和行政效率的提高。两者存在极为密切的关系，放弃任何一个方面都难以使行政程序正常运行，但两者又存在着一定的矛盾

---

① 2014年最高人民法院公布的政府信息公开典型案例"张良诉上海市规划和国土资源管理局案"，最高人民法院对典型意义的分析中提及："本案涉及政府信息公开的两项重要制度，一是申请人在提交信息公开申请时应该尽可能详细地对政府信息的内容进行描述，以有利于行政机关进行检索。二是政府信息不存在的行政机关不予提供。本案在处理这两个问题时所采取的审查标准值得借鉴。也就是，行政机关以信息不存在为由拒绝提供政府信息的，应当证明其已经尽到了合理检索义务。申请人对于信息内容的描述，也不能苛刻其必须说出政府信息的规范名称甚至具体文号。如果行政机关仅以原告的描述为关键词进行检索，进而简单答复政府信息不存在，亦属未能尽到检索义务。"

和冲突。因而，在目标模式的选择上，单纯选择一种模式的情况比较少见，大都是以一种模式为主，兼顾他种模式。因而，中国政府信息公开程序的立法目标模式的选择，在运用行政程序法基本原理、适应当代历史潮流的前提下，要从中国的现实情况出发，选择以权利模式为主、兼顾行政效率的模式，也就是公平优先、兼顾效率的模式。① 这就要求在政府信息公开程序模式的设计中，要充分考虑社会公众的主体地位，强调其作为当事人意志的体现和应当受到的尊重。将社会公众置于核心当事人的地位，既可以保护公民在政府信息公开程序中的合法权益，保障其获得政府信息、监督国家机关活动的权利，还可以有效改善行政机关效率低下的状况。

2. 公开程序的费用规定

信息公开程序中的费用涉及三个方面，一是政府机关公开信息所需要的费用；二是当事人请求公开所支付的费用；三是当事人寻求救济的费用。其中任何一个环节费用的过高，都可能导致立法者认为设计得很理想的公开程序无法付诸实现。

政府机关公开信息所需要的费用涉及信息公开程序的繁简和公开方式的合理选择问题。如美国《情报自由法》曾在 1974 年和 1986 年两度修订，修订后的《情报自由法》在 20 世纪 80 年代末至 90 年代初的一段时间赢得了社会公众的如潮好评。但此后随着法律的严格实行，《情报自由法》反而遭到了许多强烈的批评。原因在于政府机关若严格遵循该法的规定，公开成本将会远远超过国会原来立法时的估计，耗资十分巨大。“据估计，行政机关遵照规定的花费每年是 5 千万到 2 亿美元，大约是国会原来估计的十万倍。”②

对于当事人请求公开所支付的费用问题，如果信息公开立法不作出明确的规定，有可能会成为政府机关阻止当事人获得政府信息的重要障

① 姜明安：《我国行政程序立法模式的选择》，《中国法学》1995 年第 6 期；黄学贤：《行政程序法的目标模式及我国的选择》，《苏州大学学报》1997 年第 2 期。

② Davis and pierce, Jr, Administrative Law Treatise, 3rdedition, vol.1, p.194.

碍。虽然一般立法都规定支付的费用仅限于公开的成本，但“成本”的含义很广，不但可以包括信息载体的物质成本，还可能包括政府机关保存、查找和检索等费用，如果费用过高就会直接影响公众请求政府公开的积极性。就各国关于信息公开程序中的收费问题来看，主要有三种模式，一是美国《情报自由法》中的按公开的目的不同进行收费，美国《情报自由法》1986 年修正案规定，为商业用途申请档案记录者，要收取合理的文件查寻、复印及阅览费；基于学术或科学研究目的，以及新闻媒体非为商业用途申请公开行政信息的，则仅收取合理的文件复印费；除前两种情况之外的其他申请，则收取文件查寻及复印费；如果申请公开的情报对社会公众普遍有益，则可以免费或减少收费。二是日本和加拿大的按件收费模式，它不是按照信息公开目的分类收费，而是根据信息公开请求次数收取，费用不会太高，仅计算复制成本。三是新西兰的按申请公开的主体和内容不同而决定是否收费。新西兰 1982 年《公务信息法》第 24 条规定，如果是自然人为取得与个人有关的信息而提出公开请求时，应免予收费。

对于当事人寻求救济的费用对信息公开制度实施的影响，美国《情报自由法》前后的变化就是一个很好的例证。美国对信息公开的救济方式主要是诉讼，1966 年制定的《情报自由法》由于规定不完善，使当事人在行政机关败诉后仍要承担诉讼费和律师费，在很大程度上增加了当事人寻求信息公开的成本，并进而影响到该制度的运行。立法者意识到了这个情况，在 1974 年的修订案中，对此予以了改变，明确规定如果行政机关在情报自由诉讼中败诉，法院应判决由行政机关承担法院诉讼费和律师费。这一修订解决了社会公众由于提起诉讼费时、费钱而不得不放弃这项司法救济的障碍。

3. 公开程序规定的确定性

我国在社会变革时期的立法有着比较明显的特征，体现在“有总比无好”指导思想下的“宜粗不宜细”的立法设计，许多具体条文都很模糊，含义模棱两可。这种立法思想势必使本应精确和操作性强的法律规范过于原则、简单，整体上制约了立法质量的提高，也直接影响到法律实施的效果。如美国1946年《联邦行政程序法》，该法第三节规定了公众有权得到政府掌握的情报和机关的文件，但同时又规定政府为了公共利益可以拒绝公众要求公开的请求；或者政府有正当理由时也可以拒绝公开。虽然这部立法的原意是方便一般公众顺利取得行政机关所掌握的信息，然而由于该条文涉及的公共利益和正当理由的范围广泛且变化不定，致使行政机关可以以种种借口拒绝公开的申请，使法律上所规定的公民的知情权不能转化为事实上的权利。1966年《情报自由法》颁布后虽然解决了上述问题，但仍然因为该法对公开程序用语的不确定性，导致在公开政府信息的时限上存在问题。如当事人对行政机关延迟公开提起诉讼时，法院常常要求申请人证明其对这些政府文件有“紧急的需要”，否则只要行政机关已经尽了“相当的注意”，就认为行政机关的这种迟延即是必须的。因而行政机关的消极行为并没有在情报自由诉讼中得到纠正，反而在诉讼中得到了鼓励。在这样的背景下，美国国会在1996年第三次通过了《情报自由法》修正案，即《1996电子情报自由法修正案》。该修正案的目的之一就是要确保行政机关遵守法定期间的规定，其主要措施是通过规定现代化的信息处理技术程序来满足人们的要求，在把纸质文件电子化的同时，还要求提供电子阅览室，供社会公众自由查阅、复制和下载，使公众能更快捷、更容易获取政府文件，以解决过去几年中人们对行政机关在政府信息公开方面“一切不满之源”的迟延提供信息的问题。

（二）《政府信息公开条例》中未考量的特殊情形

1. 不予确认

当信息公开义务主体向申请人表明某政府信息是否存在，即会导致公开不应公开的政府信息的后果时，应当规定，公开义务主体有权对该信息的存在与否不予确认。这一设计主要基于：首先，在政府信息公开的执行过程中，涉密信息公开申请的出现将是不可避免的，如果不对此类信息的处理方式作出此种特殊规定，将难以解决实际工作中各种可能带来的问题。其次，不予确认的制度设计也符合世界各国政府信息公开立法的通例，有助于和国际习惯接轨。

2. 暂缓公开

暂缓公开，是信息效力待定的情形。暂缓公开的制度设计是指，在政府信息尚未确定是否属于国家秘密范围的，由承办人员提出具体意见交本机关、单位的主管领导人审核批准后，可依照保密法律法规规定的期限和程序，暂缓公开。暂缓公开的政府信息，在性质或密级确定后，再按照相关程序处理。

3. 预公开

2002 年《广州市政府信息公开规定》第十九条规定："涉及个人或组织的重大利益，或者有重大社会影响的事项在正式决定前，实行预公开制度，决定部门应当将拟决定的方案和理由向社会公布，在充分听取意见后进行调整，再作出决定。"这种预公开制度的确立和施行必将对政府的重大公共决策产生非常巨大的影响，对提高决策效率、减少决策失误、保证重大决策的科学性和民主性将有重大帮助。

当然，并非所有的过程性信息都属于预公开的范畴。这一点，在本章第二节有关过程性信息公开问题的讨论中有所体现。

4. 公开权利人和公开义务人

《广州市政府信息公开规定》第四条规定："各级人民政府及其职能部门以及依法行使行政职权的组织是公开义务人，应当依法履行公开政府信息的义务。个人和组织是公开权利人，依法享有获取政府信息的权利。"在本规定中，因为各级政府和职能部门承担着同种的公开信息的义务，公民和组织享有同种的知悉信息和申请知悉信息的权利，他们的权利义务关系是对称的。为明确权利主体和义务主体的界限，体现逻辑上的对应关系，并为简略起见，统一使用"公开义务人"和"公开权利人"的称谓。笔者认为，确立"公开义务人"和"公开权利人"的概念的作用有二：一是可以避免同时使用"行政主体""行政机关""利害关系人"等概念化语句，以及在不同条款中分别使用"相对人""申请人"等所带来的混乱。二是可以加强政府对信息公开的责任，因为，公众知道政府依法该公开什么和不该公开什么，公众明确了政府的告知义务，就可以理直气壮地监督政府的行为，这有利于一个国家的经济发展和市场繁荣。

第五节　政府信息公开行为的监督与法律救济

一、政府信息公开监督与法律救济机制概述

监督与救济制度是政府信息公开制度中不可或缺的部分。知情权的落实需要相应的保障和救济机制。行政法领域的监督与救济制度基本都是采用内外结合的复合制度，纵观各国的设置，政府信息公开领域也不例外。浏览国外政府信息公开的相关规定，从监督的角度来看，主要有行政系统内部的监督、社会监督和司法监督；从救济的角度看，则主要有行政复议、信息委员会、信息裁判所、信息专员以及司法救济五种类型。① 其中，信息委员会、信息裁判所、信息专员的制度设计尽管各有特色，但都注重独立性，裁判或审查机构大多独立于行政机关，尽可能保障裁决的中立性与公正性，保障公民知情权。

具体到我国，《政府信息公开条例》规定了举报、行政复议、行政诉讼等监督与救济制度，但着墨不多，也并未有任何特殊的设置。② 整体看来，我国现有的政府信息公开监督及救济机制，仍是置于传统的监督与救济机制之下，并未有创新的制度设计。这可能出于几方面的原因：一是尚未充分认识到政府信息公开制度本身的独特性。二是不愿意或难以实现制度突破。三是中国的政府信息公开制度构建受到美国的影响，美国信息公开制度拥有较高声誉，特别是其监督和救济制度安排利用法院这一传统渠道，不必大动干戈，较为符合中国目前的国情。③ 应当注意

---

① 参见王万华主编：《知情权与政府信息公开制度研究》，中国政法大学出版社 2013 年版，第 227—238 页。

② 最高人民法院的司法解释尝试设置一些新的规则，但力度有限。2014 年修改的《行政诉讼法》虽然在理论上也有所突破，但一样不能回应政府信息公开诉讼领域的所有问题。

③ 杨伟东：《政府信息公开主要问题研究》，法律出版社 2013 年版，第 233—234 页。

到，政府信息公开作为一种服务行政，与传统的秩序行政有太多的不同之处，在监督与救济机制尤其是后者的设计上不考虑其特殊性并不妥当。从国际趋势来讲，对政府信息公开监督与救济制度设计的创新主要有两种形式：一是创新机构设置，如设立信息专员等；二是在传统的司法审查制度中根据政府信息公开的特殊性设定一系列的新规则。这也是未来我国政府信息公开监督与救济机制发展的两大方向。

总之，政府信息公开的法律救济制度是一个系统工程，需要在立法、地方行政实践积累及政府行政理念的变革等多方面同步推进，互为补充，才能逐步实现信息时代下有中国特色的政府信息公开法律救济制度的建立和更新。

二、具体的监督机制

监督与救济机制有重合、也有相互独立的地方。本部分对《政府信息公开条例》所规定的举报等监督机制予以介绍，下文“三、具体的法律救济机制”部分则将详细介绍行政诉讼等法律救济机制。

（一）行政系统内部监督

《政府信息公开条例》第二十九条至第三十三条设置了考核评议制、监督检查制和工作年度报告制等行政系统内部的监督形式。

其一，考核评议制。考核评议制是指对行政机关及其工作人员开展信息公开的工作情况依据一定的标准进行考察和评价，并依据考察、评价的标准予以奖惩的制度。各级人民政府应当建立健全政府信息公开工作考核制度、社会评议制度和责任追究制度，定期对政府信息公开工作进行考核、评议。

其二，监督检查制。监督检查制是通过政府信息公开工作主管部门和监察机关来对行政机关政府信息公开的实施情况进行监督检查的一种制度。

其三，工作年度报告制。工作年度报告制要求各级行政机关应当在每年 3 月 31 日前公布本行政机关的政府信息公开工作年度报告，公开的工作年度报告应当包括：（1）行政机关主动公开政府信息的情况；（2）行政机关依申请公开政府信息和不予公开政府信息的情况；（3）政府信息公开的收费及减免情况；（4）因政府信息公开申请行政复议、提起行政诉讼的情况；（5）政府信息公开工作存在的主要问题及改进情况；（6）其他需要报告的事项。

此外，根据《政府信息公开条例》第三十三条第二款，公民、法人或者其他组织认为行政机关在政府信息公开工作中的具体行政行为侵犯其合法权益的，可以申请行政复议。有关行政复议问题，将在法律救济机制中详细介绍。

（二）社会监督

《政府信息公开条例》第三十三条第一款规定了举报制度："公民、法人或者其他组织认为行政机关不依法履行政府信息公开义务的，可以向上级行政机关、监察机关或者政府信息公开工作主管部门举报。收到举报的机关应当予以调查处理。"

（三）司法监督

具体参见"三、具体的法律救济机制"方面的内容。[①]

三、具体的法律救济机制

（一）行政复议制度的适用性

《政府信息公开条例》第三十三条第二款规定："公民、法人或者其他组织认为行政机关在政府信息公开工作中的具体行政行为侵犯其合法权益的，可以依法申请行政复议或者提起行政诉讼。"

---

① 《政府信息公开条例》第三十四条至第三十六条，规定了行政机关及行政机关工作人员存在未建立健全政府信息发布保密审查机制，未依法履行政府信息公开义务，未及时更新公开的政府信息内容、政府信息公开指南和政府信息公开目录，规定收取费用，通过其他组织、个人以有偿服务方式提供政府信息，公开不应当公开的政府信息等情况的法律责任。

1. 复议的原则与方式

行政复议是行政机关实现自身监督的一种重要的法律途径，以纠正行政违法和失当为主要目的，是现代行政民主和法治的一个表现。在1999年《行政复议法》颁布以前，学者们提出的行政复议基本原则基本上围绕《行政复议条例》而展开，其中主要的一条是合法性和适当性全面审查原则①，即在行政复议中，复议机关既要审查具体行政行为的合法性，也要审查具体行政行为的适当性。合法性审查是指复议机关在审理复议案件的过程中，要对被复议的具体行政行为是否符合法律、法规、规章以及上级规范性文件的规定进行全面审查，也包括对具体行政行为的程序合法性的审查。对具体行政行为的适当性进行审查通常是针对行政机关的自由裁量权。审查自由裁量权的行使是否适当，首先要查明动机和目的，其次要审查具体行政行为的力度，具体行政行为超出行政目的或行为力度超过必要限度时，都可以认定其不当。由于行政诉讼对具体行政行为的适当性原则上不做审查，除非在行政处罚显失公正的情况下，才允许人民法院对被诉的具体行为予以变更。这突出反映了行政复议不同于行政诉讼的特点。

然而，这一原则在面对政府信息公开行为时遇到了不少的挑战。由于原有的行政复议对被复议的具体行政行为采用“全面介入”的审查方式，不仅对其合法性而且对其合理适当性都要逐项审核，不可避免将会触及被提起复议的信息公开行为所指向的政府信息。但依据国家有关的保密和档案法律，特定的政府信息是不允许法定范围以外的第三人接触或者知悉的，这就和现有的行政复议规定发生了制度上的冲突：要么舍弃国家保密的利益，要么牺牲相对人的民主救济权利。可见，除非针对政府信息公开行为的行政复议制度有所创新，否则两者之间的矛盾难以调和。

有鉴于此，日本《信息公开法》在行政复议制度中设置了由信息公

① 参见张尚族：《走出低谷的行政法学——中国行政法学综述与评价》，中国政法大学出版社1991年版，第317—319页。

开审查会主持的屏蔽审查程序，这是在已经确定政府信息公开制度中所独有的。① 该法第十八条规定："依据行政不服审查法对公开等决定提出复议申请时，对该复议申请应作出裁决或决定的行政机关的首长，除符合以下各项规定之一外，应向信息公开审查会提出咨询。"第二十七条第一款规定："审查会认为必要时，可以要求咨询提出机关出示公开等决定所涉及的行政文件。任何人不得要求审查会公开该被出示的行政文件。"第三款又进一步规定："审查会认为必要时，可以要求咨询提出机关依照审查会指定的方法，对被作出公开等决定的行政文件中记录的信息内容进行分类或整理，并将分类或整理后的资料提交审查会。"信息公开审查会对该行政文件进行实际的审查之后，将作出该行政文件是否应该予以公开的结论，对该复议申请应作出裁决或决定的行政机关必须执行。除日本外，韩国也设置了作用类似的信息公开审议会，韩国《信息公开法》第十条规定："公共机关依据第九条之规定，设置审议会，进行运营，并审议是否公开情报。"

这种在行政复议和行政诉讼程序中被称为"屏蔽审查"或"密室审查"制度的产生，和日本各类地方公共团体长期以来在信息公开方面的大量实践与诉求是分不开的。在日本早期涉及信息公开的诉讼中，法院往往以推定审查的方式取代对被申请公开的政府信息进行直接审阅。然而，推定审查的方式显然不能满足当事人权益保护之需求。因此，日本的地方公共团体从能够有效地实施权利救济的目的出发，首先在地方的信息公开条例中建立了屏蔽审查制度，即在行政复议程序之中设置了独立于复议机关与复议双方当事人的信息公开审查会，该会享有复议机关与复议双方当事人均不享有的对政府信息进行实质性审查之权力，并有权向复议机关提出是否公开该政府信息的意见。该会性质上居于中立第三者的地位，以咨询机关的角色出现，因此复议机关在法律程序上并无特定服从审查会之审查意见的义务。但由于日本之地方公共团体相应设

① 参见朱芒：《开放型政府的法律理念和实践——日本的信息公开制度》，《环球法律评论》2002年秋季号。

置了复议机关向审查会进行咨询的程序，并对审查会人员的组成作出了严苛的规定，在多年以来的信息公开实践中，信息公开审查会的工作也卓有成效，因此已在实际上发挥了等同于最终复议决定机关同样的功能。起源于地方公共团体的这种屏蔽审查最终赢得了充分的社会认可。

依照我国《行政复议法》第二十三条第二款："申请人、第三人可以查阅被申请人提出的书面答复、作出具体行政行为的证据、依据和其他有关材料，除涉及国家秘密、商业秘密或者个人隐私外，行政复议机关不得拒绝。"那么是否可以推断，由于我国对于个人和组织在行政复议申请中能够介入本申请的政府信息的深度已有了规定，就无需在复议乃至诉讼程序中另行设立类似日本信息审查委员会的第三者咨询机关呢？笔者以为，这种推断是有欠妥当的。首先，我国行政复议法对申请人实质性介入被申请之政府信息的权利虽然有所限制，但并未对复议机关作出同样的规定。正如上文分析，基于政府信息的内部匹配、国家秘密或商业秘密的知悉范围等原因之限制，由某一行政机关所掌握的政府信息并非当然就应当或可能为上级行政机关或同级人民政府所获取。而复议机关对政府信息所进行的是实质性审查，除要判定其合法性外还要判定其合理性，但按照政府信息的类型，某些不公开的政府信息只能由掌握该信息的行政机关所决定。因此，对申请人的权利进行单方限制并不能达到政府信息公开之保留的目的。其次，在申请人的权利受到限制的情况下，仍然赋予复议机关对被申请之政府信息享有审查之权力，加之被申请人所具有的对该政府信息的既有权利，申请人在行政复议阶段中显然处于不利的地位，这并不符合权利义务的对等原则。

2. 行政复议的范围

行政复议的范围是指行政相对人认为行政机关作出的行政行为侵犯其合法权益，依法可以向行政复议机关请求重新审查的范围。并非行政机关对行政相对人作出的所有行政行为都可以申请复议。我国《行政复议法》第六条至第八条规定了行政复议的范围。

《政府信息公开条例》也明确规定公民、法人或者其他组织认为行政机关在政府信息公开工作中的具体行政行为侵犯了其合法权益的可以提起复议。但《行政复议法》所规定复议范围和政府信息公开制度的要求实际存在着一些难以协调的地方。首先，行政复议的范围发生和确定的前提乃是行政相对人认为行政机关作出的行政行为侵犯其合法权益，但政府信息公开行为侵犯的是否都是“合法权益”？即便政府信息公开行为侵犯的客体可以被归入公民享有的“知情权”，但由于该权利并未在我国宪法和法律中得到明示，能否仅以此来对抗行政机关的抗辩从而成为行政行为违法或失当的归责理由，仍然值得推敲。其次，依照《行政复议法》等的规定，对相对人的保护范围主要集中在人身权、财产权以及其他受教育权等特定权利，知情权受到违法行政或者行政失当的侵害能否循既有途径寻求法律救济，也同样存有疑惑。再次，《政府信息公开条例》所规定的公民、法人或者其他组织认为行政机关在政府信息公开工作中的具体行政行为侵犯其合法权益的可提起行政复议，“具体行政行为”的表述导致一种理解：只有依申请公开属于具体行政行为，可以提起行政复议；主动公开是抽象行政行为，不可提起行政复议。①

当然，在《政府信息公开条例》颁布之初，在行政诉讼领域同样也存在着对“合法利益”“法律上利害关系”“具体行政行为”等问题的疑问。伴随《政府信息公开条例》的实施、司法解释的尝试、《行政诉讼法》的修改，行政诉讼领域的相关问题已不是在理论上不可解决的问题(下文将予以详述)。因此，对于行政复议，也可以采用类似的解释进路。当然，最根本的解决方法仍是未来修法时对政府信息公开与行政复议、行政诉讼制度之间的关系进行理顺，以法律方式确定下来。

此外，近年来出现许多行政复议申请人在复议案件审理期间或者案件审结后通过提出政府信息公开申请的方式，要求获取复议机关作出行政复议决定的证据、依据的情况。对此，国务院法制办向国家工商总局

① 参见叶必丰：《具体行政行为框架下的政府信息公开——基于已有争议的观察》，《中国法学》2009 年第 5 期；另参见蔡金荣：《政府信息公开行政复议运作规则初探》，《行政论坛》2010 年第 1 期。

作出的《国务院行政复议意见书》（国复［2013］286号）对此类案件的办理提出了自己的意见。国务院法制办认为，依据《行政复议法》及其实施条例的相关规定，申请人、第三人可以查阅被申请人提出的书面答复、作出具体行政行为的证据、依据和其他材料。由于《行政复议法》作为上位法，与其实施条例一起，已经设置了专门程序保证申请人的知情权，对于申请人要求公开行政复议决定证据、依据的申请，行政复议机关不应当适用《政府信息公开条例》进行处理，而应当依照《行政复议法》的规定予以告知，明确相应法定处理程序。行政复议机关依照《行政复议法》所作的告知，不是直接影响申请人合法权益的具体行政行为，依法不属于行政复议受理范围。

3. 行政复议的参加人

根据《行政复议法》第十条的规定，行政复议的参加人是指参加行政复议的申请人、被申请人、第三人和代理人。

在政府信息公开行为的复议当事人问题中，主要的焦点集中在第三人上。在对一般的具体行政行为所提起的行政复议中，第三人适合与否要视乎其与申请行政复议的具体行政行为是否存在利害关系，该利害关系的认定标准一般是该第三人和行政复议的复议申请人或者被申请人一方存有实体上的法律关系，且该实体上的法律关系将不可避免地，或除非变更或撤销否则将不可避免地，或已经受到被申请的具体行政行为的实质性影响，这种实体上法律关系的存在和所（可能）受之影响可以被称为第三人和某一特定之行政复议的联结点。但在政府信息公开行为当中，并不普遍存在这样联结点。所谓不普遍存在，可以解读为两层意思：一、特定存在，例如行政机关根据申请人之申请公开内容包含或涉及特定个人或者组织的信息，在这种情况下，申请公开人和行政机关可以分别成为复议关系中的复议申请人和被申请人，信息被包含或涉及之特定个人或组织就成为第三人。在这里，第三人的联结点其实在该包含或涉及特定个人或者组织的信息特定化并为行政机关所掌握时就已经形成了。二、不特定的不存在，即除上述第一种情况外，政府信息公开行为被提起复议的情形下似乎都难以形成这样的联结点。在政府信息公开行为中，获取信息的权利人并不需要以作为公开信息的义务人的行政机关向其承担任何其他法定之责任作为行使申请获取信息之权利的前提，亦无须向义务人提供任何获取信息的理由，而恰恰是这一前提构成了第三人制度在政府信息公开行为中与在其他行政法律关系中形成重大区别的原因。若民事主体双方已经成立了一定的法律关系，或者欲成立以获得某一特定信息为成立要件的法律关系，而此时其中一方向行政机关申请公开特定的信息，却因该机关不许可或不作为而未得，另一方是否能据此以第三人身份参加行政复议甚至行政诉讼？在这种情况中，按照第三人适合与否的认定的联结点标准之后半部分，即实体上之法律关系将不可避免地、或除非变更或撤销否则将不可避免地、或已经受到被申请的具体行政行为之实质性影响，似乎并不存在和一般行政复议第三人相区别之处。然而，笔者以为，在政府信息公开的行为当中，行政机关承担的是一种随时性义务，个人或组织享有的信息获取权利并不像其他一般行政法律关系一样须符合特定的法定条件，而一般行政复议中第三人地位的确立却往往和这种权利享有所需具备的特定法定条件有密不可分的关系。若将对政府信息公开行为进行的行政复议中第三人资格的取得和一般行政复议中的第三人情形等量齐观，行政机关将会被湮没于信息需求所牵连的无可尽数的偶发性权利诉求当中。

《政府信息公开条例》尽管规定了政府信息公开行政复议这一渠道，但对行政复议制度未有任何突破和创新，《行政复议法》也尚未有所回应，对未来我国在政府信息公开行为上行政复议制度的构建，笔者以为，以下方向虽然“动作”较大，却不失其意义及可行性：首先，在宪法和其他实体法律上赋予公民知情权以与财产权、人身权同等的明确的法律地位，以确保对知情权之保障能够被纳入对政府信息公开行为进行行政和司法审查的范畴之内。其次，应当在行政机关内部建立完善的信息匹配系统，以防止信息积极或消极冲突的状况发生，避免行政复议机制介入政府信息公开时可能遭遇的权限尴尬。再次，建立信息公开审查委员会和屏蔽审查制度，以求于尊重代表公共利益保留的国家秘密、维护市场竞争公平秩序的商业秘密、保护公民个人的隐私权与知情权的伸张之间取得动态的平衡，并以此制度为契机，进一步推动我国行政权力公开化、透明化的进程。最后，考虑到我国行政复议与行政诉讼相衔接的特征，在建立了信息公开审查委员会和屏蔽审查制度的基础上，对政府信息公开行为的行政复议应当舍弃其他大部分复议类型中任由相对人对申请复议或提起诉讼的选择权，而划定为行政复议程序是寻求对政府信息公开行为法律救济的前置程序。

（二）行政诉讼制度的适用性

根据《政府信息公开条例》第三十三条第二款，公民、法人或者其他组织认为行政机关在政府信息公开工作中的具体行政行为侵犯其合法权益的，可以依法提起行政诉讼。

为适应《政府信息公开条例》施行后出现的政府信息公开诉讼实践的需要，最高人民法院于 2011 年颁布了《最高人民法院关于审理政府信息公开行政案件若干问题的规定》（法释［2011］17 号）；于 2014 年首度发布了政府信息公开的典型案例。学界也出现了一批对政府信息公开诉讼的研究成果。①

在政府信息公开的行政诉讼方面，首要问题应当是界定此类诉讼的受案范围和当事人资格。笔者认为，理想状态下，在法定公开和依申请公开两种信息公开的类型中，无论是行政机关未公开其依法应当公开的信息的，或行政机关公开其依法不应公开的特定信息并给相对人造成损害的，或行政机关公开其依法不应公开的特定信息但并未给特定的相对人造成损害的，还是依申请公开的政府信息、行政机关不作为的，或依

---

① 如梁玥：《政府信息公开诉讼研究》，山东人民出版社 2013 年版；许莲丽：《保障公民知情权——政府信息公开诉讼的理论与实践》，中国法制出版社 2011 年版；李广宇：《政府信息公开诉讼：理念、方法与案例》，法律出版社 2009 年版；李广宇：《政府信息公开司法解释读本》，法律出版社 2013 年版。

申请公开的政府信息、申请人不服行政机关的不公开决定的，或依申请公开的政府信息、利害关系人不服行政机关的公开决定的，个人或组织都应当对该特定的信息的公开行为享有诉权，且无须具备任何既有实体法律关系上的法律利益。其次，信息公开诉讼应当分散管辖，以避免出现因应政府掌控信息的集中性而出现受案集中的状况。再次，应当建立允许利益第三人介入或提起反对之诉或交叉诉讼的诉讼机制，以实现在诉讼程序中也能够同步保证知情权与隐私权、商业秘密的保护等法定保留要素的平衡。

需要特别说明的是，2014 年，实施了 24 年之久的《行政诉讼法》首度大修（2015 年 5 月 1 日起实施），从立法文本中删除了“具体行政行为”这一概念，增加“利害关系人”的概念规定。新《行政诉讼法》在一定程度上解决了政府信息公开诉讼自产生之日起所出现的若干争论。

1. 信息公开诉讼的受案范围

《政府信息公开条例》第三十三条第二款中“具体行政行为”“合法权益”的表述是对 1989 年《行政诉讼法》确定下来的法律概念的沿用。在《政府信息公开条例》颁布之初，针对第三十三条所创设的政府信息公开诉讼尚存在若干争议，但随着理论的探讨、实践的摸索以及立法的发展，这些问题多数已经解决，不再成为政府信息公开诉讼的障碍。

第一，有关具体行政行为。《政府信息公开条例》颁布之前与实施之初，部分观点（法院）认为，法院能够受理的是“政府信息公开工作的具体行政行为”，而行政机关公开或不公开信息的行为并不属于具体行政行为，并不可诉。理由在于：政府信息公开或不公开并不产生法律效果，既不对申请人的权利产生影响，也不给申请人增添义务。这一种观点实际上把“具体行政行为”等同于德国法上的“行政处分”行为。对此，学界普遍持反对的态度，认为“具体行政行为”应作广义理解，包括行政法律行为与行政事实行为，而政府信息公开是事实行为的一种；并进一步认为判断政府信息公开行为是否可诉的标准，在于该行为是否对权利义务产生实际影响。[①] 各地法院也逐渐认可这一观点。随着 2014 年《行政诉讼法》的修改，将“具体行政行为”表述为“行政行为”，这一问题在立法上得到彻底解决。

第二，有关合法权益。一种观点认为，行政诉讼的受案范围主要限于人身权、财产权或其他法律规定的权利，《政府信息公开条例》作为国务院的行政法规也不直接创设权利，因此，只有当政府信息公开工作中的具体行政行为侵犯其人身权和财产权的时候，公民、法人或者其他组织才能寻求法律救济。对此，也有声音对其进行反驳：行政诉讼法将行政诉讼受案范围的创制权授予法律、法规，并且，这种授权也没有限定在人身权和财产权的范围之内。因此，政府信息公开行为影响公民、法人或其他组织的人身权、财产权以及依法获取政府信息权（知情权）等合法权益，均属于政府信息公开诉讼的受案范围。[②]

---

① 参见李广宇：《政府信息公开诉讼：理念、方法与案例》，法律出版社 2009 年版，第 8—9 页（我国《行政诉讼法》中的具体行政行为本身就是广义上的具体行政行为，因为在其所列举的可诉行为中，有些行为本身就是行政事实行为而不是行政法律行为）。王万华主编：《知情权与政府信息公开制度研究》，中国政法大学出版社 2013 年版，第 245 页（《最高人民法院关于执行〈中华人民共和国行政诉讼法〉若干问题的解释》）放弃了对具体行政行为的解释，而直接采用了“行政行为”作为受案范围的概括标准，……从该解释受案范围的排他事项来看，“国家行为”“行政规范性文件”“涉及公务员权利义务的行政行为”“法定最终裁决行政行为”“刑事诉讼法授权行为”“调解和法定仲裁行为”“行政指导行为”“重复处理行为”及“对公民、法人或者其他组织权利义务不产生实际影响的行为”不属于行政诉讼受案范围，那么属于受案范围的行政行为（除排他事项外）主要是指对权利义务产生实际影响的行为。由此，属于受案范围的具体行政行为（或行政行为）在性质上是否为学理上的法律行为还是事实行为已不再重要，而重要的是该行为是否对权利义务产生实际影响。

② 参见李广宇：《政府信息公开诉讼：理念、方法与案例》，法律出版社 2009 年版，第 10 页；王万华主编：《知情权与政府信息公开制度研究》，中国政法大学出版社 2013 年版，第 248 页。

在对上述问题进行探讨、实践的基础上，2010年通过、2011年施行的《最高人民法院关于审理政府信息公开行政案件若干问题的规定》（法释［2011］17号）对政府信息公开诉讼的受案范围问题进行了规定。

其一，受案范围的列举。法释［2011］17号文第一条第一款的规定为："公民、法人或者其他组织认为下列政府信息公开工作中的具体行政行为侵犯其合法权益，依法提起行政诉讼的，人民法院应当受理：（一）向行政机关申请获取政府信息，行政机关拒绝提供或者逾期不予答复的；（二）认为行政机关提供的政府信息不符合其在申请中要求的内容或者法律、法规规定的适当形式的；（三）认为行政机关主动公开或者依他人申请公开政府信息侵犯其商业秘密、个人隐私的；（四）认为行政机关提供的与其自身相关的政府信息记录不准确，要求该行政机关予以更正，该行政机关拒绝更正、逾期不予答复或者不予转送有权机关处理的；（五）认为行政机关在政府信息公开工作中的其他具体行政行为侵犯其合法权益的。"

因此，目前我国政府信息公开诉讼的受案范围具体包括：

（1）拒绝公开之诉。在依申请公开中，申请人认为行政机关拒绝或者逾期不予答复（视为拒绝）侵犯了自己的合法权益的，有权提起行政诉讼。拒绝公开之诉是政府信息公开诉讼中最为常见的类型。

（2）内容方式之诉。依申请公开中，即使行政机关公开了申请人所申请的政府信息，但如果申请人认为行政机关公开的信息与自己在申请中描述的内容或者法律、法规规定的适当形式不符合，从而侵犯了自己合法权益的，可以提起行政诉讼。内容方式之诉与拒绝公开之诉之所以都允许申请人提起行政诉讼，源于在此二种情况下，申请人的申请（权利）都未能获得满足。

（3）反信息公开之诉。若公民、法人或其他组织认为行政机关主动公开或依他人申请公开的政府信息侵犯了自己的商业秘密、个人隐私的，可以提起诉讼。这是对行政机关及信息公开申请人以外第三方的保护。①

（4）个人信息保护之诉。若公民、法人或其他组织认为行政机关提供的与其自身相关的政府信息记录不准确，要求该行政机关予以更正，行政机关拒绝更正、逾期不予答复或者不予转送有权机关处理的，可以提起个人信息保护之诉。

（5）其他情形。法释［2011］17号文第一条第一款第（五）项是一个兜底条款，其规定除了该款第（一）项至第（四）项规定的情形外，“公民、法人或其他组织认为行政机关在政府信息公开工作中的其他具体行政行为侵犯其合法权益的，可以提起行政诉讼。”②

其二，受案范围的排除。法释［2011］17号文第二条规定：“公民、法人或者其他组织对下列行为不服提起行政诉讼的，人民法院不予受理：（一）因申请内容不明确，行政机关要求申请人作出更改、补充且对申请人权利义务不产生实际影响的告知行为；（二）要求行政机关提供政府公报、报纸、杂志、书籍等公开出版物，行政机关予以拒绝的；（三）要求行政机关为其制作、搜集政府信息，或者对若干政府信息进行汇总、分析、加工，行政机关予以拒绝的；（四）行政程序中的当事人、利害关系人以政府信息公开名义申请查阅案卷材料，行政机关告知其应当按照相关法律、法规的规定办理的。”

因此，根据现有的司法解释，以下情形被排除在政府信息公开诉讼之外。

（1）程序性告知。依申请公开中，如果申请人对行政机关要求其作

① 理论上的反信息公开之诉并不仅仅指向司法解释所规定的情形，具体可参见许莲丽：《保障公民知情权——政府信息公开诉讼的理论与实践》，中国法制出版社2011年版，第47—69页。

② 李广宇在其《政府信息公开司法解释读本》一书对迟延答复行为、违法收费行为、公开虚假信息行为、不予处理举报行为、任意删除信息行为是否属于政府信息公开诉讼范围进行了探讨。（参见李广宇：《政府信息公开司法解释读本》，法律出版社2013年版，第61—69页）

出更改、补充的告知不服，直接提起行政诉讼的，人民法院一般不予受理。这是因为，告知是行政机关受理信息公开申请后基于对申请书内容的审查而作出的一种程序性处置，是中间阶段的行为而非最终的行政决定，其并不会对申请人的权利义务产生实际的影响。根据行政法上的“成熟原则”，这样一种程序性处置、中间阶段的行为不能直接接受司法审查。① 当然，若出现行政机关反复告知申请人对申请书进行更改、补充，迟迟不作出政府信息公开答复的情况，申请人提起行政诉讼的，则应予以受理。原因在于，行政机关的行为已经对申请人的权利义务产生了实际影响。

（2）拒绝提供公开出版物。

（3）拒绝信息创制。“申请者只能申请行政机关保存的现有材料或文件。政府机关没有义务为申请者收集它并不具有的信息，也没有义务为申请者研究或分析数据。”②

（4）卷宗阅览事项。卷宗阅览权与政府信息公开请求权有所不同，因此，当卷宗阅览权与政府信息公开请求不存在竞合的情况下时（例如律师依据《律师法》要求查阅行政复议案件过程中的有关材料），行政机关告知行政程序中的当事人、利害关系人按照相关法理、法规的规定查阅案卷材料，当事人、利害关系人不服而提起行政诉讼的，人民法院不予受理。

理论上，根据行政机关对政府信息的作为情况，对主动公开和依申请公开这两种政府信息公开类型，可各自分别区分出三种可能引发信息公开诉讼之情形。其中，主动公开可区分为：其一，行政机关未公开其依法应当公开的信息的；其二，行政机关公开其依法不应公开的特定信息，并给相对人造成损害的；其三，行政机关公开其依法不应公开的特

---

① 李广宇：《政府信息公开司法解释读本》，法律出版社 2013 年版，第 100 页。

② 周汉华主编：《外国政府信息公开制度比较》，中国法制出版社 2003 年版，第 53 页。

定信息，但并未给特定的相对人造成损害的。依申请公开则可区分为：其一，依申请公开的政府信息，行政机关不作为的；其二，依申请公开的政府信息，申请人不服行政机关不公开之决定的；其三，依申请公开的政府信息，利害关系人不服行政机关公开之决定的。对于依申请公开类型中所举出的第一和第二种情形，相对人对该政府信息公开行为享有理所当然的诉权；对于第三种情形，关键在于如何确定利害关系人的定义与范围，即确定原告资格，对此三种情形，司法解释都将之纳入了受案范围。

对于主动公开中举出的三种情形，司法解释将第二种情形直接纳入受案范围内。而对第一种情形，则通过转换的方式，要求权利人先穷尽行政救济，若权利人经过催告督促行政机关履行其法定职责仍不得的，可提起行政诉讼。理由在于：若权利人未经催告督促之步骤，在当前的行政诉讼法律框架之下，由于该权利人并未与该行政机关形成既定的法律关系，无法律关系即无相互间的权利义务，当事人亦不具有诉的利益，因此不享有诉权。而对第三种情形则未予以规定，其理由可能与对第一种情形中对“诉的利益”的分析相类似。笔者认为，行政机关公开其依法不应公开的特定信息，但并未给特定的相对人造成损害，即有可能会有从此行政越权行为中受益的特定人，却由于没有因此行政越权行为受损的特定人而致此类信息公开行为之处分往往只能置于行政机关的内部处理之下。这导致一方面越权者得以规避法院审判之制约，另一方面，取得此不当得利之人却无须为其利益的获得而向公众交付任何对价，显失公平。因此，必须在现有法律框架之外另寻理论支持（如公益诉讼理论），以保证主动公开中第三种政府信息公开行为亦能被纳入行政诉讼的受案范围（甚至包括主动公开第一种情形的直接纳入），为司法审查所钳制。

2. 信息公开诉讼的当事人

（1）原告

行政诉讼原告，是认为行政主体及其工作人员的行政行为侵犯其合法权益而向人民法院提起诉讼的个人或者组织。原告应当具有下列法律特征：认为行政行为侵犯其合法权益（起诉人与被诉人的行政行为具有利害关系），以自己的名义向法院起诉（起诉人原则上必须具备完整的法律人格），以及要受法院裁判拘束。① 之所以要确定原告资格，主要目的在于防止滥诉，减少国家解决争议的成本，促成法律关系的稳定；同时，从保护公民合法权益的角度来说，一个案件是否应当受理，主要看这个公民在诉讼中是否有诉讼利益存在。如果没有，就没有必要让他进入诉讼程序。② 原告资格的认定实际上是一个复杂的法理问题，因为“通过对原告资格的认定，司法审查权可以不断地调整对行政权监控的深度和广度”。③

《政府信息公开条例》实施之初，有关信息公开诉讼原告资格问题的争议也不断出现。除了与上文提及的“三需要”问题、受案范围中的“具体行政行为”“合法权益”问题所相关的争议以外，还出现了对于“法律上利害关系”的争论。具体而言，许多法院在政府信息公开诉讼中，根据《最高人民法院关于执行〈中华人民共和国行政诉讼法〉若干问题的解释》（法释［2000］8号）第十二条关于“与具体行政行为有法律上利害关系的公民、法人或者其他组织对该行为不服的，可以依法提起行政诉讼”的规定，以原告与被诉具体行政行为不具有法律上利害关系为由，不予受理或者驳回起诉。

对此，反对的观点认为，诉讼实践中，许多法院混淆了与政府信息公开行政行为具备“利害关系”和与政府信息公开内容具备“利害关系”二者，政府信息公开作为一种客观上的制度，并不要求申请人与政府信息要具备“利害关系”。所谓的“利害关系”针对的是政府信息公开行政行为。而政府信息公开申请人或认为政府信息公开侵犯了其商业秘密或

① 张正钊、李元起：《行政法与行政诉讼法》，中国人民大学出版社1999年版，第358页。

② 江必新：《关于行政诉讼中的原告资格问题》，《人民法院报》2000年5月11日。

③ 章剑生：《论行政诉讼中原告资格的认定及其相关问题》，《杭州大学学报》1998年第7期。

个人隐私的第三方，与被诉行政行为应当被理解为是具备法律上利害关系的（侵犯了知情权）。①

“有利害关系”的表述见于1989年《行政诉讼法》第二十七条关于第三人的规定：“同提起诉讼的具体行政行为有利害关系的其他公民、法人或者其他组织，可以作为第三人申请参加诉讼，或者由人民法院通知参加诉讼”。“法律上利害关系”的表述见于《最高人民法院关于执行〈中华人民共和国行政诉讼法〉若干问题的解释》（法释［2000］8号）第十二条，不过并非规定第三人，而是规定原告资格，“与具体行政行为有法律上利害关系的公民、法人或者其他组织对该行为不服的，可以依法提起行政诉讼”，在审判实践中确立了原告资格新的标准。但司法解释的规定却用“法律上”做限定，排除了事实上的利害关系，权利保障不够周全。新《行政诉讼法》吸收了司法解释对于行政诉讼原告资格的界定，同时删去了“法律上”利害关系的限制，表述为“行政行为的相对人以及其他与行政行为有利害关系的公民、法人或者其他组织，有权提起诉讼”，扩大了原告资格的范围，也在事实上拓宽了行政诉讼的受案范围。采用“利害关系”标准，原告只要主张其法律上的利益受到行政行为的侵害，都可以提起诉讼，而不仅限于人身权、财产权的范围，也不限于公法上的利益，还包括私法上的利益，不仅包括已被立法确认的法定权利类型，也包括尚未被立法确认的权利类型。因此，政府信息公开诉讼领域中原告资格确定的这一老大难问题在立法上的障碍也得到解决，在“利害关系”标准之下，结合上文对受案范围的分析，信息公开诉讼的原告资格可以被界定为：公民、法人或其他组织的人身权、财产权或获取政府信息权等合法权益受到属于行政诉讼受案范围内的政府信息公开行政行为实际影响的，可以提起政府信息公开诉讼。

---

① 最高人民法院行政审批庭编：《行政执法与行政审判》，中国法制出版社2011年版，第96—103页。

(2) 被告

行政诉讼的被告，是指其实施的行政行为被作为原告的个人或者组织指控侵犯其合法权益，而由人民法院通知应诉的行政主体。成为行政诉讼法被告的法定条件主要有三：一是必须是行政主体；二是必须实施原告认为侵犯其合法权益的行政行为；三是人民法院通知其应诉。我国《行政诉讼法》第二十六条详细规定了行政诉讼被告的确定。《最高人民法院关于审理政府信息公开行政案件若干问题的规定》(法释［2011］17号) 第四条也明确规定了在审理政府信息公开行政案件中确定被告的几种不同情形。

①公民、法人或者其他组织对国务院部门、地方各级人民政府及县级以上地方人民政府部门依申请公开政府信息行政行为不服提起诉讼的，以作出答复的机关为被告；逾期未作出答复的，以受理申请的机关为被告。

②公民、法人或者其他组织对主动公开政府信息行政行为不服提起诉讼的，以公开该政府信息的机关为被告。

③公民、法人或者其他组织对法律、法规授权的具有管理公共事务职能的组织公开政府信息的行为不服提起诉讼的，以该组织为被告。

④公民、法人或者其他组织对涉及几个机关的政府信息公开行为不服提起诉讼的，应当以在对外发生法律效力的文书上署名的机关为被告。

3. 信息公开诉讼的其他问题

除了受案范围与当事人，政府信息公开诉讼的举证责任、证明标准、审理方式等问题也存在着与其他行政诉讼审理的不同之处。本章前面几节对政府信息公开内容、方式、程序的论述中，已经多少有所论及。以下简要介绍《最高人民法院关于审理政府信息公开行政案件若干问题的规定》(法释［2011］17号) 中值得关注的规定。

(1) 举证责任

法释［2011］17号文第五条对举证责任作出了规定。被告的举证责任包括：①被告拒绝向原告提供政府信息的，应当对拒绝的根据以及履行法定告知和说明理由义务的情况举证。②因公共利益决定公开涉及商业秘密、个人隐私政府信息的，被告应当对认定公共利益以及不公开可能对公共利益造成重大影响的理由进行举证和说明。③被告拒绝更正与原告相关的政府信息记录的，应当对拒绝的理由进行举证和说明。被告能够证明政府信息涉及国家秘密，请求在诉讼中不予提交的，人民法院应当准许。而原告的举证责任体现在：原告起诉被告拒绝更正政府信息记录的，应当提供其向被告提出过更正申请以及政府信息与其自身相关且记录不准确的事实根据。

政府信息公开诉讼中由被告主要承担举证责任的原因，除了行政诉讼中一般由被告承担举证责任的理由外，还考虑到举证能力的大小问题。一般情况下，政府信息由被告掌握或控制，原告并不具备举证能力。

此外，第五条还规定了：①被告主张政府信息不存在，原告能够提供该政府信息系由被告制作或者保存的相关线索的，可以申请人民法院调取证据。②被告以政府信息与申请人自身生产、生活、科研等特殊需要无关为由不予提供的，人民法院可以要求原告对特殊需要事由作出说明。

（2）特殊的审理方式

法释［2011］17 号文第六条规定：“人民法院审理政府信息公开行政案件，应当视情采取适当的审理方式，以避免泄露涉及国家秘密、商业秘密、个人隐私或者法律规定的其他应当保密的政府信息。”

（3）判决方式①

①课予义务判决。法释［2011］17 号文第九条规定了四种情形的判决方式：一是被告对依法应当公开的政府信息拒绝或者部分拒绝公开的，

① 有学者将解释的规定区分为判决认定不予公开、判决撤销不予公开决定、判决部分撤销不予公开决定、判决一定期限内公开、判决以法定形式提供信息、判决更正信息内容、判决重新答复、判决公开的信息违法、判决驳回原告诉求 9 种。（参见梁玥：《政府信息公开诉讼研究》，山东人民出版社 2013 年版，第 333—355 页）

人民法院应当撤销或者部分撤销被诉不予公开决定，并判决被告在一定期限内公开。尚需被告调查、裁量的，判决其在一定期限内重新答复。二是被告提供的政府信息不符合申请人要求的内容或者法律、法规规定的适当形式的，人民法院应当判决被告按照申请人要求的内容或者法律、法规规定的适当形式提供。三是人民法院经审理认为被告不予公开的政府信息内容可以作区分处理的，应当判决被告限期公开可以公开的内容。四是被告依法应当更正而不更正与原告相关的政府信息记录的，人民法院应当判决被告在一定期限内更正。尚需被告调查、裁量的，判决其在一定期限内重新答复。被告无权更正的，判决其转送有权更正的行政机关处理。

②履行（答复）判决。根据法释［2011］17号文第十条前款的规定，被告对原告要求公开或者更正政府信息的申请无正当理由逾期不予答复的，人民法院应当判决被告在一定期限内答复。这实际上是《行政诉讼法》中规定的履行判决。此外，第十条后款规定："原告一并请求判决被告公开或者更正政府信息且理由成立的，参照第九条的规定处理。"是对课予义务判决的参照适用，其意义在于"可以彻底救济申请人的权利，一次性解决纠纷，避免诉讼的'迂回'。"①

③反信息公开诉讼判决。根据法释［2011］17号文第十一条，被告公开政府信息涉及原告商业秘密、个人隐私且不存在公共利益等法定事由的，人民法院应当判决确认公开政府信息的行为违法，并可以责令被告采取相应的补救措施；造成损害的，根据原告请求依法判决被告承担赔偿责任。政府信息尚未公开的，应当判决行政机关不得公开。诉讼期间，原告申请停止公开涉及其商业秘密、个人隐私的政府信息，人民法院经审查认为公开该政府信息会造成难以弥补的损失，并且停止公开不损害公共利益的，可以依照《行政诉讼法》第四十四条的规定，裁定暂时停止公开。

---

① 江利红：《日本行政诉讼法》，知识产权出版社2008年版，第529页。

④驳回诉讼请求判决。根据法释［2011］17号文第十二条，有下列情形之一，被告已经履行法定告知或者说明理由义务的，人民法院应当判决驳回原告的诉讼请求：一是不属于政府信息、政府信息不存在、依法属于不予公开范围或者依法不属于被告公开的；二是申请公开的政府信息已经向公众公开，被告已经告知申请人获取该政府信息的方式和途径的；三是起诉被告逾期不予答复，理由不成立的；四是以政府信息侵犯其商业秘密、个人隐私为由反对公开，理由不成立的；五是要求被告更正与其自身相关的政府信息记录，理由不成立的；六是不能合理说明申请获取政府信息系根据自身生产、生活、科研等特殊需要，且被告据此不予提供的；七是无法按照申请人要求的形式提供政府信息，且被告已通过安排申请人查阅相关资料、提供复制件或者其他适当形式提供的；八是其他应当判决驳回诉讼请求的情形。

（三）国家赔偿制度的适用性

行政赔偿制度肇端于国家赔偿制度，从国家赔偿制度的历史发展中，我们可以找寻行政赔偿制度发展的历史轨迹。国家赔偿制度是人类社会发展到特定历史阶段的产物，其最早出现于19世纪70年代，至今已有一百多年的历史。西方国家的国家赔偿制度的产生和发展，大致经历了三个时期：（1）国家赔偿责任的否定阶段，即国家无责任阶段。“君权神授”“朕即国家”“国王不能为非”“主权至上”成为专制统治的理论依据，也成为国家不承担损害赔偿责任的理论依据。（2）国家赔偿责任有限肯定阶段，即国家责任的初步确立阶段。此阶段大致从法国大革命起至第一次世界大战前止，历时一百多年。①（3）国家赔偿责任的全面肯定阶段，即国家责任阶段。此阶段大致从第二次世界大战结束至今，历经五十余年。在此期间，国家赔偿作为一项原则或制度已经确立下来，世界上许多国家制定了国家赔偿法，国家赔偿成为世界性潮流。②

---

①　参见皮纯协、何寿：《比较国家赔偿法》，中国法制出版社1998年版，第26—27页。

②　参见姜明安：《行政法与行政诉讼法》，北京大学出版社1999年版，第405—408页。

《政府信息公开条例》第三十三条仅规定了“可以依法申请行政复议或者提起行政诉讼”，对是否赔偿并未涉及。《最高人民法院关于审理政府信息公开行政案件若干问题的规定》（法释［2011］17 号）第一条第二款规定：“公民、法人或者其他组织认为政府信息公开行政行为侵犯其合法权益造成损害的，可以一并或单独提起行政赔偿诉讼。”表明司法审查领域已经接受了政府信息公开领域中行政赔偿制度的可适用性。但就“北大法宝”检索的情况看，目前的司法实践存在以下特点：一是因政府信息公开而提起的行政赔偿诉讼案件数量少；二是法院对于（一审）原告提出的行政赔偿请求基本都予以驳回；三是对驳回理由的论述极少，多数以“请求缺乏事实和法律依据，本院不予支持”一句带过。①

因此，尽管司法解释明确政府信息公开领域行政赔偿制度可适用性已有四年多的时间，但对公民因行政机关政府信息公开的行政行为侵犯自身权益而欲在现有国家赔偿框架内求偿的制度是否已经畅通无阻，尚待观察。《国家赔偿法》（2012 年修订）第二条第一款规定：“国家机关和国家机关工作人员行使职权，有本法规定的侵犯公民、法人和其他组织合法权益的情形，造成损害的，受害人有依照本法取得国家赔偿的权利。”第三条、第四条则明确规定，受害人遭受人身权或财产权之损害的，方具有取得行政赔偿的权利。因此，公民知悉政府信息之权利在遭受行政权力之侵害时要寻求赔偿，关键在于能否建立知情权与财产权之间的联结点，即政府信息公开之作为或不作为和个人或组织之财产权利损害之间是否存在直接的因果关系。然而，政府信息公开行为和财产性权利损害之间的因果关系的认定是一个相当复杂的法律问题，也会遇到不少法律障碍。首先，个人或组织所享有之信息公开申请权利是一种即时性权利，即无须任何法律上之附加或先决条件即可发生，因此，难以

---

① 在“北大法宝”检索到的政府信息公开领域的行政赔偿案件，最早的是伍××与杭州市××人民政府信息公开及行政赔偿上诉案（浙江省高级人民法院［2012］浙行终字第 132 号）。在检索到的数十起案件中，法院均驳回了（一审）原告的行政赔偿请求。最后检索时间为 2016 年 9 月 1 日。

预见隐藏在该申请行为之后的是何种及有多少和这一行为相牵连的财产性权利，易使行政机关堕入无法预期的行政风险之中。其次，正是因为信息公开申请权利属于一种即时性权利，此性质与申请人和第三方之间的其他法律关系中既定的权利义务性质不相融合，我们几乎不可能期望任何当事人之间成立的法律关系之风险均可倚靠于一具有不确定程度的即时性权利之行使，这样不仅会大为加重行政机关的负担，也容易使当事人产生忽视自身应当承担自己行为之责任的倾向。再次，即使按照现行《国家赔偿法》第三十六条第八项的规定，亦难以计算所谓由一政府信息公开行为给当事人所造成的直接经济损失。

《广州市政府信息公开规定》第三十二条规定："公开义务人隐匿或提供虚假的政府信息，或者泄露商业秘密、个人隐私，给公开权利人造成经济损失的，应当依法予以赔偿。"该规定直接以信息的性质来决定是否启动国家赔偿机制，只要行政机关不能证明其提供的政府信息是真实的，或者不能证明公开的信息中并未包括任何商业秘密或个人隐私，或者个人或组织提出反证，就应认为行政机关应对取得并使用该信息的个人或组织承担责任，① 值得各界参考。当然，赔偿数额的多少还是需要因果关系的认定的，但这是一个量上的认定问题，已和政府信息公开行为引发此国家赔偿程序的性质无涉。

① 刘恒等：《政府信息公开制度》，中国社会科学出版社2004年版，第175页。